中国梦与中国道路

The China Dream & the China Path

周天勇／著

社会科学文献出版社

SOCIAL SCIENCES ACADEMIC PRESS (CHINA)

目录

第一章 21 世纪的中国梦 / 1

什么是未来 13.4 亿到 15.5 亿中国人 21 世纪的中国梦呢？就是每一个中国人通过在创业和就业中的奋斗，实现自己安居乐业的需要，以及所追求事业的成功；就是数亿向往城市的人，到城市里工作、居住和生活，成为新市民，并且城市让生活更美好；就是每一个中国人诚实合理纳税，政府提供满意的公共服务；就是每一个中国人工作和生活在环境优美并安全的环境之中；就是每一个中国人都工作和生活在自由、民主、平等、公平、公正、正义和有秩序的和谐社会之中；就是中国人同舟共济、艰苦奋斗，凭着根植于中国梦的中国精神，再经过 30~40 年的努力，把中国建设成一个人民富裕、国家强盛、社会安定、生态环境优美的社会主义强国，实现中华民族在 21 世纪的伟大复兴。

第二章　实现中国梦的中国道路 / 22

如果工商等注册审批制度不进行深入的改革，对人们创业设置的审批和核准还是太多；如果不将一些收费的政府和行政部门用财政拨款供养起来，质监、环保、卫生防疫、路政等部门想方设法从微型和小型企业中收费；如果税务部门口头上讲给微型和小型企业减税，实际上还是对微型和小型企业吃干榨尽，甚至收过头税；如果金融体系还是大银行，还是在办不伦不类的所谓的村镇银行和小额贷款公司，而不发展确实能给微型和小型企业贷款的社区小银行；那么，数亿人的创业、就业之梦，数亿人的富裕之梦，中国社会的安定，将一定会葬送在注册审批、高昂的税费和僵化垄断的金融体制上！如果真出因高失业和人民生活困难而造成社会动乱的大事时，我们还能追究那些死守部门利益而拒不改革、拖延改革和变相改革者的责任吗？

第三章　模式不转变：资源环境领域中国无路可走 / 80

2008 年中国生产能源 26 亿吨，全球能源生产总量为 110 亿吨，中国国内能源生产量为全球生产总量的 23.6%。如果全球能源产量在 2008 年的水平上不变，到 2040 年时，中国按照高、中、低不同的方案，将分别消费掉全球能源产量的 70.5%、56.4%、42.3%。也就是说，如果中国未来发展达到发达国家水平，如果全球能源产量不变、中国发展和消费模式不变，即使按照发达国家中下消费水平计算，也要消耗掉全球能源总供给量的 50% 左右，形成全球 50%，甚至更多的碳排放。

第四章　资源和环境约束：未来我们怎么办 / 123

美国以世界 5% 的人口消耗着世界 1/3 的资源，汽车等消费使美国消耗了全球 1/4 的原油。美国年人均能源消耗量是全球平均水准的 9 倍，人均生产垃圾量是全球平均水准的 3 倍，温室气体排放量是全球平均水准的 8 倍，大量的自然资源为美国人的日常生活所消耗。中国居民的生活消费如果向着美国方式变化，那么，无论是对于中国国内的生态环境和资源，还是对于世界的生态环境和资源，都将是一个灾难。

第五章　发展道路选择：重大结构调整与提升竞争力 / 186

转变发展方式，转变什么？改变滞后的城市化状况，加速城市化的进程；改变三次产业结构扭曲的状况，吸收农业剩余劳动力；改变每千人口拥有企业数量少的状况，鼓励创业，提高劳动在 GDP 中的分配比率；改变中国经济总量第二，但竞争力排在第 18 位的局面，实施科技进步的赶超战略，建设创新型国家，是中国未来 30 年，特别是未来 10 年中，转变发展方式最为重大的四项任务。完成这些任务，对于控制和缩小我们国家的贫富差距，降低资源消耗，减少对环境的排放，扩大就业，增加收入，富裕人民群众，稳定社会，扩大内部消费需求，减少出口依赖，从制造大国转向创造强国，提升国家的国际竞争力等，都有着十分重要和深远的意义。

第六章　第二次改革的重点是财政税收体制 / 240

卖地财政造成了财政收入的不稳定性和不可持续等问题。要想解决这些问题，最重要的是改革土地征用制度，明晰农民对农村集体土地应有的权利；取消非公益用地向农民强制征地的方式，废除土地 50~70 年的出让体制，在符合规划的情况下，让农村和城郊集体土地直接进入建设市场；延长土地使用权期限，城镇国有土地延长出让时间，土地在使用年期内可以交易流转；进入建设市场的土地可以采取分年出租土地使用权、一次性出让长期土地使用权、土地使用权入股等多种形式；成立土地交易所，长期使用年期出让的土地都要在交易所挂牌交易。

第七章　完善经济体制：土地、金融和国有经济改革 / 305

还有这样一些需要继续深入进行的重大改革事项：一是现有的土地体制如何改革，以适应社会主义市场经济正常运行和推进城镇化的需要；二是现有的金融体制如何改革，以适应信贷等资源和社会资金在各行业及各企业中公平配置的需要；三是现有的国有企业如何改革，以打破垄断，平等竞争，提高效率，合理地向国家上缴利润，以及控制财富分配的国有经济内部化，避免分配的不公平。中国未来10年需要在这几项经济体制的改革方面，纵深推进，加快步伐，调整到位，才能在2020年真正建立起一个完善的社会主义市场经济体系。

第八章　消除两极分化与实现共同富裕 / 357

从世界各国，包括中国国内各地区经济模式的比较看，越是重视小企业发展的日本、韩国和中国台湾地区，国内长三角地区，基尼系数越低；越是忽视小企业发展，而以大企业和大资本为主发展的拉美国家和地区，国内个体和小企业越是发展不足的湖南、贵州、甘肃等地，收入分配差距越大，基尼系数越高。其道理概括起来讲，就是个体、微型和小企业大多是劳动密集型的，而大型企业是资本密集型的，前者多，劳动分配的相对多，中等收入者多，因失业而贫困的少，社会保险基金的征收面也广。这就彻底颠覆了我们过去通常的想法，即个体私营经济是导致收入分配不公和两极分化的根本原因的思维。

第九章　中国道路路线图 / 401

中国发展路线图为：农业现代化—城市化—产业结构升级—技术进步—小企业的发展—完成第一次现代化和加速第二次现代化。

中国资源环境路线图为：节约资源和减少排放的发展方式—节俭、低碳和宜居舒适的生活消费方式—节约和保护资源生态环境的技术进步—形成生态良好、环境清洁和资源可永续利用的社会。

中国民生路线图为：鼓励人们创业—充分就业—绝大多数城市居民有自己的住房—良好的公共服务和完善的社会保障—收入分配和财富分布较为公正—形成既有创业活力，又能体面、安全生活的社会。

中国未来改革路线图为：突出财政税收体制改革重点，协同理顺资源价格体系，改革和创新土地制度，打破垄断的金融体制，进一步深化国有经济改革。

后　记 / 439

序一　解决民生问题的战略思路和综合方案的积极探索

中国国际经济交流中心常务副理事长　郑新立

2009 年，周天勇教授用了一年的时间，写了一部《中国向何处去》，在该书中，他论述了中国前 30 年改革开放以来的成就及其原因，也谈到了中国过去经济社会发展过程中的失误和问题，未来面临的风险和陷阱，并且，还比较了中国、印度、拉美和东亚日韩等四种发展模式。我看了他的稿样后，很有收获，为书作了序。一年多以后，他的另一本《中国梦与中国道路》样稿放在我的案头，对前一本书中提出的中国向何处去作了问答，包括未来人口资源生态环境等难题如何解决等。30 余万字看下来，从提出中国梦，到讨论中国道路，再到转变发展模式和调整结构，协调人口资源生态环境关系，防止两极分化和缩小贫富差距，推进资源价格、财政税收、土地制度、金融体系、国有经济等改革，最后提出了中国道路路线图和时间表。周天勇教授实际做了一项考虑未来 30 年中国发展、改革和民生综合、宏大和长远的战略和方案，是一本未来 30 年中国具体怎么办的书，也是我迄今为止看到的中国国策论著中，具有顶级水平的一部书。

改革开放以来，中国经济社会发展取得了前所未有的成就，发展迈上了新的台阶，开创了新的境界。21世纪的第一个十年，我们抓住了机遇，战胜了种种困难，实现了化危为机，做到了科学发展，经济社会继续保持了良好的发展势头。展望"十二五"时期，乃至未来更长一段时期的发展，中国经济实现快速增长，中国经济实现崛起，是世界上任何一种力量也阻挡不了的，这是一个历史的趋势。但我们也要看到，中国经济社会发展还面临很多困难和挑战，长期问题和短期问题、经济领域问题与社会民生问题、体制改革问题和发展问题相互交织，增加了解决的难度。2011年是实施"十二五"规划的开局之年，是中国共产党成立90周年。2012年将要召开党的十八大。在这发展转型的关键时期，对过去的发展成绩、经验，以及未来的发展道路进行理性系统的思考，应是学界、政界、产业界等社会各界共同关注的一个重大问题。我相信，本书的出版必将进一步推动和引领更多学者，积极投身于关乎国家、民族前途命运的一些重大问题的研究。

在转型的关键时期，面对未来的发展，需要在全社会形成一个更具有凝聚力、更给人希望、更具有竞争力的发展共识。这个发展共识应是有中国特色社会主义奋斗目标的具体化。让老百姓通过辛勤劳动，摆脱饥饿、贫穷和勤劳致富，成为20世纪70年代末期的重要社会共识。也正是这一社会共识，成为老百姓相信、响应和参与改革开放的思想基础。在目前的转型时期，发展迈上新的台阶，居民过上了新的生活，老百姓的利益诉求发生较大的改变。准确把握老百姓利益诉求的变化，尊重经济社会发展的客观规律，总结和提炼新的社会发展共识，是制定正确发展战略和形成新的发展动力的基础。周天勇教授提出了"中国梦"，并较为系统地对其内涵进行了分析，认为"中国梦"主要包括进城梦、安居和乐业梦、社会保障梦、平等的公共服务梦、生态环境优美和家庭平安梦、精神生活梦等。这些方面，总体上体现了过上小康生活的老百姓对未来美好生活的憧憬，体现了社会变革和进步的主要方向，体现了需要下大力气解决的民生问题。

发展实践表明，选择正确的发展道路，是实现中国梦的重要因素。目前国内外对中国过去30多年来改革开放的发展道路和发展模式大都持肯定、赞同的态度。事实上，过去30多年来，我们强调发展生产力，改革国有和集体经济体制，调整和优化产业结构，稳步推进政治体制改革，实施对外开放战略等，走了一条富有成效的发展道路，国民经济保持了30多年的高速增长，居民生活不断改善，综合国力大幅度提升。从发展的眼光看，过去的发展道路还是存在一些不足的，比如经济结构过度扭曲，城市化相对滞后，社会贫富差距不断扩大，资源环境消耗过大等。面对新的发展环境、新的发展任务，特别是老百姓新的利益诉求，发展道路应该及时作出新的调整。向什么方向调整，如何调整，特别是如何破除已有的利益格局对调整的掣肘，是一个涉及面广、关系错综复杂的重大课题。周天勇教授在该书中，在总结过去发展道路成绩、经验和不足的基础上，对中国道路的调整和完善思路提出了自己独到的见解。发展道路的选择要重点调整城乡结构，走人口自由居住和迁移、城市所有人口享受同一公共服务、迁移人口有体面安居住房的城市化发展道路；重点调整产业结构，大力扩张第三产业；重点调整企业结构，大力发展小企业；实施科技赶超战略，提升竞争力，建设创新型国家。改革是选择走中国道路的最大动力。为此，坚决推进改革是中国道路的关键。最紧迫改革的是放宽对创业就业的限制。最核心改革的是推进财政税收体制改革，这是第二次改革的重点。

实现中国梦，不仅需要经济继续发展，而且需要社会各个方面的持续进步。随着经济总量的扩大和居民生活水平的提高，资源环境的约束和缩小贫富差距日益成为影响中国道路选择的关键因素。

周天勇教授认为，我国发展模式不转型，资源环境方面无路可走。要通过技术进步、调整城乡及产业结构与生活消费方式，建立合理利用资源和环境的市场机制与治理体制等多种手段，来化解资源和环境对发展的约束，走可持续发展道路。消除两极分化与实现共同富裕，是中国特色社会主义的本质要求。但实现共同富裕不能走老路，要从"公要多一些，私要少一些"，"计划要多一些，市场要少一些"等思维定式中解放出来，科学和全面地认识收入分配不平衡的原因，从社会转型、经济结构变动、地区人口流动等这样一些经济规律和趋势的大的角度和大的格局来思考问题，鼓励创业、增加就业、调整结构，防止从农业社会向工业和城市社会转型过程中基尼系数的攀升，积极调动社会自我平衡收入分配的机制和力量，促进收入分配的合理化。

周天勇教授多年来以学者的良心和责任感、巨大的学术勇气、坚实的理论功底和持续的高强度脑力投入，对中国发展战略的一些重大问题开展了深入研究，提出很多对决策制定产生重要影响的观点，出版了一系列著作，在社会上产生了广泛影响。我们经常强调，术业要有专攻。其实，研究发展道路和发展战略这样的宏大课题，没有宽广的研究视野，扎实的理论知识，专注的研究投入，是很难驾驭这一课题研究的。看完样稿后，我觉得，这样一本书，仅仅熟悉经济学理论，是完不成的；如果对中国发展、改革和民生的实践熟悉，但没有深厚的经济学功底，包括不掌握许多专业领域的知识和情况，也难以成此大著。我相信，周天勇教授的这部著作，不仅会给决策制定提供有益的参考，其精神和研究方法也会给当前的学术界产生深远影响，并且也是所有关心中国未来 30 年命运和前景的人们值得一读的好书。

2011 年 3 月 6 日

序二　道路选择是发展中国家的
重大课题

　　我欣然读完了周天勇教授给我的《中国梦与中国道路》样稿，非常吃惊，又非常高兴。

　　这是我第二次为天勇同志的著作作序。第一次是为他纵论中国政治体制改革的著作《攻坚》作序，当时我很惊讶，一个长期从事经济学研究的学者，怎么去触及那么敏感的政治体制问题了？这次他又让我吃了一惊，一个长期注重实证研究的学者，怎么谈论起这么宏观的"中国梦与中国道路"问题了？天勇同志就是这么一个可以经常让我们吃惊的学者。

　　与此同时，我也很高兴。因为关于"中国梦"这个话题，我们党的大思想家郑必坚谈过，我在他之后也谈过，还在2006年用中、英、法、西等多种语言出版了《中国梦》一书。不过，必坚同志和我都是从国内与国外两个大局相统一的角度，讲中国坚持不懈地走和平发展道路是为了实现中华民族梦寐以求的现代化之梦；天勇同志则更多地是在对中国道路的具体考察中，阐述我们中国人对自己的经济社会发展的追求和梦想。

　　显然，天勇同志与我的研究角度和着力点不同，但我们的思路是一样的，都希望"中国梦"成为中国和平崛起，实现中华民族伟大复兴的精神支撑；都希望"中国道路"成为中国和平崛起，实现中华民族伟大复兴的成功之路。

　　我们都认为，"中国梦"即中国人的现代化追求，其最深刻的内涵和要求，就是我们要在 21 世纪上半叶，在与当代社会各种文明的交汇之中，在不断弘扬民族精神和自主创新的过程中，实现中国现代化。在这个意义上，可以说中国梦就是要用文明的理念、文明的方式、文明的形象去实现中华文明的现代复兴。天勇同志则进一步将这个"中国梦"具体化为成为城里人梦、住房梦、就业梦、社会保障梦、生活环境优美梦等国民个人愿望与精神诉求。这样，就把中国人的总体追求与每个人的个体追求联系了起来，很实在。正如天勇同志在书中所述，中国人 21 世纪再进行艰苦奋斗的精神来源于中国人对 21 世纪生活和发展的憧憬和企盼，来源于中国人对未来自己、自己家庭、所处社会和这个国家的责任和信任、希望和梦想，来源于对这种中国愿景和理想的追求。

　　同时，我们都坚信能够实现"中国梦"，是因为我们经过长期探索，历经曲折，终于在改革开放中走上了一条独特的"中国道路"。从国内与国外两个大局相统一的角度来看中国道路，就是中国将坚持不懈地走的和平发展道路。在这条具有开创性的现代化之路上，中国既参与经济全球化，又独立自主地实现工业化、现代化；既学习借鉴利用人类文明的有益成果，又努力弘扬中国文明传统优势；既和世界各国进行积极的经济文化交流，形成"你中有我、我中有你"的格局，又体谅别国困难，着重依靠自己解决困难和问题。中国人民决心通过这样的和平发展道路去实现"中国梦"。从国内经济、政治、文化、社会相统一的角度来看中国道路，就是中国将坚定不移地走的中国特色社会主义道路。在这条具有开创性的现代化之路上，我们将在中国共产党的领导下，从我国社会主义初级阶段的实际出发，沿着"一个中心、两个基本点"的基本路线行进，按照经济、政治、文化、社会建设协调推进的总体布局，达到具有富强、民主、文明、和谐四个元素的现代化目标。天勇同志则在这个大框架内，进一步运用经济学分析框架为读者勾勒出中国道路的具体要求，即：调整城乡、产业和企业结构，转变发展方式；实施赶超型科技进步战略；克服利益梗阻，坚定地推进改革，形成调整结构和促进发展的体制和机制；深入推进政治、社会和文化等体制改革。他在书中还重点围绕我们应该怎么走21世纪的中国道路，展开了细致深入的分析和论证，并针对发展中的关键环节，提出了若干颇具实践意义的思路和战略。这些意见怎么样，可以由实践去验证，但对我国未来经济社会发展思路和方向的确立或动态调整，确实提供了宝贵的参考依据。

历史已经告诉我们，还将继续告诉我们，除非中国人自己不争气，世界上谁也阻挡不了"中国梦"和"中国道路"的实现。回顾历史，展望未来，中国人为实现现代化这个"中国梦"，经历了两个100年奋斗历程。前一个100年，是为争取民族独立和人民解放而奋斗，以创造中国实现工业化和现代化的政治前提和社会环境；后一个100年，是为国家富强和人民幸福而奋斗，以实现中国人梦寐以求的工业化和现代化之梦。第一个100年的历史证明，世界上没有任何人、任何强权能够阻挡中国人站起来；第二个100年已经走过近60年，历史特别是最近30多年改革开放的历史再次证明，世界上也没有任何人、任何强权能阻挡中国人强大起来。

在当前我国节奏偏快和短期见效导向突出的学术氛围中，周天勇教授能静下心来就如此宏伟的主题作系统、深入的思考和研究，充分彰显一个经济学家对国家和人民的深切感情，体现了一名有良心良知的学者强烈的责任感与使命感。希望更多的读者能够感受到本书蕴涵的澎湃激情和思想力量。我相信，本书的出版将为体现公民共识的"中国梦"和中国精神的形成作出贡献，并为我国重大政策制定提供理论和逻辑支撑。

更重要的是，我希望大家能够在前进的道路上，不因取得伟大成就而盲目陶醉，也不因面临各种挑战而盲目悲观。为了实现我们的"中国梦"，唯有紧紧抓住可以大有作为的战略机遇期，勇敢应对各种挑战，才能将美好的希望变为美好的现实。

2011 年 3 月 10 日

前言　公正地看待过去 30 多年发展的成就

新中国成立距今已 60 多年。在这 60 多年中，前 30 年，虽然在经济建设方面取得了一些成绩，但是，由于中国共产党没有从一个从事革命斗争的党转变为执政搞经济建设的党，新中国成立后仍然以"阶级斗争"为党的中心工作，把发展生产力和提高人民生活水平的商品经济，看成是资本主义之路，虽然中国人民在经济发展方面也进行了艰苦卓绝的努力，但事实表明：经济发展和科技进步整整耽误了 30 年，使中国 30 年前的经济发展和现代化水平排在世界各国和经济体的倒数几位之中。

改革开放 30 多年来，中国共产党逐步从一个革命和斗争的党，转变成了一个执政和发展经济的党，将经济搞上去，成为党的毫不动摇的中心工作。中国经济以年均 9.7% 的速度增长，人均 GDP 从 200 美元左右增加到了 2010 年的近 4000 美元，从当年中国人均 GDP 是印度的 2/3，变成了今天印度人均 GDP 为中国的 1/3，中国人在 20 世纪末、21 世纪初的这 30 多年中，创造了世界经济发展史上的奇迹。

城市化是一个国家从落后的农业社会转向现代化的重要标志。

30多年来，中国将城市化的水平，从改革开放初的不足18%，推进到2010年的49%，使中国从结构上已经初步从农业社会转向工业和城市社会，发展进入了城市化的中期阶段。

30多年来，中国的工业化进程得到快速和良性的推进，已经到了工业化的中后期阶段。工业体系日益壮大，重化工业基础在装备和技术水平方面，包括规模方面，都获得了长足的发展，家电、手机和计算机、汽车等工业及设施，供给着13亿多人日益增长的需要；包括在华的外资企业在内的很多企业，技术上达到了世界先进水平。工业产业结构得到了调整、优化和升级。

30多年来，中国逐步形成了一个初具规模的现代化交通体系。铁路、高铁、等级公路、高速公路、城市地铁和轻轨超常规和跨越式发展，输电输油气等网络形成体系，高速信息天地网络系统也全面铺开和提高等级，成为中国完成第一次现代化和深化第二次现代化的重要条件。

30多年来，中国人在科学技术进步方面也努力追赶，与发达国家的差距从当初的50年左右，缩小到今天的10年左右。并且在移动通信技术、高铁综合技术、大型计算机技术、新能源技术、大飞机制造技术、大型水电和燃气发电机技术、粮食育种等许多方面，都有突破性的进展，相当多的技术达到了国际先进水平，甚至在国际上领先。

30多年前，国外一些学者、政治家和舆论普遍认为，中国共产党解决不了近10亿人口的吃饭难题。然而，30多年来，中国共产党人不仅解决了10余亿中国人吃饱肚子的难题，而且人民的生活水平显著提高。城乡居民生活的内容、质量和方式发生了巨大的变化，过去的家务劳动如劈柴、生炉子、擀面条、手洗衣服、挑水、做衣服等，都消失了；家庭财产和用品，从过去的手表、自行车、收音机、缝纫机等，变成了手机、彩电、计算机、洗衣机、冰箱等，许多家庭购买了小汽车；用电、用水、用燃气、用网络等，使人们的生活更加便捷。绝对贫困人口从改革开放初的 2.5 亿人，减少到了今天的 2000 万人左右。

30 多年来，我们基本上完成了从计划经济向社会主义市场经济的转型，形成了一个生机勃勃、充满发展活力的社会。99% 以上的商品供求和价格由市场调节，形成了商品、资金、技术、房地产、外汇等市场体系；我们也将一大二公的所有制结构改革和调整为不同所有制公平竞争、共同发展的格局；今天在个体、有限责任公司、股份公司、外资企业等领域中就业的劳动力达到了 75% 以上；在中央与地方的关系上，虽然还有一些新的问题出现，但是总体上调整了财政税收体制，形成了既有中央集中调控，又有地方发展活力的局面，各省地之间的经济竞相发展，成了中国经济调整增长的重要推动力。

在对外关系上，我们从一个封闭的社会中走了出来，转向了向世界开放的，正在大踏步迈向现代化的国家。我们从内向的进口替代式的发展战略，转向了出口导向和出口替代的发展战略；从允许外商投资，到建立特区，到沿海沿边内陆，全方位、多层次、宽领域的开放；从引进来，到走出去；从单边合作，到多边合作、共同发展的经济区域合作；从管制汇率，到形成有管理的汇率市场。这30 多年，我们通过引进外资，引进技术，学习国外先进的企业制度和管理，出口国内剩余劳动力创造产品获得收入等，在对外开放中，获得了巨大的利益。今天，中国在世界经济、政治等各方面的地位，与 1978 年时相比，已经不可同日而语了。

香港和澳门已经回到了祖国的怀抱。大陆与台湾的经济、文化关系发展势头良好。香港和澳门回归祖国后，虽然经历了两次金融风暴的冲击，但是，与内地经济的融合，使其经济发展不仅没有受到限制，而且更加具有活力。大陆和台湾两岸通商、通旅，开展文化和亲情交流，形成了更紧密的经济、文化和民族合作及来往。我们同属中华民族，都是一家人，越来越成为两岸各界和人民的共识。

　　30多年来，特别是进入21世纪的10年中，中国共产党和政府在发展经济的同时，关注公共服务和民生，力争建立起一个具有现代保障和福利体系的社会。我们的财政从过去纯吃饭建设型的支出，通过多年来调整支出结构，逐步向教育、医疗卫生、农业、社会保障、生态环境、城市交通等公共服务和社会保障领域倾斜；我们建立了农村和城市低收入居民的低保体系，基本消除了城镇零就业家庭；我们免除了农民的农业税和农林特产税，并给农民在种粮、购买农机具和购买良种方面给予补贴；我们在农村建立了新型的农村合作医疗制度，并在试点农村养老保障制度的建立；我们在城市对学龄前儿童、上学学生、无单位人员等，也建立了医疗保险体系，并且正在探索其养老等保障体系的建设，力争做到社会保障的全覆盖；我们对革命老区，对少数民族和边远地区，以及其他欠发达地区，加大了转移支付的力度，并且用特殊的政策，促进这些地区快速发展；我们还在城市努力控制房价，并建立保障住房体系，以解决中低收入居民的安居问题。虽然我们的社会保障和福利体系还很薄弱，覆盖面还不尽如人意，还达不到城乡人民的要求，但是，党和政府做了大量艰苦的工作，问题开始得到解决，局面正在改善，我们正在建立一个富有创业激情和工作活力，民众分享公共服务和社会保障的现代国家，这个方向是坚定不移的。

　　我们的这些成就，无论是与世界上的其他发展中国家相比，还是与自己的过去相比，都是显而易见的。虽然，由于我们人口众多的国情，又出现了新的情况，有这样和那样的问题，需要我们正视，需要我们认真地加以解决，但是，我们不能因为这些新的问题，以局部而论全局，以新出现的问题而不见过去艰苦的努力，从而去否定改革开放30多年来中国共产党人、中国人民前仆后继的奋斗，看不见实实在在发生了的朝着现代化的巨大变化。看待过去，要客观和公正。

第一章

21 世纪的中国梦

什么是未来 13.4 亿到 15.5 亿中国人 21 世纪的中国梦呢？就是每一个中国人通过在创业和就业中的奋斗，实现自己安居乐业的需要，以及所追求事业的成功；就是数亿向往城市的人，到城市里工作、居住和生活，成为新市民，并且城市让生活更美好；就是每一个中国人诚实合理纳税，政府提供满意的公共服务；就是每一个中国人工作和生活在环境优美并安全的环境之中；就是每一个中国人都工作和生活在自由、民主、平等、公平、公正、正义和有秩序的和谐社会之中；就是中国人同舟共济、艰苦奋斗，凭着根植于中国梦的中国精神，再经过 30 ～ 40 年的努力，把中国建设成一个人民富裕、国家强盛、社会安定、生态环境优美的社会主义强国，实现中华民族在 21 世纪的伟大复兴。

在本书中，我主要就未来 10 年、20 年，甚至是 30 年中，发展结构如何调整，资源和环境的约束如何解决，财政税收体制如何改革，怎样才能真正缩小收入分配差距、防止两极分化和实现共同富裕，土地、金融、国有经济如何进一步改革等，进行研究。总的想法是为中国未来的发展、改革和开放，提供一个路线图，筹划和设计一个务实、可供操作的路线和整体及综合性方案。

开篇一章的主要内容是讨论 21 世纪的中国梦，在论述中国梦之前，我们先简述一下 20 世纪 70 年代末以来，依靠根植于中国发展和现代化之梦的改革开放精神，在中国共产党的领导下，中国人民奋斗 30 多年而获得的辉煌成就。

引言　为什么要提出和讨论中国梦

300 多年前，当英格兰移民乘坐着"五月花"号横穿大西洋来到马里兰，寻找一块清教徒能居住的"净土"时，"美国梦"已开始悄然萌芽——美国给了全世界每一个人均等的机会，只要努力奋斗，都可以实现自己的梦想。所谓的美国梦，是一种相信只要经过不懈的持续奋斗，便能获致更好生活的理想，亦即人们必须通过自己的勤奋、勇气、创意和决心迈向繁荣，而非依赖于特定的社会阶级和他人的援助。这代表了人们在经济上的成功或是企业家的精神。许多欧洲移民都是抱持着美国梦的理想前往美国的。[①] 这是我在有关文献中摘录的"美国梦"的解释。

那么，有中国梦，有源之于中国梦的中国精神吗？我们认为，是有的，也应当有。

20 世纪以来，中国人民依靠骨子里的物竞天择、君子自强不息的精神，在力量悬殊的艰苦条件下，浴血奋斗，抗击了外来势力

---

① 美国梦，百度百科，http://baike.baidu.com/view/77925.htm。

的侵略，通过艰苦卓绝的努力，在1949年时，建立了中华人民共和国。20世纪70年代末，中国人民又在经济发展远落后于世界许多国家的格局下，依靠自强不息的精神，果断改革开放，一心一意搞建设，经过30多年不懈的努力，克服了人口众多、资源缺乏、生产力水平低下等因素的制约，将人均GDP从1978年的200美元提升到了2010年的4100美元，使1977年发展排在全球各国居倒数第二、三位的中国，进入了中下等发展水平的国家。

改革开放30多年过去了，21世纪的头10年过去了，未来我们要根据中国和世界新的格局、新的情况、新遇到的问题，调整过去我们走过的道路，走一条新的社会和谐和科学发展的道路。

需要指出的是，中国未来的发展要走自己的道路。如何走中国人自己发展的道路，需要调整结构，需要改革，这都需要从党和政府，到公民达成共识。我们这样一个人口众多的国家，干一些大事，需要精气神，也即21世纪的中国精神。同样，这种中国精神，也根植于占世界总人口约20%的中国人对未来的希望和梦想中。一个对未来没有憧憬和企盼的民族，也就没有它的追求，也就失去了它的精气神，即民族之魂。那么，中国人21世纪再进行艰苦奋斗的精神来源于哪里？我认为，来源于中国人对21世纪生活和发展的憧憬和企盼，来源于中国人对未来自己、自己家庭、所处社会和这个国家的责任、信任、希望和梦想，来源于对这种中国愿景和理想的追求。

一 成为城里人：数亿中国农民之梦

中国正处于农村和农业社会向城市和工业社会转变的过程中，数亿农民，他们中的中老年人，倾其所有，供其子女上学改变身份；农村中的青年和少年期盼到城市里去，成为新市民，过上城市人的生活。城市中的家庭，也倾其所有，从出生到大学，甚至到研究生，以及送子女出国，前辈期望，后辈奋斗，想在经济和社会地位上获得成功。城乡不同，年龄不同，每个人的期望和梦想也是不同的。

成为城里人，是数亿农村人的梦想。从经济和社会发展的进程来看，城市化势不可挡。纵观世界历史，人类文明的发展史实际也就是从农村社会和农业经济向城市社会和城市经济发展的历史。目前已经在城市中的两亿农民工，以及还要向城市转移的 4 亿～5 亿人，他们的梦想是什么呢？他们的梦想是：在城市中能找到有合理收入的工作，或者能够自己创业谋生；能租一个较体面的安居之处，并且奋斗数年后，能买得起城市中的一套房子，夫妻子女能在城市中团聚；自己和子女能在城市中接受与城里人一样和平等的教育，能有与城里人一样和平等的医疗保障，并且能平等地进入城市的养老保障体系，即上得了和上得起学，看得起病，老了无后顾之忧；不受城里人和体制方面的歧视，与城里人一样，有平等和一样的各方面权利。这样一个 8 亿左右人口，在未来的 20～30 年中，想成为城里人，中国农民的这种城市人梦想，规模之巨大，流动性之强，势头之猛烈，在世界史上是前所未有的。

农村中的许多家庭，他们中的中老年人，倾其所有，供子女上学，他们把更好的希望留给了后代，他们把自己没有实现的梦想寄托在他们的后代身上，梦想他们成为城里人，梦想他们过上好日子。留下的这些中老年人自己有什么梦想呢？从事农林牧渔并有满意的收入，病有所医，老有所养，也能享受政府提供的基本的交通、供气、供水、供电、通信、医疗、教育、垃圾污水处理、治安等公共设施和公共服务，与城市中的子女在电话中经常交流，希望每年子女们都回来看看，保留一些传统的文化习俗。老来无忧，没有村霸，公平正义，邻里和谐，村庄宁静，传承先人的文化。这就

是留守农村的数亿人之梦。从时间的长河看，10 年，30 年，50
年，这是一个数量从 7 亿人，到后来可能是 3 亿人，2 亿人的梦
想。我将其称之为现代化过程中的新村民梦。虽然有这种梦想的人
口规模在逐步地缩小，但是，总和起来，规模之巨大，要求之强
烈，需求之巨额，成本之高昂，负担之沉重，在世界各国发展史上
也是绝无仅有的。

二　安居和乐业梦

如果按照户籍人口的 30% 计算，现在有 4 亿人口规模的城市
居民；并且随着转移的常住人口不断变成定居人口，城市居民人口
的规模在 2040 年时，有可能达到 80%，城市固定居住人口的规模
可能达到 12 亿左右。这样一个从 4 亿到未来规模越来越大的 12 亿
左右人口的理想，也是世界各国发展史上罕见的。

作为城市人，他们的梦是多重的，是丰富多彩的，4 亿到 12
亿人，他们的梦想，是未来中国 30 年经济和社会发展强劲的动力。
那么，他们有什么希望和梦想呢？

（一）住房梦：舒适、体面并属于自己

在城市中拥有属于自己的舒适而体面的一套房屋，是每一个中
国城市居民家庭的最重要梦想。许多人已经实现了，但是，相当多
的城市居民还居住在条件较差、面积较小、环境不佳的居所里，他
们梦想着拥有一套理想的房屋；相当多，并且越来越多的从大中专
院校毕业和军队复转的学生和复员军人在就业后多年中，在租住的
条件不是太好的居室中每天都为支付不堪重负的租金而担忧奔波，
省吃俭用，苦苦攒钱，梦想能买得起属于自己的房屋。特别是那些
在鸽屋、集箱屋、蜗居、蛋居、笼格、斗室中群租栖身，在城中

村、郊区农户家租住，在城郊和工作地之间每天路途上通勤几小时的人们，有一套属于自己的住宅，有一个自己的家，会是他们在城市中的头一个，并且可能是毕生奋斗的梦想。

就目前来看，城镇住宅供给与需要的缺口巨大。2010年城镇住宅面积约112亿平方米，如果2010年底城镇人口达到6.4亿人，城镇居民人均住宅面积仅为17.5平方米。估计城镇中2亿为进城农民人口，按照农民人口每人20平方米和城市居民每人30平方米的标准衡量，城镇总共需要住宅172亿平方米住宅，即使平均计算，不考虑多套房和住宅面积较大的家庭因素，目前的住宅需要缺口也为60亿平方米之巨。

住宅资产分布不平衡。我经过小范围调查和估计，住宅资产的分布状况为：2亿进城市农民人口和城镇中原有的7520万人口，即估计这部分人口占城镇总人口的43%，他们没有自己在城镇中的住房，属于城镇无房和租房住人口；据保守估计，6.4亿城镇人口中，1%的居民自有住宅面积平均为130平方米，小计为8.32亿平方米；2%的城镇居民自有住宅平均面积约为65平方米，小计为8.32亿平方米；5%的城镇居民其自有住宅面积平均在40平方米左右，小计为12.8亿平方米；有25%的居民平均面积为30平方米，小计48亿平方米；有20%的居民平均面积为20平方米，小计25.6亿平方米；有10%的居民平均面积为14平方米，小计为8.96亿平方米。平均住宅面积30平方米及以上的33%的城镇居民拥有69.14%的城镇房产。当然，这只是我根据各地不同社区现有资料研究的估计，真正比较准确地搞清多大比例的城镇房产在各类城镇居民中的占比关系，需要进行一次全面的房屋普查。

如上所述，目前城镇住房缺口高达60亿平方米之巨。这是一个惊人的缺口，考虑其分布不均等因素，估计可能在100亿平方米左右。面对这个独特而又严峻的民生现实，我们的相关理念和制度、财力和房价、土地资源等要素，能够在几年内填补如此巨额的缺口吗？在未来的30年，能够实现即将达到12亿的城市居民所需360亿平方米之巨住房梦吗？

这样的民生问题，仅仅政府建设廉租房，或经济适用房，能满足这样庞大的住宅需求吗？需要想出最为经济，调动人们积极性，并且不会使政府财政破产的途径。高收入人群的住房完全由市场调节解决。绝大部分中等收入人群由市场解决，政府要控制住房价收入比，控制住房价增长速度，使之不超过收入增长速度，并且，鼓励农村的宅地林地耕地流转，使农村居民获得财产性收入，形成在城市中买房的一部分支付能力。一小部分低收入人群，则由政府保障房来解决他们的居住需求。我认为，只要思路正确，理顺有关体制和机制，中国城市化过程中的居住问题并不难解决。

（二）就业和创业梦：生活和成就

就业是绝大部分城市居民的收入之源，生活之本；而创业则是城市人，特别是一部分城市中青年人的富裕之道，成就之路。相当多的城里人，特别是毕业的大学生，复转的退役军人，向往有一份安稳、收入较丰和交纳足够社保费用的工作；其中的一部分城里人，他们想自己投资一家工厂，开办一家公司，注册一个诊所等，他们想创业，通过敢冒投资风险，开拓市场，成就商业事业，获得人生奋斗的成就；还有一部分城里人，他们想成为投资人、企业合伙人、职业经理人、律师、医生、公务员、研究人员、工程师、科学家、教授等，通过学习知识和技能，甚至是终身的学习和实践，在自己的领域中拼搏，成就自己的人生理想。这就是未来4亿到12亿中国城里人之就业和创业之梦。中国城里人对这些梦锲而不舍的追求，在为社会创造财富之时，满足着他们的生活需要，使越来越多的人生活富裕，同时也促进着国家的强盛。

　　欧洲在工业化的过程中，由于农业破产，工业资本有机构成提高，也遭遇了人口严重过剩的局面。然而，他们当时依靠向外侵略和发现新大陆，对外转移人口，不论是留在国内的人，还是转移到本土以外亚非拉殖民地、半殖民地的人，大多都实现了他们的就业和创业梦。"美国梦"，就是欧洲转移人口在北美的就业和创业之梦。

　　中国人的就业创业之梦有自己的独特性。中国从劳动力供给趋势看，一是由于劳均耕地相比世界他国太少，由于农业现代化的进程较快，由于在农业中劳动的生产率太低，农业中现存的劳动力过剩异常严重，中青年劳动力，特别是每年新增的农村劳动力人口，源源不断地向城市中流动，未来的 5 年中，年转移压力在 1000 万人左右；二是城镇中高中毕业、大中专学生毕业，复员军人，新增的劳动力，企业破产和产业结构调整需要再就业的劳动力，其劳动力供给也在 1000 万人左右；30 年后，城市中需要就业的劳动力将从现在的 3 亿人左右增加到 7 亿人，在城市中，我们未来平均每年的新增劳动力就业供给压力为 1330 万人。

　　而从劳动力的需求结构看，一是中国公务员和事业领域供职的规模已经太大，税费之沉重已经不能再供养更多的就业人口了；二是工业内部，由于劳动工资水平不断提高，社保养老、医疗等保险的规范，劳动成本上升，也推动资本有机构成提高，整体吸收劳动力就业的能力越来越弱，甚至未来一些衰落的产业还要挤出劳动力；三是农村和农业领域不仅不能再吸收劳动力就业，每年还要向城市挤出大量的剩余劳动力；四是由于城镇化滞后，包括原有和目前体制对服务业发展的歧视，第三产业吸收劳动力的能力不如与我们同样发展水平的国家；五是从地方政府 GDP 和增加税收的取向看，更愿意发展相对吸收劳动力就业弱的大型和特大型企业，而忽视能大量容纳劳动力就业的小型和微型企业，并且由于城市管理和建设与小商小贩小店的现实冲突，小型和微型企业发展在客观上还受到损害和限制，注册登记准入、税费负担、繁多的检查和罚款、融不到资等都是小型和微型企业在目前的中国难以正常发展的体制障碍。

与欧美国家工业化过程不一样的是，在现在的世界格局下，中国不可能大规模向外输出人口，中国注定要在自己的国土上解决数亿人的就业和创业需要。也就是说，中国人，要在自己的国家里实现自己的就业和创业梦。我们在这样大的世界罕见的劳动力供给压力下，在目前极不利于就业和创业的发展模式和体制政策环境中，众所周知，没有就业就没有满足生活需要的收入，没有体制政策条件就没有创业的环境，在这种情况下，中国数亿城里人能乐业吗？未来将近12亿的中国城里人，能通过就业和创业，过上富足和富裕的生活，以及成就他们的事业吗？他们能实现他们的就业和创业之梦吗？

东亚的日本、韩国和中国台湾地区，都是人口密度要比大陆大的国家和地区，他们在二元结构转型过程中，很好地解决了农村剩余劳动力的转移，很长时期中，其失业率都很低。关键是，在对外关系上，他们采取能大量就业的劳动密集型产业出口导向的工业化战略，在企业规模上他们采取了能容纳大量劳动力就业的小企业立国立岛的举措，在产业结构上采取了不抑制，并促进服务业发展的政策。他们在城市化过程中，所走过的解决大量剩余劳动力就业的道路，应当成为中国未来学习的模式。中国完全有能力不走欧洲侵略别国解决工业化过程中人口和劳动力过剩问题的老路，也完全有能力在不向世界大规模输出人口和劳动力的前提下，通过自己发展中小企业，发展服务业，来实现中国人的充分就业。

三 生活的社会保障梦

人们在基本的生活需要被满足之后，生活、工作及环境的安全与祥和，是人们高一个层次的需求。我们在前面新村民梦中讨论了农村留守农民的安全和祥和梦，在一个复杂环境下的城市中，城里人，更有他们的安全与祥和之梦。

中国历史上没有社会保障制度，对于一个农村家庭未来的生活安全讲，土地和儿子就是他们将来的保障，自己给自己储蓄，是防范未来生活风险的方式。新中国成立后的 30 年中，我们企图用计划经济和公有制的办法，来防范年老、生病和伤残等风险，同时我们强调生产，将应当提取的诸如此类的社会风险基金没有提取，社员和职工的养老金变成了扩大再生产的厂房、机器和马路。只有在 20 世纪最后 10 年中，我们才开始着手学习和建立城乡现代的社会保障体系。

什么是城里人的生活安全之梦呢？概括起来，基本的生活安全，就是老有所养、病有所医、残有所助、贫有所济。现代城市生活，从家庭的人口结构、资产积累、工作方式、商品和服务的市场化程度等，与传统的农村家庭已经大不一样。需要建立与这种家庭结构、生活方式和市场经济相适应的现代养老、医疗、失业、伤残、贫困等救助和保障模式。即能工作时、健康时，努力工作，在个人收入和工作单位方提取各种保障资金，建立个人账户和统筹基金，到生病、老年、意外和需要帮助时，由社会保障体系来支付其需要。从土地养老、养儿防老，自我储蓄，计划公有低效率保障，到国家建立和形成社会保障网，健康、青壮年、有能力时，依靠自己；生病、伤残、老年、失业、就业前、无助时，依靠国家和社会，在激烈竞争的市场经济中，老来和弱势时无忧，这就是现代中国城里人的生活安全之梦。

有专业人士估算，即使不计失业保障，窄口径的保障资金需求也至少在 10 万亿元，截至 2008 年底审计署审计的数据，全国各类社保基金积累额仅为 2.5 万亿元。有人士指出，"过去主要是企业养老，低工资高就业是资金缺口的主要原因"。我认为，还有低工资、无社保，不以人为本，将劳动者的再生产投资，挪用在了固定资产的扩大再生产上，这是问题形成的根本。在社会统筹和个人账户相结合的制度模式下，各地社保部门均调用个人账户资金用于当期支付，个人账户有名无实，长年"空转"。① 挪用个人账户造成的新债，远未偿还的"隐性负债"旧债，以及还要继续扩大城乡社会保障覆盖面，加之还要提高水平，增加和完善险种等，潜在的资金缺口，我估计在30万亿元以上。

中国城乡13.4亿到未来15.5亿人的各种生活安全之梦，即一个覆盖城乡的社会保障网，我们拿什么去建立呢？

当然，社会保障的覆盖面要扩大，要应保尽保；但是，社会保障的水平，要量力而行。我相信，随着中国经济规模的越来越大，财政收入的增加，以及国有资产的社会化，社会保障资金的欠账和缺口，会逐步得到弥补，社会保障的水平也会逐步得到提高。

四 公共服务梦

一个社会从自给自足的农村社会和农业经济，转向开放的城市社会和现代经济，其家庭和个人越来越多的家需和劳务被社会化了，非公共物品，如家电、汽车等，由市场提供；而路灯、公路、供排水、警察、燃气、教育等公共物品，或者准公共产品，由政府提供。按照制度经济学的理论，像政府、军队、外交、司法、警察、教育、医疗、交通、供排水等这样的机构和事务，需要每个家庭让渡一部分自己的权利，交一定的税收，由集中的公共机构去解决。其优点是，公共服务规模化、专业化，降低了人们满足这些生

---

① 温如军：《中国社保资金缺口10万亿 报告建议国企利润填补》，2010年8月25日《法制晚报》；佚名：《各地社保部门均调用个人账户资金用于当期支付》，2009年5月31日《华夏时报》。

存和发展需求的交易成本。举例来说，一个家庭，教育方面自己聘请教师，教育自己的子女；聘请保安，保证自己家庭的安全；聘请自己的私人医生，为家人治病；邻里之间有纠纷，或者以双方谈判和解解决，或者诉诸武力，分出强弱胜败来解决；要出行，自己从自己家门口修一条路等，无论是每一个家庭的内部成本，还是其造成的外部负效应，代价都非常高昂，损失非常巨大。于是，每个家庭聚集在一起，选出公共机构，成立政府，办学校，成立警察局和法院、医院，还有政府用纳税人的钱，替纳税人修路。这就是国家、政府和其他公共机构产生和形成的经济学原因。因此，在现代市场化、工业化和城市化的社会中，人们生活在公共的基础服务、关系之中。中国城市的居民也不例外。

那么，在中国城市中，居民对公共服务和社会安全有什么样的梦想呢？

首先，是教育成才梦。历史上看，中国几乎大多数家庭都有学而优则仕，望子成龙，封妻荫子，荣华富贵的愿望。这样一种文化，传承到现在，虽然有所变迁，但也经久不衰。无论是在中国的农村，还是在中国的城市，每一个家庭，都希望子女受到良好的教育，都大学毕业、硕士和博士研究生毕业。30年前是进工厂，当军人，当司机，吃公家饭；后来是当医生，当工程师，当艺术家等；再后来是当科学家，进银行，进证券公司等；现在是当公务员，进事业单位，进大型和垄断型的国企，进金融机构，当律师等。家庭及自己的职业理想，随着时代的变迁在变化，但是，每一个家庭，上一代人希望下一代比自己强，有丰厚的收入，有社会地位，受到人们的尊敬。相当多农村的家庭，许多低收入的城市家庭，因子女上大学而背负债务，甚至因学而致贫。这就是中国人的教育和成才梦。这种梦想形成的巨大的公共服务需求，要求政府建设更多的学校，提供良好的教育，扩大义务教育从幼儿到高中，农业、师范和军校等高中等教育免费，非义务教育降低学费，每一个家庭都能公平地拥有和享受教育机会和资源。

其次，是看病便利和便宜梦。新中国成立之前，中国城乡的医疗条件很差，人口因病死亡率特别是婴儿死亡率较高，人均寿命不长。人们看不起西医，大多数人无钱看病，许多病人由乡中"土方"和走乡郎中治疗。新中国成立后，逐步建立了公共卫生医疗体系，绝大多数城乡居民得到了城镇医疗体系和乡村合作医疗体系的服务，虽然水平不高，但是费用低、覆盖广，是当时的一大特征。改革开放以来，传统公有制和计划经济体制下的医疗服务体系解体，而市场经济体制下的公共医疗服务体系没有及时建立起来，甚至在医疗资源行政垄断的格局下，又推进医疗公共服务的过度市场化改革，使得许多农村没有完善的医疗服务机构，看病要往县城跑，城市里的医疗机构也很拥挤，城市居民看病也越来越不便利，看病越来越贵，相当多的农村居民、许多城镇居民，因病而生活水平下降，甚至成为贫困家庭。

除了上述在生活安全中所述的，要建立一个完善的社会医疗保障体系外，政府出资或者引导建立更多的大型、中型、社区医院，提供更多的医疗机构资源，改变就医难，有病得不到及时治疗的局面；政府控制医疗价格和药物价格，进行医疗和药物管制，特别是严厉打击假药假医，使人们不因供给方信息不对称和强势而造成小病大医，普通病贵治，甚至因假药假医而害命。总之，病能及时所治，医疗费用较低，看病安全，这就是人们的看病便利和便宜之梦，也是人们对政府在医疗卫生公共服务方面的希望。

再次，出行和通信便利梦。农村社会和农业经济中，自给自足经济和社会的封闭性，使人们劳作和交往的地域范围很小，出行的时距都很短。农业现代化、工业化、城市化，使人们工作、购物和交往的出行时空都发生了非常大的变化。特别是居住地与工作地之间出行的便捷与否，教育、购物和看病等出行是不是快速和便利，成为居民生活的一个重要部分。当年，美国梦的一个重要内容是，每个美国家庭都有属于自己的小汽车。改革开放之初，中国家庭拥有自己的轿车，似乎真是一种遥远的不可能实现的幻想。但是，进入21世纪的10年中，中国人的轿车之梦开始成为现实，轿车开始进入中国平常百姓的家庭，而且规模越来越大。

改革开放以来，特别是在20世纪90年代以来，中国城市内道路、普通公路、高速公路等飞速发展，给中国家庭轿车的行车梦创造了越来越好的条件。然而，美国是在人口相对较少和国土面积较大，人均能源资源比中国要多得多，城市的平均人口规模要比中国小得多等这样国情下实现的轿车梦，中国能吗？中国未来15.5亿人口，如果每个家庭都有两到三辆汽车，再加上党政、事业、社团、企业等非家庭用车，还需要占用2亿亩，甚至更多的耕地来修建普通公路和高速公路；未来全球新增石油的60%，甚至更多，需要分配给中国使用，城市中轿车尾气排放形成的污染将越来越严重，城市的阴霾天气将成为常态；而且在一些人口规模大、密度高的城市中，轿车出行速度将比步行还要慢，市内道路将成为巨大的停车场，人们花在居住地到工作地的通行时间将会平均长达两个小时左右。

因此，美国式的轿车梦，在中国必定会受到人口众多、空间狭小、能源短缺等国情的限制。各城市政府应提供组合的公共交通体系，使人们成本较低和便捷地出行；大大缩短了的通行时间，可以用来休息和享受天伦之乐。这就是中国城里人的出行梦。

20世纪50年代时，人们曾经将向往的共产主义社会比喻为"楼上楼下，电灯电话"。时至今天，生产力的发展和科学技术的进步，不仅电气化实现了，而且大规模无线移动通信技术、计算机网络、电视转播接收等技术的应用，使人们进入了信息化的时代，过去的有线固定电话在很大程度上被无线移动电话所替代，平面媒体，声讯、网络、电视等，爆炸式地普及。今天，无论是老少男女，无论是从事何种工作，几乎每人一部手机，计算机在城乡普及，电视成为人们生活不可缺少的一部分。便捷的通信和网络及视频资讯，甚至中国人都还没有梦想就提前实现了。对此，人们的企盼是，移动通信、网络和电视等的资费再便宜一些。

五　生态环境优美和家庭平安梦

曾几何时，中国人对现代化的憧憬是：炼钢厂和高大的烟囱，冒着蒸汽的火车，化肥和农药，草原、湿地、湖泊和森林被开垦为良田，进入布满钢筋、水泥、柏油和火柴盒式的城市居住领域等。而工业化过程中的石油农业，工业化生产，以及化学等制品的生活用品，给生态和环境造成了极大的破坏，也威胁着人们生活的安全。并且，城市人口的集中，以及失业问题，使社会矛盾增多；机动交通发展，也使居民的个人及家庭财产和人身不安全因素增多。

资讯便利还没有来得及做梦就实现了，而刚刚开始实现的传统现代化梦，时间也就20～30年，就催生了人们的另一个梦想，就是在推进现代化的同时，有一个优美和安全的生活工作的生态环境，有一个人身和财产安全的社会环境。

第一，饮水和食品安全梦。希望饮水时，水没有被污染，矿泉水中没有有害的物质；希望喝饮料时，没有更多的化学物品放进其中；喝牛奶和酒水时，希望不要喝到假酒和有三聚氰胺等有害物质的奶；吃面时，希望不要吃到有增白剂的面粉；希望食粮和蔬菜中最好没有农药、化肥和添加剂的残留。安全的水和食品，是现代城里人生活梦的一部分。

第二，空气清洁富氧梦。希望天是蓝的，云是白的；很少有或者没有沙尘和飞扬的尘土；工业废气烟尘排放达标，并且气体和粉尘排放多的工业远离城市，并且随着技术的日益进步而大量地减少排放；城市中公共交通发达，轿车尾气达标排放，并日益减少；开展倡导禁烟活动，促使吸烟人数减少，降低被动吸烟概率；空气清洁，能见度很高，并且由于植被覆盖率较高，空气中富有氧气，使肺病发生率大大下降。

第三，环境安详宁静梦。传统农业社会时，人们在农村，日出而作，日落而息，畜力耕作和运输，不论是白天，还是夜晚，村落和田园生活和工作总处在宁静安详之中。而在城市和工业社会中，机动车的发动机声，刹车声，鸣笛声；建筑工地和工厂的作业声；警车、消防车、医疗车和公务车的警示声；集市街道上的广告声和社区中人声鼎沸；白天在喧嚣之中，晚上可能还有嘈杂声。因而，人们梦想在城市的工作和生活中，机动车的发动机和鸣笛声小一些，工地和工厂离住地远一些，夜晚不要施工，林荫和树木多一些，大街、社区和工作地点尽可能宁静，生活和工作在安详之中。

第四，社区、街道和工作场所环境卫生整洁梦。传统农业社会时，生态肥料，人力和畜力劳作，自然浇灌，用品大多是土质、木质、陶瓷等，可能有传统的环境不清洁问题，但是没有城市和工业社会不容易降解的纸质、玻璃、塑料、金属、化纤、矿物质建筑材料等垃圾的污染。现在生活和工作在城市中的人们，希望街道、社区和工作场所清洁一些，污水走地下管网并得到处理，城市工业和生活污水不要流到农村，城市中水系和湖泊水质没有臭气并保持在一类状态，工业和生活垃圾集中及时得到清运，垃圾场远离社区并得到封闭式处理，运送垃圾和粪便的保洁车辆密封运输并且不要在街道和道路上到处扬撒。这就是现代城市人盼望生活和工作在清洁环境之中的梦想。

第五，园林、湿地、山水生态梦。虽然在城市中，人们生活和工作在多是钢筋、水泥、玻璃、柏油等道路和建筑的环境中，然而他们更向往的是，城市中有森林、河流、湖泊、湿地；人们的工作之余，在清晨和傍晚，可以在公共的河边林荫下，在免费的公园里，在免费的湿地之中，看到树木，看到草坪，甚至看到青山，看到绿水，看到各种飞鸟、昆虫和奔跑的动物，看到春天的叶嫩和花艳，夏天茂盛的青翠碧绿，秋天的果香，在北方的冬天还能闻到枯木草叶的生态气味。生活在一个生态宜居的城市之中，是现代城市人的梦想。

第六，家庭生活和工作安全梦。传统中国农业很多的村庄中，人们曾经夜不闭户，路不拾遗，尊老爱幼，和睦相处。城市和工业社会改变了这一切，各种不安全的因素多了起来。因此，人们生活在城市中，希望大人和孩子们在上学、工作和购物等途中，避免交通意外，平安回家；希望上学的孩子们，在学校和上学及回家途中不发生人身伤害；希望孩子和自己不被拐卖、绑架、盗窃、抢劫和被遭勒索；希望自己的住宅不发生火灾和被盗，并且住宅的建筑质量达到安全居住的标准；人们希望自己，特别是老人和孩子们不被电话、短信和网络等虚假资讯所诈骗，不被不法商家所欺骗；当他们跌倒或者遇到危险时，能得到路人的帮助。人们希望安全地生活和工作在城市里，这也是现代城市人之梦想。

六 精神生活之梦

中国人除了物质生活梦以外，实际上也有着内容极为丰富的精神生活之梦。由于城乡、教育、地区、民族等差异，中国居民的精神生活之梦有所区别。但是，作为中华民族，他们在精神生活方面，也有共同的精神生活之梦。

由于中国幅员辽阔，历史渊源流长，其文明的进展呈现多民族、多地域、多时段交替等多元化的特点。从中原农耕文化发育发展并扩散，到北方和西部游牧狩猎文明的进入，南北交流，东西融合，形成了历史上的华夏文化；从诸子百家，到孔孟为主的儒家文化；从中国本土的道教，到与佛教、伊斯兰教，以及后来进入的基督教、天主教的融合和共存；从孔孟之道，到马克思主义思想的传入；新中国成立以来形成的意识形态，传统文化的被破坏和断层，到20世纪70年代末意识形态方面的解放思想，再到西方各种文化和思潮的进入，以及近年来国学的兴起；从过去传统的公有制、计划经济、公平分配的集体主义观念和文化，到改革开放后鼓励个人和私营创业，市场竞争，优胜劣汰，各种要素都参与分配的观念和文化；从四世同堂的大家庭文化，到核心小家庭，以及独生子女，单身家庭的兴起。而且，在过去、现在和未来的历史长河中，随着交通通信发展、生活方式改变、人际交往扩大等，中国文明和精神也在不断的传承过程中发生着前所未有的变化。中国文化和精神，与世界许多国家不一样的是，更加呈现多元性、变化性和融合性，以及与时俱进的特性。

那么，在现代世界文明格局中，中国文化以及内含的中国精神，也就是现代中国人的文化和价值观是什么，中国人的精神生活梦是什么？从中国人的精神生活梦看，一生中能体面和有尊严地生活，在事业上获得成就，并奉献社会，得到家人、亲戚朋友和社会的尊敬；自由地生活和工作在社会关系之中，合理和合法的行为不受到限制；人们在人格上平等，在机会上公平，在财富的分配上尽量公正，实现共同富裕；人们根据自己的能力、兴趣、爱好等，自由地选择自己的职业、工作和生活方式；科学和创新条件宽松，个人创新和创造的能力能得到自由的施展；在人生不如意时，能得到鼓励，得到安慰，得到关怀，甚至是得到信仰方面的精神宽慰，在合法的宗教信仰中找到独特的精神依托；能帮助别人，也希望得到别人的帮助；行政、司法、媒体和社会舆论公正和正义，扬善抑恶；传承中国文化精华中勤劳节俭、尊老爱幼、诚信自立、忠于国家和人民的优良传统，学习外来文化的先进之处，形成现代先进的中国文化和文明；社会和谐，政府与公民之间相互帮助、理解和包容，政治层稳定，人们生活和工作在安定祥和的环境中。总之，在中国共产党的领导下，生活和工作在自由、民主、公平、正义、互助和和谐的，能充分发挥自己聪明才智的社会中，这就是 21 世纪中国人的精神生活之梦。

需要正确处理中国传统文化与现代文明，中国内源文化与国外外来文化之间的关系，传承和发扬中国优良的文化传统。学术界认为，中国传统文化是指居住在中国地域内的中华民族及其祖先所创造的，为中华民族世世代代所继承发展的，具有鲜明民族特色的，历史悠久、博大精深、传统优良的文化。中国人是谁？中国人就是传承了祖先几千年的传统文化和传统文明，有中国各地域内的历史渊源、族群间联系交往、语言文字、思维方式、思想文化、生活习惯、社风民俗、社交往来、行为规范等方面具有共同特征的人类群体，在中国地域中集合形成的中华民族的成员。

我们祖先留给我们的传统和文化，有这样和那样的不足，也需要紧跟现代化的步伐，与时俱进。但是，中国人追求现代精神生活之梦，特别是在外来生活方式，外来文化，外来宗教，外来思潮的影响下，是不是要全部抛弃中国传统的文化呢？我认为不是，也不应当。如果是，我们就失去了中国人的特征，失去了中华民族的特征。因此，中国人既要有现代精神生活之梦，要学习和吸收外来的先进文化和先进文明，也要传承和发扬自己祖先优秀的文化和文明。

做人诚信道德，生活节俭，修身养性，是中国传统文化的内容之一。诚信是日常行为的诚实和正式交流的信用的合称，即待人处事真诚、老实、讲信誉，言必信、行必果，一言九鼎、一诺千金。中国传统文化中，与西方人本"原罪论"的基础不同，对人的诚信之道建立在人本"原善说"的基础之上。中国人所讲的诚信主要是一种"身份"伦理，是做人之本，而西方人所讲的诚信则是一种"契约"伦理。在坚持人本"原善"的基础上，在市场经济社会中，我们也要吸收西方文化的可用之外，用法律和契约的方式，促使人们讲诚信。

中国文化中，有勤奋做事、节俭持家的传统，曾流传下了"谁知盘中餐，粒粒皆辛苦"这类的诗句。从欧美发生的金融和财政危机看，中国居民和政府有着积累储蓄的生活和理财方式，而欧美居民和政府则有着借款和负债式的生活和理财方式。中国储蓄、积累和投资型的生活和理财方式推动中国经济高速增长了30年。更重要的是，中国人口众多，资源相对缺乏，需要发扬中国文化中优良的节俭传统，追求简约舒适的生活方式，从而建设一个节约型的社会。

在与现代文明俱进、学习吸收外来文化的同时，我们传承中国自己优良的语言文字、思维方式、思想文化、生活习惯、社风民俗、社交往来、道德规范等文化传统，并发扬光大，这是区分世界上中国人是谁的重要标志，是保持和加强中华民族凝聚力，实现中华民族21世纪伟大复兴，并长久兴旺发达的关键所在。

概括起来，什么是未来13.4亿到15.5亿人21世纪的中国梦呢？就是每一个中国人通过自己在创业和就业中的奋斗，实现自己安居乐业的需要，以及所追求事业的成功；就是数亿向往城市的人，到城市里工作、居住和生活，成为新市民，并且城市让生活更美好；就是每一个中国人诚实合理纳税，政府提供、建立和建设满意的公共服务、社会保障和公共设施；就是每一个中国人工作和生活在生态优美、整洁卫生、空气清新并安全的环境之中；就是每一个中国人都心情舒畅，工作和生活在自由、民主、平等、公平、公正、正义和有秩序的和谐社会之中；就是通过 13.4 亿到 15.5 亿中国人同舟共济、艰苦奋斗，凭着根植于中国梦的中国精神，再经过40 年的努力，到 21 世纪中叶时，把中国建设成一个人民富裕、国家强盛、社会安定、生态环境优美的社会主义强国，实现中华民族在 21 世纪的伟大复兴。

参考文献

周天勇、王长江、王安岭主编《攻坚：中国政治体制改革研究报告（修订版）》，新疆生产建设兵团出版社，2008。

周天勇：《中国向何处去》，人民日报出版社，2010。

米尼克·蒂尔尼：《中国龙与美国梦》，《大西洋月刊》网站，2010年 9 月 14 日。

第二章

实现中国梦的中国道路

　　如果工商等注册审批制度不进行深入的改革，对人们创业设置的审批和核准还是太多；如果不将一些收费的政府和行政部门用财政拨款供养起来，质监、环保、卫生防疫、路政等部门想方设法从微型和小型企业中收费；如果税务部门口头上讲给微型和小型企业减税，实际上还是对微型和小型企业吃干榨尽，甚至收过头税；如果金融体系还是大银行，还是在办不伦不类的所谓的村镇银行和小额贷款公司，而不发展确实能给微型和小型企业贷款的社区小银行；那么，数亿人的创业、就业之梦，数亿人的富裕之梦，中国社会的安定，将一定会葬送在注册审批、高昂的税费和僵化垄断的金融体制上！如果真出因高失业和人民生活困难而造成社会动乱的大事时，我们还能追究那些死守部门利益而拒不改革、拖延改革和变相改革者的责任吗？

　　每一个国家，每一个民族，有他们的梦想，有他们基于美好梦想的精神，而发挥这种精神动力去实现理想，需要有正确的道路。只有热情，但发展道路选择错了，精神动力会大打折扣，甚至如同"文化大革命"一样，成为破坏的力量。我们在前面讨论了中国梦，以及基于这种梦的中国精神，那么，如何选择发挥中国精神动力的中国道路呢？我们先在发展经济学的理论上讨论发展道路，或者发展模式的内涵，再来看改革开放30多年来，我们所走过的发展道路成功、失误和存在的问题，并且探讨如何调整。

一　发展中国家的发展道路

时至今日，第二次世界大战后60余年的时间内，各发展中国家，在其发展的各个阶段，实行了不同的体制，选择了不同的发展道路，形成了不同的模式。哪些道路和模式成功了，哪些道路和模式不理想，为什么，无论是总结过去，还是指导未来，无论是从已经积累的丰富的发展素材，还是从发展理论的方法准备上，已经到了一个在理论上需要深入研究发展道路的时候。发展经济学需要创新的第一个重大任务，就是深入地研究发展道路。

（一）发展道路和发展模式的理论阐释

发展道路，发展模式，在学术上虽然有细微的差别，但往往在大量的研究中被视为同义词。学术界研究发展道路和模式的文献不少，对发展道路和发展模式的定义也有各自的解释。那么，如何理解发展道路和模式呢？一般意义上的道路，或者模式所涉范围甚广，它标志了物件之间隐藏的规律关系，而这些物件并不必然是图像、图案，也可以是数字、抽象的关系甚至思维的方式。哲学上讲，模式强调的是形式上的规律，而非实质上的规律，是前人积累的经验的抽象和升华。

发展道路，或者模式，首先是经济学、哲学、社会学、政治学、历史学等方面的一个综合性的理论范畴。是指一个国家或地区，经济、社会和政治等各方面发展的不同格局的组合形式。就发展道路，或者发展模式讲，需要进行细致研究。

对发展道路，或者模式应当从静态和动态两方面进行分类。从静态看，发展模式是指如经济结构、政治制度、社会文化等的组合集成形式。简言之，发展的静态模式是指发展的综合格局，是一个有多个子体系的大体系。从动态看，是增长路径、二元结构转型、不同阶段目标选择、政治制度演进、社会文化进步等的过程。简言之，发展的动态模式指发展的方向和道路。如在人口城市化动态过程方面，可分为东亚、印度和拉美、中国三种模式，东亚实现了有体面居住的农村人口向城市的转移，印度和拉美相当多的农村人口通过低成本的贫民窟实现了转移，而中国农村人口到城市可以暂住，可以工作，但是居住成本太高，进得来，留不下，人口在城乡间大规模流动。这就是动态过程中三种不同的城市化道路。

对发展道路，或者发展模式应当进行单个、多方面的综合和集成的分类。一个国家的发展是多个项目和多个领域的综合。发展道路或模式有时指一个项目上的格局或者过程。如出口导向的发展模式，或者进口替代的发展模式，就是指在经济成长与对外这样一个关系上不同发展道路的选择。发展道路或模式有时指一个方面的格局或者过程。如有的国家在发展过程中，实行的是市场经济体制，有的国家是计划经济体制，这是就经济方面而言的发展模式或道路。发展模式，或者发展道路，有时指多个项目、多个方面的综合和集成形式。如拉美发展模式，是对拉美各国的发展格局和道路，去异留同，进行的形式上概括。从静态讲，就是对其经济体制、产业结构、生产组织方式、政府与市场、政治体制与经济体制的组合、社会文化等各个项目和各个方面的格局的综合；从动态讲，就是其城市化道路、工业化道路等的集成性过程。

对发展道路，或者模式应当进行共性和个性的分类。从共性看，发展中国家的发展模式，都要从农村社会和农业经济转向城市社会和现代经济，这就是刘易斯讲的，发展中国家的共性的二元经济模式，或称转型道路。在这样一个共性的模式下，又可分为东亚道路、拉美道路、南亚道路和中国道路等不同的发展道路。这对于二元经济模式讲，是不同的个性的发展模式，而对于各个国家和地区讲，在一个地区中，又是共性的模式。比如，对于拉美各国，可以根据其共同点，抽象出一个共性的拉美发展道路；但是，拉美内部，各个国家又可以分为不同的发展模式。在中国内地，在共性的中国发展模式下，又可分为浙江、山东、广东等不同的个性发展道路。

对发展道路，或者模式应当进行主观选择性、路径依赖性和条件约束性分类。有的发展模式为主观选择性的，也就是既成事实的发展格局和道路，是由人们主观选择的。如发展过程中，选择市场经济体制，还是选择计划经济体制，是这个国家主观选择的；如城市化过程中，是允许城市存在贫民窟，还是不允许存在贫民窟，这也是当事国和当事地区主观选择的。经济和社会的发展，有它的客观内在性，当主观选择的道路，与经济和社会发展的规律相适应时，这种发展模式会成功；而当主观选择的发展道路，与经济社会发展的规律不相适应时，这种发展模式可能会问题很多，甚至失败。有的发展模式是路径依赖性的，也就是说，发展的格局，特别是发展的道路，是在前人已经有的基础上，惯性存在和运行，其分为良性路径依赖性发展模式和不良路径依赖性发展模式。良性路径依赖性发展模式，是指发展的格局和道路，在前人符合客观经济社会运行和发展规律及趋势的轨道上继续发生的，不改变大格局和大方向的运行和过程，它会带来经济和社会良性的发展。而不良路径依赖性发展模式，指发展的格局和道路，可能知道其不利于经济和社会的良性发展，但是，由于观念、体制、文化、习惯等因素的左右，在不利于良性发展的格局和道路上继续运行和前进的情况和过程。有的发展模式是条件依赖性的，也就是既成事实的发展格局和道路，是由客观的条件约束下形成的，人们只能加以改观，或者适应它，而不能从根本上改变它。比如，一个人口特别少的海洋岛国，在其发展模式的选择上，受到地理位置和人口规模等条件的约束，或许只能选择渔业、旅游业为主导的形式，而无法以汽车工业的发展来主导；再如，海湾国家，地处沙漠地带，干旱少水，地下却有石油资源，在条件的约束下，只能形成以生产石油为主的资源主导型经济发展道路。

应当区别发展道路目标、发展道路选择、发展道路过程和发展道路结果。许多发展中国家和地区，都制定了其宏伟的发展目标，比如什么时候人均 GDP 达到什么水平，什么时候城市化水平提高到多少，还包括在不同的发展阶段中像适龄青年大学入学率、社会保障覆盖率和水平、婴儿死亡率、人口预期寿命等这样一些重要的指标。它们是发展道路，或者发展模式要达到的目标，而不是发展道路，或者发展模式本身。发展模式选择，是指人们在不同的发展格局和道路中，进行较优的选择，包括可行性方面的选择；也包括人们对依赖性发展模式的调整，还包括对条件约束性发展模式的改变，即改变原有的约束条件，或者创造新的发展条件。最为重要的是，实际作用着的既定发展模式的运行过程，包括人们对模式运行的监测和调整。而发展速度、人均 GDP 水平、城市化水平等等，它们是发展模式运行的结果，它不是指发展道路本身。

应当研究发展道路，或者发展模式的绩效，并且评估发展道路，或者发展模式的不确定性、风险、危机和模式陷阱。不论是主观选择性发展道路和模式，还是依赖性发展道路和模式，以及条件约束性发展道路和模式，包括已成形的东亚、拉美、印度和中国等不同的发展道路，都可以从经济增长速度、人均 GDP、贫富差距、劳动力剩余和失业率、城市化水平、社会保障等一系列的指标去评价和比较它们的绩效，进行模式识别，比较不同模式各自的优劣。更加重要的是，各种发展道路，或者发展模式都因种种原因，有其不确定性，并且，一些发展道路的选择，包括依赖性的发展模式和条件约束性的发展模式，都有它们面临的风险。实际上，许多发展道路和模式之中，还包括对于不确定性和风险的处理机制。如果对于一些发展道路的不确定性和风险听之任之，就会发生严重的经济和社会危机。发展道路，或者发展模式选择不当，也可能跌入道路和模式的陷阱之中，一个国家，或者一个地区，其发展的"陷阱"，就是因发展道路的选择不当，跌入长期的经济低速增长、收入财富分配极度不公、经济社会动荡、国家困难、人民困苦、矛盾重重之中。这样的例子，如发展的"拉美陷阱"，还有苏联的解体。

需要指出的是，总体上讲，发展道路，或者发展模式是静态和动态的综合，是单个、多方面的综合，也是选择性、依赖性和条件约束性的综合，在不同的研究视角下，方法上进行不同的分类。总之，进行发展道路、发展模式的研究，就要在上述理论方面搞清楚发展道路，或者发展模式的范畴及内涵。

（二）发展道路的实践内涵

发展道路，简单说，就是在从落后国家向发达国家转型过程中，是怎么做的，走了什么样的道路。从这些意义上讲，发展经济学理论和实践意义上的发展道路应当包括以下这样一些内容。

（1）推进城市化的途径和办法。如果要实现现代化，每个发展中国家都要将农村人口转移到城市中，提高城市化的水平。经济发展的一个重要内容是实现城市化。主要是怎样转移到城市之中？他们到城市中干什么，怎样居住，农民怎样在就业、资产、收入等方面退出农村，而进入城市，如何解决退出和进入的障碍？如印度和拉美城市化模式，人口是自由迁移的，通过低成本的贫民窟、农村小农经济的破产、农民到城市中大量的非正规就业，容忍两极分化等途径和方式推进和实现了它们的城市化。而东亚日本、韩国和中国台湾推进城市化的途径和办法却与之不同。它们的人口也是自由迁移的，在发展之初，也有一些贫民窟，但是，一是其土地制度使得农民退出农村的利益不受损失，退出机制顺畅；二是移民到城市能找到工作，并且收入增长较快，有购买和改善住房的能力；三是政府控制了土地和房价的上涨，在土地和房价上涨之前，基本上解决了移民到城市中的住房问题；四是韩国政府支持居民建设了大量的住房，解决了大量的移民的居住需要。因此，东亚各国和地区通过较为体面的方式，实现了城市化。而中国城市的途径与印度模式、拉美模式和东亚模式都不同，人口不能随意自由迁移，农民退出农村的资产损失较大，城市中不允许贫民窟存在，但房价太高，其收入的增长远远赶不上住房价格的上涨，结果是人口在城乡间剧烈流动，大部分农村拟迁移的人口不能最终留居在城市之中。可以看出，各自有不同的城市化途径和方式。

（2）工业化以及产业升级的道路和办法。经济发展的另一个重要内容是实现工业化。比如，苏联、中国等国家，都通过优先发展重化工业，压低农业产品价格进行工业资金积累，来推进工业化。这种工业化模式，导致高积累，积累及投资与消费的比例失调，人民生活水平长期得不到提高。而有的发展中国家，则是顺从产业结构升级的规律，加上政府的引导，从轻工业发展开始，再发展重化工业；没有损害农业的发展，而是通过轻工业的发展为重化工业的发展积累资金，实现产业结构的升级。再比如，在工业化的过程中，一类国家，重视教育，强化人力资本的投入和积累，知识和技术进步在工业研发、设计、改造、升级等方面起到重要作用，大大提高了其工业和产品在世界市场的竞争力。而另一类国家，重视物质资本的投入，忽视教育、知识和技术的作用，不重视教育和人力资本的投入和积累，特别是中国，一度排斥教育和科技，教育、知识、科学和技术在经济增长中的作用越来越弱，工业及其产品在全球的竞争力低下，位于世界工业化质量不高国家和地区的行列。还比如，有的国家和地区，采取主导部门先行发展，再发展其他关联部门的战略，先发展产业，再进行基础设施投资建设的战略；有的国家和地区，则采取了各类工业齐头并进发展，产业和基础设施同步投资和协调配套的战略；也有的国家和地区，采取了先投资建设基础设施，再进行产业发展的战略。这些都是不同的工业化及其产业升级模式。

（3）工业化要素利用和企业规模结构模式。一个国家，在其工业化过程中，从要素结构方面看，推动经济增长需要有劳动、资本、土地、资源、技术等要素，但是，不同的国家和地区，各种投入的要素之间，有不同的组合；从企业规模结构看，有的国家的地区，以投资和建设大企业推动经济增长为主，有的国家和地区大企业和小企业同时发展推动增长。当然，一个国家和地区，有其不同的要素禀赋，如有的国家和地区地多人少，土地资源多；有的国家和地区石油资源多，用石油出口拉动经济增长；有的国家和地区，人多地少，则发展劳动力密集产业，以充分利用劳动力要素；有的国家和地区，人多地少无资源，则重视教育、知识、科学、技术等方面的要素，推动经济的增长。不同的要素利用发展模式中，各种资源的组合和消耗不同。

而发展中国家和地区，往往热衷于工业化大项目和大企业的投资和建设，特别是中国，由于考核干部政绩及其财政收入的税制设计，投资和建设大项目和大企业，GDP 和财政收入增长见效较快。但是，偏重于大项目和大企业的投资和建设，忽视小企业的发展，往往导致农业劳动力转移放慢，劳动力要素不得其用，劳动参与 GDP 创造和分配能力下降，最后导致投资与消费的比例、GDP 的国家企业和个人分配比例失调，大企业创造的财富严重依赖于出口的消化，经济增长的外向依赖程度较高；并且，小企业数量相对较少，实际失业率高，中等收入人口少，因失业而贫困的人口多，加上大资本大企业所有者分配财富能力强，造成社会收入分配的两极分化。而与此相反，大量发展小企业，充分利用劳动力资源的东亚发展模式，则避免了偏重发展大企业和忽视小企业发展带来的这些问题。

（4）推进现代化，是选择集中的发展模式，还是选择分散的发展模式。过去发展经济学的研究中，重视从农业经济到工业经济的转型，但忽视了转型中集中与分散发展形式导致的不同结果。城市化为什么是人类社会不可抗拒的趋势呢？经济发展，就是人口、劳动力、其他生产要素、生产力、市场等，在地理上集中的过程。但是，人们在发展过程中，对于集中与分散的区别和作用，在发展经济学方面没有研究清楚。美国经济学家托达罗曾经分析过转移劳动力就业的模型，结论是要加大发展农村力度，即发展分散经济，让农民在农村和农业中就业。改革开放之初，一些西方学者到中国向当时的中央领导建议，中国经济发展不要再走西方城市化的道路，应当分散发展，重视农村，推进农村工业化。从我们自己的发展来看，一是改革开放后，在农村发展的扶贫上，搞村村通路、通电、通水等；有的学者认为，中国建设小康社会的重点在农村，应当把工作的重点放在农村。二是曾经提倡农村工业化，一村一品，开发区到处都是，工业分散布局。在这些方面，走了分散发展的道路。

但是，从经济学的分析看，集中的发展方式，往往是在不增加投入的情况下，推动经济增长的重要动力。大工业的企业需要规模经济，以降低固定成本；人口需要向小集镇和城镇集中，形成第三产业发展的市场半径和容量；人口，包括农民需要集中并多层居住，以节约土地，并降低提供公共服务的成本；工业企业需要集中，以获得外部经济，降低提供电力、道路、仓储、基础设施等方面的外部成本；产业的集中，带来分工和协作的便利，信息可以共享，往往形成有聚集效应的产业集群；人口和工商业集中，污染可以集中处理，使污染规模化处理，减少污水管线设施投资，环境保护的投入成本降低、效益提高；农业耕地需要集中规模化种植，以便于农业的机械化、水利化，并且降低农业生产的分摊成本。

因此，发展经济学需要创新，需要对发展在集中与分散方式选择方面进行深入的研究。中国各级政府，政府各部门，也需要有经济发展的集约观念，有规模经济、分摊成本、分工与协作、外部经济等这样一些经济学的意识，以使经济社会转到节约资源、减少投入、增加产出的集约发展的方式上来。

（5）是传统的城市化模式，还是现代的网络体系性城市化模式。发展经济学要与时俱进，随着交通、通信和电子网络技术的进步，二元结构的转型从简单的农村到城市，演化为从农村社会转向网络型城市体系的转变，从传统的工业经济向知识、技术和网络经济转变。从空间上看，分析二元结构人口和生产力的网络式转型，需要对网络经济的内涵重新进行定义。在原始社会、奴隶制社会和封建社会中，游牧经济、农业经济、城池式的手工业和低级商业经济，都是在相对小的自然和封闭体中存在的。从空间上讲，这种经济状态可以称之为互不联系的隔离式和散点式的经济。但是，网络也在这些社会中发育和生长着，如出现连接村与城池的小路，修建城池与京城的驿道，开挖运输盐粮的运河，及利用自然的江河来水运等。然而，这些初始的低级网络并没有改变经济总体上的隔离和封闭性质。

现代经济是网络经济。网络的经济性质是由什么形成的呢？网络具有三元素，即互联线、在网线上的流动物和被连接的结点。当各结点之间的人、物、能源、信息等流动物在线上互相交流时，会发生线的运送成本。城市网络体系，其经济动力在于，网络运行的结果，使其成本最小化，产出最大化。

公路网、高速公路网、铁路网、电力网、油气管道网、水运网、航空运输网、自来水网、邮政服务网、商业网、煤气管道网、固定电话网、移动通信网、闭路电视网、金融服务网、国际互联网等，都是近代到现代网络经济的形态。而由各种流动物体交通连接方式和其集中的结点形成的城市网络体系，则是各种网络形态组合形成的空间复合网络经济体系。这就需要我们在经济发展进程中，高度重视网络与城市体系的建设，形成城市带、城市群和城市圈，以及大中小城市成体系的网络式发展模式。

（6）经济发展过程中的生活消费方式。消费方式通常是指人们在生活中消耗物质资料、精神产品和劳务的方法与形式。它有两种基本形式，一是个人消费，二是公共消费。这两种基本的消费形式相辅相成，缺一不可。消费方式具体包括消费习惯、食品结构、衣着状况、居住形式、出行方式、保温取暖渠道等。

消费方式受到多种制约因素影响。一方面，起决定作用的是社会生产。有什么样的生产力水平，就会有什么样的消费方式。在生产力水平低下的原始社会，人的消费方式还没能脱离动物消费的痕迹，消费方式处于低层次。随着社会生产力的提高，消费资料的丰裕，消费工具、消费方法和消费形式有了很大的发展，消费方式开始向高层次迈进。但是，另一方面，消费方式又受自然因素的制约，因为人们的各种消费活动都是在一定的生态环境中进行的。人们消费活动借以进行的生态环境，经济学称之为消费环境。消费环境对消费活动、消费质量、消费主体和消费客体影响极大，消费环境的状况直接制约着宏观消费模式，包括消费结构、消费方式的合理化。所以，消费方式一定要从本国、本地区的消费环境出发，也就是要考虑生态环境可以承受的消费度。如果不尊重国情，简单地模仿、攀比和追求一些发达国家的消费方式，其结果将会带来资源的巨大浪费和生态环境的失调以至于造成危害更大的污染；反过来，又会使消费质量下降。

针对一些发展中国家人均资源少、生产力水平低的基本国情特征，在消费方式的选择上应当注意以下几个方面。第一，杜绝浪费性消费，提倡节约型消费。这包括消费资料的节约和消费领域中个人劳务消耗的节约，应当讲求日用消费品的质量、实用和耐用性，尽量缩小一次性消费的范围。在全社会推广节约型、节水型的低度消耗资源的低碳消费生活体系，减少高能耗、高用水、高原材料和生产资料消耗型的消费。第二，注意食品消费结构的合理化。在饮食结构上不宜不加区分地普遍提倡以动物性食品为主，仍应坚持以植物性食品为主或动植物食品并重的膳食结构。若以动物产品为主，动物的饲草和饲粮将会加重草原的载畜负担，增加对粮食的耕地需求，引起土地在草、粮、林产业间的分配之争，加剧土地沙化和生态失衡。第三，居住方式和出行方式的合理化。宜提倡相对集中的居住方式，发展公园、公共娱乐场所，不宜提倡分散居住建造私人别墅、花园等。宜提供自行车、公共交通为主的交通方式，不宜鼓励单人小汽车出行方式。这样既可以节省土地又可以降低能耗。我国的经济发展条件和人口众多、能源紧缺，也制约着个人小汽车出行方式的过量发展。同时倡导相对集中的居住方式，还有利于集中供给气、热、电及处理污水、污物等，减少污染，有利于保持生态平衡。

生活消费方式，反作用于生产方式，是发展模式的重要组成部分。不仅要强调生产方式的转变，也要关注消费方式的合理化。

（7）经济发展过程中的可持续模式。关于发展与人口、资源、生态、环境的关系，有两种模式，一种是人口自然膨胀，无限度地消耗资源、生态和环境的不可持续发展模式。导致经济社会发展的不可持续：人口增长过快，土地、草原、森林、水和矿产等资源的承载力与人口的需要之间发生矛盾，土地沙化严重；资源遭受破坏性利用，特别是一些不可再生资源枯竭；生态失去生物的多样性，生态链遭到破坏，水土流失严重；环境污染严重，水中有毒物质增加，空气中粉尘和有害气体增多，城市和乡村日益增多的有害垃圾没有得到处理，工业、交通和生态噪音不断；臭氧层漏洞扩大，海洋受污染；等等。

另一种是可持续发展模式，是指当代人不以消耗甚至破坏下一代人赖以生存和发展的资源、生态和环境为代价来谋求发展，保持生物的多样性，使资源可以得到永续利用，生态和环境适于人类居住、生活和工作。大多数发展经济学家认为，可持续性意味着维持乃至增加人类福利的自然资源基础。换言之，各类自然资源在发展过程中不发生储量下降和其他类型的损失，这才是可持续性。

经济定义不回避某些可耗（非再生）资源终有一天会被用完的可能，也不主张将可更新资源储备起来。可持续简单的经济定义是，把自然资源基础保持在某一水平，使未来时代至少能获得与当代同样的产出。这就要求再生性资源的更新能力不至于下降，非再生性资源或其储量能够稳定，或能得到其他资源的有效替代。此外，还要求净化污染的能力与污染排放之间达成平衡。乐观的经济学家认为，随着知识的积累，人力资本的增长，产业和生活的技术进步会创造新的资源，会解决污染问题，从而寻求积极的可持续发展战略。

因此，发展中国家也需要在不可持续发展模式与可持续发展模式之间进行选择，要利用产权、价格机制、税收杠杆、技术进步、可持续发展教育等手段，选择可持续发展的现代化道路。

（8）经济发展过程中的内外关系模式。一个国家和地区，在工业化过程中，或多或少地要与外部经济相联系，依据程度的不同，被区分为内向发展模式和外向发展模式。与之相应，在国内发展与对外联系的关系上，有进口替代型的工业化道路，也有出口导向型的工业化道路。早期的一些发展经济学家认为，结构转型期的经济发展在资源配置方式上，实行计划经济为宜；还有一些经济学家特别是拉美的一些经济学家认为，在世界经济体系中存在着发达国家中心和发展中国家外围两个体系，发达国家制造高端产品，发展中国家出口资源或者低端产品，发达国家利用技术和市场等优势，通过不合理的价格体系转移发展中国家的利益。为了避免这一对发展中国家不利的贸易格局，发展中国家应当采取进口替代的工业化战略，即发展自己的工业，将国内需要进口的产品，由自己的工业生产来替代。

当时许多国家的发展走了这样一条进口替代的工业化道路。特别是中国，虽然我们理论上没有受当时有这种思想的发展经济学家的影响，但是，实际上自力更生，自己建立自己的工业体系，对外贸易量占 GDP 比例非常低，走了一条典型的进口替代工业化的发展道路。几十年后的实践证明，凡是采取进口替代发展战略的国家，发展几乎都不成功。而日本、韩国、台湾、新加坡、香港等采取出口导向工业化战略的国家和地区，发展都非常成功。中国1978 年以后，对外开放，采取了出口导向的工业化战略，也获得了举世公认的成就。因此，对外关系的进口替代发展模式和出口导向发展模式，其利弊，今天也应当有所定论了。

（9）实现收入和财富分配公平的模式。社会主义制度的国家，包括走第三条道路的福利社会制度国家，因其核心的社会主导价值，收入和财富的公平，是其追求的目标；而资本主义制度的国家，也因社会稳定的需要，建立了以社会保障、公共服务、征收利得和财富税、转移支付等为手段的调节收入和财富公平分配的机制。

第二次世界大战后，许多殖民地和半殖民地国家相继独立，走上了工业化的道路，虽然经济都有不同程度的发展，人均 GDP 也有不同程度的增长，但是，贫富差距在许多国家中被持续拉大。当发展经济学家们在 20 世纪 60 年代中后期对前期的经济发展理论进行反思时，也提到要更加注意收入和财富的公平分配。但是，从各国的经济发展实践看，以基尼系数衡量，除了韩国、台湾等东亚发展模式较好地解决了公平问题外，拉美、印度和中国三种模式，都没有较为理想地实现发展中收入和财富分配的公平。

如何实现收入和财富分配的公平，其重要性除了在社会主义国家其核心价值追求的需要外，普遍地对各种制度下发展中国家的重要性在于，它是经济社会能不能持续稳定发展，能不能避免社会动荡危机的一个最为基本的条件。

实现收入和财富分配公平的各种理论，不论何种学说，都存在着重大的缺陷，尤其在各国经济发展阶段公平状况的比较研究上，还是一个空白。第一，学术界对各发展中国家和地区的收入和财富分配公平或者不公平，其综合的内在的形成机理，很少有比较研究，也没有进行理论上的说明。从各种模式的比较看，就东亚、拉美、印度和中国四大经济发展模式而言，东亚的韩国、台湾，包括结构转型较早的日本，在它们二元结构转型期间，基尼系数要比其他三大模式低得多。但是，学术界只有我在 2005 年底研究了此问题，并得出了这个结论。[①] 第二，有的学者认为，在经济发展过程

---

① 周天勇：《制度逆向安排：劳力剩余、失业严重和分配不公的深层症结》，《经济研究参考》2006 年第 44 期。

中，随着经济发展的不同阶段，基尼系数从低到高，再从高到低，是个倒 U 形状。学术研究上的放任，可能导致实践上的不作为。第三，传统的公平理论，拟通过生产资料的公有制，资源配置的计划经济，以及仅以按劳分配等途径实现社会收入和财富分配的公平，其后果是，生产力发展受到影响，经济生活低效率，最终形成平均的贫穷。第四，税收调节、转移支付、公共财政、社会保障、劳资关系等理论，都忽视了发展中国家农村与城市、农业与非农业、大企业大资本与小企业、资本与劳动等这样一些影响基尼系数深层次的内在关系。甚至，将大量的资源投入农村，而不转移农村剩余人口等这样的实现公平的方式，只能使城乡不公平情况持续恶化。

因此，发展中国家采取一些什么样的途径，在追求现代化的过程中，也追求全体人民收入和财富的公平分配，让全体人民分享发展的成果，是经济发展模式需要研究的重要内容。

（10）政治体制与经济体制的选择和组合模式。过去的发展经济学对一个发展中国家在其二元结构转型期间，采取什么样的国家治理模式与什么样的经济体制相组合，没有进行深入的研究。主流的学者们曾经认为，发展中国家在政治体制上，只有学习西方发达国家，建立或者向着民主政治制度转型，才能保证经济的长期发展。

第二次世界大战后，印度采取了政治上的民主体制与经济上的计划经济（包括国家发展国有企业）相结合的模式，到 20 世纪 90 年代初的 40 年中，经济低速增长。拉美各国民粹主义的民主政治制度与威权主义的政治制度交替，国有和私有经济交替，而其经济增长较快速时一般是在威权主义政治体制阶段，而民粹主义政治盛行时，经济往往是低速增长时期。新中国成立后的前 30 年采取了计划与国有经济体制，与集中的政治体制相结合的模式，加上政治运动不断，国民经济增长的速度和质量等情况比印度还要糟糕。而改革开放以来的 30 多年中，采取了集中的政治体制与对计划和国有及集体经济体制进行改革，以及建立市场经济体制相结合的模式，经济获得了前所未有的高速增长。日本、韩国和台湾等地，二元结构转型期间，实际上实行的是政治上集中的体制与市场经济体制相结合的模式，国民经济获得了增长的奇迹，韩国和台湾等国家和地区很快进入了新兴工业化国家和地区的行列。而它们实行民主制度后，经济增长速度随即放慢。

特别需要指出的是，实行西方民主制度的菲律宾、泰国、巴基斯坦等发展中国家，示威游行、罢工罢市、军人政变、部落纷争等不断；政策法令朝令夕改，投资经商无所适从；重大事项各方制衡，久拖不决；政府参与推动经济增长的能力很弱，没有集中资源办大事的能力。实际上，政治上学习和实行西方民主制度的国家，发展大都不成功，有的国家甚至陷入了政治长期动荡和社会长期混乱的困境之中，经济发展缺少稳定的政治和社会环境。

但是，需要明确两种情况：一是政府强力参与和推动经济增长，要与政府代替社会和市场推动经济增长区分。如韩国的政府，在产业计划等方面，进行了强有力的干预，但是，它并没有代替民间投资和市场的作用。二是政府强力参与和推动经济增长，要与政府规模和权力需要严格控制结合，防止供养和税费负担太重，防止政府各部门在审批、监督等管理经济活动时的寻租行为，进而影响和抑制创业、投资和企业的经营。

因此，发展中国家在它们二元结构转型的期间，政治体制和经济体制各自模式，及其二者如何组合的模式，对其发展至关重要。

从上述讨论可以看出，发展模式，就是发展中国家从落后的农业国家向发达的工业化国家转变过程中，主要在上述十个方面所采取方式的总和，也就是其追求现代化所走的总的道路。

二 1978 年以来中国道路的成就、失误和问题

新中国成立初期，在发展道路方面是不清楚的，原因在于没有理解发展的真正含义。比如，发展的核心含义是二元结构的转型，中国改革开放前的 30 年中，实际阻碍农村社会向城市社会的转移，是反城市化和二元结构转型的，客观上也就是反发展。比如，"文化大革命"中，将发展生产力看成是唯生产力论，是修正主义道路。再比如，发展经济学的结构转型中，包含一个很重要的内容，服务业比重的持续提高；而过去的理论则认为，服务业不创造价值，是分配剩余价值的部门，在核算上不进入国民财富，在体制和政策上限制其发展。

新中国成立后的 30 年，我们的党和人民，怀着巨大的热情，开始了中国现代化建设的事业。我们成功地拥有了原子弹，初步建立了独立的工业体系，在工业化的道路上取得了不少的成就。但是，就总体而言，由于我们在政治体制上虽然实行了共产党的集中领导，但是，无产阶级专政下继续革命，以"阶级斗争为纲"，政治运动不断，执政没有从革命斗争转向经济建设；经济体制方面，资源配置方式上实行了高度集中的计划经济，所有制结构上实行了一大二公的国有和集体所有制，效率低，没有活力，经济长期低速发展；对外关系上，实行了内向封闭的自力更生的发展模式。中国 1952 ~ 1978 年人均 GDP 年均仅增长 2.33%，同期日本为 6.69%，苏联也有 3.55%。各种文献研究的结果不一，据最悲观的文献计算，1978 年时，中国 GDP 仅占全世界的 1%；而麦迪逊的研究为 4.9%。人均 GDP 在 1978 年时，仅为印度的 2/3，排在世界各国和各地区中的倒数几位。

特别是在科技方面，我国科学技术进步对经济增长的贡献率，

1952～1957 年为 27.78%，1957～1965 年只为 8.24%，1965～
1976 年间更是仅为 4.12%。与韩国和台湾在科学技术方面的差距
拉大了 40 年左右。在现代化的进程中，我们被当时起点比中国还
低的韩国远远抛在了后面，也被我们自己的弟兄台湾远远抛在了后
面。[①] 这种发展道路，在 1978 年时，使国民经济陷于濒临崩溃的
边缘。

（一）改革开放以来的中国道路及其成就

怎么理解和概括改革开放 30 多年来发展经济学意义上的中国
发展道路？我认为，在理论和实践方面的内涵为：发展生产力，而
且强调了科学技术是第一生产力；改革了国有和集体经济体制，改
变了资源配置方式，用新的体制机制来推动经济发展；集中的政治
体制与逐步改革形成的市场经济体制相组合，既使发展有一个稳定
的政治和社会环境，又调动了经济发展的活力；逐步调整了农业与
工业、重工业与轻工业、积累建设与人民生活等方面的关系，使农
业与工业、投资与消费之间形成了较为良性的循环；实施了对外开
放战略，将中国大量剩余劳动力比较劣势转化为出口导向的比较优
势，同时也引进了资本和技术，强劲地推动经济的增长。这就是
30 多年来我们所走过的，称之为发展的"中国道路"，也可以概括
为发展的北京共识。

从 1978 年至 2008 年，中国经济以年均 9.7% 的速度增长了
30 年，国内生产总值从占全世界 GDP 的 1% 提升为 6%，贸易额
在全球贸易中几乎为零上升到 9%。我们不仅使 2.5 亿人口摆脱
了贫困，解决了 13 亿人的温饱问题，也使人均 GDP 从 1978 年的
224 美元，提高到 2008 年的 3200 美元。我们形成了有一定竞争

---

① 周天勇：《中国向何处去》，人民日报出版社，2010。

力的完善的工业体系；科技对经济发展的贡献，从 1978 年的 4%
提高到目前的 40%；一般公路里程、高速公路、铁路运输速度、
电力网络、互联信息网、移动通信等，都与 1978 年不可同日而
语。特别需要提出的是，这 30 年中，我们与其他发展中国家的发
展相比，是相当成功的，被世界发展研究领域称之为"发展的中
国奇迹"。[1]

（二）中国道路存在的问题和失误

从前面的分析可以看出，发展道路，是上述一系列发展方式方
法，以及各方面发展途径的组合。近年来，国内外学术界对发展的
道路，或者称为中国模式，给予了高度的关注，国内对发展方式也
进行了大量的讨论。那么，过去的中国道路，或者中国模式到底有
哪些问题，需要进行哪些调整？这里就此展开分析。

1. 发展道路的结构偏差和扭曲

从理论上讲，发展模式是经济发展的方式、方法和途径等，而
三次产业结构不合理，可能是发展方式不当的一个结果。因此，可
以这样说，一个方面的发展途径与另一个方面的发展途径不相协调
时，往往会造成预想不到的后果，结构偏差便是其一。中国经济发
展方面最大的问题是结构偏差和扭曲，主要表现在以下这样几个方
面。

三次产业的生产结构与劳动力就业结构之间存在着偏差和扭
曲。从表 2-1 的结构比较看，2008 年，第一产业就业劳动力比率
近 40%，其增加值比率只有 11.3%，也就是务农人员占全国 2/5
的劳动力，却只创造和分配了 1/10 多一点的国内生产总值；而第
二产业就业比率为 27.2%，其增加值比率却为 48.6%，工业只有

---

[1]　周天勇：《中国向何处去》，人民日报出版社，2010。

1/4 多的劳动力创造了近一半的国内生产总值。农业增加值占 GDP 比率持续下降，是工业化的一个趋势，如果农业劳动力转移过慢，农业生产增加值下降过快，其结果，就是农业劳动力和人口，其与非农业劳动力和人口收入之比会持续拉大。

表 2 - 1　2008 年生产结构与就业结构的偏差和扭曲

	总量	第一产业		第二产业		第三产业	
		数量	比例（%）	数量	比例（%）	数量	比例（%）
GDP（亿元）	300670.0	34000.0	11.3	146183.4	48.6	120486.6	40.1
就业（万人）	77480.0	30654.0	39.6	21109.0	27.2	25717.0	33.2
人均值（元）	38806.1	11091.5	28.6	69251.7	178.5	46851.0	120.7

资料来源：《2009 中国统计摘要》，中国统计出版社，2009。

发展水平、城市化水平和服务业比率之间的偏差。通过表 2 - 2 比较可以看出，世界平均水平，在 1995 年人均 GDP 2500 美元左右的国家，城市化水平已经达到 60%，服务业就业比率和增加值比率分别为 65% 和 55%；而中国 2008 年人均 GDP 3200 美元时，即在比 2500 美元高 700 美元的时候，城市化水平却只有 45.7%，比世界平均水平滞后了 14.3 个百分点；服务业就业的比率只有 33.2%，比世界平均水平低了 31.8 个百分点；服务业增加值的比率只有 40.1%，比世界平均水平低了近 15 个百分点。从要素结构配置的格局看，第二产业与其他产业相比，是资本较为密集型的产业，第二产业增加值比率高，而就业比率低，则资本所有者和国家分配的就多；而服务业是劳动密集型领域，其就业比率低，只能说明，劳动力在第三产业财富创造和分配较少。实际的后果就是，就业十分困难，资本所有者与劳动者之间的分配差距会扩大。

综合上面三次产业生产结构与就业结构的分析可知，我国城市

表 2-2　发展水平、城市化水平、服务业比率之间的偏差

	人均 GDP（美元）	城市化水平（%）	服务业就业（%）	服务业增加值（%）
中国（2008 年）	3200	45.7	33.2	40.1
世界（1995 年）	2500 左右	60.0	65.0	55.0
偏差		14.3	31.8	14.9

资料来源：根据周天勇《中国向何处去》（人民日报出版社，2010）整理。

化滞后。而城市化滞后导致人口居住的分散，使服务业发展缓慢，从而使第一产业中过剩的劳动力无法向第三产业转移。而劳动力就业不足，使劳动在 GDP 中的分配率下降，资本和国家分配比率上升，结果引起一系列的投资与消费比率失调，国内消费不足使国民经济对外依赖程度越来越高。

经济发展水平、企业规模结构、每千人拥有企业数量之间的偏差和扭曲。从世界各国企业规模结构与就业的规律看，一国企业的 97% 到 99% 为中小企业，劳动力的 65% 到 80% 在中小企业就业。这一点在中国也是如此。但是，中国与世界其他一些国家的差距在于，每千人企业数量将 5 个个体户折成一个企业，再加上注册登记的企业，2007 年按照国家工商总局的数据计算，中国每千人企业数量只有 11 个，而发达国家和地区一般在 50 个左右，发展中国家也在 25 个左右；中国大学生毕业后创业率前几年仅为 1%，这两年上升为 3%，但比发达国家的 20% 要低得多。

表 2-3　大学生创业率与每千人企业数量

	每千人企业数量（个）	大学生毕业后三年内创业率
中国（2007 年）	11	不到 3%
发展中国家	50	20%
发展国家	25	

资料来源：根据周天勇《中国向何出去》（人民日报出版社，2010）整理。

中国大学生毕业后创业率低和每千人企业数量少的原因在于，大项目、大资本、大企业、大的基础设施等，对于 GDP 和地方财政税收的贡献要比小企业来得快和规模大，地方党政领导重视大企业的发展，而忽视小企业的发展；政府管制和税费负担方面对小企业发展不利；由于中国社区小银行发展不足，小企业融资非常困难，几乎没有融资的渠道；大学教育和社会经济发展严重脱节，学习内容中毕业后没有用的知识较多，学生接受的大多是灌输式的教育，而不是案例式的教育，创业和创新能力都较差。

在企业规模结构上，能大量吸收和容纳劳动力就业的小企业数量相对较少，导致农业剩余劳动力转移缓慢，城镇实际失业率较高，劳动要素在 GDP 创造和分配中的比率较低，居民收入增长比资本和财政收入增长慢，农业剩余劳动力多导致城乡收入差距较大，因失业、低收入和贫困的人口多，故居民间的收入差距也较大，劳动要素分配比率低又导致消费能力弱，投资和消费的比例失调，生产的出口依赖性较高。

经济发展总量与产业竞争力之间的偏差。中国 GDP 虽然在2010 年已经超过日本位居世界第二，但是，根据 IMF 2010 年发布的数据，日本人均 GDP 在世界 200 多个国家和地区中排名第 16位，而中国是第 99 位。2010 年日本人均 GDP 为 39573 美元，大概是中国的 10 倍。中国 2009 年人均 GDP 为 3677 美元，与阿尔及利亚并列世界第 99 位。非洲有 11 个国家人均 GDP 超过中国。2009年我国对外贸易进出口总额为 22072.7 亿美元，排在第三位，2010年超过德国。2009 年中国外汇储备达到 2.399 万亿美元，占全球储备比重达到 30.7%。作为 G7 成员国的日本，外汇储备约有 1 万亿美元，是第二丰厚外汇储备的国家。而美国的外汇储备只有 454亿美元，较尼日利亚（430 亿美元）仅多出 24 亿美元。

但是，中国的经济总量与质量和竞争力之间存在着较大的偏差。一是技术进步对经济增长的贡献率在40%左右，比发达国家的65%左右仍然差距较大，一些企业的研发水平、专利储备、技术工艺、装备程度、集合能力等，和国外同类企业比，差距也很大。整个工业的总体技术水平还有待于提高。二是在产业组织上，一些应当提高集中度的行业，存在小、散、乱的情况，国际上没有竞争优势。比如，我们的钢铁行业，企业平均生产规模比世界发达国家水平低得多，在与铁矿资源进行价格等方面的谈判时，没有整体议价地位和力量。三是工业体系在标准化方面水平还很低，国内产业标准建设方面也滞后，在对外贸易中，常常被国外同类产品的标准体系所阻碍，出口竞争力较低。四是国内工业中大量使用农业转移的劳动力，文化、技能和智能等素质都较低，导致生产规程、标准不能被很好地执行，生产和产品的质量由于劳动者的素质较低而受影响。这些偏差致使中国在世界贸易中有核心竞争力的产品较少，出口产品总体上附加价值较低，出口容易受标准、低碳、环保等贸易保护主义措施的不利影响，还有一些产品消耗了我们的资源，污染留在了国内。贸易不平衡，人民币相对升值和美元相对贬值致使贸易顺差外汇收入受损。

当然，还有其他方面的结构问题，但其中有的是上述四个结构偏差和扭曲的关联和衍生问题。

2. 中国发展道路的失误和风险

从30多年后的今天看，1978年改革开放以来的中国道路，存在一系列的问题：资源消耗过大，生态环境恶化，高投入和高排放，不可持续；第三产业没有得以相应地扩张，劳动密集型的小企业发展不足，使得GDP比率日益下降的农业领域中，以及一部分工业领域中，沉淀了巨额的剩余劳动力；农村人口大量地向城镇流动，但是，进得来，安居不下，由于许多新生代农民工农村回不去了，城市中又没有贫民窟，而体面的住宅房价太高而购买不起，将会形成大规模危险的漂移人群；城乡收入、居民收入和地区发展三大差距持续扩大，至今对其形成的原因和对策，没有达成共识，也还没有什么很好的解决方略；从对外关系看，虽然我们通过出口导向的发展战略，利用了大量剩余的劳动力资源，变成了经济财富，但同时，由于美元等国际性货币发行的铸币税效应，加上美国对高技术产品的封锁，我们消耗劳动力、土地、生态环境，以及高耗能和高排放形成的出口产品，相当部分只能以发行的美元来平衡，我们再去购买美国的债券，将其借给美国投资和消费，而长期来看人民币处于升值趋势，美元又处于贬值趋势，导致出口导向型战略代价巨大。

回过头来理性地看，在过去 30 年的发展道路中，我们也无意识地造成了全局性、积重难返和可能影响深远的四个重大的失误。(1) 没有及时推进城市化。没有认识到发展就是人口在地理上集中和城市化的过程，没有及时地解除人口流动的制度约束，甚至在一定程度上有意无意地阻碍了城市化的进展，导致在人均 GDP 3500 美元的发展水平上，比其他同样发展程度的国家，城市化水平滞后了 20%～25%，并且今天 30% 的农村劳动力和 54% 的农村人口分配 10% 的 GDP，城乡差距日益扩大；农村人口的分散使得服务业难以发展，增加值占 GDP 比例滞后 20 个百分点，就业比例滞后 30 个百分点；虽然农村人口净减少 6000 余万，但 30 年来村庄扩大却又占用了 2 亿亩耕地；而人口的分散居住、生活和生产，包括生活和生产的化学化，对生态环境形成了巨大的破坏。(2) 改革选择了一种在客观上剥夺农民利益和推高房价的土地和房屋制度。集体土地征用为国有的不平等体制，使同地不能同价，农民利益受到侵害；高度行政寡头垄断型的卖地制度，加上"招拍挂"，以及一次出让 70 年的体制，使得地价轮番上升，财政收入长远看不可持续，并且使地方政府财政依赖不断在土地面积上扩大城市；使城镇需要房屋的人群，85%到90%买不起住房，结果是农村人口的城市化进得来，留很难。（3）对能解决中国最头痛的就业问题的小企业的发展，一开始没有引起高度重视，体制和政策上没有支持，甚至加以种种限制。由于意识形态方面的原因，开始对小企业，也即个体私营经济加以限制，后来作为补充，然后又改为引导发展，到党的十六大时，才确定为各种所有制共同发展。20世纪90年代中期至2008年，国有经济就业岗位从8000余万个减少到3000万个以内，集体经济（即国有企业附属的大集体、街道企业、城市中的第二轻工企业、供销合作社等）岗位从5600万个减少到600万个。《劳动合同法》实施后，由于劳动成本的上升，许多企业用机器替代劳动力；大工业企业的资本有机构成提高，用越来越少的劳动力，推动越来越多的资本。而观念、战略、体制和政策对小企业的发展极为不利。到2009年6月，中国每千人拥有的企业数量，只有12个，而东亚的日本、韩国和中国台湾地区却为50个左右。30年来，小企业发展，包括99%以上是小企业的服务业的发展，与中国大规模从农村中转移出来的，大规模从中高等学校毕业的需要就业的劳动力人口相比，极不适应。以致我们的实际失业问题非常严峻。（4）在保持中国共产党领导的集中的政治体制的同时，没有设计和建立"预算—编制"联动体制，没能从制度上控制住需要供养的党务行政事业机构和人员规模的扩张，没有将党务行政事业的收钱和花钱管住。其结果是，政府财政实际全部收入占GDP的34%左右，高出发展中国家财政收入应占GDP比例上限约9个百分点；党政以及行政性事业支出占财政支出的44%左右，比发展国家行政公务支出最高限19%，竟然高出25个百分点；税收痛苦指数排在全球第二位，企业的税费负担很重。关键是，这样沉重的税费，严重影响了人们的创业、投资、经营，特别是严重抑制了小企业的发展，以致就业容量难以有效地扩大，实际失业率很高，中等收入的人群相对较少，因失业而贫困的人口较多，收入差距扩大和贫富两极分化很难加以控制。

不难看出，未来我们需要对发展方式，也即中国过去的发展道路进行重大的调整，选择较为科学的发展道路，并且坚决推进重大的比如财税体制的改革，才能在 2040 年，特别是 21 世纪中叶时，建成一个资源节约、社会安定、国强民富，并具有全球竞争力和生态环境良好的现代化国家。

学界在总结中国道路时，有各种各样的论述。实际上，30 年前就在发展经济学的意义上规划了一条较为科学发展的"中国道路"。目前学界总结的中国模式，只是因为它获得了高速的增长，也不过是中国在前 30 年发展过程中正确的选择方面。实际上，社会随着技术进步、人口流动、教育进展、文化交流而不断发生变化；在发展的不同阶段上，人们的需要也不同。因此，新的社会问题，随着时间的推移，社会日新月异，新问题层出不穷。人们在发展道路的认识和调整方面，也是无穷尽的。然而，一些要害的问题认清后，人们可以对一个国家和民族未来较长时期的发展道路进行大体的设计和规划。

三　中国发展道路需要深度调整

我们对中国过去 30 年发展的模式，也即改革开放后到今天的中国发展道路，总体上应当进行肯定。从未来 30 年讲，我们对发展要有信心，如果不出大的问题，如果我们继续像前 30 年那样发展下去，我们的经济总量，毫无疑问会超过美国，成为第一经济大国。但是，我们也要清醒地看到目前发展模式的风险、偏差和问题，并及时进行调整，防止任何不负责任的拖延，并跌入模式陷阱。

（一） 避免发展的"中国陷阱"

我们到了一个发展道路的十字路口。十字路口，就是运动物处在要选择方向的路口，或者向东，或者向西，或者向北，或者向南。什么叫现代化道路的十字路口？就是一个国家，或者一个地区，在它现代化进程中一些关键的时刻，在发展模式、体制机制、制度模式等方面，可能有数个选择的方向，对于它来说，关键在于，是不是认识到需要进行方向性的调整？往哪个方向进行调整？如何实现方向性的调整？

如果在这样一个十字路口选择不当，就会跌入发展模式的陷阱。学者们大量地讨论了发展的"拉美陷阱"。一个国家，或者一个地区，其发展的"陷阱"，就是因发展道路的选择不当，陷入长期的经济低速增长、社会动荡、秩序混乱、人民困苦之中。那么，如果现代化道路选择不当，未来是不是有一个发展的"中国陷阱"呢？我认为，是有这个可能的。那么，发展的"中国陷阱"是什么样呢？与"拉美陷阱"相比：一是如果继续偏重工业发展，偏重大企业、大资本、大项目对增长的推动，忽视服务业的发展，由于中国人口众多，剩余劳动力规模很大，将会形成比拉美更加严重的失业和社会剧烈动荡的局面；二是如果城市化进程继续滞后，如果农村人口和农业剩余劳动力向城市转移过慢，而农业生产增加值占 GDP 比率下降速度过快，再加上资本分配能力较强的大工业和大企业发展过多，而能增加就业和增加居民收入的小企业发展不足，加上不开征财产税，则基尼系数会上升到与拉美一样的水平，甚至最终会超过拉美，分配不公将引起社会的极不稳定；三是如果目前的房地局面得不到改善，与拉美不一样的是，由于居住成本太高，农民进得来，但留不下，向城市转移的农民，青年时到城市工作，居住条件很差，人口在城乡之间剧烈流动，中老年失去工作能力回农村，农村老龄化将快于城市；四是中国与拉美不一样的，国土面积较大，是一个多民族的国家，如果在平衡地区发展差距方面没有有效的办法，地区发展差距继续拉大，则地区和民族矛盾冲突会激化和加深；五是与其他跌入陷阱的国家和地区一样，经济发展方面，可能发生中断，或者大起大落，陷入长期的低速度增长，甚至停滞，人们收入增长速度缓慢；六是财政金融体系方面，可能负债很高，赤字高企，形成房地产泡沫，潜伏很高的金融风险，发生金融动荡和金融体系的崩溃。①

我们需要对中国现行发展道路和模式进行识别和诊断。道路，或者模式识别，是对不同途径，或者不同模式，从发展角度讲，就是对发展格局组合或发展道路等，进行比较和归类。比如，中国发展道路在城市化、工业化、产业升级、对外开放等前面所述的 10个方面，既有与世界其他国家共同之处，也有中国自己的特点。但是，有时候以为是中国特色的，或者是别国已经走过的道路，并不一定是正确的，或者是最优的。这就需要对发展模式进行诊断，看发展的格局组合是不是合适，发展的道路有无偏差，是不是最优，应以此为据进行矫正。我在《中国向何处去》一书中，就中国发展模式，既从政治体制与经济体制的组合、资源配置体系的转型、产权制度的改革、对外开放等方面分析了 1978～2008 年国民经济高速增长的来源，也从城市化进程和道路、土地和房屋制度、就业与中小企业、供养规模与税费负担等方面进行了讨论，诊断其可能会导致就业、住房、收入分配等方面的重大问题和后果。并指出，目前发展的中国道路已经到了一个十字路口，需要调整。

那么，怎么调整呢？调整发展模式重要的是，进行发展格局组合和发展道路方面的思路考虑和战略设计。模式调整，也就是在模

---

① 周天勇：《中国向何处去》，人民日报出版社，2010。

式识别、模式对比和模式诊断的基础上，发展格局组合和发展道路的调整，首先，需要有个调整的大的思路。思路是根据诊断而来的，要科学和清晰。因此，对发展模式最重大问题的深层次分析，最为重要。分析不透，甚至分析错误，思路就会发生问题，发展模式的调整，就可能会发生方向性的错误。比如，缩小城乡居民收入差距，一种思路是对农村、农业加大投入，忽视城市化的推进，以农村和农业本身为重点来解决问题；另一种思路是推进城镇化，通过转移过剩农业劳动力和人口，从而一方面提高农业劳动生产率，一方面减少农村剩余人口，让他们转移到其他产业中去。这是完全不同的两种思路。从世界各国第一、二、三产业变动的规律来看，农业生产增加值占 GDP 的比率是不断下降的，工业和服务业增加值，特别是服务业增加值占 GDP 的比率是不断上升的。这是一个人们无法抗拒的经济和社会发展规律。因此，从人口和劳动力的结构看，也需要不断地向城市转移，在工业，特别是在服务业中就业的劳动力比例要不断地上升，以适应这样的客观规律。如果我们在思路上只注重加大对农村和农业的投入，而不注意转移农村和农业中的人口和劳动力，如前所述的，就会发生生产结构与就业结构的偏差。

（二）发展道路的调整

科学的思路确定之后，就需要根据思路，制定综合性的发展战略，包括发展道路调整的战略。这里需要特别指出的是，有时候，发扬民主会得到科学的结论、战略和政策；有时候，发扬民主并不一定就会得到科学的结论，可能会选择不科学的发展模式。比如，在印度，当政者、学者，甚至普通群众，都知道计划生育，控制人口，对处理印度人口、资源、生态和环境等方面的关系大有益处，但是，因为文化传统和民主体制而实行不了。比如，拉美的福利早熟导致金融危机，但是，在民主选举制度下，候选人一味地承诺，用来拉选票，明知过度地搞福利是不科学的，但也得顺着这条路走下去。因此，在发展模式的选择上，或者实际进程中，民主并不一定导致科学的结论或者结果。但是，政治体制集中时，如果决策不科学，或者决策带有某种不合理的利益倾向，也会发生重大的方向、道路、战略和政策问题。

道路选择及调整，最终要落实到战略上来。比如，要选择城市化的道路，制定推进城市化的战略。（1）一个国家总的发展道路的选择，及其发展模式的调整，应当是整体的，应当是综合性的。模式选择也好，模式调整也好，整体上应当选择包括城市化、工业化、发展对外关系、农业现代化等各个方面的发展模式和发展道路，并以此制定诸方面的发展战略。一个国家科学和可行的发展模式，或者模式调整确定后，先是将其落实为总体战略和协调的分战略，也就是说要根据所选的发展模式制定发展战略。（2）需要指出的是，道路调整，发展战略的综合性是非常重要的。综合性，就是不同方面的发展方向、发展道路、发展战略，需要相互衔接，互相协调和配套。许多国家发展模式的问题，往往出在不同方面之间的相互矛盾、相互错位上。（3）需要提醒的是，在许多发展中国家中，常常发生这样的问题，即所选择的发展道路与每个阶段和第一年的发展战略、规划和计划相脱节。实施所选择的发展道路，包括对发展模式进行重大调整，需要一个阶段、一个阶段的发展战略和规划去落实；一个阶段中，需要一年一个计划地去落实阶段性的发展战略和规划。

道路确定，包括道路调整，在制定战略、规划和计划后，很重要的是需要有相关实施的体制、机制和政策，并且，要有组织地执行。因此，执行组织、计划、措施、检查、评价反馈、再调整等，必须有后续的程序，执政党、中央政府和各级地方党政需要有执行力。许多发展中国家的缺陷在于，可能他们也知道某种道路是正确的，或者制定了模式调整的构想和战略，但是没有执行力，落实不了所选择和所调整的发展模式和发展战略，实施不了发展模式的调整。从中国来看，比如，我们看到建设创新型国家，鼓励自主创新，提高中国经济和其他方面的国际竞争力，是中国发展道路非常重要的一个组成部分。但是，整个国家，在落实建设创新型国家战略方面，可能还存在着体制机制和政策不到位的问题。这就是人们说的"说得多、说得好，但做得少、实现得少"的现象。也就是说，执行力不到位。

总之，我们需要对我们正在运行的发展模式，我们正在走的发展道路，进行评估、比较、识别和调整。而未来30年中国发展模式，即各方面发展组合的格局，发展的道路，要对其进行深度调整。首先，需要总体的思路和战略设计；其次，需要制定总体的发展战略、各方面协同配套的分战略、各阶段的发展战略，以及年度实施计划；再次，还需要有实施模式调整、发展战略、发展规划和计划的体制、机制和政策。这是一个有机联系的体系，缺一不可；否则，要么发展模式不清晰，要么确定模式调整、战略、规划、计划后，落实不了，即执行力太弱。

四 中国道路的关键在于坚决推进改革

最后需要指出的是，发展道路的调整，往往受到路径依赖、利益梗阻和体制机制不顺等方面的干扰。因此，发展道路的深度调整，需要解放思想，需要改革体制、建立机制和设计出台系统的政策，需要落实和实现，对其将在后面进行深入的探讨。

（一） 最紧迫的是放宽创业就业的改革

实现中国梦，亿万人要从农村到城市，他们干什么？最关键的是鼓励亿万人就业，而就业最关键的是需要创业，需要开办企业，以创业带动就业。城市人梦和创业及就业梦是二位一体的理想，缺一不可。这是中国数亿人城市化，以及奋斗和争取幸福生活的最主要的途径。中国的大企业，集中度不够，技术装备水平还有差距。但是，中国发展中的第三大结构问题为企业规模结构中小企业发展数量不足，每千人拥有企业数量为发达国家和东亚一些国家及地区的1/5左右。它们为50个左右，我们仅为12个左右。这也是我们就业困难在企业规模结构方面的一个深层次原因。

中国由于人口众多，劳动力规模庞大，最为迫切的是解决几亿人的就业问题。有就业，才能有收入，才能有劳动力需求拉动的工资增长，才能有支出能力，人民的生活水平才能有最基本的保障和提高。没有就业，一切便无从谈起。大企业和小企业在经济和社会发展中有着不同的功能：大企业强国；小企业因容纳劳动力较多，能够解决就业，增加收入，富裕人民，安定社会。小企业发展不足的社会，必将是失业率高企、人民生计困难、矛盾冲突激烈的社会。没有创业和就业，中国梦就实现不了，人们关于创业和事业的理想就会化为泡影，希望就会变成失望和怨恨，社会就无法稳定。因此，创业和就业，既是社会和经济发展的活力，也是社会稳定的基础。

如果党和政府想给亿万中国人实现他们奋斗的理想，应当高度重视小企业的发展，制定战略，创造人们创业的体制和政策环境。应当制定一个小企业十年发展战略，并上升为国家最高级别的国策。国家发改委一项最重要的工作，就是协调各方面的体制和政策，促进小企业的发展，增加就业，降低失业率。因此，建议把目前在工信部的中小企业司，升级为高半格的小企业局，重新划为国家发改委的一个机构。并建议废除目前不反映真实情况的城镇登记失业率统计指标，改为调查失业率指标。

鼓励创业，发展小企业，有一个宽松的体制和政策环境非常重要。要进行一系列的体制改革，出台一些相关的政策：放宽小企业的注册登记等市场准入，允许非登记备案制的个体和小企业存在，适宜于住宅中创业的要允许；大规模清理政府各部门和各行政事业性机构对小企业的收费罚款项目；改革规范收税方式并减轻税负；严厉规范政府各部门及其行政事业性机构的行为，防止寻租情况发生；在中央与地方分类分层进行银行监管的基础上，大力发展社区小银行，并限制它们的规模，为小企业进行融资服务。其他还包括，给小企业发展提供一定的土地和场所；改革教育体制，发展职业教育，开设创业课程；劳动、财政、民政等部门对创业培训进行支持；建议废除目前原则性很强，但几乎没有用的《中小企业促进法》，制定一部实用的《鼓励创业和促进小企业法》。

三个最为重要的方面是：一定要在工商、环评等各方面审批和监督管理体制上让开办和经营企业有宽松的环境，不要让想创业的太难而却步，办了企业的因繁多的交叉混乱执法而倒闭；一定要大规模地清理政府和行政性事业机构的收费，切实给创业和能增加就业的小企业减税，不要让微型和小企业因税负负担太重而停业和破产；一定要打破金融垄断，大力发展社区小银行，使微型和小型企业能融到资，不要因这些小企业或者在高利贷、地下钱庄、黑社会那里融资而成本太高，发展艰难，资金链断裂而破产，或者根本就贷不到款。如果工商等注册审批制度不进行深入的改革，对创业设置的审批和核准还是太多；如果不将一些收费的政府和行政部门用财政拨款供养起来，质监、环保、卫生防疫、路政等部门就会想方设法从微型和小型企业中收费；如果金融体系还是大银行，还是在办不伦不类的所谓的村镇银行和小额贷款公司，而不发展确实能给微型和小型企业贷款的社区小银行，那么，数亿人的创业、就业之梦，数亿人的富裕之梦，中国社会的安定，将一定会葬送在注册审批、高昂的税费和僵化垄断的金融体制上！如果真出因高失业和人民生活困难而造成社会动乱的大事，我们还能追究这些方面死守部门利益而拒不改革、拖延改革和变相改革者的责任吗？

（二）最核心的是财政税收体制改革

中国梦，与政府有关的是，人民将收入的一部分纳税，交给政府，应当交多少，如何交？政府得到交纳的税收后，要向人民提供公共服务，要进行国防、外交等支出，政府要组织社会保障体系的建设，还要对不发达地区和低收入者进行转移支付。当然，政权本身也要费用维持其运转。关键的是，支出中，多少花于公共服务等项目，多少花于政权本身的运转。

财政税收体制改革，是中国体制改革的核心，它既涉及经济体制和机制，又与政治体制有关。而未来许多经济社会问题的解决，财政税收体制改革是一个前提。然而，财政税收体制改革又是一项艰难的改革，因为它关系到每个居民、各自阶层、党政及行政性事业机构等各个方面的利益。因此，改革有理想的方案，但是最后在各个利益方面的博弈下，会妥协成什么样的方案，会妥协成什么样的结果，还是一个未知数。但是，可以确定地说，没有财政税收体制的改革，就没有中国改革的未来，中国也很难建设成一个公平、正义、善治的现代国家。

应当尽快调整和改革税制结构，鼓励创业和就业，抑制炒买炒卖、靠资产食利、浪费资源、污染环境等行为。中国目前的税收结构，主要征税对象为企业，深究起来，我们实行的是一种鼓励依靠资产食利，鼓励污染和浪费性使用资源，而不鼓励创业和创造财富的税费政策。这种税费结构，从结果看，与社会主义共同富裕价值理念，与科学发展观，根本上是相悖的。因此，改革措施可选择：一是个税累进税率逐级下调，最高降低至30%。二是开征财产税，主要征税对象为房产和其他不动产，继承遗产和接受赠与。三是开征资源和环境税，有重点地开征各种资源税，包括使用空间（如航空线路和无线频道等）资源税，将目前一些从量计征的资源税改革为从价计征，并提高资源税的税率；开征环境税，包括企业的各种排放税，家庭的排污水费和垃圾处理税；等等。四是改革目前地方政府的房地财政收入渠道。废除目前的土地和房屋财政收入体系，将其替换为向土地和房屋交易征税，向房屋保有环节征税，开征房地产交易增值税和房产税。

目前，全部政府实际收入占 GDP 的比例高达 34% 左右，党政公务支出比例占全部政府支出比例的 40% 左右。按照发展中国家经济的负担能力，以及与大部分发达国家行政开支相比，比例显然太高。（1）考虑中国还是一个生产力并不发达的发展中国家，考虑收入在政府、居民和企业中的合理分配，特别是改善居民分配比率过低的状况，政府在中国还没有进入发达国家行列之前，其全部收入不得超过 GDP 的 30%。在这样一个严格的法律指标限定下，处理好财政收入增长与 GDP 增长速度的关系，处理好国家收入增长与居民收入增长的关系。财政年收入增长速度，在财政收入不得超过 GDP 30% 的红线下进行安排。（2）修改《预算法》，将党政公务及行政性事业开支比例不得超过 15% 作为一项法律规定确定下来；并且，还需要制定和颁布一部《国家政权和事业人民供养法》，使国家政权机构和人员的无限膨胀受到法律的约束。

应当将党政及行政事业开支比例，从目前的占总支出 40% 左右，逐年压缩 2 个百分点，到 2021 年时，争取使这一支出比例下降到 18% 的水平上。即使这样，这与发达国家中政府行政公务支出最高水平的国家相当。党政及事业单位的"三公"消费，特别是用车制度的改革，这样一个人民意见很大的问题，其体制十几年得不到改革，而且问题越来越严重。这无论如何是说不过去的。

"十二五"期间，我们的党，我们的人大、政协，我们的政府，能痛下决心，能有勇气，能有魄力，来坚决推进这方面的改革，以消除社会深恶痛绝的顽疾吗？我认为，财政真正民主化，真正公开并阳光化，限制政府收入的上线，限制党政公务和行政事业开支的比例，是解决"三公"问题的最好的途径。

社会主义政治文明的重要特征之一是人民当家做主。在社会主义社会，公民将自己的一部分权力和财力让渡给国家后，对公共权力是怎样运用的，特别是钱是怎样花的，需要有一个极为透明的制度来满足公民作为纳税人的知情和监督权益，这是社会主义制度下，人民民主的一项最基本的权益。因而，财政是不是公开透明，是不是由人民来批准和监督，是反映社会主义政治文明的重要标志。因此，未来要完善人大和政协财政预算方面的审查机构，形成科学的辩论审批程序，特别重大事项应当举行社会听证，各级政府的预算，除涉密的，一定要详细公布，以接受人民的监督。

（三）绕不过去的是土地制度改革

近年来，各地进行村庄整治，为了从农民的宅基地获得建设用地指标，在土地拆迁、占补平衡过程中，一方面确实给建设腾出了很多土地，但另一方面也造成很大的社会矛盾。从法理上讲，拆迁条例和物权法是矛盾的，拆迁条例强调公共利益，物权法要保护私人财产，两者是矛盾的。现在看，发展经济，推进城镇化、工业化，搞建设，没有土地肯定不行。目前村庄的占用面积大概为2.7亿亩，大量的土地被村庄低效利用，土地浪费很大，而且村庄占用的都是很好的耕地。如果能从中整理出1亿亩土地的话，对我们节约耕地，推进城市化意义非常重大。

然而，拆迁条例和物权法有冲突，节约土地和土地拆迁有矛盾，两难问题的形成，根源在国有集体土地制度和土地征用制度。

这种土地制度近期导致地方政府圈地、囤地、卖地的积极性高涨。把 50 年、70 年的租金一次性收起来，一年内花掉，现任领导不管下任的发展条件，财政收入是不可持续的。城市建设总有结束的时候，根据我们的研究，到 2040 年，假定中国有 15.5 亿人口，80% 住在城市里，需要 1.8 亿亩土地，现在城市建设占地 7600 万亩，还需要增加 1.1 亿亩。土地总有饱和的时候，城市总有建完的时候，建完以后，土地财政就枯竭了。地方政府今天热衷于圈地，未来财政肯定要枯竭，未来也很可能导致全国性的财政危机。

现在拥有住房的城市居民的土地使用权最长 70 年，实际上就是交了 70 年的租金，并没有真正的产权。问题在于 70 年以后怎么办。土地出让 70 年、50 年，按当时的低价收取土地出让金，对企业而言，工业用地有不同的地价，有的 3 万元，有的 5 万元，工业用地最高也就 20 万元，因为不是财产，只能按无形资产在会计账目上进行分摊，分摊到 70 年以后，1 亩地按照历史价格是 3 万 ~ 20 万元，但是 70 年以后地价可能是 3 万 ~ 20 万元吗？涨十倍，甚至百倍都是有可能的。按照土地法的规定，企业再使用，必须再进入土地出让程序，再交纳土地出让金。如果不缴土地出让金，企业就得关闭，实际上企业是交不起的，到那时，企业会发生大规模的破产、倒闭，大量的工人会失业，形成严重的社会动荡和危机。

同理，居民住宅到期后，也会面临重新交纳土地出让金的尴尬问题，否则使用权将收归国有。实际上一个住宅楼中有退休的，有失业的，有低收入的，数亿居民别说是到期地价上涨的款额，就是目前这样高的出让金，都是交不起的，如果国家强制执行，会使大量居民流落街头，无家可归。另外，如果所有企业和个人都交不起，国家就不收了的话，国有土地制度就形同儿戏。因此，目前土地国有的有关条款，或者是一纸废文，或者是导致动荡的导火索。

目前的土地管理制度在未来可能导致财政的不可持续，在金融系统内会导致大量的呆坏账。因为很多企业有负债，企业倒闭，贷款就还不上了，包括一部分居民，如果银行有住宅抵押的贷款，如果使用年限到期，失去现在的使用产权，则也会形成呆坏账，最后导致银行金融危机，货币体系不稳，形成经济危机。

值得特别注意的是，现在城市居民的住房有产权证，农村居民的宅基地没有产权证，城市居民可以用自己的住房抵押贷款办企业，但农村居民的宅基地却不能抵押入股变现，不能使他的资产退出后成为购买城市住宅能力的一部分，也不能成为到城市创业资本的一部分。而中国台湾、韩国、日本的住宅可以交易，就可以换一部分钱到城市里办个小工厂，做个小买卖，可以买得起城市的房子。现在的土地管理制度把农民在城市创业、购买住房的资本来源给堵死了。我认为这是不公正和不平等的，制度设计上有缺陷。

从目前来看，房产税不开征不行，不征不能整治房屋的投机、土地的浪费和财政的不可持续，不能抑制贫富差距扩大。但开征也面临一个问题，现在的土地出让金废不废掉？出让金不废掉，又开征房产税，这是双重负担。这条路坚决不能走，否则老百姓负担就更重了。开征房产税和土地交易增值税的时候一定要废除土地出让金制度。然而，房产税是一种财产税，而使用权不是自然人和法人拥有的财产，70年只是租金，不能以财产税征税，硬性开征，是违法的。如果开征，由于土地是政府的，国有土地上的房产税只能由政府自己交。这是一个土地产权法律制度上的两难。

更加严重的问题是，现在的收入流程为，从农民手中低价征地，或者从其他使用城市国有土地的法人和自然人手中拿地，再倒卖出去，推高地价和房价，政府从中获得收入，实际上是向低收入的农民和没有房子要买房子的个人手中筹集政府的收入，而不对已经买了房屋的有财产的人征税，是一种典型的"抽瘦补肥"的地方财政收入制度。这种体制的后果是，房屋因涨价而成为一种投资和投机品，住房的多套率和空置率上升，土地资源将形成极大的浪费。

那么，如何改革呢？首先，废除政府垄断卖地的格局，取消土地的行政"招拍挂"。所有的集体土地，国有土地，不管什么性质，不管是法人拥有还是自然人拥有的土地使用权，都平等地进入农地、建设用地等交易市场，改变土地供应的行政寡头垄断，平等入市。我们坚决不能走土地私有化这条路，但要在市场经济体制下，创新土地使用权和财产权的实现方式。其次，为了便于土地制度改革的推进，在保持土地国有和集体性质不变的前提下，延长土地使用权，林地、耕地、改造过的沙漠盐碱滩涂地，其使用权定为1000年；农民宅基地、居民住宅用地500年；工商、金融等企业用地300年，形成近似土地财产权。再次，对上述土地的长期使用年期进行确权发证，不论集体土地年期，还是国有土地年期，法律上均视为一种近似财产物权，有继承、交易、抵押、入股、出租等所有财产的物权属性。最后，政府不再收取土地出让金，以及取消在土地开发和商品住宅方面的各种税费，合并一些税项，改为征收土地房屋交易增值税和房产税。总之，改革思路可概括为：延长年期，赋予产权，平等入市，以税代金。

未来彻底进行土地制度改革的局面为：形成竞争性的土地供应市场，降低地价；抑制房屋投机需求，平抑房价。形成未来政府永不枯竭和可持续的地方财政，防止地方政府圈地囤地、浪费使用土地，并防止通过土地财政扩张滥用土地。现在的土地财政是从低收入者手中收钱，低收入者买房，房价那么高，实际上是这些人贷款替政府纳税。改革后，将会防止现行土地及房屋等财产、财政制度形成的两极分化。使农民的土地财产化，能变现为在城市里创业的资本。避免城市居民无家可归，流落街头，防止企业再交出让金而倒闭引起大规模失业，避免社会矛盾激化。社会上游资越来越多，规模越来越大，用土地产权制度的创新，使改造土地的投资者有土地的长期使用年期，开辟了一条吸收社会资金的渠道，防止游资冲击房市、农产品市场等。

因此，要尽快改革现行土地管理制度，特别是"十二五"期间，要将其当做与财政税收体制改革一样重大的体制进行改革，只有这样，才能避免未来国民经济和社会发展陷入严重的危机，并良性运行和健康发展。

（四）资源价格改革必不可少

资源越稀缺，其价格越高。为了控制污染和浪费，为了我们子孙万代，需要在高价格下和高税收下强制我们形成与资源和环境约束相适应的生活消费方式。因为这样多的人生活在这样一个狭小和拥挤的家园里，在资源和环境领域，我们现在没有条件，未来也没有余地讨价还价。否则，如果资源和环境使用的价格过低，如果还是消耗资源环境的传统生产和生活方式，那么，从长远来看，等待我们的只能是民族集体走向资源环境灾难的陷阱。

需要推进以理顺资源和资源性产品价格体系为主的第二次价格改革。如何理顺资源和资源性产品价格与民众承受能力、企业承受能力和消费物价上涨三者之间的关系，是以资源和资源性产品为主的第二次价格体系改革的关键。从长期看，一定要坚定不移地推进资源和资源性产品价格体系的改革。电价改革：无论何种形式的发电，发电的上网价格统一，向工业和服务业销售的电力价格统一；放松电价的管制，电力的终端销售价格，随全社会的物价指数相应上涨，电价与消费价格联动；上网电价要引入竞争机制，煤炭等价格与上网电价联动，上网电价与终端销售电价联动，每年定一个相应的百分比上调上网、批发和终端销售电价。水价改革：居民用水，提高基础水价，规定额度以外的用水实行阶梯水价；水费中应当包括排水成本，即治理污染投资、建设、运营、维修等足额的支出；水费中应当包括水利工程投资、建设和运营成本；提高对农业供水的成本。气价改革：定价出发点不应当过多地考虑中国过去低气价的惯性，而要更多地考虑中国天然气能源人均低水平的国情，让天然气价格反映供求关系；国内天然气价格与国际天然气价格，国际油价比联动，与国际价格逐步接轨，国内气价如果存在超额利润部分，可以考虑以征收较高比率资源税的方式收回；逐步统一工业、商业和民用气价，消除工业用气补贴民用气的现象。粮价改革：不要惧怕粮食产品涨价，以涨价补贴农业，比财政补贴农业效率要高；国家建立粮食平抑基金和粮食储备机制，在农产品价格高时，抛售粮食，农产品价格低时，以托底价格收购的办法稳定粮食价格；市场形成粮食价格，生产、销售、加工、零售等企业自主定价，是粮食价格形成的正确途径。通过市场供求形成价格，通过批发市场发现价格，通过行业协会引导价格。粮食的现货批发市场、期货交易所等对于发现价格、形成价格、套期保值等方面有积极作用。地价改革：集体土地、国有土地，政府储备土地，法人和自然人使用的土地，在交易中同地同价；废除政府"招拍挂"体制，土地国有和集体所有不变，所有土地交易时，延长使用年期；土地由土地供给方和需求方竞争性的市场交易机制形成价格，国家对住宅用土地和房屋价格进行宏观调控，使其增长与居民收入增长以及合理的房价收入比相适应。

（五）社会活力与公平分配需要国有经济改革

学界对国企改革看法很多，如国进民退，国有企业垄断，造成分配不合理等。那么，下一步怎么深化改革呢？

资本继续社会化。我们大型国有企业的改革，总体方向不应当是将国有资产变成家族私人资本，也不应当是国有资产做大做强，而是要进一步社会化，变成社会资本。国有资产继续社会化的意义在于：（1）国有经济从竞争性的领域中退出。（2）继续完善现代企业制度。需要进一步完善企业的治理结构，将大部分企业的董事长和总经理等领导，逐步由过去的组织部门代替市场选择，改革为以市场选择为主。社会化的公司，就是公众公司，企业领导的业绩和其他方面，都应当处于公众的监督之下。

行政监管、出资人监管和资产运营分开。需要改革的是，进一步清理在市场竞争中国有企业明显和隐性具有的行政权力；取消对国有企业在体制和政策等方面的特殊关怀，国企、民企和外企，都应当公平对待；在市场准入方面，对国有与民营企业平等对待。国有资产出资人的重要职责之一是，以出资人的身份派出董事长、财务总监和监事会主席等。这里需要处理党管干部与出资人部门管干部，以及党和出资人管干部与市场选择干部的关系。国资管理方面，需要进一步将出资人国有资产行政管理与国有资产经营分离。第二个层次是国有资产经营公司，它的具体形式主要是国有控股公司。

有学者提出，国有金融资产也应当统一由国家管理。金融国资委应由国务院设立，和国资委一样，作为国务院直属的事业单位。成立金融国资委，委员会可以统筹考虑国有金融资产的布局和规划，提高国有金融资产的运营效率；可以协调各部门之间的关系，能够兼顾市场公平与公正；委员会办公室通过授权经营，使所有权与经营权、监管职能与出资人职能分离。金融控股公司代表国家履行国有金融的资产所有权。

对于行政事业单位的国有资产，我认为，也应当严格管理起来。一是在财政部建立台账制度，摸清行政事业单位国有资产总量，具体按照管理范围，对全国行政事业国有总资产、中央直属行政事业总资产和各省行政事业国有总资产，根据增减、折旧报废等情况，建立统计和台账制度；二是对党务行政，纯拨款的事业单位，企业管理的事业单位，分门别类进行管理；三是对行政事业单位的国有资产的分配标准、资产使用、资产处置、资产收益等，都要纳入行政事业单位国有资产管理的范围；四是与国有工商企业资产、国有金融企业资产一样，行政事业单位也应当向人大进行报告，报告的内容是，行政事业资产投资、使用、效率、处置等情况，从而使行政事业国有资产的投资和使用处于人民的监督之下。

国有资产预算及收益分配改革。国有工商和金融等企业建立国有资产预算，以及资产、负债等核算系统，要建立向政府和人大的财务报告制度；所有的国有工商和金融企业，都应当向国家上缴利润，利润的比例应当视不同的情况，在 50%～90% 之间；逐步将国有企业资产社会化，从市场上获得出售资产的收入，用来补充社会保障基金。

推进国有资产民主监管。国有资产管理，即国有工商企业资产管理，包括国有金融资产管理，应当划归各级人民代表大会直接管理。国资委，包括金融资产管理委员会，归人大管理，国有工商和金融企业的董事长由人大任命。财政和有关国有资产管理部门除了向人大进行国有资产预算和国有经济财务报告外，一个重要的制度设计是，由第三方审计国有工商、金融企业的成本。这实际是国有资产管理民主化的一个重要内容。对于国有经济领导年薪、职工工资、成本核算、价格调整等事项进行人大内，或者人大组织社会听证。凡是国有企业的经济信息，包括年薪、工资、年金、成本、重大投资、盈利或亏损、成本等，除了与国家安全有关的，一律通过政府公告、政府网站栏目公开，任何公民都有权查阅信息。

五　中国道路的原则和执政方略

在未来的 30 年，甚至是 40 年的时间里，如何选择一条较为科学的发展道路，如何对目前的发展模式进行调整，如何避免发展过程中的一些风险，有一些关键的原则。

（一）中国梦与中国道路的原则

21 世纪的中国梦，是人民富裕之梦，是国家强盛之梦，而人民富裕和国家强盛需要资源、环境和财力作为支撑，不能形成一个没有竞争力的高赤字和高负债的发展不可持续的社会。为此，需要遵循以下重要原则。

竞争力和社会公平相平衡的原则。一是追求竞争力和活力，鼓励创业和就业。要使国民经济有竞争力，有活力，并且收入分配在基础层面获得公平，最基础的，也是最重要的，首先要鼓励人们去创业和就业，要资本和劳动均衡地去创造财富。在讲效率和竞争时，如果追求大企业主导，财富主要由大企业和大资本创造，资本对利润的分配力很强；而如果不注重能使相当多创业者投资和劳动力就业的小企业的发展，小企业少，众多创业者和劳动力分配所得少，虽然经济也可能强劲增长，但是，收入分配差距会拉大。在这方面做得好的国家和地区是日本、韩国和台湾，它们在二元结构转型过程中的基尼系数较低，主要与此有关。而中国 30 多年来，忽视，或者体制和政策上对小企业发展不利，导致劳动创造和分配财富的强度不够，资本与劳动分配的比例失调，是中国基尼系数越来越高的一个非常重要的深层次原因。二是一个国家的经济发展，国民经济的竞争力，创业和就业，是实现社会公平的基础。政府的公共服务和转移支付来自经济发展中的税收，而社会保障的提取则来自创业和就业的规模。经济不发展，经济发展没有竞争力，没有活力，国家就没有积累社会公平的经济基础；创业和就业的规模小，企业少，失业率高，提取社会保障的费基就小。因此，就业、创业和发展，是公平的来源。三是要处理好税收结构和水平与鼓励投资、创业和就业的关系。过分强调公平，政府加大对企业、创业和就业的税收，或者对能鼓励创业和就业的企业和行业税负太重，虽然政府在短期内能集中较多的财力用于公平，但是，长期和总体上看，投资的积极性不高，办企业，特别是投资实业的人少，失业率很高，政府收的税会减少，社保基金的征收也会减少。结果是，一方面导致政府谋求公平的财力不够，另一方面中等收入者减少，失业率上升，反而使收入分配失去平衡。

生活富裕与资源环境相平衡的原则。财富是由资源和环境所支撑的，而每个国家的资源禀赋是不同的。有的国家人口相对少，而人均资源相对多；有的国家人口相对多，而人均资源较少，并且生活和发展的环境狭小。人口相对少，人均相对资源多，并且环境相对宽松的国家和地区，支撑人民富裕的资源和环境条件就优越。比如，美国3亿左右人口，960多万平方公里国土，他们可居住在面积较大的宅园里，可以有游泳池；每个家庭可以有多台轿车，可以轿车出行等。而中国，人口众多，相对资源拥有较少，并且生活和发展的空间和土地等资源人均拥有较少，环境人均狭小。因此，在生活方式和财富形式上，就不可能有美国式的住宅等财富形式，也不可能学习和照搬他们的生活方式。

社会福利与生产力水平和财政能力相平衡的原则。中国梦的许多内容，与建立一个福利社会有关，政府要提供更多的公共服务、社会保障和转移支付。但是，福利社会的基础是生产力发展水平，更具体地讲，是财政能力。仅仅讲求效率，政府不提供社会福利，或者提供的较少，这不仅不符合现代社会的原则，也不符合社会主义的价值原则。但是，从北欧、拉美，甚至是美国的福利制度看，也出现了许多问题，甚至导致社会的动乱，这不能不是我们值得警惕的建设福利社会方面的教训。我们在走中国道路时，千万不能再重蹈他们的覆辙。因此，居民生活福利的哪些方面能全部包下来，哪些方面给以补贴，项目多少，规模多大，均需要认真进行财力投入可行性研究。政治家对民众的承诺，一定要由财政部门提供的依据。钱从哪来，够不够用，能可持续吗？应当是负责任的政治家提供福利争得公民信任前，必备的向经济专家们的政策咨询。三个需要规避的问题是：防止高赤字和高负债支撑国家的福利体系，最后通过货币贬值、金融风暴，甚至是经济危机的途径来平衡不能达到的福利；防止本代人动用下一代，甚至下几代人的资源、财力来满足本代人的福利，将供给与需求的缺口，将巨额的债务，转移给后一代，甚至是后几代人，导致他们的经济发展背上沉重的包袱，失去在世界上的竞争能力；防止党和政府福利承诺太多，后来的财力不能承受，导致福利的不可持续性，在迫不得已削减一些福利项目和降低福利水平时，遭到人民的反对，失去人民的信任。

（二）实现中国梦：按民意执政

中国共产党代表全中国人民的利益，要执政为民。那么，怎样才能执政为民呢？我认为重要的是按照人民的企盼，人民的理想，人民的意愿执政。执政为民如何，关键是看执政过程中对人民的各种需求和理想实现情况如何。

需要看到的是，13.4 亿到 15.5 亿中国人 21 世纪的生活和发展之梦，人民富裕和中华民族强盛的理想，即中国梦，是未来30～40 年，中国经济和社会发展强大的精神动力。中国共产党要按民意执政，才能顺应这种强大的精神动力，带领占世界 1/5 的人口，齐心协力，实现中华民族在 21 世纪的伟大复兴。

如前所述，对于每一个中国人和每一个中国家庭来说，中国梦是如前所述的，关系到他们工作、生活和未来的，看得见和摸得着的，实实在在的企盼。中国梦，中国理想，不是空洞的说教，不是高不可攀和虚无缥缈，以及不可能实现的空想。如果这种理想是一二百年以后，甚至是几十代人，上百代人以后才能实现的理想，而在30年，或者40年中都不能实现，不能看到和感受到，甚至有可能越干越穷，越干生活水平越下降，虽然这种理想在表述上更加宏大，在理论设计上更加美好，开始可能成为人民奋斗的动力，但实现起来遥遥无期，时间久了，人民会因为遥不可及而感到厌倦。特别需要指出的是，中国梦，中国理想，一定是从人民对日常生计的盼望和需求中总结出来的。不能以少数理论家们在书屋中空想和设计的中国梦和中国理想来代表十几亿中国人的实践中能够实现的未来之梦和理想。实事求是，务实，是中国共产党的执政品德。也许有人会对此提出异议，认为这样会将高尚的理论庸俗化。需要指出的是，中国13.4亿人中的绝大多数，生活在平凡和世俗的社会生活之中，如何在平凡和世俗的社会中有自己的发展机会，如何使平凡和世俗的工作和生活美好一些，是他们的梦想，集合起来，就是中国梦，就是中国理想最基础的部分。当年如果不是毛泽东同志创造性地设计了中国工人阶级领导，依靠广大农民，农村包围城市，武装夺取政权的道路，而是按照经典理论的设想从事，就根本不可能实现中国人民的民族独立和新中国成立之梦。而30多年前，如果没有邓小平在对社会主义认识上的拨乱反正，没有他倡导的改革开放，而是按照经典理论的设想去搞社会主义，也不会有今天中国经济和社会发展的成就，甚至人民生活和经济发展水平可能还在世界各国的倒数第几位中徘徊。

民意是什么，就是十多亿人民的梦，是他们关于物质生活和精神生活的理想，是他们工作和生活的需求和盼望。实现人民的这种梦想，满足人民的需求，并不是说，人民的生计和福利全部由党和政府供养起来。世界上只有人民创造财富，人民纳税供养政权，不可能政权创造财富，政权供养人民。任何政权供养人民的企图和行为，结果都会是印刷货币，都会是恶性通货膨胀，都会使这个国家的财政破产，都会是金融风暴和经济社会危机。因此，党和政府按民意执政，不是单纯地给予，而是设计正确的发展道路，制定正确的发展战略，建设一种充满生机和活力的体制机制，给人民形成一种能创造财富的宽松的环境，充分调动亿万人创业、创新、投资、就业的积极性，将亿万人追求美好生活的梦想，将这种巨大的精神动力，转化为生产力，来建设和发展我们的家园。

无论我们承认与否，客观上存在着人们对未来工作和生活的盼望和需求。因此，中国梦是一种中国当今社会中国人的精神存在。十多亿中国人的梦想，十多亿梦想形成的精神力量，如果引导得当，对于中国未来的发展是一种机遇，是一种强大的动力；如果处理不当，甚至错把传统观念中的理想当做中国梦，当做中国理想，对于经济正常的发展，对于社会和政治的稳定，对于国家、社会和民族，也将是一种巨大的风险。

中国梦的风险在于，二元社会转型过程中的数亿农村人口的城市人梦，每一个农村人口到城市中，成为新的市民，城市能接纳他们吗，有创业和就业机会吗，通过自己的奋斗能在城市中拥有属于自己的房子吗，教育、医疗和社保和其他公共服务能与城里人平等吗，和城市原居民的分配和财富能逐步缩小吗？如果这些梦想不能实现，甚至差距很大，他们为梦想而奋斗的结果是失败，他们原来梦想的精神动力会变成什么样的动力呢？诸如此类，各种梦想如果很多都得不到实现，那么，就会对社会失望，梦想形成的精神正向动力，就会变成反向动力，甚至是对社会稳定的破坏力。因此，需要务实，并高度关注和了解客观现实中存在的中国梦，认真按照人民的企盼和需求去执政。执政为民，不能以别的不可能实现的理想而误认为是中国梦，去按照这种不可能实现的理想去执政；执政为民，需要仔细地了解人民的企盼，按照这种企盼，制定执政的目标、任务、措施，并加以实施；执政为民，需要关注民生，不能忽视人民对工作和生活的企盼和需求，不能以领导人主观臆想，甚至一些人的愿望替代人民的企盼和需求，更不能为自己和某一部分的利益需求去行事。

（三）走中国道路：科学执政

发展道路的调整，首先是思维方式的转变，是解放思想。

第一，要遵循经济和社会发展的客观规律和客观趋势。一个国家从不发达状态到发达状态，其经济社会的发展有它自身的客观规律。人们不能创造规律，不能违背客观的经济规则，不能简单地或想当然地策划某一战略和政策，不能主观从事决策。比如，中国过去的反城市化，提倡农村发展工业和服务业，都是与经济和社会发展客观趋势相违背的做法，是得不偿失的，造成了城乡和产业结构的极度扭曲，积累了巨大的，我们今天不得不需要花更大的力气解决的经济和社会问题。这种违背规律的反城市化，终将也是做不下去的。

第二，感情不能代替客观规律。人们不能感情用事，不能无视经济社会发展的规律，去做成本高昂而收益甚小的事情。比如，游牧民族逐步地定居，大量分散的农村逐步地衰落和集中，人口从农村向城市迁移，这是一个世界性的社会发展规律和趋势。对此，如果从缩小城乡差距的直观角度出发，将财力物力更多地投入农村，甚至鼓励农民大量建房，在农村极为分散地实现居住等方面的小康，不但会占去比城市多得多的土地，而且，几十年后，在农村会形成大量的废弃房屋和建筑垃圾。

第三，不能唯经验治国，需要了解新情况和新问题。人们不能凭经验思维和决策，经济和社会的发展，一个阶段与另一个阶段是不一样的，如农业经济发展阶段与工业发展阶段不一样，工业发展阶段与知识经济发展阶段也不一样，而且科技进步，文化交流，世界每天都在发生着变化，每天都在出现新情况和新问题。如果依赖过去的老经验治国或者治理一个地方，将成本高昂，不但于事无补，甚至还会产生副作用。这就需要直接调查的能反映实际情况的数据，进行数据的比较和分析；需要到实地去调查研究，真正掌握一线情况和问题，并且了解其内在的原因，以对症出策。

第四，治国和治理地方，要有长远和未来眼光。一个国家，一个地区，与一个家族是有区别的，一个家族与一个家庭是有区别的，一个家庭与一个人也是有区别的，而一个人的一生怎样工作和生活也区别很大。治理一个国家和一个地区，除了尽可能正确地处理日常性的事务外，可能更为重要的是考虑对于我们这样一个国家和民族长远而又重大的一些全局性、战略性的问题。比如，我们目前实行的出让土地70年，一次性收钱花钱的地方土地财政，可持续吗？显然是一种吃子孙饭、断子孙财路的做法。如果我们从后代人的可持续财力着想，无疑应当尽早下决心改变这样一种不可持续的体制。

第五，将正确思路、战略，变成综合性的方案，并真正能在各部门和各个阶段得以协同实施。治国，或者治理一个地区，在思路清晰和正确的基础上，需要综合思维能力，需要形成各个方面综合配套的战略，并且应当根据战略的需要，设置和改革体制，制定政策，由各个部门真正能去实施。而中国目前可能存在的问题是：好的思路和观念，不能转化为战略构思；好的战略规划，不能据其形成实施方案、法规、法律；好的方案、法规、法律，不能在实际中得以落实。原因很多，或者是旧的思维方式和观念所阻，或者是过去工作方式的惯性推动，或者是现有的一些体制难以改变，或者是全局利益与局部利益、长远利益与短期利益的博弈，或者是各个执行部门利益难以协调等。因此，需要改变遇到什么问题就解决什么问题这样的简单而又单一的思维方式，树立综合和系统的思维方式；需要改变发展战略不配套，甚至一些发展单方面制定战略的局面，特别是在转变发展方式战略上，改变在各个阶段衔接和各个方面间综合性不强的局面，制定综合性的发展战略，特别是在转移发展方式方面要综合而又系统，并且各个阶段有机衔接；需要改变战略不能得以实施，即执行不得力的局面，强化各部门和各地区对于总体战略在各部门和各地区的执行和贯彻力，使科学正确的战略真正能得以实施。

需要特别强调的是，治理一个国家，或者一个地区的方略，实现经济和社会的科学发展，我们既不能在悬而又空的，没有用处的理论中找到分析问题的思路，也不能在其中找到指导我们解决问题的现成答案。

（四）处理好一些重大的关系

中国人，以及中国共产党和政府在构想和编织 21 世纪中国人精神生活之梦时，需要正确处理这样一些重大的关系。

一是需要正确处理自由、民主与集中和秩序的关系。很显然，虽然在实践中有这样和那样的曲折，但是在理论上，无论是马克思、恩格斯，还是毛泽东、邓小平，他们革命和建设的目的，就是建立一个人民当家做主，生动活泼，宽松和谐，心情舒畅的，自由和民主的大同社会。但是，自由和民主，并不意味着混乱，并不是社会和政治的不稳定，人民和经济不能在一个社会动荡和政治多变的环境中生活和发展。中国这样一个人口多、资源少、多民族、多宗教、幅员辽阔、地区发展不平衡的国家，如果社会动荡和政治不稳定，实际上，人民就失去生活的自由，经济就会失去发展的条件。

一些简单套用民主制度的发展中国家，长期陷入部族冲突、阶层冲突、政变不断、政权更替频繁、议事不决、示威罢工此起彼伏的状态中，人民生活没有安定感，投资和兴办企业没有安全感，致使社会长期动荡，经济长期低速增长。

我们需要的是两个方面有机和谐的组合：其一是公民有生活、工作、迁移等自由，百花齐放，百家争鸣，心情舒畅，党和政府理解人民和执政为民；其二是人民理解和拥护党和政府，有秩序和法律，社会政治安定。因此，中国既需要扩大自由，发展民主，形成一个生动活泼的有生机和活力的社会，也需要秩序，有科学民主决策，有执行力和能解决人民提出的各种问题的强有力的党和政府，努力营造一个既自由民主，又秩序安定的民生和发展环境。

二是需要正确处理个人精神与集体主义、公民权利与国家利益、市场竞争与社会公平的关系。一个社会，一个社区，一个单位，既要保护每个人的生活和财产不受影响和侵犯，尊重个人自由，鼓励个人创业，调动工作积极性，保护合理合法分配所得；又要个人行为不影响和损害公共利益，按照公开、公正制定的制度约定，在社会、社区、单位及公共和集体利益需要时，每个人为国家和公共利益约束自己的行为，合理地贡献自己的能力、财力，比如依法纳税。

一个社会，公民有自己的财产，有创业、就业、生活方式等自由，而国家是全社会公共利益的代理者和集成者。著名经济学家哈丁在"公地的悲剧"的理论模型中，描述了这样一种情形，即牧场是公有的，而畜群属于每一个家庭；当每个家庭将自己的利益最大化，即放养更多的畜群时，由于公有草场承载容量的有限性，放养量超过承载能力，导致牧场过度放牧，使其沙化和毁灭。这就提出了界定公共利益与私人利益的边界问题，以及在公共和私人利益之间设计制度进行界定的必要性。因此，既要保护私人的产权不受损害，也要用契约的办法维护公共和国家的利益。比如，在规划建设拆迁安置中，既不能侵害个人的利益，需要合理地征收和补偿，又要防止因个别人要价过高，影响公共利益。特别是在国家国防需要，以及处于危难之时，需要每个符合标准的公民，义务服役，并且全力以赴，保卫我们共同的家园。

一个社会，需要有市场，需要有竞争，没有竞争，没有优胜劣汰，经济和社会就没有发展的动力。社会的财产和分配等制度设计，需要有价格、成本、利润、工资这样的机制激励人们发挥他们最大的才能去创造财富；但是，人们的各种能力不一，人们之间继承、传承的财富、教育资源和社会关系不一，需要国家和社会通过税收、公共服务、转移支付、社会公益、慈善事业等方式和渠道，将各种收入和发展差距（综合起来表现为基尼系数）控制在一个合理的水平上，建设一个既有动力和活力，又不贫富两极分化，实现人民整体共同富裕的社会。

三是需要正确处理宗教与政治的关系。宗教古来有之，是千万年来人类智慧和精神生活的一个重要组成部分。世界上形成了基督教、佛教、伊斯兰教、道教、印度教等宗教，不论我们对其喜欢与否，它们都传承千年而不衰，客观、顽强并深深地影响着每一个国家和地区人们的思维、生活方式和行为。比如，在中国佛教、伊斯兰教、道教、基督教、天主教等，都有信众。中国有数亿群众信教，特别是藏传佛教和伊斯兰等，在一些地方的村庄和社区，是全民信奉。因此，中国共产党作为最讲求实事求是的政党，需要解放思想，与时俱进，承认客观现实，顺应社会的潮流，保护和满足人民群众宗教方面精神生活的需要。

世界上的许多宗教，其中相当多的内容，是告诫人生在世，不得杀生，不能伤人，不能作恶，不能取不义之财，要积德行善，要帮助弱者，要讲诚信，要讲道德，要尊老爱幼，爱国、爱民、爱和平等。从制度经济学的意义上讲，宗教是千百年来人们形成的一种信仰和行为规范，是制度框架中意识形态的重要组成部分，它可以大大降低社会协调中的教育、宣传、警察、司法等交易成本。宗教对人们行为的协调，可以给经济发展和政治治理提供稳定的社会环境。

相当多的家庭和个人，他们在纷繁的尘世生活中劳作、生活、竞争，成家立业，有胜利时，也有失败时。其中一部分人受挫，处于弱势时，到宗教中寻找精神安慰、寄托和希望；有的人做了错事，到神那里认错、忏悔和请求宽恕；有的人经历了激烈的创业、就业和职场竞争，在宗教领域去得到平静等；还有一些人，甚至是科学家，到信仰领域中去追求更为独特的精神生活。不论我们对其主观意愿是什么，采取什么样的态度，宗教已经成为相当多中国人精神生活的一个重要部分。我们所要做的是，让宗教信仰为建设现代和谐的社会主义社会服务。

六　社会主义与中国梦及其中国道路

中华人民共和国成立后，全国人民的理想是，在中国共产党的领导下，自力更生，艰苦奋斗，经过社会主义社会，进入共产主义社会，过上幸福美好的日子。我在《中国向何处去》一书中讨论了发展不能忘了社会主义的共同富裕问题。

改革开放以来，我们在所有制结构上，实行了多种所有制共同发展，在资源配置方式上，选择了社会主义市场经济。这种经济体制的选择符合客观规律的内在要求，有利于使经济发展充满活力，有利发展生产力。但是，在市场经济体制下，如何实现公平，如何解决安居乐业这样的民生，如何提供公共服务，实际上对于中国共产党来说，我认为，是一个新的考验。对于这一个新的课题，如果中国共产党人不能交出满意的答卷，结果偏离了邓小平讲的共同富裕，即社会主义的本质，有人就会乘机说，现在是中国共产党领导下的资本主义；中国共产党人就会失去大多数人民群众的拥护和信任，人民群众也会对我们的执政失去信心。我想，从这个方面的事实看，说句实话，我们仍然是不合格的社会主义。

需要看到的是，中国正在处于从农村社会和农业经济向城市社会和现代经济转型的过程之中，因此，我们既不可能在传统和静态的农业社会中，搞一个分配平均的农业社会主义，也不可能像一些生产力高度发达的城市社会的北欧国家一样，搞城市化水平非常高，人口大部分都在城市情况下的社会主义社会。

30 多年来，一些学者认为，个体私营与市场经济，一定会发生贫富差距和两极分化。他们认为，中国已经出现了两极分化，并责难邓小平设计的多种所有制共同发展和市场配置资源的社会主义市场经济体制，是其总根源。他们也提出，要解决收入分配不公平问题，需要重新回到国有集体所有制和计划经济的体制上。也有一些学者认为，收入分配差距的扩大，是经济从落后向发达转变过程中的一个必然，必须经历基尼系数拉大这样一个过程。国外有的学者也议论，中国共产党发展经济有办法，但是，对消除贫富差别没有能力和没有办法。

这就给中国共产党人搞中国特色社会主义，提出了一个难题：是走回头路，到过去的旧体制上去吗？是没有能力和办法控制住两极分化，还是有能力和有办法缩小贫富差距，并实现共同富裕？通过东亚、印度、拉美的比较，通过我们自己各省区的实践，中国共产党人完全可以在二元结构急剧转型的过程中，找到一种综合和有效的办法，来控制住两极分化，并实现社会共同富裕的理想。①

因此，未来 30 年，在进一步促进生产力发展的同时，需要切切实实处理好在强国的同时富民的问题，控制住城乡间、居民间、

---

① 周天勇：《中国向何处去》，人民日报出版社，2010。

地区间和行业间收入和财富差距的持续扩大，并在"十二五"期间逐步缩小，在未来 10 年中显著缩小，争取将基尼系数控制在 0.35 以下的水平上，最后建设成一个生产力发达、人民共同富裕、生活幸福美好，并且国家强盛的社会主义社会。这不仅是建设社会主义社会的目的，也是中国梦，中国人对未来理想的综合体现。

　　如果要实现以上理想，需要选择一条能实现理想的道路，即中国道路。那么，概括起来说，什么是 21 世纪的中国道路呢？（1）调整城乡、产业和企业结构，转变发展模式。顺应中国最大的城市人梦的要求，加速推进城镇化，发展服务业，促进中小企业的发展，使创业及就业与城镇化互动，从而改变由于城乡、产业和企业规模结构扭曲导致的就业困难、居民收入占国民收入比率低和城乡及居民之间的收入差距大等问题。（2）实施赶超型科技进步战略。在科技进步方面，逐步放弃模仿和跟随战略，采取同步战略，或者赶超战略，利用中国制造成本和研发成本都低，人力资本规模越来越大并质量不断提高，新技术产业化的市场规模大等这样一些优势，在产学研之间，在技术、小规模生产、产业化等之间，形成科技技术转化为生产力的体制机制，通过科技快速进步，促进产业转型升级，解决中国人口众多、资源短缺和环境压力大的制约，使其成为实现中国梦的重要途径。（3）克服利益梗阻，坚定地推进改革，形成调整结构和促进发展的体制和机制。需要坚定而有魄力，果断推进资源价格、财政税收、土地、金融、国有经济等体制改革，下决心解决一些导致资源浪费、环境污染、抑制创业就业、导致两极分化的深层次体制问题，经济改革是实现中国人民共同富裕梦的必由之路。（4）深入推进政治、社会和文化等体制改革。前面已述，随着社会的现代化，中国人不仅有物质生活之梦，还有精神生活之梦。加快改革阻碍经济发展的政治体制部分，处理好中国二元结构转型过程中政治模式与经济模式的关系，坚决并逐步地推进党内民主，行政体制，中央与地方的关系，人大和政协及立法体制，司法体制等方面的深入改革，发展社会组织，发挥好宗教在建设和谐社会方面的积极作用，通过改革形成自由、民主、公平、公正、平等、正义，人们心情舒畅，活力与秩序相统一，百花齐放、百家争鸣与和谐相统一的社会主义社会。

参考文献

李君如：《中国梦：和平发展的中国》，新世界出版社，2006。

杰明·A. 肖伯特：《东方的承诺》，香港亚洲时报在线，2010 年 12 月 13 日；王海伦：《中国梦：世界上最大中产阶级的崛起及其影响》文章，国内各大媒体报道时题目为《中国梦将给世界带来什么?》。

赵启正：《中国模式就是中国案例》，凤凰网，2010 年 11 月 17 日。

周天勇：《新发展经济学（修订版）》，中国人民大学出版社，2006。

周天勇：《中国向何处去》，人民日报出版社，2010。

[第三章]

模式不转变：资源环境领域
中国无路可走

2008年中国生产能源26亿吨，全球能源生产总量为110亿吨，中国国内能源生产量为全球生产总量的23.6%。如果全球能源产量在2008年的水平上不变，到2040年时，中国按照高、中、低不同的方案，将分别消费掉全球能源产量的70.5%、56.4%、42.3%。也就是说，如果中国未来发展达到发达国家水平，如果全球能源产量不变、中国发展和消费模式不变，即使按照发达国家中下消费水平计算，也要消耗掉全球能源总供给量的50%左右，形成全球50%，甚至更多的碳排放。

经济发展是人们大规模增加财富和生活水平不断提高的过程，而人们这种日益增长的财富需求，必然要决定于自然可供的资源，决定于地球生态和环境的承载能力和容量。超越资源、生态和环境的承载能力，就会带来资源枯竭、土地沙化和荒漠化、物种减少和绝灭、水体变质、垃圾环绕、空气混浊、温度上升、冰川融化、食品不安全等一系列的问题。

一　人口规模太大与调整计划生育政策的两难

在中国这样一块国土上，根据土地、淡水、矿产等资源，到底容纳多少人口合适？一个国家到底人多好，还是人少好？实施计划生育政策，从长期看，其利何在，其弊有多少，未来会使中国陷入抚养比高、人口持续减少、经济长期衰退和民族再次没落的境地吗？

（一）关于人口规模的不同理论

我们来看关于人口规模的不同理论。很早以前，人们就对人类发展的前途问题从经济、社会、生态、环境等诸方面进行了多方面的讨论。宗教中世界末日的说教，就属于人类前景悲观论。从经济上系统讨论人类前景的是马尔萨斯的《人口论》，他认为世界人口按照几何级数增长，而粮食则以算数级数增长，人口无节制的增长将给世界带来灾难性的后果。而另一派观点则认为，人类的前景是光明的，他们属于人类前景的乐观论者。从经济上对人类前景光明进行系统研究论证的，首推美国经济学家舒尔茨，他在人力资本投资理论中认为，随着人的知识和能力的提高，技术的进步，人们可以发现新的材料和能源，满足日益增长的粮食需求，完全可以解决生态和环境问题，战胜自然对于人类的束缚。因而随着人力资本的积累和人力资本价值的提高，经济发展是不会有限制的。

具有世界影响的学术团体罗马俱乐部 1972 年发表了题为《增长的极限》的研究报告。此项研究的内容是，世界人口呈指数性增长，每增加 10 亿人口所需要的时间越来越短；而土地、矿物原料、矿物能源等是不能再生的，森林、淡水等再生资源也是有限的；工业化和城市化带来的污染呈指数性增长。如果任其发展下去，人类将陷入资源枯竭、生态破坏和环境被严重污染的困境之中。因此，按各种因素，即人口、资源、生态、环境协调和持续发展的模型，他们提出的增长模式为：（1）工厂资本和人口在规模上不变。出生率等于死亡率，资本的投资率等于折旧率。（2）所有投入和产出的比率，包括出生、死亡，投资和折旧保持最小。（3）资本和人口的水平以及两者的比例安排须与社会价值一致。随着技术进步创造新的选择自由，它们可以加以修正，慢慢地加以调整。

经济增长乐观派与上述观点相反，他们认为经济增长是没有极限的。美国经济学家朱利安·林肯·西蒙教授写了《最后的资源》一书，他在书中的论证理由是：短缺和价格机制总是技术进步的动力，而技术进步可以不断地创造出新的原料和能源；自然资源是无限的，能源也是永不枯竭的，特别是核能是取之不尽的廉价能源；经济发展是解决污染的最好途径。归根结底，世界前途光明的根本点在于人们知识的飞跃，人力资本质量的提高和数量的增加；某一种资源短缺引起的价格上升，促使人们寻找这种短缺资源的替代物，周而复始，不断地扩大人们可用资源的数量和品种。因而，经济增长是没有极限的。

各国制定的发展战略和实施的经济政策，既不能依据于乐观派的学说，也不能完全依照悲观派的观点。而是既推进知识进展、技术进步，增加人力资本，扩大人类的生存空间；又控制人口增长，合理利用资源，保护生态环境，使人口、资源、生态环境、经济社会协调发展。①

---

① 周天勇主编《新发展经济学》，中国人民大学出版社，2006。

人口理论上有适度人口范畴，其静态适度人口的定义为：在生产技术、经济结构、物质资源、产品分配、年龄构成、工作日等条件不变，并且充分就业，又没有国际贸易和移民的情况下，一定的经济标准所确定的最适合的人口；而动态适度人口的定义为，在生产技术、经济结构、物质资源、产品分配等条件发生变动的情况下，按照与经济增长有关的经济标准所确定的动态的，每个阶段的最适合的人口规模。①

（二）中国人口规模到底多少合适的争论

1953 年，中国进行了历史上第一次人口普查，结果表明，截止到 1953 年 6 月 30 日，中国人口总计 601938035 人，估计每年要增加 1200 万人到 1300 万人，增长率为 20‰。这次人口普查引起著名经济学家、北京大学校长马寅初的注意，他对人口普查的结果表示怀疑。据他了解，仅上海一地的人口净增长率就是 39‰。马寅初经过三年的调查研究发现，中国人口的增长率每年增长 22‰以上，有些地方甚至到达 30‰，这实在是太高了。马寅初担心，如此发展下去，50 年后，中国将有 26 亿人口。由于人多地少，恐怕连吃饭都成问题。由于人多地少的矛盾，恐怕中国要侵略人家了。要和平共处，做到我不侵略人家，也不要人家侵略我，就非控制人口不可。马寅初针对中国人口问题写了一篇《新人口论》，作为提案，提交第一届人大四次会议（全文发表于 1955 年 7 月 5 日《人民日报》），从 10 个方面论述了为什么要控制人口和控制人口的重要性与迫切性，以及如何控制人口等问题。②

毛泽东对于人口多一些好还是少一些好，内心一直是矛盾的。

---

① 〔法〕弗雷·索维：《人口通论》，商务印书馆，1982。
② 王勇：《马寅初人口论遭批判始末》，《文史月刊》2007 年第 12 期。

在论述人或人口的历史地位和作用时，说了一些过于乐观的话。他说"中国人口众多是一件极大的好事。再增加多少倍人口也完全有办法，这办法就是生产"，"在共产党领导下，只要有了人，什么人间奇迹也可以造出来"。到"大跃进"时期，粮食卫星飞上天，毛泽东的人口思想确定下来，他说："现在看来，搞十几亿人口也不要紧。"①②

中国国土的适度人口规模到底是多少？1979～1980年间，中国社科院田雪原、陈玉光从经济发展角度研究了中国适度人口数量。他们认为，从现代工业、农业和第三产业的劳动人口比例和稳定的零增长率社会人口的年龄组比例推算，我国总人口数量应保持在6.5亿～7亿之间对经济的发展最为有利。③ 而宋健、宫锡芳、宋子成、孙以萍从食物生产和淡水资源供应方面探讨了中国的适度人口数量，认为从国土可生产的食品供给的角度来看，中国在21世纪后半期的适度人口应在7亿或7亿以下；从工农业生产和居民生活消费所需淡水资源来看，我国在21世纪的适度人口总规模应在6.3亿到6.5亿之间为宜。④ 胡保生、王浣尘、朱楚珠和李维岳用系统工程中的多目标决策技术和方法研究了中国未来的适度人口数量。综合各种因素，中国未来人口总数应保持在7亿～10亿。⑤

胡鞍钢从经济、资源、环境、人口结构等角度探讨了中国的适度人口目标：（1）经济适度人口，从就业适度人口推算的中国经

① 王勇：《马寅初人口论遭批判始末》，《文史月刊》2007年第12期。
② 梁耀东、谢金森：《略论毛泽东的人口思想》，《福建师大福清分校学报》1994年第2期。
③ 田雪原、陈玉光：《从经济发展角度探讨适度人口》，见《第三次全国人口科学讨论会论文选集》，1981年本次大会印发。
④ 宋健、于景元：《人口控制论》，科学出版社，1985。
⑤ 胡保生、王浣尘等：《利用可能度和满意度研究我国的总人口目标》，见《第三次全国人口科学讨论会论文选集》，1981年本次大会印发。

济适度人口在 2000 年为 10 亿左右，2020 年为 11.5 亿，2050 年为 13.8 亿。以提高人均收入为目标估算中国经济适度人口，分别为 8.09 亿（2000 年）至 20 亿（2100 年）（以低收入和贫困国家收入水平为标准），4.85 亿（2000 年）至 8 亿左右（2100 年）（以当时中等收入水平为标准），2.5 亿至 4.0 亿（整个 21 世纪）（以当时上中等收入水平为标准），0.6 亿至 1.7 亿（以达到当时发达国家水平为标准）。（2）资源承载人口，引用中科院自然资源综合考察委员会的测算，中国农业资源最大人口承载能力为 15 亿～16 亿。（3）环境人口容量，参照宋健等的研究结论。（4）防止人口严重老龄化的人口目标，总人口规模 2050 年应在 13 亿～16 亿之间，2100 年在 10 亿～17 亿之间，应尽可能选择总人口规模下限。（5）综合以上分析，提出不同时期中国适度人口目标：2000 年总人口下限为 12.5 亿，上限为 12.7 亿；2020 年总人口下限为 13.8 亿，上限为 14.6 亿；2050 年总人口下限为 13.1 亿，上限为 15.1 亿；2100 年总人口下限为 10.2 亿，上限为 14.4 亿。[①]

反对中国控制人口规模，并且认为中国没有适度人口限制的典型学者，是易富贤。他提出这样一些观点：（1）中国的人口过多只是一个流传很广的谎言。影响粮食安全的主要因素是农业政策和人口结构而不是耕地。比较资源丰富和资源贫乏的国家，发现经济水平并不完全由人均自然资源决定的，因为人口资源才是第一资源，是中国最大的优势资源。（2）要保证人口相对于上一代不增加也不减少（世代更替），在目前发达国家的寿命和死亡情况下，妇女平均得生育 2.1 个孩子。由于非正常死亡率和出生人口性别比都比发达国家要高，中国的世代更替水平生育率应该在 2.3 以上。

---

① 胡鞍钢：《人口与发展——中国人口经济问题的系统研究》，浙江人民出版社，1989。

（3）健全的人口结构是经济起飞、国家崛起、合理养老金制度的建立等的必要条件，但不是充分条件；而畸形的人口结构却是经济衰退的充分条件。中国现在每年出生的这500多万女孩（扣除不生育人群后，生育妇女不到500万）到时候每人平均只生育1.2个孩子的话，那么每年出生人口只有600多万，而2040年左右每年死亡人口2500多万（20世纪60年代中期每年出生人口2500万以上），每年人口减少1000多万，将会出现大国空巢现象。[①]

（三）调整计划生育政策的两难

从人口与资源、环境和发展的关系看，未来中国经济和社会发展存在着一些两难选择。一方面，在占全国960万平方公里36%的东部有效国土上生存13亿多，乃至15.5亿人口，如果不实行严格的计划生育政策，结果有三：一是资源、环境和生态的压力相当大，大大超过了可能的承载能力，给生态环境造成巨大的破坏；二是每年按照8%的速度，再增长30年，如果生产方式、生活消费方式不改变，资源显然是不可供给的，环境容量也不允许；三是就业的压力巨大，农村中还有2亿多剩余劳动力，每年需要就业的劳动力2000万人之多，失业及其收入和财富差距将会成为严重的社会问题。

另一方面，目前城镇生一胎、农村生二胎，少数民族可以多生的政策也会形成一系列的问题：一是人口老龄化加速，未来经济和社会活动中，创业和就业的年轻人比率下降，需要养老的老年人比率上升，社会抚养成本提高，经济失去竞争力；二是将来人口可能形成刹不住的持续减少惯性，并且一些不适宜生存和发展地区的少

---

① 易富贤：《大国空巢——走入歧途的中国计划生育》，（香港）大风出版社，2007。

数民族人口膨胀和比例失衡；三是工业化过程中的污染、转基因食品等，可能程度不同地影响人们的生育功能，使人口的繁殖能力下降。人口从农村向城镇的流动，加上城市生活的成本提高，以及城镇创业和就业的竞争，大大降低了农民工的生育愿望和生育率；未来农民工中的"80后"、"90后"和"21世纪后"，拖儿带女再回乡村的可能性较小，城市就业竞争、收入和住房等压力，对其生育将形成严厉的时间和成本约束，与上代人相比他们在生育方面的观念将大为改变；城镇紧张的就业和生活环境使妇女生育下降；城镇中单身家庭将大大增加，性别比不合理，加上独生子女病故、自杀和因意外死亡等，从2040年开始，人口规模可能进入快速下降通道，而且如果形成独生子女生育习惯，扭转起来很难。

2040年以后，中国会重蹈日本人口负增长、经济低迷的覆辙吗？我的判断是存在这种风险。因此，我认为，是改变计划生育政策的时候了，将现在的一胎制，改革为严格控制三胎生育，放开二胎生育政策，以保证中华民族生生不息，繁荣富强。

二 水土不堪重负与生态环境不佳

2008年末中国人口13.28亿人，全球约68亿人，中国人口总量占世界人口的19.53%。经济发展，需要消耗土地、淡水、能源、金属矿和非金属矿等资源。我们先来看中国主要人均自然资源占有量与世界平均水平的比较。

（一）人均资源占有水平很低

人均国土面积少，特别是人均耕地、林地和草地面积分别为世界平均水平的27%、12%和50%，而沙漠和潜在的沙化面积却占国土面积的20%左右。国土分为耕地、森林、草地、内陆水域、沙漠等。世界人均国土面积为 44.5 亩,中国总面积 960 万平方公里,折算成亩,人均只有 12.4 亩,比世界平均水平少 32.1 亩,为世界平均水平的 27.8%。其中世界人均耕地面积为 4.8 亩,中国以 18.2 亿亩耕地计,人均只有 1.3 亩,少 3.5 亩,为世界平均水平的 27%;世界人均草地面积为 10.4 亩,中国草地总面积 68 亿亩,人均只有 5.2 亩,少 5.2 亩,为世界平均水平的 50%,而且由于草原承载过度使其质量下降,草地平均蓄草量比世界平均水平低得多;世界人均林地面积为 13.6 亩,中国林地面积为 21.1 亿亩,人均只有 1.6 亩,少 12 亩,为世界平均水平的 11.8%,森林覆盖率只相当于世界森林覆盖率的 61.3%,人均森林蓄积量只有世界人均蓄积量的 1/8。

中国水资源极其缺乏,人均占有量为世界平均水平的 1/4,并且地区分布不均匀。淡水资源总量为 28000 亿立方米,占全球水资源的 6%,仅次于巴西、俄罗斯和加拿大,居世界第四位,但人均只有 2120 立方米,仅为世界平均水平的 1/4、美国的 1/5,在世界上名列第 121 位,是全球 13 个人均水资源最贫乏的国家之一。扣除难以利用的洪水泾流和散布在偏远地区的地下水资源后,中国现实可利用的淡水资源量则更少,仅为 9000 亿立方米左右,人均可利用水资源量约为 677 立方米,并且其分布极不均衡。

煤炭、石油和天然气等能源资源储量,人均水平很低,能源资源以煤炭为主。从国家统计局 2008 年统计年鉴数据看,中国现已探明的煤炭、石油、天然气基础储量分别为 289043 万吨、34049 亿立方米、3261.44 亿吨,人均占有量分别为 2.19 吨、2579 立方米和 247 吨,煤炭储量虽然为世界第三大国,但人均煤炭资源水平还是远低于世界水平,而石油和天然气储量则分别仅为世界人均数量的 1/9、1/20。目前,我国石油资源勘探程度较高,储量、产量增长的潜力有限,石油在未来一次能源生产中的比例还会略有下降，估计会下降到 10% 以下；而天然气资源勘探程度却很低，正处在高速发展阶段，天然气在未来一次能源生产结构中的比例有望增长，预计从 2008 年的 3.9% 上升到 2015 年的 7% 左右；但是，由于石油生产比例的下降和经济发展的需要，如果水电、核电和风电等没有较快速的增长，能源结构中，煤炭生产和供给比例，可能还是会稳定在 75% 左右。以煤炭为主，将是中国能源结构的重要特征。

中国人均金属矿资源很贫乏。（1）铁矿。2008 年基础储量为 226 亿吨，人均 17.12 吨，为世界人均铁矿储量的 44%。但是，中国铁矿资源有两个特点：一是贫矿多，占总储量的 80%；二是多元素共生的复合矿石较多。此外矿体复杂，有些贫铁矿床上部为赤铁矿，下部为磁铁矿。（2）铜矿。2008 年基础储量为 2891 万吨，人均为 219 公斤，人均铜矿储量为世界平均水平的 29%。与世界其他国家的铜矿资源相比，中国的情况是：大型铜矿少，中小型铜矿多；可供生产利用的高品位优质矿石数量少；开采成本低的斑岩铜矿数量少，开采成本高的矽卡岩型铜矿数量多。（3）铝土矿。2008 年基础储量为 73513 万吨，人均为 5569 公斤，为世界人均储量的 10%。虽然我国铝土矿除了分布集中外，以大、中型矿床居多。但是，铝土矿的质量比较差，加工困难、耗能大的一水硬铝石型矿石占全国总储量的 98% 以上；我国铝土矿的另一个不利因素是适合露采的铝土矿矿床不多，据统计只占全国总储量的 34%。①

非金属矿资源人均储量水平为世界平均水平的 58%，资源质量也不容乐观。已发现的 91 种资源，涵盖了冶金辅料、化工原料、建材原料和其他非矿品种。部分非金属矿资源储量在世界占有较大

---

① 基础储量数据均来自于国家统计局《中国统计年鉴（2009）》，中国统计出版社，2009。

比重：硅灰石43%、石墨32%、菱镁矿30%、重晶石20%、硼矿物16%。但是，也存在着这样一些问题：（1）人均资源占有量少。按人均计算我国的资源量仅达到国际人均水平的58%。（2）某些矿种稀缺。如我国的金刚石储量小，品位低。我国金刚石品位最富的原矿品位和砂矿类品位仅相当于南非金刚石选矿厂的尾矿品位。（3）难选矿物多，利用技术复杂。如高岭土伴生有蒙脱石、伊利石、水钻石以及石英、云母、黄铁矿、方解石等，给选矿增加了困难，用途受到限制。（4）中、小型矿床居多，大型矿床偏小。已勘察的165个非金属矿床中，大型矿床27个，中型矿床23个，小型矿床115个。（5）地域分布相对集中，非产地利用则增加运输成本。已探明的资源大部分集中在中东部地区。如菱铁矿和滑石90%，石墨和萤石的80%以上集中分布在东部和中部地区。（6）我国非金属矿资源家底不清。许多开采企业，没有地质报告就进行生产。如全国矿山企家不小于千家，有50%以上矿山是未经地质勘察工作的矿区（点）采掘。总的来说，我国非金属矿资源储量中，地质控制程度低的部分所占比重较大；资源量大，基础储量少；经济可用性差或经济意义未确定的资源储量多，控制和推断的资源储量多，探明的资源储量少。①

通过上面的比较，可以看出，中国是一个人口绝对大国和资源相对贫国，特别是供发展用的土地、淡水、能源和矿产等资源，绝大多数低于世界人均水平，而且，如果根据未来人均GDP增长的需要，按照发达国家的资源消耗水平，缺口更大。

（二）水土不堪重负

根据人口经济学的研究，依据其耕地、草地、矿藏、淡水等资

---

① 《非金属矿产开发利用现状及优势分析》，中国建材网，2007年10月11日。

源，以及环境容量，一国有一个适度人口规模。一旦超过这个规模，即人口规模超过国土的承载能力，就会发生资源短缺、生态环境恶化等一系列问题。

1. 国土不堪负重，状况恶化

中国的现实是：占全球近20%的中国人口生活在占全球6.44%的国土上。全世界陆地面积为14900万平方公里，中国960万平方公里，中国为世界的6.44%。而中国20世纪80年代初人口就进入了10亿的规模，2000年时人口总规模达到了12.67亿，2010年中国人口更是增加到了13.39亿。中国人口规模占全球总人口的近20%。中国这样多的人口密集地生活在相对少的，特别是东部相对更少的土地上，给土地、淡水、资源、生态和环境等，造成巨大的压力和破坏，也带来就业困难、住房紧张、交通拥挤、养老负担沉重等一系列的经济和社会问题。

从中国国土来看，从腾冲到黑河线以东地区36%的国土面积，承载了95%左右的人口；而占国土面积64%的该线以西地区，由于多为山区、高原、沙漠和戈壁，气候寒冷、环境恶劣，只承载了5%的人口。东部狭小的国土上，人口生活和发展的承载负荷太重。中国沙化土地已经达到174万平方公里，占国土面积的18.12%，另外还有30多万平方公里潜在沙化土地，影响着4亿人口的生存与发展，每年由沙化造成的直接经济损失超过540亿元。[①]（1）耕地质量总体偏低。根据国土资源部2009年12月24日发布的全国耕地质量等级调查与评定，我国耕地质量等级总体偏低。我国耕地平均等别为9.80等，低于平均等别的10～15等地占全国耕地质量等级调查与评定总面积的57%以上，生产能力大于1000公斤/亩

---

① 白旭：《中国沙漠化土地已达国土总面积18.12%》，新华网，2006年6月17日。

的耕地仅占6.09%。① 一是水土流失严重。据2008年完成的调查，我国水土流失面积达356.92万平方公里，亟待治理的面积近200万平方公里，全国现有水土流失严重县646个，其中82.04%处于长江流域和黄河流域。经研究测算，按现在的流失速度，50年后东北黑土区1400万亩耕地的黑土层将流失掉，35年后西南岩溶区石漠化面积将翻一番，将有近1亿人失去赖以生存和发展的基础。② 二是在工业化过程中，有限的耕地也受到严重的污染。目前全国受污染的耕地约有1.5亿亩，污水灌溉污染耕地3250万亩，固体废弃物堆存占地和毁田200万亩，三项合计约占全国耕地总面积的1/10以上。据估算，全国每年因重金属污染的粮食达1200万吨，造成的直接经济损失超过200亿元。土壤污染造成有害物质在农作物中积累，并通过食物链进入人体，也引发了各种疾病，最终危害到人体健康。③ （2）草地退化和沙化。由于牧业牲畜规模不断扩大，而草地面积有限，过度放牧，加上对草原水资源的过度开放，再加上草地改耕地和林地，使得草地沙化、荒漠化，面积约9000万公顷，占我国草地总面积的1/3，20世纪末、21世纪初前后，每年有133万公顷草原在退化，草原畜牧业地区水土流失也在加剧，仅内蒙古水土流失面积就达1800万公顷，占全区总面积的15%；草原生态恶化导致生态弹性下降，自然灾害频繁，北方有1333多万公顷农田遭受草原风沙的侵袭；草地资源出现危机，牧草质量变劣，毒害草增多，草地成为荒漠化土地的主体和沙尘暴主要发源地。④

---

① 王健生：《我国耕地质量总体偏低》，2009年12月25日《中国改革报》。

② 从2005年7月开始，历时3年，水利部、中国科学院和中国工程院联合开展"中国水土流失与生态安全综合科学考察"。见姚润丰，新华报业网，2009年1月29日。

③ 《耕地污染通过食物进人体》，2007年4月23日《重庆晚报》。

④ 《我国草原沙化日趋严重》，2004年10月26日《科技日报》。

2. 淡水供给已达极限

由于人口承载负荷过度，并且农业、工业和城市发展压力较大，现有的水资源供给形势很严峻，并且发展反过来给淡水资源造成严重的污染。

水资源极度短缺。缺水主要表现在农业、工业和城市用水短缺三个方面。（1）我国平均每年受旱面积3300多万公顷，因旱灾粮食减产约5%；经济社会发展大量挤占农业灌溉水源，使农业缺水的压力进一步增大；正常年份全国农业缺水约300亿立方米。（2）工业用水紧张。正常年份我国工业年缺水至少60亿立方米，影响工业产值2000亿元。667个城市根据全国性的水利调查，420多个城市缺水。（3）大概有46%的城市是资源性缺水，8%的城市是水质性缺水，26%的城市是工程性缺水。420多个城市一年总缺水在105亿立方米左右。[①]

缺水造成地下水的过度开采。2008年，有关部门对21个省级行政区对地下水位降落漏斗（以下简称漏斗）进行了不完全调查，共统计漏斗81个，漏斗总面积7万平方公里。在38个浅层（潜水）漏斗中，年末漏斗面积大于500平方公里的共11个，年末漏斗中心水位埋深大于20米的共24个。在43个深层（承压水）漏斗中，年末漏斗面积大于500平方公里的共25个，年末漏斗中心水头埋深大于50米的共13个。2008年末与年初相比，浅层漏斗面积扩大的有21个，中心水位下降的有21个；深层漏斗面积扩大的有9个，中心水位下降的有10个。[②]

（三）环境污染严重

由于我国人口多，加上农业现代化、工业化和城市化的推进，

① 《超六成城市缺水年损失两千亿元》，CCTV.com，2010年3月22日。
② 中华人民共和国水利部2004年、2006年、2008年各年水资源公报。

对生态环境的压力越来越大。

1. 水体受到严重污染

在我国地表水中，长江、黄河、珠江、松花江、淮河、海河和辽河七大水系总体为中度污染，其中海河为重度污染，黄河、淮河、辽河为中度污染。对 200 条干支流的 409 个断面检测结果显示，适用于一般工业用水区及人体非直接接触娱乐用水区的 IV 类水质及其以下水质的断面占 45%。主要的污染指标为氨氮、石油类、生化需氧量和高锰酸盐。此外，28 个国控重点湖（库）中，IV 类及其以下水质的占 78.6%，主要污染指标是总氮和总磷。其中，太湖、巢湖、白洋淀、西湖等 11 个湖泊或城市内湖为劣 IV 类水质。[①]

农村水污染越来越严重。有关资料表明，我国 7 亿农村人口饮用水源不合格，约有 1.9 亿人的饮用水有害物质含量超标，其中大肠杆菌超标率达 86%。我国人群患病的 88%、死亡的 33% 与生活用水不洁直接相关。我国农村水污染形势越来越严峻的原因为：（1）农业面源污染。2008 年农业化肥折纯使用量 5239 万吨，而有效利用率却只有 30% ~ 40%。2009 年全国化学农药消费总量（有效成分）接近 30 万吨，只有 10% ~ 20% 的农药附着在农作物上，而 80% ~ 90% 则流失在土壤、水体和空气中，在灌溉和降水等淋溶作用下，造成地表水、地下水的污染，湖泊富营养化。（2）工业废水污染。2005 年，乡镇企业污染已使全国 16.7 万平方公里的耕地遭到严重破坏，占全国耕地总量的 17.5%。2006 年，全国农村乡镇工业废水排放量 89.5 亿吨。许多污染严重的企业转移至郊区小城镇和农村地区，这些企业大多数为技术水平低的小造纸、制革、印染和冶炼等大耗水企业，大量的废水未经有效处理直接排入

① 中华人民共和国环境保护部：《2008 年中国环境状况公报》。

乡村河道，造成水体大面积污染，严重地影响了村民生活生产。
（3）污水灌溉污染。污水灌溉的农田主要集中在北方水资源严重
短缺的海、辽、黄、淮四大流域，约占全国污水灌溉面积的85%。
（4）农业养殖污染。2005年全国农村和城郊畜禽粪便产量24.85
亿吨，相当于工业固废产量的3.9倍。而且绝大多数养殖场采用圈
养，没有排水设施，更没有污水处理设施，粪便连同冲洗水在圈内
堆积、漫流，清理出的粪便随意堆积，粪尿中的大量氮磷渗入地
下，使地下水的硝态氮、硬度和细菌总数超标现象严重。在水产养
殖方面，有的水库承包人肆意投放饲料、化学肥料、动物脏器、人
畜粪便进行水产养殖，使水体受到极大污染。（5）生活污水及废
弃物污染。由于没有配套的排水管网和规定的去向，排向室外的生
活污水或在街道上漫流，或沿排水明沟流到低洼处、沟塘水库及流
域。长此以往，不仅严重污染地表水，而且通过渗入影响地下水水
质。我国7亿人口生活在农村，按每人每天1公斤计，全国每年合
计将增加生活垃圾42583万吨。农村的生活垃圾利用率极低，大部
分都露天在城郊和乡村堆放，不仅传播病毒、细菌，而且其渗滤液
也污染了地表水和地下水。[1]

　　由于村庄分散，处理成本太高，农村水污染根本没有可治理经
济方面的可行性。第二次全国农业普查公布的数据表明，全国目前
仅有19.4%的乡镇生活污水经过集中处理，建设部的《村庄人居
环境现状与问题》调查报告也显示96%的村庄没有排水渠道和污
水处理系统。[2] 农村水污染的治理在经济上极不可行：（1）小村庄
的污水，达不到污水处理技术和设备要求的最低规模处理量，污水
处理设施、管理和人工成本太高；（2）村庄分散，并且自然村平

---

① 张志伟：《农村水污染问题初探》，2008年中国法学会环境资源法学研究会
　　年会论文集，武汉大学环境法研究所网，2009年11月5日。
② 《中国农村的水污染现状》，中国城镇水网，2008年6月24日。

均人口规模只有200余人，如果将几百个村庄的污水集中起来规模化处理，管线成本太高，经济上也不可行；（3）农村的污水成分较复杂，而且由于农业生产的季节性，污水内容的变化大，难以正确评估生活污水的污染负荷及其昼夜、季节性变化；（4）大部分农村经济发展慢，资金实力不强，难以承受高昂的污水处理工程建设费和运行费用。

2. 城乡垃圾污染趋势

随着中国城市化、工业化和农村现代化的进程，城乡各种形式的垃圾污染的规模也越来越大，而且对淡水、食品、空气等的二次污染也越来越多。城镇中由于公共服务的改善，垃圾处理逐步得到控制，但是，农村垃圾污染形势却因居住分散面处理成本太高，财政对农村公共服务投入有限，形势越来越严峻。

（1）城镇垃圾污染状况逐步得到控制。目前，中国城镇人口6亿，保守估计每人每年产生200公斤生活垃圾，城市每年产生生活垃圾约为1.2亿吨，而且随着城镇人口的增加，规模还会扩大。全国历年堆积的垃圾累计已近70亿吨，人均接近6000公斤。在380多个城市中，至少有2/3的城市处在垃圾包围之中。[1] 2008年，全国工业固体垃圾产生量为190127万吨，其中危险垃圾产生量为1357万吨。[2] 中国仅电视机、洗衣机、电冰箱、空调器、电脑5种电器的年报废量就超过1.5亿台。同时，全世界电子电器废弃物有80%被运到了亚洲，其中90%在中国消化。广州珠三角地带则是洋垃圾进口的重要基地。[3]

工业垃圾的处理量和综合利用量在增加，排放量在下降。2008

① 引自王新孝的博客"中国垃圾污染现状"，eblog.cersp.com/userlog21/136502/archives。

② 中华人民共和国环境保护部：《2008年中国环境状况公报》。

③ 祝磊：《电子垃圾污染触目惊心》，2007年5月17日《中国质量报》。

年，全国工业固体废物产生量为 190127 万吨，比上年增加 8.3%；排放量为 782 万吨，比上年减少 34.7%；综合利用量（含利用往年贮存量）、贮存量、处置量分别为 123482 万吨、21883 万吨、48291 万吨，分别占产生量的 64.9%、11.5%、25.4%。危险废物产生量为 1357 万吨，综合利用量（含利用往年贮存量）、贮存量、处置量分别为 819 万吨、196 万吨、389 万吨。[①]

（2）农村垃圾污染形势越来越严峻。随着农村经济快速增长，农村消费品种类和数量明显增加，农村固体废弃物的分选和处理难度明显加大。前些年，我国的环境保护工作重点放在了大中城市，忽视了农村环境污染问题治理，农村环境有进一步恶化的趋势。

城镇转移到农村的垃圾污染。由于财政困难、垃圾处理设施不足和落后，大量未经无害化处理的生活垃圾从城镇转移到了农村，一些郊区和农村已成为城市生活垃圾的存放地，占用和毁损了大量的道路、土地，污染了空气和水源，成为农村环境最大的污染源之一。

农村人畜粪便垃圾污染。农村相当大一部分人畜禽粪便等各种垃圾都被直接排放到环境中，对水体、土壤、空气等造成了极大的污染。集约化的畜禽养殖场迅速发展起来，对环境影响较大的大中型集约化畜禽养殖场，约 80% 分布在人口比较集中、水系较发达的东部沿海地区和诸多大城市周围。如 2007 年上海市禽畜粪便的年发生量已突破 1200 万吨，远远超过该市当年工业废渣（663.11 万吨）和生活废弃物（666.44 万吨）的排放量。[②]

农民生活垃圾污染。农村生活垃圾主要包括厨房剩余物、包装废弃物、一次性用品废弃物、废旧衣服鞋帽等。由于目前农村生活

---

① 中华人民共和国环境保护部：《2008 年中国环境状况公报》。

② 吴淑杭：《禽畜粪便污染现状与发展趋势》，《上海农业科技》2002 年第 1 期。

垃圾处理设施建设严重滞后甚至没有处理设施，部分农民环保意识又相对较差，许多固体废弃物，如旧衣服、一次性塑料制品、废旧电池、灯管、灯泡等随意倒在田头、路旁、水边，许多天然河道、溪流成了天然垃圾场。① 过去自然农业生活时，生活用品废物较少，大部分是可降解的废物，而生活用品的工业化和市场化程度提高后，食品和其他用品包装物、塑料袋、建筑废物等垃圾越来越多，每年1.2亿吨的农村生活垃圾露天堆放。

农村秸秆污染。中国农村农作物秸秆的年产生量约6亿吨，其中稻草1.8亿吨，玉米秆2.2亿吨，小麦秸1.1亿吨，还有甘薯蔓、油菜秸、大豆秸、甘蔗秸、高粱秸、花生秧及壳等，它们产出的秸秆量都超过了千万吨。目前在饲料、还田、造纸、能源和化工等领域对秸秆利用的一些关键性技术难题尚未突破，使每年秸秆利用数量相当有限。另外，秸秆焚烧现象在我国有些地方仍然存在，由于秸秆不完全燃烧产生的二恶英、CO 等有毒有害气体，严重污染了农村大气环境，给农村居民身体健康带来极大危害。②

大棚农业地膜污染。2005年全国地膜用量超过180万吨。目前多数农用薄膜为聚乙烯成分组成，这种材料的性能稳定，在自然环境中，其光解和生物分解性均较差，残膜仍留在土壤中很难降解。地膜污染的危害在发达地区已很突出。据浙江省环保局2002年的局部调查，被调查区地膜平均残留量为3.78吨/平方公里，造成减产损失达到产值的20%左右。③

---

① 陆伟东、周少奇、路江涛：《中国农村固体废弃物污染现状与防治对策》，环卫科技网，2007年1月2日。

② 陆伟东、周少奇、路江涛：《中国农村固体废弃物污染现状与防治对策》，环卫科技网，2007年1月2日。

③ 魏钰、苏杨：《中国农村环境污染的类型、现状和后果》，中国农业信息网，2007年11月27日。

3. 温室排放压力大和大气污染趋势

大气问题主要有两个：一是能源消耗形成的二氧化碳排放，对于地球有温室效应，导致全球气候变暖；二是人们生活和发展排放中有二氧化硫、粉尘、一氧化碳等有害物，影响人们生活的环境。而大气问题与固体垃圾污染不一样的是，它在地区之间，在国家之间流动和转移，是一个需要全球关注和解决的问题。

中国未来发展的碳排放压力很大。在 2009 年哥本哈根气候大会上，一些专家认为，即使中国遵守承诺到 2020 年单位 GDP 二氧化碳排放量降低 40% ~45%，如果中国的经济按 8% 的速度增长，其总排放量仍可能增加一倍。法国可持续发展和国际关系研究所（IDDRI）的气候分析专家 Emmanuel Guerin 认为，按 8% 的增长率，排放量将增加 74%。中国 2005 年二氧化碳排放当量为 72 亿吨，到 2020 年将排放 126 亿吨。Emmanuel Guerin 认为，为了限制全球变暖不超过 2 摄氏度范围，世界到 2020 年排放应该不超过 440 亿吨二氧化碳当量。届时，中国二氧化碳总排放量将为世界排放量的 29%。[①]

大气环境随着节能减排行动而逐步改善，但酸雨污染还很严重。从全国大气污染的结构看，2008 年，二氧化硫排放量为 2321.2 万吨，烟尘排放量为 901.6 万吨，工业粉尘排放量为 584.9 万吨，分别比上年下降 5.9%、8.6%、16.3%。经过"十五"末和"十一五"期间的努力，全国城市空气质量好转，2008 年，全国化学需氧量排放量 1320.7 万吨，比上年下降 4.42%；二氧化硫排放量 2321.2 万吨，比上年下降 5.95%。与 2005 年相比，化学需氧量和二氧化硫排放量分别下降 6.61% 和 8.95%，不仅继续保持

---

① 《2020 年中国二氧化碳排放将增加一倍》，中国环保设备展览网，2009 年 12 月 17 日。

了双下降的良好态势，而且首次实现了任务完成进度赶上时间进度。脱硫机组装机容量达到 3.63 亿千瓦，装备脱硫设施的火电机组占全部火电机组的比例由上年的 48% 提高到 60%。[①] 全国 2008 年空气质量总体良好，比上年有所提高，但部分城市污染仍较重；全国酸雨分布区域保持稳定，但酸雨污染仍较重，主要分布在成渝、长江中游流域、长三角、珠三角区域。

2008 年，全国有 519 个城市报告了空气质量数据，达到一级标准的城市 21 个（占 4.0%），达到二级标准的城市 378 个（占 72.8%），达到三级标准的城市 113 个（占 21.8%），劣于三级标准的城市 7 个（占 1.4%）。全国地级及以上城市的达标比例为 71.6%，县级城市的达标比例为 85.6%。[②]

2010 年第一季度中国二氧化硫排放量同比增长 1.2%。这是自 2007 年来按季度二氧化硫排放量首次出现不降反升。在资源型产业产品产量过快增长、西南地区长时间干旱等新情况下，中国减排压力将持续加大。第一季度中国国内生产总值同比增长 11.9%。但占全国二氧化硫排放量超过 70% 的电力、钢铁、有色、建材、石化、化工等资源型产业产品产量高速增长，致使火力发电量同比增长 24.3%，煤炭消费量增长超过 20%，能源消费量增长 15.5%。[③]

三　土地供给对未来需求的缺口太大

从资源的供给与需求讲，发展模式其最核心的内容就是，经济增长在土地、淡水、能源、矿产，包括环境容量资源等各种要素组

---

① 中华人民共和国环境保护部：《2008 年中国环境状况公报》。
② 中华人民共和国环境保护部：《2008 年中国环境状况公报》。
③ 周锐：《中国二氧化硫季度排放量 3 年来首次上升》，中新社北京 2010 年 5 月 13 日电。

合的投入产出方式。表现为各种要素的投入比例、消耗系数、产出水平，以及投入和产出水平的动态增长和变动状况。

（一）中国与其他一些国家国土资源比较

我们先来看土地资源的供求情况。一个国家的土地，从人们的需要看，有森林、草地、耕地、湿地、水面、交通用地、水利用地、村庄用地、独立工矿用地、城市建设区用地等。有的国家的国土中，还有不能利用的沙漠、戈壁和半沙化土地，我们将其称之为无效和低效国土。

从表3-1对比分析可以看出，按照土地面积和人口规模排列，（1）中国人口密度138人/平方公里，排在世界各国第11位，但是如果按照有效国土面积计算，人口密度为364人/平方公里，排在孟加拉国和印度之后，为世界第3位。在以上陆地面积大国和人口规模大国之中，2008年中国国土每平方公里人口密度138人，低于孟加拉（1102）、印度（393）、日本（338）、菲律宾（298）等10余个国家；中国腾冲到黑河一线东部只有36%的国土上生活着全国95%的人口，东部的人口密度为每平方公里364人。（2）中国耕地面积为18.2亿亩，根据实际面积与统计面积可能有差距，假定有24.2亿亩，中国人均耕地是世界人均水平的55%，人均耕地面积排在英国、日本、意大利、孟加拉国、越南之后，排在倒数第6位；农业劳动力人均耕地在0.36~0.49公顷之间，排在孟加拉和越南之后，为世界各国倒数第3位。但是，在农业劳动力平均拥有耕地方面，倒数第1位是孟加拉国，为0.15公顷，折合1亩；倒数第2位是越南，0.31公顷，折合4.65亩；而中国每个农业劳动力平均拥有耕地处于倒数第3位，在0.36~0.49公顷之间，折合5.4~7.35亩之间。印度农业劳动力的人均耕地面积0.73公顷，是中国的一倍半到两倍。

表3-1 世界一些国家国土和耕地比较

国 别	人口 （万人）	陆地面积 （万平方 公里）	人口密度 （人/平方 公里）	耕地 （公顷）	人均 耕地 （公顷）	农业 劳力 （万人）	劳均 耕地 （公顷）
世界	667172	14900.00	45	14.9	0.22	266868	0.56
俄罗斯	14425	1707.50	8	1.26	0.88	840	15.0
加拿大	3359	997.10	3	0.68	2.02	39	174.0
中国	132256	960.10	138	1.21	0.09	33000	0.36
中国 （实际耕地面积）	132256	960.10	138	1.61	0.12	33000	0.49
美国	30195	936.40	31	1.97	0.65	225	87.5
巴西	18808	854.70	22	2.80	1.49	470	59.6
澳大利亚	2170	774.10	3	0.51	2.35	34	150.0
印度	116902	297.47	393	1.70	0.15	23000	0.73
阿根廷	3874	278.00	14	0.27	0.70	155	17.4
哈萨克斯坦	1676	271.70	6	0.35	2.10	190	18.4
苏丹	3811	250.60	15	0.84	2.20	1295	6.48
阿尔及利亚	3282	238.20	14	0.08	0.24	100	8.00
南非	4869	121.90	40	0.15	0.31	165	9.10
沙特阿拉伯	2429	215.00	11	0.036	0.15	100	3.60
墨西哥	10745	195.80	55	0.23	0.21	1200	1.92
印度尼西亚	24545	190.50	128	0.34	0.14	4909	0.69
孟加拉国	15867	14.40	1102	0.09	0.06	5950	0.15
日本	12772	37.78	338	0.05	0.04	300	1.66
菲律宾	8947	30.00	298	0.14	0.16	1232	1.14
越南	8738	32.96	265	0.10	0.11	3200	0.31
英国	6060	24.48	248	0.06	0.01	50	2.00
德国	8245	35.70	231	0.12	0.22	65	18.5
巴基斯坦	16580	80.39	206	0.80	0.48	4560	1.75
意大利	5813	30.12	193	0.03	0.05	95	3.16
尼日利亚	13388	92.38	145	0.60	0.45	5154	1.16
法国	6018	55.10	109	0.18	0.29	100	18.0

注：人口、国土、耕地、农业劳动力等数据来自于有关网站，因篇幅所限，这里不一一列举；人口基本为2008年数据，个别有2007年和2009年数据；其他数据范围在2005～2009年之间；有少数国家的耕地为可耕地面积。

未来中国经济和社会发展到底还需要多少土地，分布在什么地方？这需要认真研究。土地分配的内容主要为：居住和工作用的城镇、村庄建设用地，出行用的交通用地，水利和水力发电用的水利用地，开发区、大型加工和资源型企业用的独立工厂和矿山用地，保护和恢复生态环境用的生态用地，保证农业产品生产需要的耕地，牧业用的草地，提高绿化率用的森林用地等。我们主要分析城市建设用地、乡村建设用地、交通水利独立工矿用地、保证农业生产的耕地用地四项。

（二）未来城市建设用地需求

2008年中国建设用地总面积为49587万亩，各部分很难精确地加以计算，大体估计，其中城镇建设用地7800万亩，独立工矿用地6450万亩，村庄用地26135万亩，交通运输用地3735万亩，水利建设用地5467万亩。

2040年时，中国人均GDP至少在25000美元水平以上，城市化率90%左右。在前一章中我们已经分析过，2040年时，城市化水平将达到90%。未来30年GDP分别按照5%、6%、7%、8%的速度增长预计，2009年中国的GDP是49100亿美元，到2040年时，人口为15.5亿，人均GDP分别会达到14375美元、19285美元、26661美元和34426美元。我个人认为，未来30年，经济增长与城市化是互为推动的，强劲的城市化进程会推动国民经济每年至少平均以7%的速度增长，而以7%的速度增长，即使不考虑人民币升值因素，2040年时的人均GDP也会是26661美元。况且，人民币必定会在未来30年中至少升值100%。因此，无论怎么计算，2040年时中国的人均GDP最保守估计也在25000美元左右。而人均GDP 25000美元的国家和地区，其人口城市化的水平，都在90%以上。如2009年韩国人均GDP为17000美元，中国台湾地区人均 GDP 为 19756 美元，这两个国家和地区的城市化水平目前分别为 93% 和 95%。

城市化是需要土地的，假定 2040 年，中国大陆总人口控制在 15.5 亿，城市化水平为 90%，其中城市人口为 13.95 亿，按照城市建设每平方公里密度 1 万人的标准，城市建成区面积应当为 14 万平方公里，即需要 21000 万亩土地。2007 年城市和城镇建成区面积为 50868 平方公里，2009 年城镇总人口为 62200 万人，城市建成区面积估计至多在 52000 平方公里左右，按照 1 万人 1 平方公里的标准，城镇建成区缺口 10200 平方公里，按照城市化的需要，前 28 年少供应了 1530 万亩土地。

2009 年估计城镇有 125 亿平方米的住宅，未来 30 年，还需要增加 435 亿平方米的住宅，每年城镇需要增加 14 亿平方米的住宅，按 2 的容积率计算，考虑小区配套，每年需要供给城镇住宅建设用土地 50 万亩。

我们按照 2040 年城市住宅容积率为 2，住宅面积为 560 亿平方米，其中假如 14 亿人口中有 10% 的需要政府建房解决，每人平均 20 平方米，政府需要为 10% 的低收入人口建设 28 亿平方米保障住宅，未来每年建设保障房 9032 万平方米住宅，按照 3 的容积率计算，政府每年需要向保障房建设提供 2 万亩土地。城镇居民中，10% 低收入家庭由政府保障，20% 家庭租住他人房屋，50% 自己有一套房屋，还有 20% 有两套以上房屋，租给需要租房住的家庭。

前面已经计算，未来 30 年如果 GDP 年增长平均 7%，2040 时，人均 GDP 将达到 26661 美元，合人民币现值 182015 元；假定那时居民 GDP 分配率达到 60%，则全国居民平均个人年收入为 109208 元人民币，合 16997 美元；如果一个家庭平均为 3.5 人，工作人口为 2 人，则工作人口年工资应当为 27994 万美元，劳动者年薪应当合人民币 191115 元人民币。按照每人 40 平方米的面积，房价收入比不超过 6，则那时的全国平均房价每平方米不应当超过 16381 元人民币。目前，城乡居民平均收入为 10754 元人民币，按照 2 人抚养 1.5 人口计算，城乡劳动者，包括农民工，每个劳动者平均工资为年 18819 元人民币；而房价全国 2009 年每平方米平均为 5000 元人民币。如果 2009 年居民房价收入比不超过 6，使居民能买得起房屋，今后 30 年，工薪收入（指城镇中的全部劳动者）必须年增长 7.76%，而房价每年平均上涨幅度不得超过 3.9%。

（三）未来的交通水利和独立工矿用地

前面已述，中国是一个人口和国土大国，人口密度按照有效国土面积算，排在世界第三。因此，随着生产和生活等活动的增加，随着人民生活的富裕，出行量将会迅速增长。到 2040 年进入发达国家发展水平时，交通运输需要量只能比目前的发达国家规模大，不可能比他们规模小。所以，交通需要大规模的铁路、公路、港口和机场建设。

未来 30 年，铁路、公路和航空，水利建设和独立工矿用地，假定港口建设可以用填海造地解决，减去独立工矿复垦等调剂出来的 3032 万亩，还需要新增 10718 万亩土地。交通用地主要是铁路和公路（包括高速铁路和高速公路），发达国家每百平方公里铁路长度为 7 公里，公路长度为 70 公里，按照此标准，则 2040 年，应当有铁路 67.2 万公里，公路有 672 万公里。2008 年中国铁路有 7.97 万公里，公路有 373 万公里。届时，比 2008 年，还需要增加铁路和公路各 60 万和 300 万公里。① 铁路建设需要 2250 万亩；公

---

① 按照较节约的土地利用标准，每公里铁路路基、排水和绿化等需要 25 米，每公里铁路需要占地 37.5 亩；加绿化带，每公里三车道高速公路为 50 米宽，一级公路为 40 米宽，二级公路为 25 米宽，三级公路为 21 米宽，四级公路为 18 米宽，乡村公路为 10 米宽，高速、一级、二级、三级、四级、乡村公路每公里分别需要 75 亩、60 亩、35 亩、32 亩、27 亩、8 亩。

路中高速公路、一级、二级、三级、四级、等外等公路如果按照每百平方公里各2、2、10、15、18、23公里计算，2040年应当分别有19.2万公里、19.2万公里、96万公里、144万公里、172.8万公里、220.8万公里公路，还需要增加高速、一级、二级、三级公路各13.17万公里、13.78万公里、67.48万公里、106.58万公里，四级和等外95万公里。分别需要新增土地988万亩、827万亩、2362万亩、3410万亩，四级和等外760万亩。未来公路建设需要8347万亩土地。

交通用地还有水运港口和航空飞机场，我们假定今后港口大部分用填海造地实现建设，飞机场按照发达国家每万平方公里应当有1个，飞机场占地面积平均为5000亩，则960个飞机场，占地将需要500万亩。中国大陆目前有150个飞机场，还需要新增810个飞机场，需要新增机场用地400万亩。未来铁路、公路和机场共计需要新增11000万亩土地。

未来水利用地不好用一些固定的指标测算，并且考虑以前水利设施的加固，包括适当限制水利设施建设，特别是以前围湖和围河及占滩涂造地的土地因粮食生产压力较大，不可能再改变回水利用途。水利用地未来可能为限制和受约束项目。按照2009年审批建设用地的情况，为交通建设的1/4左右。按此计算，为11000万亩交通建设的1/4，即水利建设需要新增用地2750亩。

目前，在建设用地中，独立工矿山用地，占除了村庄用地以外建设用地的27.5%。未来独立工矿用地究竟需要多少，我根据湖北工业大学土木工程与建筑学院刘文生的方法，进行了计算预测，当GDP年增长率7%时，到2040年为3418万亩，比2008年的6450万亩减少3032万亩，[①] 其主要原因为有些开发区与城市

① 刘文生：《独立工矿用地模型研究》，《湖北工业大学学报》2007年第4期。

建设合一，不再算为独立工矿区，过去的一些采毕矿区得到复垦。

（四） 未来村庄用地多少主要看政府的导向

中国的农村到底占用了多少土地，是个搞不清楚的数据。笔者根据有关政府部门网站搜集到的数据，全国 2004 年有自然村 327 万个，一个自然村平均 58 户人家，232 口人，平均占地 135 亩。[①]如果按此计算，加上这几年增加的面积，全国村庄占地至少在 44500 万亩之多。另一计算方法是，按照农村居民每人平均居住面积计算的村庄用地，2007 年农村人口 72750 万人，人均住宅面积 31.6 平方米，用地为 27200 万亩。[②] 按照 2009 年统计年鉴计算估计，大约为 26135 万亩。

未来村庄会占用多少土地？我们假定 2040 年农村人口比率为 10%，有 1.5 亿，可以预测不同模式下的占地情况。

模式 I：2040 年可以从现有的村庄占地中整理出 17135 万亩土地，用以复垦为耕地和城市交通等建设。假定政府采取向城镇转移的农村人口购买其一部分宅基地，开发商置换其一部分宅基地的政策，2040 年之前转移到城市中的人口在农村的住宅全部都被退出，村庄为每 2.5 平方公里容纳 1 万人，则那时全国村庄占地面积为 9000 万亩，比目前的 26135 万亩，节约出 17135 万亩。一部分可以复垦为耕地，另一部分可以作为城镇面积扩大等之用。

模式 II：如果转移到城镇的农村人口不退出农村的住宅，城乡两栖居住，加上农村住宅改善因素，2040 年时，村庄占地为 41200 万亩，比目前还将增加 15065 万亩。目前，统计到城镇人口中的约

① 周天勇：《中国向何处去》，人民日报出版社，2010，第 238 页。
② 周天勇：《中国向何处去》，人民日报出版社，2010，第 198～199 页。

2亿人在村庄有住宅，假定政府对转移到城镇人口在农村的住宅没有鼓励其退出的政策，农村转移到城市中的人口保留住宅，未来农村有住宅的人口为10.3亿。

模式Ⅲ：允许城镇人口到农村购买住宅，则那时的村庄面积会扩大到62000万亩，村庄占地还需要消耗35865万亩之巨。如果不禁止城镇人口到农村去购买和建设宅院，建设别墅，甚至鼓励这种城镇人口在乡村拥有宅院和别墅的行为，即城乡人口在农村都有宅院，则2040年时，按照村庄每2.5平方公里容纳1万人的格局，村庄占地面积将为62000万亩的规模，比目前村庄占地26135万亩增加占地35865万亩。

（五）未来吃饭等需要的耕地是多少

2008年全国粮食产量52850万公斤，种植面积为160200万亩，亩产330公斤，油菜子1210万公斤，种植面积19200万亩，亩产630公斤。中国目前棉、菜、茶、亚麻、烟叶、糖、天然橡胶等需要55000万亩耕地。目前账面统计的名义耕地为18.2亿，种植面积为23.4亿亩，复种率29%左右。从后面的研究可以看出，我国目前进口的农业产品，至少需要播种面积5.8亿亩左右。这样，供给我们农业作物的种植面积，实际需要的农业作物面积为29.2亿亩，缺口5.8亿亩的种植面积，实际是进口粮油解决的。①

2040年时，考虑人口增加和消费结构升级，农业需要25.1亿亩耕地，即使目前的18.2亿亩耕地一点也不减少，缺口接近70000万亩。2040年，中国总人口达15.5亿，其中城镇人口13.95亿，农村人口1.55亿，根据梁书民和孙庆珍的研究，2040年时，

---

① 中国2009年仅进口大豆4255万吨，为2009年中国粮食和油菜子总产量的7.8%，而大豆亩产平均约115公斤，2009年我们进口的大豆如果在国内生产，需要3.7亿亩播种面积。

考虑人口饮食消费结构的变化，中国城镇人均消费粮油当量为 498 公斤，农村为 482 公斤。这样，城镇居民粮油总需求当量为 6723 亿公斤，农村居民粮油总需求当量为 747 亿公斤，合计总需求为 74700 万公斤。如果产量不变，粮油种植面积需要 24.79 亿亩；假定其他农业作物需求增长与粮油同步增长 38.2%，并且产量不变，则非粮油作物生产需要 7.6 亿亩播种面积。总共需要播种面积 32.39 亿亩（按照目前的复种率，需要耕地 25.1 亿亩），比目前的 23.4 亿亩播种面积，多出近 9 亿亩，按照目前的复种率不变，即使目前的 18.2 亿亩耕地一点也不被占用，则 2040 年时，农业耕地缺口接近 7 亿亩！

这里有个问题是，根据我们在全国各地的调研，可能过去人民公社围湖河造田，开垦荒地，并且瞒地，我估计实际的耕地面积有可能比目前多出 6 亿亩左右。但是，每年的农业粮食油产量是固定的，如果多出 6 亿亩地来，这只能说明，我们实际粮食平均亩产较低而已。如果不提高亩产，2040 年农业耕地缺口比 7 亿亩更大。

（六）未来土地总的新增需求为 8.56 亿亩到 15.56 亿亩

按照上述分析，2040 年时，土地的供求状况有三种方案。

方案 I：总的建设用地需要 15766 万亩，加上农业用地缺口 70000 万亩，土地供给对需求总缺口为 85766 万亩。最节约的用地，城市建设在每户居民就一套房的情况下，按照 1 万平方公里 1 万城市人口的标准，还需要新增 13200 万亩地；由于将来人口众多，运输量较大和较为繁忙，交通水利建设需要 13750 万亩地；独立工矿从复垦中能节约出 3032 万亩；村庄如果未来转移到城市的都退出自己的宅地，将会节约出来 17135 万亩土地；而按照目前的农业产出和技术水平不变，考虑人口增加和饮食结构的改变，加上对非粮食农业产品需求的增长，农业耕地缺口为 70000 万亩。

方案Ⅱ：总的建设用地需要 56366 万亩，农业用耕地缺口 70000 万亩，总的土地供给与需求缺口 126366 万亩。如果允许城市中居民每户平均有三套房，则城市和城镇建设用地需要 21600 万亩；农村中如果转移到城镇中的人口不退出农村的宅地，考虑住宅条件的改变及农村的低容积率因素，村庄建设还需要 15065 万亩地；交通水利、独立工矿用地与农业耕地缺口等与方案Ⅰ一样不变。

方案Ⅲ：总的建设用地需要 85566 万亩，农业耕地缺口 70000 万亩，总的土地供给对需求缺口为 155566 万亩。如果允许城市居民每户有五套房，则城市和城镇建设用地需要 30000 万亩；农村中如果转移到城镇中的人口不退出农村的宅地，并且允许城镇家庭到农村购买宅院和别墅，考虑住宅条件的改变及农村的低容积率因素，村庄建设还需要 35865 万亩地；交通水利、独立工矿用地，农业耕地缺口等与方案Ⅰ一样不变。

四 淡水资源供求缺口为硬约束

水资源的分配，主要是在农业灌溉、工业用水、服务业用水和城市生活用水四个部分，有些统计上将服务业用水含在城市生活用水之中。中国 2008 年地表水、地下水和其他渠道分别供水 4796.4 亿立方米、1084.8 亿立方米、28.7 亿立方米，共计供水 5910 亿立方米；总需求为 5910 亿立方米，其中，农业用水 3663.5 亿立方米、工业用水 1397.1 亿立方米、生活用水 729.3 亿立方米、生态用水 120.2 亿立方米，比例分别为 62%、24%、12% 和 2%。关于水资源未来的供给与需求状况，有许多专家的现成分析。

（一）水资源需求的增长趋势

据美国布朗先生的预测，到 2030 年，中国农业用水将达 6650

亿立方米，工业用水 2695 亿立方米，城镇居民用水 1340 亿立方米，总计为 10685 亿立方米，即比 2008 年总量 5910 亿立方米增长 81%，[1] 用水量将超过我国可用水量 8000 亿~9000 亿立方米的极限。

刘昌明教授的预测是：到 2030 年，我国农业用水 4530 亿立方米，工业用水 1900 亿立方米，全国城镇生活用水 456 亿立方米（非城市人口人均年用水 30 方），总计 6886 亿立方米（加上非城镇居民生活用水，总计 7100 亿立方米）。2050 年的相应数值为 4157 亿立方米、3436 亿立方米、730 亿立方米，三项合计 8323 亿立方米（加上非城镇居民生活用水，合计 8563 亿立方米）。[2] 这个预测，已经考虑到各种可行的节水措施的运用。[3]

"水资源调配与国土整治课题组"预测 2030 年时的总用水需求量为 9162 亿立方米。他们是按照日本标准购买力平价法的预测计算。他们认为，如果考虑到日本的经济体系（与美国相比）具有明显的结构性节水倾向，即基础资源 90% 以上由海外运来，食品中相当部分来自海上捕捞，饲料（玉米）基本来自国外进口等，那么，毋宁说：中国要在 2030 年达到日本同等 GDP 的耗水水平，还真不是一件容易做到的事情。换句话说，到 2030 年，我国水资源总需求达到 9000 亿立方米，并不是一个过高的估计。[4]

根据上述分析，我预测，农业用水量：至 2040 年，我国人口达到 15.5 亿，按照前面的分析，人均粮油占有量 482 公斤，总量为 7470 亿公斤。根据刘昌明教授的计算，我国目前平均每生产 1 公斤

---

① 莱斯特·布朗：《中国水资源短缺有可能动摇世界粮食安全》，1998 年 4 月 22 日，纽约。

② 括号内的数字是"水资源调配与国土整治课题组"作者作的调整。

③ 刘昌明、何希吾等：《中国 21 世纪水问题方略》，科学出版社，1998。

④ 水资源调配与国土整治课题组：《我国水资源供求总量及其结构的初步分析》，中国社会科学院经济文化研究中心《调查研究通信》No. 99 - 3，1999 年 3 月 20 日。

粮食要补充灌溉 1.23 立方米水，假设 2040 年节水效率达到 40%，平均生产 1 公斤粮食补充 0.74 立方米水，农业需水量为 5528 亿立方米。

人民生活用水：届时，中国城市化水平将达到 90%，有接近 14 亿人口在城市生活，用水增加的因素主要有二：一是因城市化和居民生活方式的改变而用水量增加；二是第三产业总量在产业结构中的比例有望达到 65%，这样，城市服务业用水量也将大幅度增长。根据发达国家城市人均中等用水水平是日水资源平均消费 0.5 立方米计算，则人均年消费水资源为 182 立方米，到 2040 年，我国 15.5 亿人口的生活用水总量，按照发达目前国家平均标准，为 2821 亿立方米。

工业用水量：2040 年，按照年均 7% 的速度增长，产业结构中工业比例将保持在 25% 左右，比目前比例下降一半。但是，工业增加值总量将达到 70.5 亿元，为 2009 年 15.7 亿元的 4.5 倍。如果不实施节水技术，按照目前工业每万元增加值消耗水资源 89 立方不发生变化，届时，工业需要消耗水资源 6274.5 亿立方米。即使将每万元工业增加值消耗降低近一半，即万元工业增加值/45 立方水，也需要 3172.5 亿立方。

生态用水仍然按照 2% 的比例计算，为 236 亿立方米。

2040 年时，中国农业、工业、生活和生态总的用水需求量为 11811 亿立方米。布朗认为，2030 年时，中国总的用水量将达到 10685 亿立方米，2040 年时，将超出其对 2030 年的预测 1126 亿立方米。

（二）水资源的供给可能与供需缺口

水的总供给量根据现有数据预测，到 2030 年，全国实际可利用水资源量仅为 8000 亿～9000 亿立方米，水资源开发利用接近极限。①

---

① 新华社合肥 2006 年 11 月 5 日电，水利部副部长胡四一在合肥召开的中国水利学会 2006 年学术年会上提到此项研究和预测。

一个国家水资源的总供给量一般是恒定的，即使我们设想 2040 年时，我们能够寻找新到 10% 的新的供给水源，将水资源供给总量提高到 8800 亿~9900 亿立方米，2040 年时水资源供给对需求的缺口仍然在 3011 亿~1911 亿立方米之间。

五　未来 30 年需要进口 100 亿~180 亿吨铁金属

中国从目前的中下等国家向发达国家迈进，城市化中的住宅、写字间、宾馆等建设，工业化中的厂房和装备等建设和制造，能源交通运输中的电网、铁路、高速公路、管道等建设，家庭汽车的普及，造船业的发展，都需要大量的钢铁。钢铁是经济和社会发展的最重要的资源。那么，到 2040 年，我们需要多少铁矿，供给与需求的形势如何？

发达国家钢铁消费量变动，在其经济发展过程中，有传统工业化国家的缓慢工业化和和新兴工业化国家的快速工业化两类。前者，钢铁消费量缓慢上升，到峰值，再下降，到一个恒定的水平上；而新兴的工业化国家，其钢铁消费量则是急剧上升，到达峰值，再下降，到一个恒定水平上。发达国家在工业化后拐点时期人均消耗钢铁 300~600 公斤/年。部分国家人均钢铁消费峰值见表 3-2。

表 3-2　部分国家人均钢铁消费峰值

单位：公斤/年

国家	消费峰值	2003 年人均消费量	国家	消费峰值	2003 年人均消费量
美国	711(1973 年)	349	德国	660(1970 年)	454
日本	802(1973 年)	603	法国	485(1973 年)	280
韩国	985(2003 年)	985	英国	473(1964 年)	238

资料来源：《1949~1979 年国内外钢铁统计》，《2005 中国钢铁统计》。

中国改革开放以来，处于快速工业化和城市化的阶段，目前的人均钢铁消费量已经达到了350公斤/年的水平。我们预计2040年人口总规模到达15.5亿，并以此来计算未来钢铁的需求量。

钢铁总需求低方案：2011～2020年间，由于城市化加速，人均钢铁消费水平达到400公斤，头十年的钢铁需求量54.67亿吨；2021～2030年间，城市化达到高峰期，人均钢铁消费450公斤，需要65.48亿吨；2031～2040年间，城市化基本完成，人均钢铁消费水平下降为350公斤，需要52.98亿吨。未来30年，总共需要钢铁175亿吨，年均需要钢铁5.83亿吨。

总需求中方案：满足全部城乡群众的住宅建设需求：2011～2020年间，由于城市化加速，考虑城市中的农民工没有住宅，给他们建设房屋的需要，而且城市化加速，人均钢铁消费水平达到500公斤，头十年的钢铁需求量为68.33亿吨；2021～2030年间，城市化达到高峰期，住宅需求大增，汽车消费普及，人均钢铁消费550公斤，需要钢铁79.19亿吨；2031～2040年间，城市化基本完成，人均钢铁消费水平下降为450公斤，需要68.10亿吨。未来30年，总共需要钢铁216亿吨，年均需要钢铁7.43亿吨。

总需求高方案：考虑房屋的防震需要，并且汽车等耐用消费品考虑安全因素，并且大部分家庭有两套房：2011～2020年间，由于城市化加速，除了上述因素外，人均钢铁消费水平达到600公斤，头十年的钢铁需求量为81.99亿吨；2021～2030年间，城市化达到高峰期，人均钢铁消费650公斤，需要钢铁93.59亿吨；2031～2040年间，城市化基本完成，人均钢铁消费水平下降为550公斤，需要83.23亿吨。未来30年，总共需要钢铁259亿吨，年均需要钢铁8.63亿吨。

中国铁矿数量，2008年国家统计局统计年鉴中资源表内的基础储量数据为226.4亿吨，中国铁金属储量，按照35%左右的品位，在 80 亿吨左右。国内用尽现有铁矿金属储量的供给与低、中、高三方案需求的缺口，分别为 95 亿吨、136 亿吨和 179 亿吨。

世界铁矿资源主要集中在澳大利亚、巴西、俄罗斯、乌克兰、哈萨克斯坦、印度、美国、加拿大、南非等国。据美国地质调查局报告，截至 2004 年底，世界铁矿石储量为 1600 亿吨，基础储量为 3700 亿吨，全球铁金属储量为 800 亿吨，基础储量为 1800 亿吨。

中国铁矿的主要问题是品位低，目前平均只有 25% ~ 35%，从目前的技术和投资来看，开采价值不大，开采成本很高，而且开采的地质和交通等条件较差。当然，未来铁矿进口的规模还取决于我国新增的铁矿探明量，如果高品位铁矿勘探进展没有突破，还取决于对低品位铁矿冶炼技术的进展和开采成本的下降。国土资源部下属国家地质调查局发布《2009 年矿产资源调查评价工作重要成果报告》，目前我国已圈定铁矿找矿远景区 112 处，预测潜在铁矿资源量 2000 亿吨以上。报告显示，预测资源量在 100 亿吨以上的远景区 2 处，50 亿至 100 亿吨的 2 处，30 亿至 50 亿吨的 2 处，10 亿至 30 亿吨的 16 处。主要分布在辽宁鞍本、冀东、四川攀枝花、鲁西、闽西南、河南舞阳—新蔡、安徽庐枞、新疆天山等地区。其中，辽宁鞍山本溪地区已探明铁矿资源储量 146 亿吨。河北冀东地区已探明铁矿资源储量 62 亿吨，本次预测圈出 229 个铁矿预测区，预测潜在资源量 202 亿吨。四川攀西地区已探明铁矿资源储量 101 亿吨，圈出 19 个预测区，预测新增资源量 194 亿吨。[①]

中国在 2040 年达到发达国家的发展水平，按照上述测算，需要使用 2004 年全世界铁金属储量的 22% ~ 33% 之间。如果在新增矿产勘探方面没有进展，特别是高品位的铁矿勘探方面没有进展，

---

① 刘宇鑫：《我国铁矿资源潜在储量超 2000 亿吨》，2010 年 4 月 2 日《北京日报》。

以及不能有效突破低品位铁矿技术和成本，中国在 2040 年前，除了将 2008 年的全国铁金属储量全部用尽外，按照低、中、高方案，还需要进口 95 亿吨，或者 136 亿吨，或者 179 亿吨金属铁，即品位在 55% 左右的矿石 173 亿吨、248 亿吨、326 亿吨。根据摩根士丹利的预测，在 2011 ~ 2015 年间预测中国需要进口的铁矿石量，年进口在 6.85 亿 ~ 8.54 亿吨之间，比笔者测算的规模要大得多。

六 消费全球 50% 的能源，石油和天然气远远不够

依据 2007 年发达国家人均能源消费情况，可将其分为高、中、低三种模式，即人均能源消费量大于 5 吨/人的高能源消费水平国家，包括美国、加拿大、挪威、澳大利亚、冰岛、荷兰、芬兰；人均在3.5 ~ 5 吨/人之间的中等能源消费的水平国家，包括新西兰、法国、韩国、日本、奥地利、德国、英国、瑞士、爱尔兰等；而意大利、葡萄牙、希腊、西班牙属于低人均能源消费的国家，水平在3.5 吨/人以下。[①]

（一）2040 年时中国的能源消费总量

中国处于快速工业化和城市化的过程中，对能源的需求快速增长。有关研究显示，2008 年全球经济巨幅震荡，世界一次能源消费整体微增 1.4%，为 2001 年以来的最小增幅。其中，能源消费约 3/4 的增长来自中国，而剩余的 1/4 来自亚太地区其他国家。[②]

---

① 于汶加、王安建：《发达国家人均能源消费"零增长"现象解析》，《商业时代》2009 年第 12 期。

② 王伟、陈鹏：《2008 年全球能源消费 3/4 增量来自中国》，《能源评论》2009 年第 8 期。

中国 2008 年能源消费 28.5 亿吨，13.28 亿人口，人均能源消费水平近 2.15 吨。我们按照 2040 年 15.5 亿人口计算，按照人均分别消费 5、4、3 吨高中低三个方案预测，中国在 2040 年时，按照高方案，能源消费总量为 77.5 亿吨，从 2009 年算起，累计需要 1696 亿吨能源；按照中方案，能源消费总量为 62 亿吨，从 2009 年算起，累计需要 1448 亿吨能源；按照低方案，能源消费总量为 46.5 亿吨，从 2009 年算起，累计需要 1200 亿吨能源。

2008 年中国生产能源 26 亿吨，全球能源生产总量为 110 亿吨，中国国内能源生产量为全球生产总量的 23.6%。如果全球能源产量在 2008 年的水平上不变，到 2040 年时，中国按照高、中、低不同的方案，将分别消费掉全球能源产量的 70.5%、56.4%、42.3%。也就是说，如果中国未来发展达到发达国家水平，如果全球能源产量不变、中国发展和消费模式不变，即使按照发达国家中下消费水平计算，也要消耗掉全球能源总供给量的 50% 左右。

（二）未来能源需求和供给结构极度不平衡

中国未来的能源供给，一是来自于国内生产，二是来自于国外进口。而国内生产中重要来自于煤炭、石油、天然气、水电、核电和风电等，除水电、核电和风电是再生的外，而前三项不可再生能源则依赖于现有国内储量及其一定开采强度下的可开采年限。国内不够的供给部分，需要进口来解决。而进口的结构决定于国内能源消费需求的结构。比如，家庭汽车的普及和城市化以后居民生活方式的改变，如果在新能源解决汽车动力和城市家庭能源消费的技术、产业和商业模式方面没有突破性的进展，则需要进口大量的石油和天然气。

根据《2009 年中国统计年鉴》的数据，中国目前石油基础储量为 28.9 亿吨，天然气为 34049 亿立方米，煤炭为 3261 亿吨。我国石油、天然气人均储量都不足世界平均水平的 1/10；即使是比较丰富的煤炭资源，人均储量也不到世界平均水平的 40%。2008年中国石油消费总量为 37582 万吨，2009 年为 40837.5 万吨，仅次于美国，位居世界第二位；消费天然气消费总量 2008 年为 780 亿立方米，2009 为 875 亿立方米，煤炭消费总量 2008 年为 27.4 亿吨，2009 年为 30.2 亿吨。

　　2009 年中国人均石油消费为 284 公斤，天然气消费为 66 立方米，煤炭消费为 2.28 吨。如果石油、天然气和煤炭全部用国内储量满足，即使经济发展停止，按照 2009 年中国石油、天然气和煤炭的消费量，剩余的石油可采年限仅为 7.08 年，天然气开采年限仅为 39 年，煤炭可采年限为 108 年。按照下面高、中、低方案计算的未来 31 年平均年石油和天然气消费量，2008 年中国国内已探明储量的石油可开采年限分别为 1.88 年、1.46 年和 1.18 年；天然气可开采年限分别为 7.49 年、4.16 年和 2.14 年。

　　未来能源消费结构中，一是家庭汽车普及，以及高速和公路运输量上升，引起的机动车动力能源需求会越来越大；二是随着城市化的推进，居民和城市服务业需要的燃气需求会大幅度上升。考虑到中国煤炭较多，这里我们只是分析未来对石油和天然气能源的需求。

　　石油和天然气消费低方案：如果电动车等其他能源驱动车普及没有进展，城市化水平提高，天然气消费增长，中国石油和天然气人均消费水平达到节约型的日本 2008 年 1.74 吨和 530 立方米的水平，[①] 2040 年时，石油消费需求总量将会达到 26.97 亿吨；天然气消费总量将达到 8215 亿立方米。剩余的 31 年中，从目前的消费总

---

　　① 2008 年中国人均年石油消费为 283 公斤，世界人均为 587 公斤，美国则达 2.91 吨，日本也有 1.74 吨；2006 年天然气消费，人均美国 2000 立方米，德国 1000 立方米，日本 530 立方米，世界平均 400 立方米。

量到 2040 年消费总量，石油需求总量累计为 595.77 亿吨，天然气需求总量累计为 140895 亿立方米。则按照 2008 年储量，假如勘探没有突破性的进展，国内石油储量对消费总需求的缺口为 447 亿吨，天然气储量对消费总需求之间的缺口为 106846 亿立方米。

石油和天然气消费中方案：石油人均消费量达到美国和日本的中间水平人均 2.32 吨，天然气达到德国人均消费 1000 立方米的水平，2040 年时，石油消费需求总量将会达到 35.96 亿吨；天然气消费总量将达到 15500 亿立方米。剩余的 31 年中，从目前的消费总量到 2040 年消费总量，石油需求总量累计为 615.63 亿吨，天然气需求总量累计为 253812 亿立方米。按照 2008 年储量，假如勘探没有突破性的进展，国内石油储量对消费总需求的缺口为 587 亿吨，天然气储量对消费总需求之间的缺口为 219763 亿立方米。

石油和天然气消费高方案：石油人均消费量达到美国 2.91 吨的水平，天然气达到美国人均消费 2000 立方米的水平，2040 年时，石油消费需求总量将会达到 45.11 亿吨；天然气消费总量将达到 31000 亿立方米。剩余的 31 年中，从目前的消费总量到 2040 年消费总量，石油需求总量累计为 757.45 亿吨，天然气需求总量累计为 507624 亿立方米。按照 2008 年储量，假如勘探没有突破性的进展，国内石油储量对消费需求的缺口为 729 亿吨，天然气国内储量对消费总需求之间的缺口为 47358 亿立方米。

全球 2009 年石油探明储藏量 13331 亿桶，按照 7.33 桶 1 吨折算，为 1818.7 亿吨，年产 39.8 亿吨，目前的储/采（R/P）比为 45.7 年。未来 31 年中，如果石油储量不增加，按照高、中、低方案，目前全球 40.08%、33.8%、26.2% 的石油储量将会由中国消费掉。每年中国平均消耗的石油为 2009 年全球年产石油的 61.42%、49.89%、38.6%。而产量如果不变，2040 年按照高方案计算，2009 年全球生产的石油供中国使用还缺 5.31 吨！就是按照低方案计算，2040 年时中国石油消费量也是 2009 年全球产量的 67.76%。

截至 2008 年底，全球天然气储量约为 6254 万亿立方米，为 177.09 万亿立方米，年产 2.82 万亿立方米，储采比为 62.8 年。未来如果全球天然气储量没有增加，则中国在今后的 31 年中，将消费掉全球 8% 的天然气储量。按照高、中、低方案，每年中国平均消耗 2009 年产量水平天然气的 56.52%、29.03%、16.11%。2040 年时，如果按照高方案，2009 年全球产量的天然气供中国使用，还缺 2800 亿立方米！按低方案计算，届时中国消费的天然气也是 2009 年全球天然气产量的 29.13%。

可以看出，即使未来石油和天然气按照目前发达国家最低的消费水平变动，中国国内的石油和天然气储量也远远不够未来 31 年的消费，石油缺口为 2008 年国内储量的 15.5 倍，天然气缺口为 2008 年国内储量的 3.14 倍。如果发展模式和生活消费方式不发生根本性的变化，或者能源技术和运用没有重大的普及性突破，中国未来经济和社会发展将会基本上依赖于全球的能源储量和生产，国民经济、地缘政治都将处于极不安全的对外资源关系之中。

从上面的分析可以看出，即使我们按照目前发达国家在土地、淡水、矿产、能源等方面的最低水平消费，各方面的供给与未来的需求之间缺口仍然相当巨大。因此，由于人口众多，资源和环境的约束，我们在未来不仅根本不可能以目前的"两高一资"的模式发展下去，甚至连按照发达国家中低资源和低环境消耗水平模式发展下去的可能性也不大。所以，在中国，资源和环境问题的解决已经显得十分紧迫，浪费型的发展模式，甚至人们的消费模式，都已经到了非转变不可的地步了。转变发展和消费方式，形成资源和环境节约型的社会，要在思路、战略、路线、体制、机制和政策等方面进行综合研究，形成科学和适合中国实际的道路、战略、体制和政策。

参考文献

周天勇：《新发展经济学》，中国人民大学出版社，2006。

〔法〕弗雷·索维：《人口通论》，商务印书馆，1982。

王勇：《马寅初人口论遭批判始末》，《文史月刊》2007 年第 12 期。

梁耀东、谢金森：《略论毛泽东的人口思想》，《福建师大福清分校学报》1994 年第 2 期。

田雪原、陈玉光：《从经济发展角度探讨适度人口》，见《第三次全国人口科学讨论会论文选集》，1981 年本次大会印发。

宋健、于景元：《人口控制论》，科学出版社，1985。

胡保生、王浣尘等：《利用可能度和满意度研究我国的总人口目标》，见《第三次全国人口科学讨论会论文选集》，1981 年本次大会印发。

胡鞍钢：《人口与发展——中国人口经济问题的系统研究》，浙江人民出版社，1989。

易富贤：《大国空巢——走入歧途的中国计划生育》，（香港）大风出版社，2007。

中华人民共和国统计局：《2009 年统计年鉴》，中国统计出版社，2009。

白旭：《中国沙漠化土地已达国土总面积 18.12%》，新华网，2006 年 6 月 17 日电。

王健生：《我国耕地质量总体偏低》，2009 年 12 月 25 日《中国改革报》。

刘文生：《独立工矿用地模型研究》，《湖北工业大学学报》2007 年第 4 期。

《耕地污染通过食物进人体》，2007 年 4 月 23 日《重庆晚报》。

《我国草原沙化日趋严重》，2004 年 10 月 26 日《科技日报》。中华人民共和国水利部：2004 年、2006 年、2008 年各年水资源公报。

张志伟：《农村水污染问题初探》，2008 年中国法学会环境资源法学研究会年会论文集，武汉大学环境法研究所网，2009 年 11 月 5 日。

王新孝的博客"中国垃圾污染现状"，eblog. cersp. com/userlog21/

136502/archives。

祝磊：《中国电子垃圾污染现状内忧外患，成最大集散地》，2007 年 5 月 17 日《中国质量报》。

中华人民共和国环境保护部：《2008 年中国环境状况公报》。

吴淑杭：《禽畜粪便污染现状与发展趋势》，《上海农业科技》2002 年第 1 期。

陆伟东、周少奇、路江涛：《中国农村固体废弃物污染现状与防治对策》，环卫科技网，2007 年 1 月 2 日。

魏钰、苏杨：《中国农村环境污染的类型、现状和后果》，中国农业信息网，2007 年 11 月 27 日。

周锐：《中国二氧化硫季度排放量 3 年来首次上升》，中新社北京 2010 年 5 月 13 日电。

周天勇：《中国向何处去》，人民日报出版社，2010。

莱斯特·布朗：《中国水资源短缺有可能动摇世界粮食安全》，1998 年 4 月 22 日。

刘昌明、何希吾等：《中国 21 世纪水问题方略》，科学出版社，1998。

水资源调配与国土整治课题组：《我国水资源供求总量及其结构的初步分析》，中国社会科学院经济文化研究中心《调查研究通信》NO.99 - 3，1999 年 3 月 20 日。

刘宇鑫：《我国铁矿资源潜在储量超 2000 亿吨》，2010 年 4 月 2 日《北京日报》。

于汶加、王安建：《发达国家人均能源消费"零增长"现象解析》，《商业时代》2009 年第 12 期。

王伟、陈鹏：《2008 年全球能源消费 3/4 增量来自中国》，《能源评论》2009 年第 8 期。

第四章

资源和环境约束：
未来我们怎么办

美国以世界5%的人口消耗着世界1/3的资源，汽车等消费使美国消耗了全球1/4的原油。美国年人均能源消耗量是全球平均水准的9倍，人均生产垃圾量是全球平均水准的3倍，温室气体排放量是全球平均水准的8倍，大量的自然资源为美国人的日常生活所消耗。中国居民的生活消费如果向着美国方式变化，那么，无论是对于中国国内的生态环境和资源，还是对于世界的生态环境和资源，都将是一个灾难。

2040年中国达到发达国家发展水平时，即使按照工业化国家中的低资源环境消耗水平，中国在未来的30年中，将消耗全球50%左右的石油、天然气、钢铁等资源，形成全球50%，甚至更多的碳排放。面对如此严峻的未来，我们在发展及生活方式与资源环境的关系方面，应当选择什么样的道路呢？

一　是可持续发展，还是走向陷阱

中国现在 13.3 亿到未来 15.5 亿这样规模巨大的人口，目前看来，在发达国家示范的效应下，与发达国家消费模式攀比，消费早熟，正在向着高消费转变。然而，我们这样一个人均国土和各种资源相对很少的国家，能支撑一个美国似的，居住花园泳池别墅、出行轿车、一次性消费、肉食为主、包装过度等这样的高消费模式吗？

中国目前许多资源和资源性产品的价格比其他国家低一半，甚至更多，许多有限的环境也是免费或低价使用的。因为大多数人的理由是，中国属于发展中国家，居民的收入水平很低，消费不起高价格和高税收的资源和环境产品，因此，电、淡水、粮食、燃气等居民必需品，包括石油、频道、空间等这样的资源环境产品，价格要低，并且要进行控制，不征税，或者象征性地征较低的税。排污这样的行为，付费很低，甚至很多方面的排放不付费。但是，反过来一想，中国的资源环境要比世界上许多国家稀缺得多，人们是争取自己这一代人的眼前利益，还是要考虑自己子孙世代的利益？党和国家为民着想，执政为民，是为这一代人的眼前利益着想，还是为整个民族世世代代人的可持续利益着想？

人们觉得，在资源和环境领域，公共利益越多越好，但是，在现实的生活中，公共的无人负责的造林成活率很低，公共的荒山和沙漠没有人去治理，企业和家庭对公共环境排更多的污水、废气、粉尘、垃圾。如果不将沙漠和荒山长久地（如 100 年以上）出让给投资者，如果草原和森林等没有产权人，其产权界限不清晰地划分，如果不规定法人和个人排放权，并且同时规定相邻者的不受污染权和索赔权，那么，会有更多的人去种树和绿化祖国吗？一个所有者及其边界不清的森林和草原，难道不会发生每个人为了自己更多的利益，去过度采伐（甚至盗伐）森林和使用草原，使其荒芜和沙化吗？如果不限定排放权和规定被污染人的索赔权，那么，我们这个家园是否会变成污染和垃圾的国度?!

到底是重点推进城市化节约资源，缓解生态，有利于污染的治理，还是重点发展农村可以节约土地，保护生态，减轻污染？到底是仅仅在工业内部调整技术、工艺、产品等结构，节约资源和减少排放，还是重点从产业结构方面进行调整，有利于节约资源和控制污染？到底是发展大企业、大项目，利用资本推动经济增长，有利于节约资源减少污染，还是促进小企业的发展，充分利用劳动力推动经济增长，能节约资源和减少排放及污染？在理论上，并没有被大部分人认清，在实践上，更是有所扭曲。如果我们将精力主要放在投入和建设农村方面，而忽视城市化的推进，如果我们只是注重工业的发展，特别只是注重重化工业的发展，而忽视服务业的发展，如果我们只是重视资本密集型的大企业和大项目的发展，而忽视能吸收劳动力就业的小企业的发展，那么，从生成机理上看，我们本身运转的就是一个资源高消耗、高排放，生态和环境压力大和污染难以治理的经济和社会结构。

30 多年来我们形成了一定的技术体系，特别是我们也从发达国家引进、消化和再创新了汽车、照明、发电、采暖、制冷、电视、信息等一系列的技术。但是，很多技术是大规模生产的技术，是传统资源供给和欧美资源环境条件下的技术。就是欧美，现在也在反思这些传统技术的利弊，也在资源环境领域推进技术的进步。但是，我们的一些技术部门、工业部门、持有传统技术的大企业，总觉得：新技术不可靠，不成熟；有些传统技术无法超越，新技术成本太高，市场难以接受等。有些技术是新技术，不知道哪个部门来协调；对一项技术的应用、推广、普及和产业化，涉及多个部门，协调起来难度很大，政策很难协同和统一。结果，对于合理利用和保护资源环境新技术的应用，技术前景似乎光明，但是产业化起来这也难，那也难，无路可走；中央和国务院急，有关部门似乎不急；民营企业有积极性，但是体制障碍很大，国有企业有体制优势，但积极性不高；未来形势相当严峻，眼前似乎并无大忧。结果是，传统技术体系的观念、体制、政策等惯性，使新技术的创新应用和产业化有时寸步难行。然而，如果我们在资源环境新技术研发和应用方面比资源环境条件比我们还好的发达国家还慢，我们未来还有路可走吗？

因而，中国在资源和环境领域，需要更积极地研发和应用新技术，需要更大力度地调整城乡、产业和企业规模结构，需要更加清晰的产权制度，按照稀缺程度，需要更高的价格，为了控制污染和浪费，需要更高的税收，为了我们子孙万代，需要在高价格下和高税收下逼迫我们形成与资源和环境约束相适应的生活消费方式。因为我们这样多的人生活在这样一个狭小和拥挤的家园里，在资源和环境领域，我们现在没有条件，未来也没有余地讨价还价。否则，如果还是消耗资源环境的传统生产和生活技术，如果人口还是分散居住而没有聚集优势条件，如果公共资源和环境界限不清，都无限制地去享受和消耗，如果资源和环境使用的价格过低，税收也是象征性的，那么，从长远来看，等待我们的只能是民族集体走向资源和环境灾难的陷阱。我们怎样自己拯救自己，怎样拯救我们的民族不陷入危难之中，怎样拯救我们的子孙和未来？也即面对13.3亿到15.5亿人生活水平的提高，财富的日益增加，而资源和环境约束又是非常之紧张，未来我们走什么样的发展和生活道路，我们怎么办？这不能不是我们这一代人需要思考的头等重大的命题。

在发展的资源、生态和环境领域，中国走一条什么样的道路？这不能不是关系到我们国家和民族未来如何生存和发展的非常重大的问题。

二 技术进步是平衡资源供求和减少排放的关键

过去我们在资源战略上的思维是开源与节流。开源过度，或者造成国内资源枯竭，或者导致与外部的关系非常紧张。而如果没有替代办法，节流的结果只能是放慢发展速度。因此，从中国国情和未来发展对资源和环境的需求看，只有技术进步才能拯救中国的未来，中国在全球生存的资源和环境技术比在全球发展竞争的制高点技术还要迫切。

从上述分析看，针对资源瓶颈和环境容量小问题，需要对一些关键性的技术进行排序，主要从节约土地的技术、增加及节约淡水的技术、替代钢铁等材料的技术、节约及替代传统能源的技术、减少污染和恢复改善生态的技术等六大方面进行梳理。

（一）技术改造未利用土地是增加土地供应的关键

在我国城镇化加速发展的背景下，耕地保护与建设占地之间面临两难，未来 30 年我国土地供求缺口高达 10 亿亩左右。其中人口饮食结构优化需增加 7 亿亩，建设和交通用地需要 3 亿亩。另一方面，我国的沙漠、盐碱和滩涂等未利用土地面积达 31 亿亩，占国土面积的 21.52%。近几年，在想方设法增加土地方面，1997 ~ 2009 年 12 年间，全国通过土地整治，共补充耕地 4500 多万亩，[①] 对于缓解用地矛盾作出了积极贡献。除了继续整治村庄外，利用目前较为成熟的生物技术手段，将盐碱滩涂沙漠地纳入土地综合整治工作，可整治出至少 9 亿亩土地，是以较少的成本较快实现土地补充，满足耕地保护与城乡建设用地需求的重要可行手段。

---

① 朱留华：《积极稳妥推进农村土地整治》，2010 年 9 月 19 日《人民日报》。

我国土地综合整治工程尚不包括盐碱地、滩涂、沙化地等未利用土地。这与以前相关技术不发达有关。在我国目前的土地利用现状分类中，滩涂、盐碱包括一部分沙漠地因为含有较多的盐碱成分，具有不良的物理化学性质，致使大多数植物的生长受到不同程度的抑制，甚至不能成活，被列为未利用地。

仅就目前我国的盐碱地数据计算看，存在两种主要口径：一是大口径，认为"我国各类盐碱地面积总计9913.3万公顷"①；或者称"我国的盐碱土壤面积约15亿亩"②；或者认为"我国盐渍化土壤面积超过8000万公顷"③。二是小口径，农业部组织的全国第二次土壤普查资料显示，中国盐碱土地面积约3500万公顷。由此可见，我国的盐碱地数量当在6亿亩至15亿亩之间。

滩涂、沙漠（化）地共计31亿亩左右。其中，我国海洋部门统计数据显示，滩涂地为3000多万亩；盐碱地5.6亿亩；国家林业局第三次全国荒漠化和沙化监测数据显示，我国沙化土地173.97万平方公里（26.0955亿亩）。

随着科学技术的发展，盐碱地将日益成为珍贵的土地资源。我国一些科学家的研究发现，通过活性BPA-a微生物技术，筛选适于盐碱地改造的菌株，生产微生物有机肥，施用于盐碱地之后，多种活性产酸菌通过消化和吸收土壤中的盐碱成分，能有效降解土壤中的盐碱成分，促使土壤酸碱度、含盐量等降低到适宜于种植的水平，当年土地就能种牧草，第三年就能种庄稼。而且，此项技术还可用于改造因长期施用化肥导致的板结耕地，适用于滩涂和沙化土地的改造工作。

---

① 孙建昌等：《植物耐盐性研究进展》，《干旱地区农业研究》2008年第1期；王遵亲等：《中国盐渍土》，科学出版社，1993。

② 朱力平：《西部：开发土壤资源 改善生态环境改造盐碱地至关重要》，2001年1月6日《经济日报》。

③ 据《光明日报》2002年8月12日新闻报道。

如我亲自参加的调研案例，黑龙江大庆市选择 1500 亩草甸碱土作为试验地，pH 值 8.2 ~ 9.3，"碱包"部位的 pH 值高达 10.3。通过施用微生物有机肥，土壤板结状况明显得以改善：肥料下部 10 厘米土壤 pH 值下降 0.6 ~ 1.1，侧方土壤 pH 值下降 0.4 ~ 0.4，速效 N、P、K 含量分别提高 2.7、1.6、3.3 倍。施肥配合适当灌溉，旱柳当年成活率 93%，银中杨成活率 98%。次年，在没有施用有机肥的情况下，树木成活率超过 80%。目前，这 1500 亩土地中，600 亩建成有机复合肥基地，900 亩建成生态示范园，作为水果、蔬菜等种植基地。此外，山东东营 2009 年运用生物技术对 200 亩重度盐碱地进行改造，天津滨海新区 2010 年初运用生物技术对 30 亩盐碱地进行改造，均获得成功。

这项技术改造盐碱地，每亩总投入大约为 6 万元。该技术已列入国家高技术产业发展项目计划，在天津、山东等地推广应用。[①]

鉴于目前生物技术治理盐碱地的条件已经比较成熟，建议国家出台相关土地、科技等方面的政策，较快地以低成本满足粮食安全与城乡建设用地需求。

（1）建议将盐碱地整治和规划工作纳入国家战略。改造 5 亿亩盐碱地，还有 26 亿亩沙漠地，可以有效增加土地供应，缓解建设用地矛盾，保障粮食安全，还将通过增加土地供应量而增加住房供应量，解决高房价难题。因而盐碱地整治是长效性的事业，应出台指导政策意见，纳入国家战略，以便统筹协调与土地整治有关的各个环节之间的关系。对盐碱沙漠地整治进行超越规划的战略性探索，制定国家战略规划，把盐碱地整治不仅仅作为一个部门的一项工作，而且应从构建城乡一体化发展新格局战略的层面上来考量。

---

① 参见中央电视台新闻联播 2010 年 9 月 22 日的报道《我国采用生物技术改良盐碱地取得进展》。

从规划实施上，统筹考虑盐碱地综合整治的用地计划、用地类型与空间布局，协调好土地利用规划与城镇发展建设规划、生态环境规划、农业发展规划之间的关系。

（2）建议成立国家盐碱滩涂沙漠地整治领导小组，考虑到增加土地对中国未来发展的特殊性，由总理直接领导。国土资源部会同发改委、科技部、农业部、财政部、水利部、林业局等部门，在整治小组下设立国家土地综合整治办公室，在国家标准上以宏观指导为主，出台政策引导各方力量，实现市场化运作，提高整治效率。

（3）建议国家建立土地整治基金。从资金运作上看，盐碱地整治、土地复垦、增减挂钩等工作量大、任务紧、难度高，尤其资金需求量较大，理顺和规范资金运作管理体制十分必要。国家成立土地整治基金，引导和拉动社会力量治理盐碱沙漠地等土地整治工作，缓解土地资源约束；建立土地整治投入的良性循环新机制，保障盐碱沙漠地改造等土地整治工作的协调可持续发展。

（4）出台相关优惠政策，引导社会力量参与。一是调动社会积极性：假定我们下决心从盐碱沙漠地中整理出 10 亿亩耕地和建设用地，按照每亩目前 5 万元的投入，需要 50 万亿元成本，仅靠国家的力量是远远不够的。因此，盐碱沙漠地改造实现的增量土地，使用年限可以考虑从目前的 50 年延长到 100 年，对于一些用于农场、林地的，可以"谁投资、谁整治、谁使用、谁受益"；社会力量整理出来的土地，用于建设占补平衡的置换的土地指标，其出让取得的收入，提取合理比例用于社会投资者盐碱沙漠地地整治工作的成本和收益；鼓励一些土地盐碱较重的城市和开发区以绿化工程等采购形式，支持社会力量整治盐碱地。二是调动省市地方政府的积极性：对整治的土地，50% 用做耕地，15% 用于生态，35% 可以用于建设用地，进行占补平衡和增减挂钩，并且可以建立全国性的建设用地指标交易中心，在全国范围内进行建设用地的东西南北平衡；也鼓励各省内如江苏盐碱地多的苏北和建设用地较为紧张的苏南间异地占补平衡和增减挂钩。

吸引社会资金进入巨大的未利用土地改造领域，还可以吸收社会资金的流动性，增加土地供应，以及收敛流动性资金，有利于抑制社会资金炒房炒地炒其他物品，从增加供应和抑制需求两个方面稳定房价和其他消费品价格水平。

（二）节约土地的技术及其外部平衡

节约土地的技术，在农业中主要是提高粮食等农产品亩产的技术，在交通建设中主要是提高运输效率的技术。如果粮食等农产品产量提高技术的进步速度赶不上农产品需求增长的速度，则需要加大海洋捕捞，进口农产品，或者在外建设农场加以平衡。

提高粮食等农产品亩产的技术进步。2009 年中国粮食种植面积为 16.35 亿亩，粮食总产量为 5308.2 亿公斤，亩产 325 公斤。从粮食的进口来看，谷物 2009 年净进口 174.2 万吨；油料中，2009 年净进口大豆 4255.2 万吨，食用油菜子净进口 4523.7 万吨，食用油净进口 938.6 万吨（按 17% 出油率合大豆 5521 万吨，按 25% 出油率合 3754.4 万吨）；合计净进口了粮食（主要是大豆和油菜子）1447.41 亿公斤。油菜的产量较高，大豆的产量较低，谷物进口数量比例小，平均起来，进口粮食国内亩产 250 公斤左右。这样 2009 年实际上已经净进口了 57896.4 万亩种植面积的粮食。

2040 年时，考虑人口饮食消费结构的变化，中国城镇人均消费粮油当量为 498 公斤，农村为 482 公斤，按照 15.5 亿人口并各自 90% 和 10% 的城乡比例，合计总需求为 7470 万公斤。如果产量不变，仅粮油种植面积需要 24.79 亿亩；如果目前有隐瞒的耕地，实际平均产量较低，则需要更多的土地。

假定 2040 年时粮食播种面积不变，为 2009 年的 16.35 亿亩，

7470 万公斤粮食，并且粮食完全自给，不依靠进口平衡，需要将平均亩产从 2009 年的 325 公斤提高到 2040 年的 457 公斤，即平均亩产提高 41%。

到 2040 年，我们按照最严格的用地计划，村庄与独立工矿整理出土地来，农村人口宅地退出，建设还需要 15766 万亩土地。如果建设占用耕地，考虑复种因素，则需要从上述种植面积中扣除 20496 万亩土地。则 2040 年时，需要将亩产提高到 522 公斤，即比 2009 年的平均亩产水平提高 61%。

当然，主要看中国粮食生产技术进步的前景如何。水稻杂交技术。1996 年我国提出中国超级稻研究项目，并列入国家 "863" 计划，首席责任专家袁隆平提出了优质高产的两系杂交稻与优质常规稻相结合的选育技术路线。由于研究技术路线选择适当，这项研究已取得重大进展。经过全国 20 多家协作单位数千名育种专家近 5 年的攻关，超级杂交稻种子 1999 年大面积试种取得了显著的增产效果。在湖南、江苏两省，有 7 个百亩片，2 个千亩片亩产超过 700 公斤。在云南省永胜县的试验基地，创造了世界水稻单产的最高纪录 1139 公斤/亩。[1] 但是，水稻是消耗水量大的农产品，主要分布在水量充足的地方，我国未来工业和城市与农业争水的冲突会日益加剧，再增加产量可能受到水资源供给的限制。

农作物的转基因增产技术。根据农业部的介绍，转基因技术与传统育种技术的本质都是通过获得优良基因进行遗传改良，使粮食产量大幅度提高。截至 2009 年底，全球已有 25 个国家批准了 24 种转基因作物的商业化应用。以转基因大豆、棉花、玉米、油菜为代表的转基因作物种植面积，由 1996 年的 2550 万亩发展到 2009 年的 20 亿亩，14 年间增长了 78 倍。美国仍然是最大的种植国，

① 叶泽方：《论中国农业技术进步模式的选择》，《经济评论》2003 年第 2 期。

2009 年种植面积 9.6 亿亩；其次是巴西，3.21 亿亩；阿根廷，3.195 亿亩；印度，1.26 亿亩；加拿大，1.23 亿亩；中国，5550 万亩。2000 年以来，美国先后批准了 6 个抗除草剂和药用转基因水稻，伊朗批准了 1 个转基因抗虫水稻商业化种植；加拿大、墨西哥、澳大利亚、哥伦比亚 4 国批准了转基因水稻进口，允许食用。[①]

转基因技术可能的不利方面。一是有学者研究认为，有些转基因生物产品可能含有有毒物质和过敏源，会对人体健康产生不利影响，严重的甚至可以致癌或导致某些遗传疾病。二是有研究者认为外来基因会以一种人们目前还不甚了解的方式破坏食物中的营养成分。三是大量的转基因生物进入自然界后很可能会与野生物种杂交，造成基因污染，从而影响到生物多样性的保护和持续利用，这种污染对环境及生态系统造成的危害比其他任何因素对环境造成的污染都难以消除。四是有些作物插入抗虫或抗真菌的基因可能对其他非目标生物起到作用，从而杀死了环境中有益的昆虫和真菌。[②]因此，是推广转基因技术，还是限制其应用，对于我们还是一个充满风险的抉择。

节约交通建设土地的技术主要是提高运输效率的技术。在一定的时间内，单位面积的道路上通过的运输物越多，路面占地需要的就越少，关键是各种运输工具的运输速度高低。高速铁路如果能将时速提高到 360 公里，使用的土地就是时速为 120 公里铁路的 1/3；而公路从每小时 100 公里提高到 140 公里，所使用的土地面积就会节约 40%。

---

① 农业部：《就农业转基因技术与生物安全等问题答问》，农业部网，2010 年 3 月 15 日。

② 转基因技术利与弊，百度知道，http://zhidao.baidu.com/question/58104929. html，2008 年 7 月 18 日。

提高铁路的时速到 250～350 公里，铁路建设用地将节省一半以上。中国近多年来的铁路提速，特别是近年来的高速铁路的发展，最为重大的意义就是在有限的国土上，通过提高速度节约了建设铁路需要的土地。中国通过自主创新和引进、消化、吸收和再创新，实现了高速铁路技术的世界领先地位。高速铁路技术含量较高，不仅仅是铁路，还包括工务工程、通信信号、牵引供电、客车制造等多方面技术。从一个研究土地资源的学者角度看，铁路提速特别是高速铁路技术的自主创新，不能不是铁道部对整个国家和民族未来发展的一大贡献。

高速铁路运输其能源消耗为航空运输能源消耗的 1/40。高速铁路发展在平衡资源方面的另一突出贡献是，未来日益增长的运输中石油能源需求比率的下降。高速铁路出行对 1500 公里以内的航空出行替代性极强。中国人口规模巨大，密度很高，如果似美国一样，800 公里到 1500 公里范围，都以航空出行为主，其消耗的石油，规模上将会远远超过美国，这是不可想象的能源消耗局面。因此，人口规模巨大和密度很高的中国，高速铁路的发展和普及，对于调整中国运输能源结构，节约石油，克服石油供应的瓶颈，有着非常重要的战略意义。

高速公路建设技术和运输车辆运行速度技术，已经没有滞后的障碍，主要是要提高运行速度，并且保证建设质量，少修公路，保持畅通，会节约公路建设 25% 左右的土地。目前主要问题有二：一是高速公路的限速较低，一般为 100～120 公里/小时，我认为，从高速公路所需要的资源看，这个速度比提高到 140 公里/小时要多占用 27.23% 的土地；而对等级公路如果限速太低，更会需要更多的土地，来满足车辆的通过。一些不合理的限速，特别是一些非常明显的不合理限速，与目前潜规则中超收奖励和罚款分成有关。二是高速和等级公路建设腐败，质量低下，以及一些部门为了每年有建设任务而获得利益而使公路建设质量低、年年修，导致公路的通行速度慢、效率低，于是需要有更多的公路来解决此问题，从而加大了公路建设的占地面积。有时机动车出行者发现，是交警为了获得罚款和公路部门经常修路，堵塞了交通。因此，节约交通建设用地的第二个方面，就是提高高速和等级公路的通行速度，并少修公路，保持畅通。

从前面的分析可以看出，中国未来土地供需最大缺口是生产农产品用的土地严重不足，通过外部平衡一部分农产品供给不足，我认为对于中国的未来可能是一个不以人的意志为转移的定局。假如中国居民的饮食消费结构升级，特别是肉类饮食所占的比重越来越高，将会消耗大量的农业产品，相应需要的土地会大量增加。与此同时，如果国内亩产不能提高60%，则需要外部进口平衡。一是进口农产品以解决国内粮食不足部分，特别是进口亩产低、耗水多的农产品，对于节约中国土地和淡水资源有利；二是鼓励中国企业家到国外开展和建设农场，种植农产品，特别是消耗水资源多的农业产品，运回国内，平衡国内粮食生产的缺口。从目前看，已经进口大约5.8亿亩播种面积的粮食，用以平衡国内因土地相对缺乏而农产品生产的不足。2040年时，如果治理盐碱滩涂沙漠地方面没有进展，我认为，可能需要从外部进口和运回至少9亿多亩播种面积的农产品，才能弥补国内农产品供给的不足。当然，需要指出的是，出于饮食的长期安全，主要还是应当进口非转基因农产品。

最后特别需要指出的是，如果将盐碱滩涂沙漠地纳入土地综合整治工作中，只要改造其中的30%，至少可以新增可利用土地9亿亩左右，基本平衡未来30年我国建设和吃饭用地的供求缺口。

（三）节约和增加淡水资源的技术和途径

前面已经讨论，2040年时，中国农业、工业、生活和生态总的用水需求量为 11811 亿立方米，即使我们设想 2040 年时，能够寻找到 10% 的新供水源，将水资源供给总量提高到 8800 亿 ~9900 亿立方米，2040 年时水资源的缺口仍然在 3011 亿 ~1911 亿立方米之间。中国未来最大和最严峻的资源供给问题是水资源的短缺。一是如果不用海水淡化技术增加其数量，淡水资源的最大供给量几乎是恒定的，内陆无法通过其他技术手段大幅度增加淡水生产和供给。如果对流向其他国家和地区的河流截流，可能会引起较多的国际纠纷。二是由于成本方面的问题，水资源一般无法通过贸易的方式进行平衡，而截流跨国河流的水资源太多，也会引起国际争议。三是淡水资源虽然价值比矿产、粮食和能源等低得多，但是，它又是人们和其他生物最基本的生活和生存必需品。一日无矿产资源可以，但一日无淡水资源绝对不可。因此，水资源的供求缺口是硬缺口。

最大规模的节水来自于节水型农业技术的推广和应用。中国 2008 年地表水、地下水和其他渠道总供水 5910 亿立方米；总需求方面，农业用水 3663.5 亿立方米，占到了 62%。因此，农业节水最为关键。近年来节水灌溉技术发展很快，种类也很多。有的施工复杂，一次性投入高，但使用年限长，节水增产效果好；有的一次性投入少，但年年都需要重复修，节水增产效果相对差。主要技术有喷灌、滴灌和微喷灌。喷灌灌水均匀度高，省地省水。其形式有固定式、半固定式、移动式，投资差别很大。滴灌、微喷灌将水直接送到地面或接近地面处，与地面漫灌比，可以减少损失 50% ~ 70%，可提高喷水质量、改善田间小气候、提高产品品质。前面计算，2040 年时，粮食需要总量为 7470 亿公斤，如果农业节水技术推广没有进展，农业需水量为 9188 亿立方米。也就是说，将淡水资源全部用于农业，还有缺口。假设 2040 年节水效率达到 40%，平均生产 1 公斤粮食补充 0.74 立方米水，农业需水量为 5528 亿立

方米。如果我们加大在节水技术方面推广的力度，节水效率达到
65%，平均生产 1 公斤粮食补充 0.43 立方米水，则需要 3212 亿立
方米水就可以了。

　　农业节水技术的推广不在于其技术的不成熟，而在于三个制约
因素：一是粮食价格过低，不能消化节水技术带来的成本；二是农
业生产的规模太小，规模效益太低，无法消化实施节水技术造成的
成本；三是农业生产中的劳动力太多，活劳动成本太高，没有消化
节水农业技术成本的余地；四是水价太低，农业生产没有节水的成
本压力。节水技术和器材越不能被推广应用，技术和器材的成本越
高；而其成本不能低，则使农业节水技术不能得到推广。因此，农
业节水技术的推广和普及，关键是提高水和粮食的价格，转移农业
中的剩余劳动力，鼓励农业生产的适度规模经营。

　　工业节水技术潜力较大。前面已述，2040 年，就是按照年均
7% 的速度增长，工业增加值总量也将达到 70.5 亿元，为 2009 年
15.7 亿元的 4.5 倍。即使将每万元工业增加值消耗降低近一半，
万元工业增加值耗水 45 立方米，也需要 3172.5 亿立方米。目前中
国用水的 1/4 为工业用水。工业节水可分为技术性和管理性两类。
其中技术性措施包括：一是建立和完善循环用水系统，其目的是提
高工业用水重复率。用水重复率越高，取用水量和耗水量就越少，
工业污水产生量也相应降低，从而可大大减少水环境的污染，减缓
水资源供需紧张的压力。二是改革生产工艺和用水工艺，其中主要
技术包括：采用省水新工艺；采用无污染或少污染技术；推广新的
节水器。[1] 如果我们加大工业节水的力度，将万元工业增加值消耗
水资源降低到 25 立方米，工业用水规模将降低为 1763 亿立方米。

　　工业节水方面存在的问题，有文献研究认为，一是处于水资源

---

　　① 工业节水技术，百度百科，http://baike.baidu.com/view/2441870.htm。

较为丰富地区的企业，节水意识尚需进一步加强；二是某些装置的水循环利用率较低，节水技术改造投入不够；三是由于水价原因，利用循环装置反而会出现经济效益倒挂现象；四是水计量装置不够完善；五是由于生产工艺的限制，难以进一步提高水资源利用效率，研究开发节水型生产工艺已成当务之急；六是化工等行业回用水在循环冷却系统中易腐蚀设备，需采用有效防腐蚀的措施。①

生活用水技术繁多，并且生活用水多少，取决于城乡居民生活方式，更重要的是取决于水价的高低。前面已述，到 2040 年，我国 15.5 亿人口的生活用水总量，按照发达目前国家平均标准，为 2821 亿立方米，比 2008 年的 729.3 亿立方米还要增加近 3 倍。未来生活用水的压力在于，城市人口大量增加，其生活方式比农村发生了巨大的变化，自来水普及使用水更为方便，洗衣物和洗澡次数增加，特别是轿车普及洗车用水量增大等。因此，重要的是提高水资源的价格，按水价同价开征排污水费，约束人们对水资源的消费方式。通过各种方式，将生活用水控制在人均日 400 立方米的水平上，争取将城乡生活用水总量控制在 2232 亿立方米以内。

这样，在技术进步的推动下，2040 年时，农业、工业、生活和生态等用水，总计为 7443 亿立方米，在我国可供水资源的极限范围之内。

提高水价，推进海洋淡水技术创新，形成海洋淡水产业链，向海洋要水。世界上淡水资源不足，已成为人们日益关切的问题。有人预言，19 世纪争煤，20 世纪争油，21 世纪可能争水。作为水资源的开源增量技术，海水淡化已经成为解决全球水资源危机的重要途径。到 2006 年，世界上已有 120 多个国家和地区在应用海水淡化技术，全球海水淡化日产量约 3775 万吨，其中 80% 用于饮用

---

① 《中国化学工业节水现状、问题及对策》，《中国化工信息》2006 年第 2 期。

水，解决了 1 亿多人的供水问题。中国在反渗透法、蒸馏法等主流海水淡化关键技术方面均取得重大突破，完成了自主知识产权的3000 立方米/日低温多效海水淡化工程，以及 5000 立方米/日反渗透海水淡化工程；海水直流冷却技术已进入万立方米/小时级产业化示范阶段。中国海水淡化成本逐步下降，已接近 5 元/立方米。①2010 年 6 月，天津北疆电厂一期海水淡化项目首批 4 套装置顺利投产，每天可为滨海新区提供 10 万吨优质淡水资源，将有力地缓解滨海新区淡水缺乏问题。②

中国海水淡化虽基本具备了产业化发展条件，但研究水平及创新能力、装备的开发制造能力、系统设计和集成等方面与国外仍有较大的差距。当务之急是尽快形成中国海水淡化设备市场的完整产业链条。围绕制约海水淡化成本降低的关键问题，发展膜与膜材料、关键装备等核心技术，研发具有自主知识产权的海水淡化新技术、新工艺、新装备和新产品，提高关键材料和关键设备的国产化率，增强自主建设大型海水淡化工程的能力。③

根据全国海水利用专项规划，到 2020 年中国海水淡化能力达到每日 250 万 ~ 300 万吨。我认为，这个规划的规模远不适应于中国水资源供求的形势。随着水价的提高，海水淡化技术将消化其成本。在 2040 年时，争取从海水淡化提供年总用淡水的 1/10，即 744 亿立方米，需要建成日 20383 万立方米海水淡化的生产能力。

另外，从农业的种植和工业的生产结构上讲，在国内尽量减少消耗水资源多的作物播种和产品制造，特别是限制消耗水资源多的

---

① 海水淡化，百度百科，http：//baike. baidu. com/view/22173. htm。
② 董欣、戈荣喜：《北疆电厂一期海水淡化首批 4 套装置投产》，http：//news. china. com. cn/rollnews/2010 – 06/15/content_ 2692283. htm，2010 年 6 月 15 日。
③ 海水淡化，百度百科，http：//baike. baidu. com/view/22173. htm。

农产品和工业加工产品的出口额；加大消耗水资源多的农产品和工业产品的进口力度。

（四） 节约和替代钢材资源的技术以及进出口

前面已述，2008 年中国铁矿资源基础储量只有 226.4 亿吨，并且品位在35％左右，即铁金属矿只有 80 亿吨。中国在 2040 年达到发达国家的发展水平，在此之前，除了将 2008 年的全国铁金属储量全部用尽外，按照低、中、高方案，还需要进口 95 亿吨，或者 136 亿吨，或者 179 吨金属铁，即需要进口品位在 55％左右的铁矿石 173 亿吨、248 亿吨、326 亿吨。按照上述测算，需要使用 2004 年全世界铁金属储量 800 亿吨的 22％ ~33％之间。

替代钢材技术。目前替代钢材的材料数量相当多，主要还是取决于相对价格。比如用塑料、铝、木材等替代钢材已经成为常态。但从目前来看，替代性的新型材料还受到很多制约，正在发展中。如汽车钢材料替代技术，2007 款 Twingo 和 2008 款 Kangoo 是雷诺最新的车型，其翼子板采用了轻型、耐用、坚固的 Noryl GTX 树脂作为钢材的替代材料。与钢材相比，这种高性能技术使雷诺将翼子板减重约 50％，并能够提供更好的承受低速碰撞的性能。①

比如有一项替代钢铁管道的材料技术。目前国内外钢铁厂、水泥厂等输送煤料、矿粉、石油的管道普遍为传统钢制管道。为延长输送管道寿命，减少磨损，企业通常会在管道内采用耐磨浇注料和尼龙衬板或硬塑贴片，但由于材料本身特性的限制，一般使用寿命也仅为 1 年左右。用一种质轻价廉的耐磨陶瓷材料，代替容易磨损锈蚀的钢铁，每年可以为我国节约钢铁上千万吨，节约资金 400 多

---

① 《雷诺汽车采用 Noryl GTX 树脂替代钢材料》，中国贸易网，2008 年 12 月 25 日。

亿元。①

我们认为，在可预见的未来，住宅主体建设、汽车制造等方面大规模地替代钢材的可能性仍然不大。但是，在一些方面和一些部分替代钢材的潜力还是很大。国家要大力在体制和政策上鼓励替代钢铁等新型材料的研发、生产和产业化。然而，到底新型材料能替代多少钢材，现在不好估计。如果技术方面没有重大的突破，我们还认为，中国对外需要多渠道开拓铁矿资源供给市场，对内需要进一步整合钢厂，提高钢铁工业的集中度，形成一个国内集中度较高，并且有一定垄断程度的钢铁工业，与国外相对竞争的铁矿供应市场相适应，在铁矿贸易中不至于因供给市场垄断的高铁矿价格而损失很大。

特别需要提出的是，应当严格限制钢铁价值较大的产品的出口，特别是严格限制钢材和生铁的出口。出口钢铁价值含量较大的产品，既加大了国内进口铁矿的规模，减少了国内铁金属的供应，又增加了国内能源和淡水的消耗，以及污染和二氧化碳排放，是极不合算的。

（五）能源战略布局与新能源技术

前面已述，我们按照 2040 年 15.5 亿人口计算，按照人均分别消费 5、4、3 吨高中低三个方案预测，中国在 2040 年时，按照高、中、低三个方案，能源消费总量分别为 77.5 亿吨、62 亿吨、46.5 亿吨，从 2009 年算起，分别累计需要 1696 亿吨、1448 亿吨、1200 亿吨能源。

其中就石油和天然气的消费看，前面也讨论过，未来 31 年中，

① 恒昌研发部：《耐磨陶瓷替代钢材年可节省 400 多亿元》，http：//www.hcyejin.net/news_ cy. asp？articleid＝940，2010 年 1 月 4 日。

一是如果石油储量不增加，按照中国消费石油的高、中、低三种不同方案，目前全球 40.08%、33.8%、26.2% 的石油储量将会由中国消费掉。就是按照低方案计算，2040 年时中国石油消费量也是 2009 年全球石油产量的 67.76%。二是未来如果全球天然气储量没有增加，则中国在 2040 年时，如果按照高方案，2009 年全球产量的天然气供中国使用，还缺 2800 亿立方米！按低方案计算，届时中国消费的天然气也是 2009 年全球天然气产量的 29.13%。显然，新能源的发现，以及新能源技术的进展、推广和普及，是应对中国工业化和城市化过程中，石油和天然气消费大幅度增加的关键出路。

新能源技术领域有太阳能光伏、太阳热能、核能、风能、海洋能、地热能、氢能、生物燃料；由于未来工业化及城市化生活和出行方式的改变，新能源领域还包括可燃冰、煤层气等新的能源来源，以及替代性的煤变油、煤变电、电替代油等能源转换。

我们认为，未来中国能源结构变化和增长较快的两个较大领域。一是城市化带来的家庭生活和生活社会化服务业能源消费增强倾向：电能，如冰箱、电视、洗衣机、空调等需求；可以替代和交互使用的电能、燃气和地热，如炊食用电能与燃气，冬天的取暖等消费。二是出行和物料运输增长需要的动力能源强增长倾向，主要是石油、生物油料、天然气和电力。新能源那么多，如何选取，战略上如何布局，这是我们最需要考虑的问题。

第一，在开源方面，是立足国内，还是立足国外？我认为，从全球石油和天然气有限储量与中国未来常规消费方式下对其需求规模看，立足国外根本不可取。一是如果能源结构不发生变化，2040 年，即使按照低方案计算，中国将要消费 2009 年全球石油产量的近 78%，这样高的比例，将会引起全球经济政治的摩擦。二是天然气消费，按照高方案，2040 年时，2009 年全球天然气产量给中国用都不够，按照低方案，中国天然气消费将占全球 2009 年产量的近 30%。而且，天然气受到海洋运输的限制，管道运输只能限于欧亚大陆和中国面向海洋国家和地区的天然气供给。并且，亚洲其他新兴国家和地区对天然气的需求量也很大。因此，从长期来看，国内能源需求的解决，要立足于国内。

第二，能源革命，是一步到位，还是从煤变电，再到太阳能、风能与氢能的组合结构能源？在前面技术进步战略讨论时，以能源为例进行了论述。用太阳能、风能和水能制氢，形成的能源组合，转化的氢燃料动力和电池技术，一直被认为是解决未来人类能源危机的终极方案。北京和上海一直是中国氢燃料电池研发和应用的重要基地，包括北京理工大学、北京飞驰绿能电源公司、上汽、上海神力、同济大学等企业、高校，一直在从事研发氢燃料电池和氢能车辆。北京绿能公司除了工业和汽车用制氢、加氢站、输氢终端等方面有较为成熟的技术外，还在移动通信基站用氢电、金融后台服务器用氢电、电站调峰制氢储氢平衡发电送电、手机微型氢电池等技术方面有重大的突破。在能源供应日益紧张的今天，发展新能源汽车已迫在眉睫。用氢能作为汽车的燃料无疑是最佳选择。

如果现在发展汽车油改电技术产业，过许多年后，如同彩电显像管、磁带录音录像、摄像胶片等产业被液晶、数码等新技术所颠覆一样，在一个过渡期后，很可能又被氢能源技术所替代。其整个产业链的投资和建设，会形成巨大的浪费。

虽然燃料电池发动机的关键技术基本已经被突破，但是还需要更进一步对燃料电池产业化技术进行改进、提升，使产业化技术成熟。这个阶段需要政府加大研发力度的投入，以保证中国在燃料电池发动机关键技术方面的水平和领先优势。这包括对掌握燃料电池关键技术的企业在资金、融资能力等方面予以支持。除此之外，国家还应加快对燃料电池关键原材料、零部件国产化、批量化生产的支持，不断整合燃料电池各方面优势，带动燃料电池产业链的延伸。同时政府还应给予相关的示范应用配套设施，并且支持对燃料电池相关产业链的培育等，以加快燃料电池车示范运营相关的法规、标准的制定和加氢站等配套设施的建设，推动燃料电池汽车的载客示范运营。有政府的大力支持，氢能汽车一定能成为朝阳产业。①

第三，煤炭能源如何转换为运输动力能源？能源形式转换方面，对于运输动力用煤，是煤变油，还是煤变电？我建议，国家应当作为重大的课题，委托几个中立的研究机构，在运输动力用煤能源形式转换方面，需要认真地对煤变电充电解决未来运输能源需求，以及煤变油解决未来运输能源需求，进行技术可行性、成本高低、风险大小、运输和使用安全、污染处理等方面的方案比较。最后，给国家提出一个技术、经济、安全和环境领域可行性较高的煤转换运输能源的方式。先是需要与氢能源进行比较，而目前煤变油也上，电动车也上，没有一个统筹研究和考虑，将会形成巨大的投入和使用浪费。未来向某一种较经济和较安全能源转换形式的归一和改造成本也将极高。

第四，能源供给结构如何布局？我认为，考虑到中国的国情，一个很长的时期内，能源消费还是要以煤炭为主，并辅之以其他新能源的开发；再长的阶段中，用前一个时期发展起来的核能、太阳能、风能、海洋能、地热能和氢能替代，逐步以这些技术上取之不尽的能源，以及可再生能源为主；而考虑到人多地少，生态脆弱，不应当鼓励发展用地过多、消耗水资源的生物质能源。按照2008年的基础储量和2009年的煤炭消费量，中国煤炭储备开采比为108年，是石油、天然气、煤炭三种不可再生能源中储量最大，可

---

① 氢能源，百度百科，http：//baike.baidu.com/view/899123.htm？fr=ala0_1。

使用年限最长的一种能源。因此，近几十年，以煤为主；中几十年，煤与其他新能源混合；再后几十年，逐步以新能源替代煤炭为主的格局，是中国能源供给布局的中长期和长远战略。

第五，煤炭转变为电力和运输油能源，在区域上如何布局？也就是，能源转换区域布局方面，是资源生产地坑口发电，就近变油，还是资源需求地发电，远距离变油？从目前发电的布局来看，相当多的电站布局在需求地，造成了铁路和公路西煤东运和北煤南运的格局，形成了以下一些不经济的问题：一是需要的运输道路增加，在国土非常紧张的情况下，交通建设需要的土地大幅度增加；二是以轻质高效的油能源运输重质低效的煤资源，能源和运输的投入和产出极不合理；三是运输结构中重质量低价值的物料运输量较大，对于交通设施的损耗较大，道路维修成本较高，运输效益也较低。因此，未来一定要严格控制需求地煤炭发电厂的投资和建设；而大力发展资源地坑口发电站的投资和建设。如果未来论证煤变油方案可取，包括一些航空燃油可以用煤变油来解决，则煤变油的生产地，应当布局在煤炭资源地投资和建设。

（六）减少污染和恢复生态的技术

前面已经讨论，中国生态环境的可承受容量有限，环境污染虽然近几年治理力度加大，但是形势仍然严峻，生态的破坏也很严重。治理污染和恢复生态，也需要技术创新，并使这些技术能推广和规模化应用。

如果从治理污染技术的方面来看，主要有：减少石油化学农业污染技术，解决化肥、农药、塑料、工业化养殖粪便等污染问题；城市污水处理和再利用技术；秸秆、垃圾等发电技术；获得太阳能硅等原料生产污染的解决技术；等等。从恢复生态的技术看，有植树植草治沙技术，还有育苗绿化等技术。

　　我国在环境生态环境保护和治理方面的问题在于：对实用技术的研发投入少，由于投入少和成本高，现有的环境生态技术得不到推广和应用，而许多方面的环境保护和生态恢复方面设施、绿化等投资也不足。比如对于水污染的治理，有研究认为，发展中国家和地区，由于缺乏必要的资金，不能建成完善的给水和排水设施，已建成的给水和排水设施，由于缺乏必要的管理和运行费用，缺乏训练有素的管理和运行人才，无法正常运行，一些采用先进技术和设备的给水和污水处理设施更是如此。而我国工业废水处理设施只有1/3 是运行正常的，1/3 运行不正常，而另 1/3 停产不运行。不少城市污水处理厂有钱建得起，却无钱维持正常运行，一些中小城市建成的活性污泥处理厂更是如此。除资金缺乏外，操作运行和管理人员技术和管理水平低，难以掌握和操作技术复杂的处理过程和设备。比如，我国污泥处理投资只占污水处理总投资的 12% ～13%，而发达国家如美国及欧洲国家，污泥处理投资占污水处理厂投资的50% ～70%。造成这种现状的原因，一是我国污水处理的普及率还比较低，国家在污水处理方面的政策不是太严；二是我国缺乏专门高效的污泥处理设备。[①]

　　指出以上问题的学者建议，治理水污染一定要"适情对路"，实际上就是有的放矢，适情就是指水污染治理技术路线，更具体地说就是废水处理工艺要适合国情、厂情和当地的社会环境。对路就是指污水处理工艺要针对水污染的具体特征有效地展开治理，每个处理单元对 COD 的去除率都是高效的，都是现有技术方案中的最佳选择。水污染治理技术不一定要追求如何先进，如何标新立异，对污染物质的处理如何彻底，而要讲究工艺过程简单而便于管理与

---

① 余承烈：《对水污染治理技术的几点思考》，2008 年 11 月 12 日，http：//club. china. alibaba. com/forum/thread/view/220_ 25851145_ 1. html。

操作，处理过程经济而富有效果。

污染的治理和生态的恢复，不仅是治理污染和恢复生态技术方面的创新，还要在教育、产权、价格、税收等方面作出相应的制度安排，否则，仅仅依靠技术突破，并不能使污染得到彻底的治理，也不能使生态得到理想的恢复。对于这些，我们在后面的研究中进行讨论。

三 城乡及产业结构与生活消费方式的重要性

我们上面主要分析了解决中国资源短缺，以及环境污染与生态被破坏等问题的技术路线。实际上，产业结构的不合理，居住和发展的城乡结构不合理，生活方式的不合理等，都是形成中国环境污染和生态问题的重要原因。因此，节约资源，解决中国环境和生态问题，除了技术路线外，还要按照结构路线和生活方式路线去调整。

（一）产业结构调整路线

中国 2008 年 GDP 30.07 万亿元人民币，人均 GDP 按照汇率计算，为 3268 美元。GDP 的三次产业结构为 11.3∶48.6∶40.1。而从世界银行各年发展报告看，人均 GDP 3500 美元左右的国家和地区，GDP 的三次产业结构一般在 8∶30∶62 范围。

服务业水平过低，中国同等发展水平上，每万元 GDP 的能源和其他资源消耗远比其他国家高，其中重要的原因就是 GDP 结构中能源和其他资源消耗特别低的服务业比率过低，反过来说，服务业增加值比例在 GDP 中过低，实际是导致国民经济能源和其他资源消耗过高的一个重要的结构性和基础性的原因。由于统计数据的原因，这里我们只分析各产业的能源消耗情况。表 4 - 1 以 2008 年为例。

表4-1　2008年各产业能源消耗情况

	各产业增加值	生产性能源消耗	产业能源消耗
总计和平均	300670.00	259550	0.8632
第一产业	34000.00	6013	0.1769
第二产业	146183.40	213115	1.4579
第三产业	120486.60	40422	0.3355

注：增加值为亿元人民币；能源消耗单位为万吨标准煤；产业能源消耗为吨标准煤/万元GDP，数据出自《中国统计年鉴2010》。

　　从第二产业和第三产业的能源消耗系数可以看出，按照2008年的消耗标准，1万元第二产业增加值消耗1.4579吨标准煤，而1万元第三产业增加值却只消耗0.3355吨标准煤，实际上从大的方面调整国民经济三次产业结构，提升第三产业的比例，其节能和节约其他资源的效果要比仅仅限于第二产业内部节能降耗，效果要显著得多。

　　下面我们以2008年GDP的生产结构为例，假定各产业的能源消耗系数不变，可以考察两种情况下的能源消耗规模，一是按照2008年实际形成的产业比例来计算能源消耗规模，二是按照一个假设的合理的产业结构计算能源消耗规模（见表4-2）。

表4-2　不同产业比例下2008年能源消耗规模的比较

	生产增加值（亿元）	各产业比例（%）	消耗能源量（万吨）	假设合理比例（%）	合理产业结构（亿元）	合理能源消耗（万吨）	能源消耗系数
第一产业	34000.0	11.3	6013	8	24054	4255	
第二产业	146183.4	48.6	213115	30	90201	131504	
第三产业	120486.6	40.1	40422	62	186415	62542	
总　计	300670.0	100.0	259550		300670	198301	0.7254

注：GDP数据来自于中华人民共和国2008年经济和社会发展统计公报；假定各产业能源消耗系数为2008年标准，假设合理的GDP三次产业结构为8∶30∶62。

通过上述比较分析，可以看出，即使 2008 技术路线方面年工业节能降耗比上年没有一点进展，如果产业结构合理，第三产业在过去的 30 年中得到正常发展，每万元 GDP 的能源消耗将从 0.8632 吨下降为 0.7254 吨，总体上将减少近 61249 万吨标准煤规模的能源消耗。

前面谈到，城市化的缓慢使第三产业发展严重滞后，而经济结构过于工业化，特别是过于重工业化，也是中国发展模式高排放的最重要原因。我们假定 2007 年时产业的合理结构为 10：30：60，再来看三次产业结构合理与否与污染的排放的关系（见表 4－3）。

表 4－3　2007 年各类污染的产业结构分布和污染系数

	实际发生	第一产业		第二产业		第三产业		合理排放污染
		结构扭曲	结构合理	结构扭曲	结构合理	结构扭曲	结构合理	
国内 GDP	249529	28095	24953	121381	74859	100053	149718	
二氧化碳－亿吨	67.39	2.09	1.92	48.25	29.72	9.22	13.77	45.41
吨/万元	2.7	0.77		3.97		0.92		1.82
二氧化硫－万吨	2468.1	—		2140.00	1319.79	118.12	176.74	1496.53
克/万元	989.0	—		1763.04		118.05		599.74
烟尘排放－万吨	986.6	—		771.10	488.97	79.74	119.31	608.28
克/万元	395.4	—		635.27		79.69		
粉尘排放－万吨	698.70	—		698.70	430.90	—		430.90
克/万元	575.62	—		575.62		—		
污水排放－亿吨	361.37	—		246.6	151.96	114.77	172.18	324.14
吨/万元	1.45	—		2.03		1.15		
固体垃圾－亿吨	—	28.6		17.6	10.85	0.53		0.7920
公斤/万元	—	—		144.99		5.29		

注：国内生产总值为 2007 年数据，单位为亿元；第三产业和居民生活固体垃圾为 2007 年城市内的清运量；将城市生活污水进行了剔除。

可以看出，如果产业结构合理，二氧化碳、二氧化硫、烟尘、粉尘、污水排放量分别只是 2007 年实际排放量的 67.38%、60.63%、61.65%、61.67% 和 3.65%，工业和第三产业形成的污水和固体垃圾也分别只是 2007 年实际排放量的 89.65% 和 64.21%。由于产业结构不合理，第二产业偏重，城市化滞后，第三产业发展缓慢，导致同等发展水平上，中国国民经济产生的排放量相对较大，对环境的污染要比其他国家严重得多。因此，产业结构的调整，特别是发展第三产业，其节能减排的效果非常显著。

（二）城乡结构调整对资源和环境的重要性[①]

在现代生产和生活方式日益渗透乡村社会的过程中，分散的人口居住和发展方式，带来土地、资源的巨大浪费，以及生态环境的破坏和难以治理。

1. 分散发展和居住对土地资源的巨大浪费

城市化滞后和人口的分散居住，实际上消耗大量的土地。将绝大部分土地分配给农业是传统的农业经济。在工业化和城市化的社会中，要将一部分土地分配给城市建设，分配给城市中的企业。

实际上，城市化将人口、企业、要素和基础设施在空间上集中，集约地使用了土地，大大减少了土地的占用。首先，城市人口的集中居住，特别是楼房居住模式，要比农村独家小院式的居住模式少占用土地面积。中国现在农牧户大约为 2.5 亿，如果说每户农牧民独家独院占用耕地按照 0.6 亩计算，村里道路、村公共建筑等按照每户 0.5 亩计算，共占用耕地 2.7 亿亩，推算全国农村村庄用地合 18.19 万平方公里。如果将 80% 的农民城市化，居住中高层

---

① 这部分已经在《中国向何处去》中进行了讨论，为强调其逻辑性和重要性，这里再次引述。参见周天勇《中国向何处去》，人民日报出版社，2010。

楼房，加上绿化、交通、公共建筑物等，每户按照 0.35 亩地计，只占用了 7000 万亩地，仅就居住用地这一项，可以节省 2 亿亩土地。下面我们用数据比较农村用地多，还是城市用地多。

由表 4-4 可见，2007 年，地级以上城市建成区用地为 23491 平方公里，却容纳 37249 万人口，每万人用地只有 0.63 平方公里；县级市建成区面积为 11978 平方公里，容纳了 15571 万人口，每万人用地为 0.76 平方公里；建制镇建成区面大约为 15399 平方公里，人口约 6559 万人，每万人用地 2.35 平方公里；而农村居民用地大约为 181875 平方公里，人口 72750 万人，每万人用地高达 2.5 平方公里以上。

表 4-4　2007 年城市建成区和农村村庄用地

项目和单位	城乡居住用地		人口	每万人用地
	平方公里	万亩	（万人）	（平方公里）
地级及地以上城市	23491	3524	37249	0.63
县级市	11978	1797	15571	0.76
建制镇	15399	2309	6559	2.35
城镇合计	50868	7630	59379	0.91
农村居民点用地	181875	27281	72750	2.50
全国合计	232743	34911	132129	1.76

资料来源：《中国统计年鉴（2008）》，全国建制城镇 2007 年有 19249 个，平均占地规模估计为 80 公顷，2007 年据国土资源部公布的《2008 年国土资源公报》，居民及独立工矿点全部用地为 4 亿亩。

从土地的投入和产出比来看，人口越聚集，城市人口规模越大，每平方公里的产出水平越高；而人口聚集程度越低，城市人口规模越小，每平方公里产出水平越低。从表 4-5 全部地级市的数据分析可以看出，2007 年，400 万～1200 万非农业人口的城市，其全国平均每平方公里建成区的 GDP 产出水平高达 73570.16 万元，20 万人以下规模的城市，其全国平均每平方公里建成区产出

水平则为 26575.38 万元, 其土地产出只为 400 万人以上城市的
36%；而全国建制镇的每平方公里产出, 全国推算平均只有 5000
万元, 是 400 万人以上城市的 1/14。

表 4 – 5　2007 城镇规模与土地的产出效益

城市和城镇	建成区 （平方公里）	国内生产总值 （亿元）	每平方公里产出 （万元）
400 万 ~ 1200 万人口	5800.77	44922.48 × 95%	73570.16
200 万 ~ 400 万人口	3758.00	27895.53 × 93%	69033.64
100 万 ~ 200 万人口	4583.00	26748.15 × 91%	53111.10
50 万 ~ 100 万人口	5367.09	24829.05 × 88%	40710.26
20 万 ~ 50 万人口	5040.12	16922.45 × 86%	28874.92
20 万人口以下	1005.03	3179.65 × 84%	26575.38
县级市非农业 GDP	11978.00	35934.00	30000.00
建制镇非农业	15399.00	7699.50	5000.00

注：地级以上城市出自《中国城市年鉴（2008）》；县级市建成区数据为全部城市建设区数减去全加全部地级市建成区面积，但是，需要说明的是，中国城市年鉴上的各地级城市的建成区面积相加后，要比中国统计年鉴上的多出 4065 平方公里；GDP 为行政区域内的数据，因此，考虑大中小城市的城市化水平不同，进行了折算，将农业和建制镇等创造的 GDP 扣除。最后，表示的是不同规模城市和城镇的建成区，其每平方公里创造的 GDP 效益。

如果在农村发展村镇工业, 而不发展城市和城镇, 不在城市和城镇中发展企业, 耕地的浪费更大。一些农村在发展乡镇工业时, 分散地在农村建设工厂, 这些工厂的规模较小, 但数量非常多, 相对工业每一单位产出占用的土地要比城市高得多。在农村提倡大力发展工业, 其每平方公里形成的 GDP, 可能仅仅为城市土地产出的 1/50 左右, 是特别浪费土地的一种发展方式, 是极不合算的。

就交通用地看, 如果不分配土地给城市, 本来可以建设 100 万人的一个城市, 现在这 100 万人分为 1000 人规模的 1000 个村庄, 村庄之间要有公路联系。100 万人的城市, 可以只建设城市内交通

几十公里就可以了，如果 60 米宽，50 公里，则用地 1250 亩；而 1000 个村庄，如果每个村庄之间距离 2 公里，它们之间要交叉联系，则要几千公里的交通用地，如果 20 米宽，5000 公里长，则交通用地为 41667 亩。把耕地不分配给城市，而分配给农业和农村，1000 人的 1000 个村庄，比 100 万人的一个城市的交通用地，多出 33 倍来。

从经济学上讲，农业经济是耕地密集型经济，分散经济比集中经济用地多；从土地的投入产出看，工业要比农业多，商业要比工业多，而信息金融业要比商业多；分散的经济投入产出要比集中的经济投入低。从转变经济增长和发展方式看，就土地资源而言，就是要把空间上分散的经济转变为空间上集中的经济。不明白经济学的这些道理，死守耕地一分也不能动，不能用来办企业、建城市，要么就是阻碍经济的发展，要么实际上就是浪费更多的土地。

2. 人口分散居住的农村对生态环境的破坏最大

人口分散发展和居住的方式和城市化的缓慢，也是导致生态环境恶化的重要原因。

（1）人口分散居住对生态环境的压力和破坏。中国农牧区的生态环境恶化首先是土地和草原所承载的人口增长过快和过多造成的。不论是耕地上养活的农民，还是草原上直接养活的牲畜和间接养活的牧民，都大大超载。中国农牧民家庭财产制度是几子平均继承制度，这样每一儿子都有一份财产可分。但是，耕地越来越少，耕地的规模也越来越小。于是林地、坡地、草地尽可能被开垦，土地尽可能被利用。虽然土地的份额越来越少，但每一农户都有一份，农业的剩余劳动力不能转移。由于农村生育子女的成本和机会成本很低，人口生育又不能有效地得到控制。有限的耕地及草原供给与日益增长的人口需求之间的矛盾也就越来越大。于是在农业区，几十度的坡地被开垦了，有林的地方树被砍了作为耕地，耕地恨不得一年长几茬庄稼，土地得不到休耕，水土流失很严重；在牧业区，草原上的牲畜越来越多，草越来越少，草原不堪重负，逐年沙化和退化，这就叫越穷越垦，越垦越穷。

农林牧业区人口对自然能源越来越多的需求，导致农林牧区树被大量砍伐，草被大量割挖，植被遭到严重破坏。农村烧饭、取暖、生产用火等等，都需要能源，一般使用自然能源柴草。曾有人问过我，可不可以在农村推广烧煤、用电，或者使用液化气，来替代柴草。农民从山里去城里运煤，运费仍然是他们的一项高额支出。相比之下，还是不如烧草和柴成本低得多。为什么呢？从经济学上讲，在农村，用自然能源柴草，还是用工业化能源，主要取决于人们获取不同能源所费的成本和机会成本比较。在农村获取自然能源柴草，几乎不支付成本，其机会成本也很低；而使用工业化能源，则需要购买和运输，要支付费用。所以，越穷越砍割挖，越砍割挖越穷，加上人多而过垦和过牧，成了没有树草的穷山恶水。

有趣的是，当一户农民从农村转移到县城时，就不再让自己的子女去砍伐树木和割草挖根，一是要让子女上学，将来要上大学，子女去砍柴割草的机会成本太高；家长要工作，工业化能源支出占其工作收入的一个很小部分，放弃工作去获取自然能源的机会成本很高。二是如果有某一户违背城市的生活方式，去砍树割草，使用自然能源，在居民楼中烟熏火燎，可能会招致邻居的不满和取笑。成本、机会成本和城市生活方式，抑制人们砍伐和割挖树草。结果，当一个地区人口大部分集中到城市后，附近草地和山上的植被慢慢得到了恢复。这就是为什么英、德、法、日等国城市化后，生态环境变得比以前人口大量居住在农村时还要好的经济机理。

（2）乡村工业化形成不宜治理的环境污染。中国农村严重的环境污染，其重要的原因，不能不是乡村工业化和城乡空间上的一体化。这里暂且不论分散工业化的不规模和外部不经济，二十多年过去了，这种政策建议的实践，给中国的生态环境造成了巨大的破坏，形成了严重的后果。

乡村工业化和城乡空间上的一体化的局面是：户户点火、村村冒烟；家家厂厂排污、污水横流；废物遍地、垃圾围村。那么，也许有人提出，在农村我们也可治理污染呀！这是一种幻想。从经济学上讲，治理污染要支付成本，而成本大小又受到规模和距离的影响。分散的污水、垃圾和烟尘，一是污染源规模太小，治理污染装置的固定成本相对太大；并且规模越小，治理污染的边际成本越高。很简单，在一家生产一吨化学物品的家庭工厂中，装一除尘装置，有一污水净化系统，再有一垃圾回收和处理系统，其处理污染的成本将高于产值的几十倍，甚至几百倍。二是如果想规模化处理，将一家一户、一村一寨污水、烟尘、垃圾都集中起来，输送污水、废气、烟尘和垃圾的管线投资、道路交通、运输装卸、维护修理等费用将极高。因此，乡村工业化和城乡空间一体化，从经济上看，无法解决它的污染问题。离土不离乡，进厂不进城，乡村工业化，最终肯定是一条走不通的道路。这只不过是一少部分国外和国内社会学家和城市规划学家们寄托在中国身上的一种乌托邦而已。但是已经使中国受害不浅。

因此，节约土地资源，节省人口分散居住和发展形成的交通能源成本，减轻人口分散居住和发展对生态环境的压力和破坏，必须调整城乡结构，农村人口逐步向城市转移。如何转移，在第三章中进行了讨论，这里也不再赘述。

（三）生活消费方式调整路线

前面我们分析了发展方式与资源环境生态之间的关系，主要是产业的投入产出高低，产业结构不合理以及人口居住和发展城乡分布不合理导致的资源消耗、环境排放和生态破坏。实际上，人们的生活方式或者消费方式，也作用于资源、环境和生态。因此，在解决资源短缺和生态环境容量及可能继续恶化问题上，生活消费方式的取向和调整，可能与转变发展方式同等重要。

生活方式通常是指人们在生活中消耗物质资料、精神产品和劳务的方法与形式。它有两种基本形式，一是个人生活消费，二是公共消费。这两种基本的消费形式相辅相成，缺一不可。生活消费方式具体包括消费习惯、饮食结构、衣着状况、居住形式、出行方式、保温取暖渠道等。

生活消费方式受到多种制约因素影响。首先，随着社会生产力的提高，生活消费资料的丰裕，消费工具、消费方法和消费形式有了很大的发展，生活消费方式开始向高层次迈进。但是，生活消费方式又受自然因素的制约，因为人们的各种生活消费活动都是在一定的生态环境中进行的。人们生活消费活动借以进行的生态环境，经济学称之为生活消费环境。生活消费环境对人们的消费活动、消费质量、消费主体和消费客体影响极大，生活消费环境的状况直接制约着宏观生活消费模式，包括消费结构、消费方式的合理化。所以，生活消费方式一定要从本国、本地区的消费环境出发，也就是要考虑生态环境可以承受的消费度。如果不尊重国情，简单地模仿、攀比和追求一些发达国家的生活消费方式，其结果将会带来资源的巨大浪费和生态环境的失调甚至造成危害更大的污染；反过来，又会使消费质量下降。

全球各国的经济和社会发展过程中，发达国家的生活消费方式对发展中国家有示范作用，而发展中国家居民对于发达国家的生活消费方式有攀比倾向。于是，一些高消费项目可能发生在发达国家的晚期，而发展中国家可能中期甚至早期就出现了。这种现象，被发展经济学称之为发展中国家的消费早熟。

美国生活消费方式。大多数美国人不喜欢使用公共交通工具、步行或骑自行车出行，家庭轿车为基本出行工具，并且喜欢用耗油量大的车型；易拉罐、塑料包装、纸巾等消费过多；饮食结构以肉食品为主；住宅以别墅形式居多，冬夏取暖和降温所需要的能源较多。美国以世界5%的人口消耗着世界1/3的资源，汽车等消费使美国消耗了全球1/4的原油。美国年人均能源消耗量是全球平均水准的9倍，人均生产垃圾量是全球平均水准的3倍，温室气体排放量是全球平均水准的8倍，大量的自然资源被美国人的日常生活所消耗。[①] 中国居民的生活消费如果向着美国方式变化，那么，无论是对于中国国内的生态环境和资源，还是对于世界的生态环境和资源，都将是一个灾难。

日本生活消费方式。日本的饮食结构中，来自海洋的水产品较多，而消耗土地较多的肉类适当；每户居住面积较小，别墅式住宅非常少；出行中公共交通形式的比重要远比美国高，而且日本车型消耗钢铁等材料少，耗油低。虽然是世界级经济大国，虽然国富民也富，但日本国民节能意识极强。设法节约能源，在日本已蔚然成风。在日本，销售的冰箱不仅要标出电器价格，而且要标明每年节约电费的钱数。日本顾客越来越关心节能方面的成本，同等情况下都会优先选择节能产品。日本房地产公司也积极推出节能住宅。日本正在改变大量生产、大量消费的生活方式，向节约型社会转变。[②]

选择适合中国国情的生活消费方式。改革开放30多年来，中国大陆居民的生活消费方式随着经济的发展，发生了很大的变化，饮食结构中肉类消费比率上升；日用消费中耐用消费品基本普及，

---

① 《最需要变革的是美国生活方式》，2008年11月1日《中华商报》（洛杉矶）。

② 何德功：《日本节能蔚然成风 摒弃大量生产消费的生活方式》，2005年7月12日《中国青年报》。

易拉罐、塑料瓶装等一次性消费增多；居住消费中住宅面积增加，别墅消费等形式大量出现；出行消费中轿车快速进入家庭。未来的30年中，中国居民的生活消费方式应当向着什么样的类型变化呢？

第一，杜绝浪费性消费，提倡节约型消费。这包括消费资料的节约和消费领域中个人劳务消耗的节约，应当讲求日用消费品的质量、实用和耐用性，尽量缩小一次性消费的范围，特别是禁止和杜绝过度包装。重点教育居民使用节水器具，少量用水，一水多用；推广节电节气式的照明灯具和家用电器和炊具，教育居民节电节能；培养居民公共出行习惯，推广和普及电动轿车。在全社会推广节能型、节水型的低度消耗资源的适度消费生活体系，减少高能耗、高用水、浪费用物的消费方式。

第二，注意食品消费结构的合理化。在饮食结构上不宜不加区分地普遍倡导以动物性食品为主，仍应坚持以动植物食品都有，但以植物性食品为主的膳食结构。若以动物产品为主，动物的饲草和饲粮将会加重草原的载畜负担，增加对粮食的耕地需求，引起土地在草、粮、林产业间的分配之争，加剧土地沙化和生态失衡。教育公职人员和企业管理人员，以及学生和职工，在酒店和公共食堂养成节约饭菜的习惯，改变中国聚餐式文化，实行按需分餐制。公共接待实行快餐制。

第三，居住方式和出行方式的合理化。宜提倡相对集中的居住方式，发展公园、公共娱乐场所，不宜提倡分散居住建造私人别墅、花园和游泳池等。住宅以小户型为主，到2040年四口之家平均面积不超过160平方米。并提高城市住宅建设的容积率，在2~3之间为宜。同时应倡导相对集中的居住方式，这有利于集中供给气、热、电及处理污水、污物等，减少污染，有利于保持生态平衡。需要指出的是，钢材和土地之间有替代性，即如果节省土地，建设容积率较高的住宅区，则其住宅高度和抗震要求，需要更多的钢材。

提供以自行车、公共交通为主的交通方式，城市内出行以公交、地铁、城轨为主，远距离出行以城际高速铁路、高速及其他公路大巴、省际高速铁路等为主，尽可能以高速铁路公共出行替代高速公路家庭轿车出行和中程航空出行，不宜鼓励小汽车出行方式，特别是单人小汽车出行方式。这样既可以节省土地又可以降低能耗，特别是在煤变油及电动车技术普及艰难的情况下，避免石油的大规模进口。

简言之，只有节约型的生活消费方式，才能有节约型的发展方式。

四 合理利用资源和环境的市场机制与治理体制

如何才能实现资源的节约和永续利用，如何保护并且恢复生态环境，如何使节约资源和恢复生态的技术和理念得到应用、推广、普及，并且能使大众得到认同？这需要制度的安排和供给。在合理的制度设计下，形成一定的有利于节约资源和保护生态环境的制度安排和供给，通过产权、价格、税收、商业模式、市场等机制，以及社会治理和政府管理体制，来落实我们节约资源和保护及恢复生态环境的战略，建设资源和环境节约型的社会。

（一） 从新能源车大规模推广看新技术应用的难点

家庭轿车、城市出租车、城市公交车等，如果能使用氢能源，或者电动方式，或者电与油混合动力方式，技术方面基本没有什么障碍，如果大规模使用，基本上就可以解决中国未来车用油短缺的瓶颈问题，而且从上述分析看，中国油改氢，油改电比世界上任何一个国家都要迫切。但是，实践中难度很大，其遇到的问题在许多新技术的应用、推广和普及方面都有共同的反映。

一是选择什么技术路线，战略上还没有一个比较、分类和规划。比如选择什么技术路线，能源革命，是一步到氢，还是从煤变电，再到氢能源？具体项目上，新能源车，是用直接用氢能，还是用充电技术，需要作出选择。氢燃料动力和其电池技术，一直被认为是利用氢能，解决未来人类能源危机的终极方案。如果现在发展汽车油改电（煤变的电）技术产业，过许多年后，如同彩电显像管生产、录音录像磁带及设备、摄像胶片及设备等产业被液晶、数码等新技术所颠覆一样，在一个过渡期后，很可能又被氢能源技术所替代。其整个产业链的投资和建设，会形成巨大的浪费。

再比如，加氢是依靠原有加油站建设装置，还是重新布局加氢站？加电是采用加电站集中加电的模式，还是住宅区停车场分散加电的模式，抑或是集中加电与分散加电混合方式？集中加电，加电速度要比加油速度慢，电池若固定在车中，则排队时间将很长；快速充电，则电池寿命很短，加大车主的成本；如果换电池方式，车主是否愿意，电池规格是不是统一，也是个问题。小区分散加电，电网如何接入，安全如何管理，终端如何统一标准，如何计费。这些先行选择还没有确定，还没有分类进行研究，还没有形成各种模式如何分工互补发展的设想，使电动车普及的实现路线还不清楚。

还比如，即使我们选择电池充电加电模式，目前除了使用量最大的阀控密封式铅酸蓄电池以外，还有镍氢电池、镍镉电池、锂离子电池、锌空电池等。电池动力车中各种电池和充电方式，都具有各自独特的优点，也有各自的不足，需要从功能、成本、寿命、安全、环保等各个方面进行比较，最后可能要由消费者和市场进行选择。

在公共交通汽车、出租、家庭私人用车等存在的情况下，可能要分类生产和服务，让电池租赁与电池随车销售，电动车销售与整车租赁，电池充电模式与换电池模式，加电站集中充电模式与社区及停车场分散充电模式等并存，互相补充，相互配合。

二是标准不统一，无法操作。加氢动力车，或者电动车如果采用集中更换电池的方式，则加氢和电池生产的标准要统一，不论是什么车型，到什么地方，电池都能统一换装，都能统一用氢；加电如果是集中和小区混合加电模式，加电终端的接入口和输出口生产和安装要统一，车辆到任何一个小区停车，到任何一个集中加电站，都可以随时接入充电。不论是加氢，还是电池动力，现在是各个厂家各自为战，各种标准都不统一，而各自形成的规模又都很小，这将会形成资源巨大的浪费，并且日后改造起来，又会支出一笔庞大的成本。

三是各部门互相牵制、封锁，划分自己的势力范围，而自己又没有成熟的综合性商业模式，使电动车迟迟不能推广应用。许多部门和行业都看好了这个新的产业领域，都在抢占先机。例如，石油化工部门，电力部门想自己搞加氢，或者加电系统，自己实际上干不了，但是别的部门干，又在加氢设施建设或者供电上设置种种显性和隐性的障碍；石油行业有自己的加油站系统，但是，假如加电，它们与电力部门协调起来又很困难，并且如何保证油站与电站之间的安全，也是一个问题。汽车动力从油改氢，油变电，涉及石化、电力、规划、发改、财政税收、信贷、科技、城建、土地、质监标准、生产安全、消防、环保、路政、工信、街道社区等多个部门，任何一个部门明显和暗中设置障碍，或者态度不积极，都会使新能源技术的应用和推广工作前功尽弃，以失败而告终。

四是地方保护主义及其对新兴技术市场的封锁。地方政府普遍重生产，重投资建厂，轻从生产到销售再到服务的产业链的形成。例如，一些地区，自己要上加氢动力车，或者电动车，自己要上电池和终端，外地加氢车，电动车在加氢、加电、加电运营等方面设置显性和隐性的障碍；例如，各地有自己的加氢标准，电池标准，加电接口标准，不符合标准的不让进入。各地都发展氢能源车，电动车，都发展新兴电池产业，都发展加氢加电设备生产，将会形成一些问题：（1）将会形成氢能源车、电动车及电池等生产的新一轮的重复建设；（2）形成各自标准的氢能源车，电动车和加氢、加电设备，无法在全国通用；（3）由于市场分割，标准不统一，很难在短时间内形成氢能源车和电动车的大规模生产和应用，成本长时间居高不下，加大推广应用难度，拖长推广应用的时间，使国内进口石油的需求规模高增长而不转型。

五是电动车市场的主体不明确，电力和石油行业没有自己可能成功的商业模式，而其他主体的进入又遇到各方面的障碍。中国相当多的新技术发明，甚至试验成功后，不能被大规模应用，迟迟不能商业化和产业化。即使被大规模应用，也很艰难。比如，学者们提出诸如产学研不能很好地结合，新技术没有市场需求等。从一些技术得不到应用普及的调查来看，情况比较复杂，但是，其运作新技术产业化的商业模式，是非常关键的一个环节。

电动车的产业化，是一个复杂的产业化过程。从产业链看，它涉及汽车制造、电池生产、终端设备制造、集中式和分散式各自加电的经营模式、网络管理系统、配电、用电计量、电力销售、汽车租赁和更换、汽车信贷、物业和加电运营之间的成本和利益分割等，其核心是基于市场机制的商业模式是不是适应。不仅需要将电动车和相关设备生产出来，还需要有管理网络的软件，需要经营电动车、加电管理智能运营系统、加电营销的团队等。与电改油的有关行业，基本上是垄断经营，这样复杂的涉及各个方面的竞争性经营，实际上它们没有相应的体制和机制，也没有现成的用于市场竞争的商业模式和团队。因此，只限于国有企业从事电动车技术的应用、推广和产业化，可能最终会失败。必须确定战略模式，统一标准，克服部门利益，协调电力和石油行业，打破部门垄断，放开市场准入，让有能力的投资商、企业和团队去从事这项于国于民都迫切需要的产业。

（二）产权清晰与节约资源和保护环境

一些学者认为，节约资源、治理环境和保护生态等领域，是市场机制失灵的地方，主要由国家的立法、政府和司法机构，以行政和法律的手段去进行调节。我以为，这种看法是片面的。资源利用是不是合理，环境污染能不能得到控制，生态能不能得到保护和恢复，产权和价格等形成的市场机制，起着最基础的调节作用。

1. 资源环境的产权作用机制

生态环境经济学上的产权理论，由"公地的悲剧"、经济的外部性，以及外部性起源与产权等研究成果组成。

揭示界定产权边界在环境保护上重要性的论证，首先来自于对公地保护的研究。"公地的悲剧"这一概念来自哈丁所著的同名论文。他的描述性模型是一个对所有牧民开放的牧场。在这个草地生态系统中，草场是"公有"的，对于每人讲，其产权是不清的，畜群则是私有的。站在个人利益的立场上，个人的利益要求使其尽可能地增加自己的牲畜头数。每增加一头牲畜，他获得由此带来的增加的收入。当草场的畜群承载能力难以长期维持更多牲畜时，再增加牲畜会给草场带来某种损害。但是，这一损害是全体牧民分担的。于是，作为理性的人在眼前利益的驱使下，每个人都去努力增加自己的牲畜，最终导致牧场越来越退化，直至毁灭。

将这一范例推广开去，不论是私有制，还是公有制，公共资源的自由享用会促使人们尽可能地将公共资源转变为私有财富，或者尽可能地无偿使用，包括对大气环境、林地、草地、湿地、水域等公共地带的过度使用，乱扔垃圾、暗道偷排污水等，从而最终使全体成员的长远利益遭到损害或毁灭。

经济的外部性这一概念是剑桥大学的马歇尔和庇古在20世纪初提出的。经济活动的外部性是相对于市场系统而言的，指的是未被反映在产品价格上的那部分经济活动的副产品或副作用。这些副产品或副作用可能是有益的，也可能是有害的，即外部的不经济性。最典型的莫过于自由排放条件下的污染。假定某个工厂排放的废气对社会是有害的，同时这种排放是免费的，由于安装净化设备会增加其产品的成本。因此，追求效益最大化的企业几乎必然地选择免费排放的道路。在市场经济的条件下，即使个别企业家"良心发现"或甚至还是个环境保护主义者，只要他找不到在不增加产品成本的前提下减轻污染的道路，激烈的市场竞争还是会迫使他走与其他企业同样的免费污染道路。在这种所有企业都免费排放的极端情形下，并假定环境对由此造成的污染的自净能力已被超出，社会对此只能有两种选择。一是听任环境质量恶化，二是拿出钱来替企业治理污染。后一种选择的性质是明显的，这意味着企业将治理污染的那部分成本转嫁到全社会，所以，由外部的不经济性造成的外部成本又被称之为社会代价或者社会成本。

根据"科斯定理"，可以把外部性的起源与所有制关系联系起来。科斯定理的内容是"只要交易成本为零，财产的法定所有权的分配不影响经济运行的效率，但事实上交易费用不可能等于零。因此，法律明确界定包括使用权在内的产权就十分必要了"；定理的实际含义是，只要产权是明确的，以工厂的空气污染为例，无论是工厂拥有污染权还是居民拥有不被污染权，有关各方总能通过市场机制找出最有效的解决方法（当然，必须尽可能降低交易费用）。一切有用的资源如果产权明晰，就会得到合理的利用和保护。反之，只要存在公共资源，而且资源的边界界定不清，人们就会努力通过使用乃至滥用公共资源来获益。①

---

① 周天勇主编《新发展经济学》，中国人民大学出版社，2006。

中国在资源和环境的产权方面有些什么问题，需要怎样解决呢？

草场及林地产权不清及其解决方式。需要看到的是：（1）在一些地方，由于国有和集体产权不明，一家一户希望在公有土地上获得更多利益，使公地悲剧在国有小块森林、集体森林、集体草场上普遍重复上演，产权不明导致对森林的破坏性砍伐和毁灭性放牧；（2）沙漠、戈壁、荒山等财产权和使用权的国有，或者集体所有，对整个国家没有丝毫的福利意义，因为是公有沙漠、戈壁和荒山，无人进行投资和保护，只能千年万年任其荒芜；（3）新中国成立以来，多少年进行植树造林，据历年统计的植树面积和成活率等，祖国大好河山已经全部绿化 5 遍了，但是事实并非如此，究其原因，除了假报成绩外，产权不明，无人经营和保护，也是一个非常重要的原因。因此，要想让中国的大好河山绿起来，一定要明确投资绿化荒山荒地、沙漠戈壁的使用产权和财产产权。否则，只有人去砍伐，只有人去放牧，没有人去投资，没有人去保护，中国森林和其他植被覆盖率提高，将相当艰难和缓慢，甚至还会下降。

像绿化林地这样的使用权，时间越短，越没有人会投资经营。要明确草地、林地、森林、湿地的使用和财产产权，对沙漠、荒山、戈壁、草原等，要实行谁投资、谁保护、谁拥有的政策，对荒山荒坡、沙漠戈壁的使用期可以延长到 1000 年；而林木产权、蓄草产权和其他设施产权应当归投资者所有；土地年期使用权、林木和蓄草产权，在国家法律一定蓄积量规定和监督下，可以种植经济林，也可以继承、抵押融资和转让。①

---

① 周天勇：《怎样才能使中国的荒山和沙漠绿起来》，2007 年 6 月 25 日《中国经济时报》。

矿产资源产权不清问题及其解决方式。目前，矿产资源属于国家所有，国家给矿山投资经营者出让的是探矿权和探明矿藏的采矿使用权。这里实际上有一个问题：国家没有将矿资源储量转让给投资和经营者，而只是将矿山的使用权转给了投资经营者。这样，矿山的投资经营者，其行为必定是尽可能开采最容易开采的矿藏部分，开采最富矿的部分，必然是开易弃难，采富弃贫，使得矿山的利用率很低，并且不顾生产安全等长期投入，安全事故不断。

解决问题正确的思路和方式应当将矿体与矿物分开，包括土地在内的矿体为国家所有，按照矿藏开采尽的年限可以限定矿体土地的使用年限，不出让矿体的所有权，而矿体内的矿藏可以按照储量将其产权转卖给矿的投资经营者，而不是拍卖矿的开采权。这样可以避免这样一些问题：（1）避免矿藏长期升值时，国家遭受损失。现有矿山使用权的拍卖，在拍卖时矿的价格可能不高，拍卖价格较低；但是，不可再生的矿藏资源是稀缺资源，价格是不断上涨的，前几十年将其拍卖，后几十年国家的收益流失将相当严重。（2）激励投资经营者提高矿的开采比率，使矿藏得到充分利用。一旦不是将矿体使用权拍卖，而是将矿体中的矿储量拍卖给投资和经营者，业主会尽可能地将矿体中的矿藏开采出来，如果采富弃贫，开易弃难，其损失就会很大。（3）将矿储量拍卖给投资经营者，就会弱化业主捞一把就走的短期行为，加大矿区安全、基础设施等方面的投资和建设。

污染及其从界定产权角度的治理思路和途径。一方面，在国家确定某地水、空气等污染的容量，并将其分解给有关企业时，允许其在一定的范围内排放二氧化碳等，这实质也是一种物权。另一方面，邻近排放企业的居民等也有不被污染的权利。当二者发生冲突时，可以按照法定的程序，通过协商排放企业弥补受污染居民损失，或者通过司法程序判定排放者向受污染者赔偿，实际上是一种将企业外部不经济行为内部化的过程，即通过界定企业排放产权和居民索偿产权的交易，解决冲突。如果排污企业弥补和赔偿数额过大，经营无利可图，则就是污染社会成本内部化后，对污染的一种调节和限制；如果企业通过技术改造，减少了污染，也减少了弥补和赔偿成本，则是排污产权和索偿产权之间博弈的结果。而如果一个社会，不建立起排污产权与受污染者索偿产权之间的制衡，排污者向公共领域排污的成本为零，则这个社会的污染会越来越严重。

目前因污染引起的群众上访越来越多，许多地方政府在发展经济和治理污染两难中犹豫。而群众一上访，企业造成的事端就要由政府来解决，政府成了群众发难的主体。能否换一个思路：即在司法不受当地政府发展经济的影响下，制定好一些法律和法规，限定法院诉讼的时间和起诉方的成本，将污染上访逐步改变为由司法途径解决污染和被污染二者之间的冲突和矛盾。

（三）资源低价格的不良后果与解决方式

中国目前许多资源和环境性产品的价格都不反映其稀缺程度，或者不反映其成本（如淡水使用同时形成的污水排放）。因考虑物价上涨水平，包括居民的承受能力等因素，对资源和环境性产品的价格一直采取压制的策略。其实，这种方略对于资源节约和环境的保护有百害而无一利。

1. 资源和环境产品价格机制

土地、森林、水等这些资源有没有价值和价格？现代经济学认为只要稀缺和有用，就有价值和价格。很长一个时期，中国经济学界认为自然资源没有价值。在这种理论支配下，曾经城市土地无偿使用，森林木材价格很低，水资源也近乎无偿使用，耕地、森林和水资源浪费性使用，并且资源和环境被破坏比较严重。

现代经济学认为，环境是可以被用作多种目的的，一旦某种环境因子被使用的边际成本大于零，即意味着该因子已具有稀缺性。稀缺性导致竞争性使用，产生以价格杠杆调节供求关系之必需，于是产生了价值。

传统的看法认为，诸如空气和水这样的免费物品是没有价格的。而且，在环境物品相对于人们的使用不可耗竭时，没有价格也是真实的。因为在此种情形下，人们使用这种资源的边际社会成本为零。但是，当这种物品的稀缺性显现出来之后，环境物品对人类福利的正面贡献如果仍不反映在价格机制之中，就意味着在一个市场经济的竞争系统中会出现对环境物品的滥用。这就产生外部不经济了。而且，由于对环境的滥用会降低生产者的成本，企业会朝着变本加厉地滥用环境的方向倾斜。

因此，对环境物品定价是必要的。资源有价地在市场中运动，如果假定各种外部成本皆成功地内部化了，由此导致的直接结果是，物品和服务价格的显著上升，而且价格体系的结构会发生重大变化，资源密集型产品或重污染产品的价格大幅上升，不那么依赖资源的产品价格则相对稳定。

首先，成本上升的竞争压力会迫使生产厂商更为注意采用先进的生产技术和管理来降低能耗和物耗。这一过程可实质地抵消一部分上升的价格。其次，向另一方向的变化是更为实质的。当资源密集型产品价格高到人们无法维持传统的消费结构时，公众在物价压力下将不得不调整自己的消费结构，生活方式从能量密集型转向能量效益型，最终形成与可持续发展相适应的生活方式。再次，没有稀缺资源价格的上涨，没有环境使用要付费，即排污这样的行为也有价格，节约资源和保护环境的技术就不可能得以研发、推广和产业化。因此，资源和环境价格机制，实际是调节新技术应用的最有效工具。

对于环境保护和可持续发展来说，没有生活方式的根本性转变是不可设想的。虽然社会应重视有关的宣传和知识普及，但相比之下，市场通过价格调节给予消费者的正确信息对改变消费行为最具根本性。应该承认，一个有利于持续发展的价格体系对一种有利于持续发展的生活方式的建立是必需的。[①]

2. 资源和环境产品的低价格问题

中国大多数资源和环境性产品的价格存在着过低扭曲：不反映供求关系，没有合理的利润，甚至亏损经营。这是中国高资源和环境消耗的机制性原因。

低电价。中国目前分居民、工业和商业等不同类型的电价，从全国看，居民用电 0.50 元/千瓦时，工业用电在 0.7 元 ~ 0.8 元/千瓦时，商业用电在 0.80 元 ~ 0.90 元/千瓦时。低电价不反映供求和成本。电价过低，煤（市场煤）电（计划电）价格倒挂是电力行业大面积亏损的根本所在。2009 年初的统计数据显示，五大电力集团之一的大唐集团，2008 年的亏损额达到 63.45 亿元，而五大电力集团中规模最大的华能集团，也在 2008 年产生了 37 亿元的亏损。火电业 2008 年的亏损总额约 700 亿元，五大电力企业整体亏损 400 亿元。2009 年的亏损情况有所好转，电企整体实现盈利，但盈利企业主要集中在东部沿海地区，而大部分火电厂仍然没有摆脱亏损的局面。[②] 从山东的情况看，2009 年冬天以来，电煤价格大幅上涨，每吨标准煤市场售价仍然高于 800 元，煤炭占发电企业生产成本的 2/3 以上，电煤涨价直接导致多数发电企业亏损。2010 年第一季度，全山东省发电企业亏损面 42.9%，同比增加 11 个百分点。[③] 从山西的情况看，2010 年，电煤价格涨幅起码在

---

① 周天勇主编《新发展经济学》，中国人民大学出版社，2006。
② 孔维超：《电力企业亏损原因分析及对策探究》，《今日财富》2010 年第 1 期。
③ 《山东省电力供需整体趋紧　今夏部分时段可能限电》，2010 年 6 月 22 日《济南时报》。

20%至30%，即20元至30元左右。电价上调1分钱可以抵消煤价20元的上涨，按此法计算，即使上网电价上调1.5分，山西省火电企业也无法达到零利润经营，不能弥补因煤价上涨带来的负面影响。山西省内重点监控的25家电厂，亏损情况比2009年还要严重。①

低水价。水资源价格不反映水资源的供求，并且水价中排污治理费用比率过低。中国人均水资源如此少的国家，与发达国家相比，水价处在中下水平。全国平均供水价格只有1.4元/立方米，污水处理费只有0.4～0.5元/立方米，省会级的城市平均供水价格也只有2.4元/立方米，污水处理费只有0.6元/立方米。目前水资源费征收标准的形成机制还不合理，部分地区水资源费征收标准过低，甚至有些地区只是象征性地征收。如江西省，居民生活的水资源费为0.01元/立方米，工业取水为0.015元/立方米，无法起到经济杠杆的调节作用。2008年上海自来水企业主营业务利润为-4.18亿元，净利润为-2.65亿元。排水企业主营业务利润为-1.95亿元，净利润为-1.95亿元，供排水企业合计亏损4.6亿元。一些水务企业表示，现在价格水平总体较低，污水处理费更低，部分地区甚至不足以支撑污水处理厂的运行，更无法反映环境成本。②

低燃气价。从2010年6月1日起，国内天然气价格上调每千立方米230元，天然气仍然实行国家统一指导价格，约为2.23元/立方米。即使这样，天然气价格还是偏低，国外价格大概是国内的200%左右。这次天然气价格改革主要是取消国内天然气市场的计

① 张磊：《近半电厂存煤不足7天　山西电力行业预亏面超70%》，中国新闻网山西新闻，2010年6月22日。

② 《关于水价上涨的原因分析及各界的声音》，慧聪水工业网，2009年12月2日。

划和市场价双轨制，真正的与国际接轨的天然气价格机制并没有完全推出来。[①] 中国国内的天然气供应显然缺口很大，2010 年，中国天然气进口预计将达到 150 亿立方米。然而，目前的销售与价格政策要求进口气销售价格与国产气同价，这将使仅中石油一家从中亚进口的西气东输二线面临 50 亿元左右的巨额亏损。国内与国际天然气价格的倒挂导致以国际价格进口天然气的三大石油公司承担了高额的成本压力。[②] 国家发改委价格司司长曹长庆认为，目前国内天然气价格存在四个突出矛盾。一是国产气价格与可替代能源价格相比偏低，各地纷纷进行煤改气、油改气，争着上以天然气为原料的加工项目，导致部分地区天然气供求矛盾较突出。二是随着进口气量的增加，进口高气价与国产低气价的矛盾日益显现，即使价格较低的中亚进口气价格也比现行西气东输一线门站价高出一倍左右。三是价格体系不尽合理，部分气田还存在价格"双轨制"现象，对用户按类别分别定价，不能体现公平的原则等。四是为适应管道快速发展形成多气源、多路径网络供气的形势要求，天然气价格机制急需完善。[③]

低农产品价格。农产品的低价格，导致农业生产仅够劳动力的低价格回报。以每亩计算，其成本一般来说，化肥需要 220 元，机械耕地 50 元，浇水 100 元，农药 25 元，除草剂 15 元，机械收割 45 元，种子 35 元，总共种地成本 490 元。假如中产田小麦加玉米 800 斤／亩，价格 1.00 元／斤。假定按最高的产量和最理想的价格计算，每亩地的净收入只挣回了劳动力成本 310 元。

① 林伯强：《天然气价改"破题"与国际水平相差仍较远》，中国经济网，2010 年 6 月 1 日。

② 姜雷：《天然气价改方案二选一 石油巨头新一轮布局开始》，2010 年 6 月 11 日《经济观察报》。

③ 《发改委正研究新天然气定价机制方案》，中国化肥信息网，2010 年 1 月 22 日。

土地低征用价与高出让价的扭曲。中国改革开放 30 多年来，经济高速增长的一个重要因素是对农村和城郊集体土地的低价征用和高价出让。这虽然对高速发展有利，但也产生了许多问题：（1）地方政府愿意无限度地扩张城市建成区面积，来获得财政收入；（2）由于是几十年的出让收入一年收取并花费掉，财政明显有不可持续性，但是为了获得持续的财政收入，后任的地方领导，需要千方百计地修改规划，扩大城建区，来保证地方政府财政收入，按此推断，城市建设面积将永远扩大下去，否则财政收入会大幅减少；（3）由于政府低价从集体手中收取土地后，再以行政垄断方式高价卖出，价高者得，推高了地价和房价，使广大的中低收入阶层购买不起住宅。

各种资源和资源性产品价格过低形成以下危害：（1）非资源性产品价格相对越来越高，资源性价格相对越来越低。非资源性产品的价格不受政府管制，由于人民币升值、通货膨胀等因素，价格不断上升；而资源性产品受政府管制，价格上涨受到限制，特别是在通货膨胀时期，往往成为稳定物价的手段，相对价格不断走低。非资源性价格与资源性价格之间的价差越来越大，价格体系越来越扭曲。（2）资源和资源性产品价格越低，成本越高，利润越低，甚至亏损，社会资金越是不往其中流动，一些行业良性发展就受到限制。如农业生产资源的投资和生产，就受到价格限制的影响。农民从事一年的粮食生产，由于价格过低，还不如在城市餐厅中端一个月盘子的收入。（3）资源和资源性产品价格过低，往往需要政府补贴，成为财政支出的一大负担；而财政补贴的效率较低，中间环节漏损不少，腐败甚多；财政补贴对于许多资源性产品生产不能使达到合理利润，只是微利甚至保本运行，使许多类似行业陷入弃之可惜、从之贫困的境地。（4）资源和资源性产品价格长期过低，结果必然是价格不反映资源和资源性产品的供求，需求大于供给，对资源的过度需求得不到抑制；资源和资源性产品价格过低，使一些节约和替代资源的技术得不到研发、应用、推广和产业化。

3. 理顺资源和资源性产品价格的思路和任务

改革开放以来，我们先是推进价格双轨制改革，即在计划定价外一部分，或者越来越多的产品放开由市场定价；后来又进行了以合并双轨制为主的价格体系改革，目前95%以上的产品由市场供求决定价格。我们保留了一少部分涉及国计民生产品的价格，还是由政府来管理价格，如电力、燃气、农产品、淡水、征用土地、一部分农业生产资料等。这部分产品虽然数量不多，但是在经济社会中使用和影响的权重很大。上面已述，其低价格扭曲导致了一系列的危害。因此，需要推进以理顺资源和资源性产品价格体系为主的第二次价格改革。

如何处理理顺资源和资源性产品价格与民众承受能力、企业承受能力和消费物价上涨三者之间的关系，是以资源和资源性产品为主的第二次价格体系改革的关键。

首先，从长期看，一定要坚定不移地推进资源和资源性产品价格体系的改革。资源和资源性产品的价格水平，要与非资源性产品的价格水平相适应，甚至考虑到稀缺性和国际价格上涨因素，其上涨速度要快于非资源性产品，而且长期来看，非资源性产品价格水平相对应当下降，而资源和资源性产品价格水平相对应当上升。

其次，为了使资源和资源性价格逐步改革，需要有这样一些配套改革和体制建设。一是尽量打破垄断，推动资源和资源性产品生产和供给的竞争性改革。电力体制方面，如上所述，要发展发电供给方与用电方直接供电；允许民营企业进入电力终端销售领域，如电动车加电站集中和小区停车场分散等加电营销；在有条件的地区和领域，不同电网公司交界地区，用户可以选择不同的电网公司，开展电网之间的竞争。水资源体制方面，允许社会资金进入水资源领域；水厂建设与水厂运营分离，供水水厂与供水管网分离，水厂之间竞价进入供水网络。燃气供给体制方面，天然气供应也应当允许社会资金进入；不同天然气公司之间可以竞争供气。进一步深化粮食流通体制的改革，建立起以国家调节基金、粮食收购、粮食储备为手段，民间粮食生产、储备、购销为基础，现货和期货市场调节价格为机制，适当放开粮食进口数量的国家调控下的竞争性体制。在流通领域鼓励竞争，通过竞争降低流通领域的成本，使粮食涨价的利益大部分进入农民的手中。而在土地体制方面，如前所述的，彻底改革政府行政垄断供地的体制，所有的土地都平等地进入供给市场，形成供给方面竞争性的土地市场。二是在价格改革的过程中，考虑对价格改革的承受力，对少部分低收入的居民和农业领域实行适当的补贴。严格限制补贴的范围，主要限定在电、水、气、粮四样居民生活必需品的补助方面，补贴的范围不宜扩大，对象主要是享受低保的城乡最低收入家庭。一定要改革政府对供排水、供电、供气等企业亏损补贴，为提高资源价格，对用资源的最低收入家庭进行补贴。而对农业，也应当改革对水利工程投资和运营及其亏损补贴，变为对农业用水用电方适当补贴，但是，补贴的程度和范围要严格限定，将普通用水用电方式补贴改革为节水节电农业设施补贴。对工业用水用电用气企业，水电气价提高后如果亏损，财政一律不予补贴，逼迫其进行节水改造，或者调整产品及产业结构。而化肥等农业生产资料生产企业用气、用电、用水等价格，也要逐步随行就市，通过农业产品价格上涨，加强农业的购买力，来消化农业生产资料价格因资源价格调整发生的上涨。三是资源和资源性产品垄断型生产及供给企业，财务要公开，接受公众的监督。如果其财务不公开，很容易利用垄断黑箱和随意分摊成本，对公众利益形成侵害，因此一定要由中立机构委托的第三方定期审计其成本内容、利润去向等，需要向公众公开，使其成本始终处于公众的监督之下，在公众与垄断之间形成利益的制衡机制。四是政府要强化对资源和资源性产品生产及供给企业的监管。政府对资源和资源性产品生产企业，要使其价格反映其成本，但是，对其成本要进行监管，包括其各项费用，劳动报酬，特别是经理层的薪酬等，要进行严格的监管；对其供应质量要进行监督管理，不得掺杂造假；要监管其安全运行，保护环境，清洁生产，减少排放，控制污染，并且减少因生产引起的地质塌陷等灾害损失，监督其对受损害者进行补偿，并对土地进行整理和复垦。

（四）保护环境和节约资源的税收机制

资源税和环境税，是政府调节资源利用和保护环境的重要经济手段。我国目前资源税的比例很低，税负很轻，环境税收不完整，收费也很混乱，没有起到税收促进科学发展的作用。政府对资源和环境的管理体制也存在着许多问题。需要设计一套合理的税制，并且改革体制，形成促进节约资源和保护环境的体制机制。

1. 资源和环境税的作用

对土地、矿产、淡水等开发使用，收取一定比例的资源税收，其功能为：（1）对土地，包括对不同级差用途的土地，收取土地使用税，有利于抑制低密度和低利用率的建筑形成，如抑制占地面积较大的厂房，家庭的别墅用地等，使土地利用率得以提高，并且对不同级差形成的土地利益，实行不同水平的税收，可以调节级差原因形成的超额利润，防止财富分配的不公；（2）对富矿和贫矿实行不同的资源税，如对高品位的矿开发和生产，收取较高的资源税，对低品位的矿开发和生产，收取较低比例的税，可以抑制采富弃贫行为，使不同级差采矿企业公平竞争，有利于资源的充分利用；（3）矿区建立矿山可持续发展基金，将资源税的一部分储备起来，成为政府对采矿地区矿区土地整备、公共基础设施建设、以后的产业结构调整等方面的资金来源；（4）对空间，包括电信频道资源收取空间资源税，有利于空间资源的合理配置和利用，其收入可以支付治理电信和噪声等污染费用，将航空和电信等企业产生的负外部性变成其成本，并将其内部化；（5）许多江河源头，矿藏资源富集地，往往是加工工业和经济不发达地区，产业结构单一，对这些地区的矿资源保护、开发和生产收取一定比例的资源税，向下游地区水的使用者收取一定的水资源税，对于平衡地区之间的发展，缩小东西部差距，都有着重大的现实意义；（6）由于资源是短缺的，并且其开采和生产通常由政府特许，因此，资源和资源性产品生产，带有一定的公共性质，将一部分由于级差原因，包括需求远大于供给形成的超额利润，通过资源税形式由政府集中，用于公共利益，有利于防止收入的两极分化，并符合全体人民的利益。

对使用环境收取税收，实际是对严重影响环境的生产企业和家庭收取排放（二氧化碳）和排污税。其功能为：（1）将排放和污染性生产和活动对社会产生的负外部性损失，变成相关企业、家庭和个人负担的成本，从而使税收成为抑制排放和污染行为的经济手段；（2）对于环境消耗，即排放和污染收税，实际上表明环境也是稀缺资源，其容量也是有限的，其使用也是有成本的，应当将其以税收的方式计入产品的成本和价格；（3）在按照排放和排污量收取税收后，企业、家庭和个人一是会减少排放，以节约支出，二是会支付一定的成本，改造设备，以减少排放，达到节约环境的目的；（4）许多排放和污染需要公共预防和治理，这就需要政府或者政府委托其他组织来进行，环境税收是这种公共预防和治理的主要资金来源，比如用于污水和垃圾的回收集中处理，污水管道、污水处理厂和垃圾站的建设，设备的维修等支出；（5）在每年的环境税中提取一部分，建立环境突发事件应对基金，支付突发事件的应急、赔偿、灾后重建等成本。

2. 资源环境税费方面存在的问题

我国目前资源环境税收方面，主要存在着征税率低，许多项目没有征税，有些是以费的形式出现，强制性不够，较为混乱等问题，使得一方面，预防治理污染，包括复垦土地、管网投资建设、污水处理厂运营费用短缺；另一方面，收取税费，也没有起到节约资源和约束污染行为的作用，甚至发生了反作用。

税率过低，以费代税，收费混乱，对很多浪费和污染行为没有征税。在我国资源价格不断上涨的情况下，资源税收入并未相应增加。资源税在全部税收中所占比例呈现逐年下降的趋势。1994年，资源税占全部税收的比例为0.90%，1995年该比例达到最高为0.92%，从1996年起到2004年该比例一直在下降。从2005年开始国家陆续调高了煤炭、铅锌等资源品的资源税税额，这一比例有所提高，2005~2007年这一比例分别为0.46%、0.55%、0.53%，但还不及1995年的水平。[1] 2008年中国的城镇土地使用税816.9亿元，只占当年预算内总税费收入的1.33%。排污没有税收，收费和罚没收入没有统计数据。据有关文献测算，中国政府对直接向环境排放废水、废气、固体废物及危险废物等污染物的单位征收排污费，排污费实际征收额由1985年的9.2亿元增长到2006年的40.1亿元，增长了3.4倍，年均增长7.7%。假定2006年以后收取排污费的力度加大，每年为10%的增长率，2008年为48.52亿元，也仅为全部政府预算内税费总收入的0.08%。[2] 国外许多国家目前正在进行着税负适当转移，即从对资本和劳动征税，转向对高耗能行为和污染行为征税。瑞典、挪威、荷兰、德国等国家资源和环境税收占总收入的比例不断提高，其中瑞典已经达到12%左右。[①] 进入后工业社会，发达国家对资源的开发利用步入成熟阶段，表现为许多国家普遍征收较高的资源税。如日本，以及德国、法国等欧洲国家，都对能源产品征收重税。据测算，德国的燃油税率（税收占税前价格的比率）在200%左右，英、法等国与德国持平。我国的资源税征税水平，相对于国外石油天然气矿产资源补偿费征收率10%至16%的标准，处于绝对低位，其中新疆资源税没有调整之前，其石油天然气矿产资源补偿费征收率仅为1%。[②]

中国各级政府的环境保护机构，在经费来源上，以前是自收自支，近年改为收支两条线，即先从排污企业收上排污费和罚款来，再交给财政，财政再拨款下去，这里还存在着超收奖励和罚款分成的潜规则；另外，基层环保机构所交的费和罚款中，地、省和中央环保机构还要分成和集中一些。从经济核算讲，企业如果不上处理污染的设备，一年罚款两次，每次2万元；如果安装了处理污染设备，其运转成本可能多达30万元，这样企业当然会选择不让处理污染的设备运营，而自愿挨罚交罚款。而且，企业交罚款的多少，由于污染多少的判定随意性很大，还可以与个别公务员私下交易。在具体办事的公务员得到好处后，污染可以被大事化中，中事化小，小事化无。于是，产生更蹊跷的循环。政府环保机构，包括个别公务员，由于企业排污，而获得了收费和罚款及其他好处，而企业因政府环保机构需要经费交罚款及个别公务员谋利后获得排污的许可。政府环保机构、个别公务人员与企业共谋合作，各自获得了

---

① 《资源税与环境税的比较研究》，百度文库，2010年5月15日，http://wenku.baidu.com/view/4eb02540be1e650e52ea。

② 徐伟：《资源税：国外如何念这本经》，2007年4月22日《中国经济时报》。

自己所需要的利益，甚至各级地方财政也因超收和分成获得了利益，唯有环境污染问题日益恶化。[①]

由于资源和环境征税水平特别低，收费和支出混乱，用于节约资源和保护生态的投资、建设、运营等支出严重不足，生态环境欠账越来越多。仅就污水处理一项看，相关课题组调查发现，全国1400多座污水处理厂中，有一半处于半开工状态。目前造成大量污水处理厂闲置的原因是处理费征收不到位和管网配套建设不够。为了完成"十一五"期间单位GDP能耗下降20%、主要污染物指标下降10%的硬性考核约束，多建污水处理厂已经成为很多地方政府的投资倾向。但是申建项目基本都是污水处理厂，关于水处理管网建设的项目却很少。到"十一五"期末，污水处理厂将达到3000座，按年处理量500亿吨，按每吨污水处理费1.5元计算，需要750亿元，这还只是保守估计的数字，但是目前污水处理费每年征收只有40亿~50亿元，缺口非常巨大。[②] 由于政绩显示的不同，相当多城市建设重地面建筑物，轻地下基础设施；环境工程重看得见的污水处理厂的投资和建设，轻看不见的管网的投资和建设。管网的建设投资不足，特别是为了节省成本，雨水和污水管网没有分开，水管密度和尺寸过小，使得相当多的污水没有进污水处理厂就被直接排放，有的污水被雨水稀释后进厂量大增，导致污水处理厂运行成本大幅度上升，大部分污水处理厂在下雨时多以停工降低成本，使大量的污水随雨水排入江河湖海。

3. 形成资源和环境税收体系

在我国现行税制中，并没有设置专门的环境保护税种，与环境保护有关的税种主要是资源税、消费税、城建税、车船使用税和固

---

① 周天勇：《目前的体制只能使中国环境污染越来越严重》，2007年7月3日《中国经济时报》。

② 《我国污水处理厂面临资金缺口问题》，中国水工业网，2009年2月12日。

定资产投资方向调节税等。这几项税收收入占国家税收总收入的比重只有 8% 左右，不足以对环境保护产生巨大影响。应开征环境保护税，将现行的排污、水污染、大气污染等收费制度改为征收环境保护税，建立起独立的环境保护税种。改革资源税，扩大资源征税范围，调整计税依据，把现行的以销售量和自用数量为计税依据，调整为以产量为计税依据，并将从量征税，改为从价征税，对非再生性、非替代性、稀缺性资源征以重税，以此限制掠夺性开采与开发。此外，开征保护资源环境和鼓励节约的消费税。①

（五）节约资源和保护环境的政府与社会

资源节约重要的是转变发展方式，改变生活方式，形成价格机制，制定税收政策。而在保护生态环境过程中，因为污染常常是排污者行为造成的负外部性，除了产权、价格和税收机制外，还需要更多地发挥政府、司法和全社会的作用。政府体制方面，需要建立起绿色公共财政，排污总量控制、排污许可、项目环境评价，以及排污权交易制度。

1. 绿色公共财政

环境保护税收入应当作为政府的专项基金，财政预算中要有环保经费科目，全部用于环境保护方面的开支，并加强对其用途的审计监督，防止被挤占挪用。目前最为关键的是编制环保经费预算，将基层环境保护局的人员从吃杂粮（其许多从事公务的职员是事业编制，经费上是收支两条线），改变为拨款；制度设计上，要避免收排污费和罚款变成使企业不用环保设备而大量向外排污的负向机制，要使罚款和排污收费向迫使企业投资和运营处理污染设备方

---

① 《我国应建立一整套较完整的绿色税收体系》，慧聪网环保行业频道，2004 年 8 月 17 日。

面设计。制度上，污染收费和罚款不与环境保护局的利益（工资奖金、福利、办公经费、办公楼设施等）挂钩。另因收费和罚款与环境保护机构和其公务员利益分离后，有机构和公务员见污染而不作为者，则通过公民、民间组织举报，新闻舆论报道，查实后，以渎职违纪和渎职罪论处。[①]

2. 总量控制、排污许可和环境评价

污染物总量控制需要三项制度联动：一是确定国家和地区各项污染物的最大自净能力，政府环保部门一定要按照环境质量标准，将各种污染物排放总量控制在环境承载能力范围之内，规定各种污染的最大容量，并不得突破。二是严格实行排放许可制度，由环境保护行政主管部门对企业排污的种类、数量、性质、去向、方式等实行审查许可。排污单位在持有排污许可证的情况下方有权排污，同时必须按照许可证规定的范围和要求排污。三是要实施环境影响评价，对区域规划和建设项目实施后可能造成的环境影响进行分析、预测和评估，提出预防或者减轻不良环境影响的对策和措施，并进行跟踪监测。

3. 排污权交易

关于中国如何形成污染物排放交易，有专家进行过深入的研究。中央财经大学法学院的朱家贤教授认为，污染物排放权交易涉及排放权初始分配的一级市场与初始排放权分配后的自由交易二级市场。可进行排放权交易的标的主要包括以下几种排放物：二氧化硫（SO_2），破坏臭氧层的物质（CFCs、Halons 等），重金属（汞、铅等），化学需氧量（COD），温室气体等。有的专家建议，一是在区域开始进行试点和推广，选择自愿强制减排的企业和超强度减

[①] 周天勇：《目前的体制只能使中国环境污染越来越严重》，2007 年 7 月 3 日《中国经济时报》。

排企业，进行交易。二是建立和规范排放权交易所，可以采用
"6+1"模式设立交易平台，即6个区域性和1个国家性的交易平
台。三是出台排放权交易国家标准指南，排放权交易既可采用国际
上认可的减排标准，也可以制定符合中国国情的自主标准，国家监
管部门可出台非强制性的国家标准指南，供企业和投资者参考。四
是建立国家或者公共登记机关，目的在于，为排放权交易参与者开
设账户并且记录相关交易活动。登记机关应该是一个具有国家公权
力的机关，但不一定是国家公权机关，在企业自愿交易的情况下，
民间的有公信力的机关也是可以考虑的。五是适时探索开展碳期货
交易，全球碳交易市场在发展进程中，已经形成了实物交易与期货
交易两种交易方式。中国可以考虑选择在一些地区，如天津，建立
排放权交易所，借鉴CCX的经验与技术，适时开展碳期货交易，
探索碳产品定价规则，为中国今后在国际市场上掌握主动权积累经
验。六是建立碳经纪人制度，碳交易的专业性、技术性、多边性及
持续性等特点，决定了碳交易需要建立完善的经纪人制度。①

4. 舆论、司法和非政府组织

除了上述制度外，需要形成防止和治理污染的法律、民间组织
和新闻舆论监督等综合性约束机制。

从一些国家的经验看，除了政府的监督管理外，对于污染的治
理，法律、民间组织、新闻舆论监督等，都是能够节约成本且非常
有效的制度组成部分。但是，从我国来看，实际的司法并不支持排
污受害者的诉求。刑事方面，虽然无数企业污染给中国的环境造成
了如此大的破坏，但很难见到有法人或者其他责任人因污染破坏而
被批捕和判刑的。民事方面，如果司法体制支持污染受害的自然人

---

① 朱家贤：《如何构建中国排放权交易市场?》，2010年6月2日《中国环境
报》。

和法人对排污者的赔偿要求，就会加大排污企业的成本，它就会或者上处理污染的设备，并会让处理污染的设备运转起来，或者因减排成本很高而转产或关闭。这是一个重要的减少和治理污染的制度机制。这几年，群众生态环境意识加强，对于损害自己利益的排污，上访增加，诉讼也增多。但是，地方为了不影响自己的经济总量和财政收入，也怕企业停工带来失业安置等，还可能有排污企业疏通关系腐败方面的因素，很少看到地方信访和司法体制支持污染受害者诉讼的判例。

在许多国家，民间环保组织，是保护环境不可忽视的社会力量，它们在防治和减少污染中发挥了重要的作用。但是，在我国，可能是出于其活动会影响一些发展项目的上马，或者会影响社会稳定等考虑，总体上并不支持它们的活动，使地方政府可能只顾发展和财政、忽视环境的行为，企业谋求利益最大化而把污染转嫁给社会的行为，个别公务员谋求个人利益而失职的行为，都得不到社会力量的制衡。生态环境方面的新闻舆论监督，也受到各个方面的制约。

党政领导要鼓励受污染之害的公民从污染上访转变为污染诉讼，并且司法部门降低门槛，保护弱者，积极受理污染受害案件，勘定受害损失，公正判案，向排污者索赔，并从快执行判决。这样，从诉讼角度强制排污企业防治和减少排污。

培育和发展民间生态和环境保护组织，加大舆论监督的力度，由政府环保机构和民间环保组织设立企业环保诚信档案，并定期公布污染大户黑名单，在公众和新闻舆论的压力下，促使排污企业（包括建设施工扬尘单位）防治和减少排污。[①]

---

① 周天勇：《目前的体制只能使中国环境污染越来越严重》，2007 年 7 月 3 日《中国经济时报》。

参考文献

叶泽方：《论中国农业技术进步模式的选择》，《经济评论》2003 年第 2 期。

农业部：《就农业转基因技术与生物安全等问题答问》，农业部网，2010 年 3 月 15 日。

杨光和、武海宝：《中国高铁核心技术突破的典范铁流网》，2010 年 4 月 19 日。

董欣、戈荣喜：《北疆电厂一期海水淡化首批 4 套装置投产》，http：//news. china. com. cn/rollnews/2010 - 06/15/content_ 2692283. htm，2010 年 6 月 15 日。

刘春香：《钢价疯涨 替代材料开发"春潮涌动"》，2008 年 3 月 4 日《每日经济新闻》。

余承烈：《对水污染治理技术的几点思考》，2008 年 11 月 12 日，http：//club. china. alibaba. com/forum/thread/view/220_ 25851145_ 1. html。

周天勇：《中国向何处去》，人民日报出版社，2010。

《最需要变革的是美国生活方式》，2008 年 11 月 1 日《中华商报》（洛杉矶）。

何德功：《日本节能蔚然成风 摒弃大量生产消费的生活方式》，2005 年 7 月 12 日《中国青年报》。

周天勇主编《新发展经济学》，中国人民大学出版社，2006。

周天勇：《怎样才能使中国的荒山和沙漠绿起来》，2007 年 6 月 25 日《中国经济时报》。

孔维超：《电力企业亏损原因分析及对策探究》，《今日财富》2010 年第 1 期。

《关于水价上涨的原因分析及各界的声音》，慧聪水工业网，2009 年 12 月 2 日。

林伯强：《天然气价改"破题"与国际水平相差仍较远》，中国经济网，2010 年 6 月 1 日。

白美清：《认真总结粮价改革经验 为新时期国家粮食安全服务》，

http：//news. u88. cn/zx/shipinzixun_ mimianlei/765798. htm。

赵书博：《提高资源税税率对 GDP 影响很小》，2009 年 6 月 17 日《中国税务报》。

马建平：《收入增长、环境政策、环境有益技术与排污强度的链式关系》，《经济与管理》2009 年第 10 期。

周天勇：《目前的体制只能使中国环境污染越来越严重》，2007 年 7 月 3 日《中国经济时报》。

《我国应建立一整套较完整的绿色税收体系》，慧聪网环保行业频道，2004 年 8 月 17 日。

朱家贤：《如何构建中国排放权交易市场?》，2010 年 6 月 2 日《中国环境报》。

第五章

发展道路选择：重大结构
调整与提升竞争力

　　转变发展方式，转变什么？改变滞后的城市化状况，加速城市化的进程；改变三次产业结构扭曲的状况，吸收农业剩余劳动力；改变每千人口拥有企业数量少的状况，鼓励创业，提高劳动在 GDP 中的分配比率；改变中国经济总量第二，但竞争力排在第 18 位的局面，实施科技进步的赶超战略，建设创新型国家，是中国未来 30 年，特别是未来 10 年中，转变发展方式最为重大的四项任务。完成这些任务，对于控制和缩小我们国家的贫富差距，降低资源消耗，减少对环境的排放，扩大就业，增加收入，富裕人民群众，稳定社会，扩大内部消费需求，减少出口依赖，从制造大国转向创造强国，提升国家的国际竞争力等，都有着十分重要和深远的意义。

　　发展经济学意义上的发展是什么？就是从农村社会和农业经济向城市社会和现代经济转变的过程。中国过去较为科学地规划过自己的发展道路吗？中国已经形成了自己特色的发展道路吗？中国未来应当选择什么样的发展道路？中国目前的发展道路有什么问题，如何调整？这些都是需要讨论的重大课题。

一　城乡结构：应该走什么样的城市化道路

我在《中国向何处去》[①] 一书中讨论了东亚、拉美、印度和中国四种发展模式中，各自走的城市化道路的不同。

东亚体面的城市化道路。东亚二战后土地制度改革较为彻底，耕地平均化，后来韩国、中国台湾都进行了农村土地集中的改革和调整。虽然今天其农村人口的比例已经下降到5%，但是，比起拉美、美国和欧洲，其家庭农场的规模平均也就在2公顷左右。放开人口流动，农村土地私有并比较均匀，转移到城镇的农民在大量的小企业和服务业中得到了就业，加上农村的土地和住宅可以变现，以及政府对土地和房价的控制，转移到城镇中的人口在城镇中有购买住宅的能力。台湾在土地和房价没有上涨前，1980年时城市化水平达到65%，并且城市中85%的居民有了自己所有的住宅。韩国政府建造了250万套住宅，解决了1/4人口的住房问题。东亚这些国家和地区，在人口大量向城镇转移初时，也有一些贫民窟存在，后来随着政府财力的增加，人民收入的提高，逐步地进行了改造，使人民都有了体面的住房。

印度和拉美"贫民窟"为主的城市化道路。印度和拉美，也是人口可以自由流动，转移人口的形式主要是贫民窟方式。拉美土地集中度非常高，大量的农场为公司式经营，农场面积比美国家庭农场平均面积都要大，农村无地的农民涌向城市；而印度的土地改

---

① 周天勇：《中国向何处去》，人民日报出版社，2010。

革很不彻底，农村家庭农场本来平均规模就很小，但是也存在着大量的无地农民，农村的农民也涌向城市。无地，以及从事农业比较收益低，使拉美和印度的农民大量涌向城市，而城镇中政府又没有注意促进能大量容纳就业的小企业的发展，城市中存在着大量的就业不足，甚至无业的农村人口，导致进城市人口的收入较低。加上一些无地农民在农村没有资产可变现，在城市中没有增长较快的收入，政府财力又对低收入人群的住宅供给没有支持，结果只能使他们在贫民窟中安身。印度目前城市人口约占总人口的 30%，而城市人口中约 35% 居住在贫民窟中。拉美各国，随着经济的发展，对贫民窟也进行了改造，并对其也纳入提供公共服务的范围。[①]

中国城市化道路究竟怎么走？改革开放 30 多年来，在一些关键的战略、体制和政策上，实际上并没有进行细致的研究和规划。改革开放以后的近 10 年中，我们对农村人口向城市转移，仍然实行的是限制政策。20 世纪 90 年代，才开始认识到农民向城市转移的重要性，但是，仍然怕农民进城后，会引起一系列的社会问题。21 世纪以来的 10 年，才逐步地清理了农民进城的种种限制，然而，到现在还是不彻底。

改革开放以来中国给未来积累巨大社会风险的城市化道路。那

---

① "贫民窟"现象可以说是"拉美陷阱"的基本表现。巴西的"贫民窟"闻名于世，里约热内户的"贫民窟"大多集中在直径为 50 米至 100 米的山中央，比较密集，基本上都是外墙裸露的砖体结构房子，相对简陋，但都是一户一房，并且通电通水，生活垃圾也纳入城市收集处理系统。虽然外观要差些，但居住面积较大，巴西人把它们称作"违章建筑"，因为这些房子并非政府提供，而是由贫穷人口自己建造的。但政府并不会去拆除，因为要拆掉这些房子，就需要为他们提供住处，所以政府是默认他们存在的。生活在"贫民窟"的人，白天在城里工作，收入总体不高，但同样享受国家提供的基本公共教育、医疗和失业救济等福利保障，并且接受城市的管理。由此看来，巴西"贫民窟"的人口已经融入城市，已经成为收入较低，但相对稳定的社会阶层和人口群体。引自黄祖辉《拉美国家：告别贫民窟印象》，《社会科学报》2006 年第 12 期。

么，过去的 30 年，我们走了一条什么样的城市化道路呢？（1）人口的户籍没有放开，采取了转移人口临时居住证的制度，由此转移进入城市的农民人口得不到城市教育、卫生、社保、低保等各方面的政府提供的公共服务，而且在正式单位就业、购置车辆等诸多方面，受到限制。（2）贫民窟不允许存在，而城镇合法房的价格畸高，农民农村中的宅地不能从资产意义上变现退出，城市中劳动力供大于需又使工资收入增长缓慢，没有购买房屋的能力，结果使转移人口进得来，而永久留不下。（3）在城乡间形成大规模的流动人口，在城市内形成大规模工作不固定和居无定所的漂移（蚁族）人群，城中村、蜗居、集装箱、鸽笼、胶囊间等低成本居住方式也会大量出现，特别是从农村进城的"80 后"、"90 后"，以及未来的"21 世纪后"，想让他们从城市中回到农村的一亩三分地上去，可能性越来越小，在城市中的低收入导致生活艰难，有一定文化而无信仰，财富不公（特别是居住不公）等因素使他们心理极不平衡。这样的大规模的人口是导致社会动荡的危险人群。（4）由于农村青年源源不断地向城市转移，老年人不能随同转移，并且一部分农民工中老年后又返回农村，使得农村的老龄化实际上要快于城市，特别是未来 30 年中，大部分村庄将会成为老年人为主的没有活力和萧条衰败的地方。从比较的角度看，中国过去 30 年这样的一种城市化道路，并不比拉美和印度贫民窟方式为主的城市化道路优越多少。而且，目前的这条中国城市道路如果不进行调整，坚持走下去，结果无疑会造成诸多的社会动荡和灾难。

以往学术界对城市化道路的理解，主要是走不走城市化道路，即重点发展农村，还是重点发展城市。如果走城市化道路，也主要是在发展特大城市，大城市，还是发展中等城市，抑或发展小城市和小城镇这样一些问题上争论。需要指出的是，一个国家的人口，从城乡结构上，向农村流动，还是向城市流动？从区域分布上，是从哪些地区流出并向哪些地区流动和集中？从城市规模上，是向多大规模的城市和城镇流动和集中？虽然受到人的规划意志、交通建设等方面的影响，但是，起基础调节作用的仍然是市场机制：人的发展和就业机会、可以预期的能够获得的收入水平、生活成本和创业及找工作的难度（包括居住、日常生活费用、教育医疗养老等成本以及找工作的难度）等无一不受到市场机制的影响。发展及就业机会和收入水平，是一个地区和城市吸引人口向其流动和集中的机制，而生活成本和创业及找工作的难度是一个地区和城市向外排斥人口的机制。发展和工作机会及其收益大于生活成本，吸引人口向内流入，反之，则排斥人口向外流出。因此，人口往哪里流动，在什么地区发展什么样规模的城市和城镇合适，是由市场经济机制内在调节决定的，并且现代交通、电力、通信、互联网、管道等网络技术使城市间的交流加快，交易成本下降，克服了传统的小城市规模（假设传统交通、电力、通信和管道技术和装备条件不变）收益较低的状况。所以，国家和各级政府，不能断然地在战略上决定重点发展某一规模的城市或者城镇；而且，对于工资水平，水、天然气、电、住宅等这样一些物品的价格，尽可能地让市场供求定价，避免发生价格扭曲，使价格等机制发挥人口吸引或者阻碍人口流入以及向外排斥人口的作用。使都市、特大城市、大城市、中小城市和城镇在区域上合理分布。

本书讲的城市化道路，是从国际比较而言，是指用什么样的方式，让农村人口进入城市中来。那么，中国未来应当选择、设计一种什么样的较为科学和优化的城市化道路呢？中国城市化的国情是：城市人口比例比同样发展水平的国家和地区滞后 15～20 个百分点；农村剩余人口还很多，到 80%～90% 的城市化比率时，还需要从农村向城市转移 5 亿～6 亿人；2010 年后，由于农村教育的发展和农村年青一代文化水平的提高，他们追求新的生活方式和较高的工作收益，"90 后"和将来"21 世纪后"从农村向城镇转移的速度将加快；中国是一个社会主义国家，奉行收入和财富公平及共同富裕的准则，不能形成两极分化是我们社会价值标准的底线；农村向城镇转移的人口数量大和土地资源短缺，可利用的有效土地面积在云南腾冲到东北黑河一线①的东部，除去山地，比例很小。据此，我们可以设计这样一种符合中国国情的城市化道路。

首先，改革户籍和人口管理制度，实现人口的自由居住和迁移。从人口管制方面，取消农村户口和城镇户口的管制制度，居民在城乡间和不同地区迁移，是公民的自由权利；人口管理，从目前的农村和城镇两类户籍管理加临时居住证制度，改革为人口和户籍按照中华人民共和国居民身份证加固定居住（在一个地区居住法定长的时间）制；对于居民的城乡和地区间迁移，实行自由登记和备案管理；将中华人民共和国居民身份证、教育学历、社会保障、纳税、驾照、护照、住所、就业、信用等信息整合，建立居民个人信息管理系统。

需要指出的是，要完善社会主义的市场经济，人口流动是劳动力资源和人力资本由市场配置和再配置的一种方式。劳动力和人力资本作为经济发展的要素，要在地区之间、城乡之间最优配置。收入差距和就业机会是调节利用率低地区的劳动力和人力资本向利用率高地区流动的机制，而人口流动则是实现劳动力和人力资本最优配置的最基本方式。是限制人口流动，在农村和落后地区分散投资，吸收劳动力就业，还是鼓励人口流动，将有限的资金投到城市，投到效益好的地区，吸收劳动力较充分就业？这是两种发展

---

① 从腾冲到黑河一线，西部国土面积为 64%，居住人口为 5%；东部国土面积为 36%，居住人口为 95%。

观。从经济学分析看，收入差距，就业机会差异，人口流动，最后使劳动力和人力资本资源利用的效率尽可能最大化，是市场经济最重要的机制和内容。

特别需要强调的是，人口流动是缩小城乡之间、地区之间发展差距，特别是缩小居民之间收入差距的重要途径。过去，人们总是想通过加大对农村和落后地区投资的方式缩小差距，忽视甚至限制人们流动。其实解决城乡和地区间发展不平衡问题除了投资发展乡村和落后地区外，最重要的办法是农村剩余劳动力向城市转移，不发达地区的人口向较发达地区迁移。一是迁移到城市和发达地区的这部分劳动力和人力资本得以充分利用，其收入水平提高；二是迁移劳动力抑制了城市和发达地区工资过快增长，使其经济保持低工资成本竞争力；三是乡村和不发达地区过剩劳动力转移后土地逐步规模化经营，劳动生产率提高。因此，人口流动，是城乡、发达地区和不发达地区都获利益的社会经济过程，应当鼓励、保护和规范，而不应限制。阻碍人口流动的结果，必定是使城乡、地区、居民之间的发展和收入差距越来越大。①

其次，城市中工作和居住法定时间的所有人口，都有享受同一城市均等和公平的公共服务，并且不得有原居民与新居民（法定长的时间后）不同身份的制度性歧视。（1）就业和工作机会应该完全平等。比如，公务员的考试和录取，不能以毕业学校的本地生源和外地生源，或者本地大学毕业和外地大学毕业为由，对学生报名、考试和录取设置障碍。（2）接受教育的机会完全平等。义务教育不仅要服务于原居民，还要对长住的新移民，包括新进的劳动人口的子女平等开放，减少农村留守儿童的数量，使中国青少年，不论出身，都能接受平等和良好的教育。（3）基本医疗卫生服务

---

① 周天勇主编《新发展经济学》，中国人民大学出版社，2006。

平等。我们现在的医疗卫生制度明显地分为二元结构，农村中是刚刚建立起来的新农村合作医保，城市中又分为行政公务医疗保障、事业和企业交医疗保险的医疗保障，城镇其他如学生、无业等人员的医疗保障，而进入城市的农民工参保率很低。因此，这方面需要改革的，一是政府要考虑大量的农民人口转移入城市这个现实，加大对各级医疗机构的投入，并恢复一些医疗服务的公益性质①；二是医保强制征储，在能随人口迁移在不同地区间转续的基础上，逐步由中央统筹管理；三是财政对由于农村人口向城市转移而形成的医疗保障金缺口，要有一个预测，需要拨款进行弥补。（4）基本社会保障平等。对于转移进入城市的新移民，工作和居住够法定时间的，社会保障费改税，强制由税务部门征储，养老等保障在异地能转移接续的基础上，也需要逐步实现由中央统筹管理，预测农村向城市转移人口的速度、规模和结构，加大政府财政对社会保障缺口的弥补，并且将所有达到法定工作和居住时间的居民，均纳入居民生活最低保障的范围。（5）其他公共服务平等。包括交通出行、水电气服务、环境卫生、生活物价等，达到法定工作和居住时间的新进城市人口，都有平等享受的权利。

需要指出的是，农村人口的城市化，实际是城市公共资源的一种再分配。要将过去只有城市居民人口享受的公共资源，扩大到向城市转移的农民人口。因此，人口转入的地区和城镇，只要是在本城市合法工作和居住的人口，无论是原住民，还是新移民，政府都应当提供平等的公共服务。

再次，改革土地、地方财税和住房制度，让农村转移入城市的人口有体面的家庭和能够团聚的安居住房。许多学者在研究中国的城市化时，注意力集中在户籍管制方面，似乎只要户籍制度改革

---

① 如社区卫生所和医院提供孕妇分娩、计划生育、疫苗接种等医疗服务。

了，人口就可以自由迁移了。这种讨论很不全面。实际上在临时身份证制度实行和企业自主招工后，人口的居住和就业，也即进入城市，虽然在事业单位、行政单位招工方面还有一些不平等，但是其他形式的用工和就业已经没有太大的障碍。关键的问题在于，农村迁移人口进得城来，却因固定永久居住不能解决而留不下。我们不能再走印度和拉美以"贫民窟"方式转移农村人口的道路，实现中国未来的城市化，我们也不能再沿着前面所述的过去30年走过的农村人口城市化的道路走下去，我们需要学习的是东亚模式中一些国家和地区实现城市化道路的迁移和居住方式。

需要我们考虑的是，农村人口向城市迁移，从经济学上讲，有进入的制度、文化、技能等障碍，特别是进入的居住成本障碍，也有从农村退出的代价，即存在着退出障碍。这就是人口在城乡间和地区间迁移的成本和收益，包括门槛和障碍分析法。如果我们顺着这样一种思维方式去思考解决问题的出路，那么，中国未来城市化道路在进城人口"留得下"的方面就为：（1）在城镇中不断地鼓励创业，发展小企业，扩张服务业，使进入城市的中等收入人口增多，因失业而贫困人口较少，并且因劳动力需求量大而劳动报酬持续上升，使进入城镇的大部分人口有支付长期租用和购买基本或较为体面住宅的支付能力。（2）政府要调控土地和住宅的价格水平，使其上涨的速度低于进城农民工收入的增长速度，调控房价收入比，从而使进入城镇人口以日益增长的收入为基础的支付能力与在农村人口大量向城镇转移时期长期稳定低增长的住宅价格水平相适应。（3）进入城市的农村人口，对于农村的资产，包括承包耕地、林地、草场和宅基地等，应当有保护农民利益的退出机制。一是在交通水利、独立工矿、城镇等建设的城郊和农村等地域，农民的耕地和宅基地等，应当给予合理的补偿；一些基本农田中的宅基地，可以采取复垦大面积农田中宅地与发生建设区占地的相关联的办法，进行调换，给以合理补偿。二是一些与建设无关的农村，允许其耕地等流转，特别是地方和中央政府，应当建立村庄储备基金，对其复垦的宅地，给予收购补偿，鼓励其退出农村。这样，既使进入城市的农民有了一定的资产变现收入，成为在城镇中购房的一部分，甚至是全部支付能力，也使农村中的土地得以顺利退出，减少中国居民未来城乡两栖居住和村庄不能被整理带来的土地浪费。（4）中央政府除了对地价和房价进行控制外，对于进入城市中的少部分购买不起住宅的人群，需要财政投入，建设廉租房，供他们居住；对于廉租房和安置房等小区，要科学规划，监督建筑质量，形成较好的社区环境；并且对廉租房小区，包括政府宅地和承包地换住宅而建设的小区，要提供适当的公共服务，避免其成为建筑"非贫民窟"，但卫生、治安等管理和公共及物业服务"贫民窟"化的社区。（5）各级政府可以对退出宅地，并在城镇购买房屋的农民，除了收购其宅基地外，还应当对其买房给予补贴，一方面，避免其有一定钱时，再到自然村中占地盖房；另一方面，鼓励其到城镇中来集中居住，节约土地。

如果不准备用贫民窟的方式解决农村人口进城后留得下的问题，进入城镇人口的收入增长速度、房价上涨指数、农村资产的退出变现、政府对少部分人群提供住宅等，是解决农村人口进入城镇后的四个关键点。需要指出的是，假如出现这样的情况，一方面，房价比居民收入增长快，[①] 农民退出农村的资产不能变现，对少部分极低收入的农民政府不提供住宅；另一方面，政府又不允许形成贫民窟，则中国农村人口转移进城镇后解决其拥有住宅和避免两极分化的难题，不可能从根本上得到妥善解决。

---

① 特别是如 2009 年房屋总价与城镇居民收入比高达 8 以上，2010 年如果不进行控制，达到 10，超过可承受能力 6 的上限，实际上进入城市的农民工和城镇中需要住房的 90% 的人，根本不会有能力购买房屋。

　　未来中国的城市化格局为：（1）2040 年时，城市化水平将达到 90%。未来 30 年 GDP 分别按照 5%、6%、7%、8% 的速度增长预计，2009 年中国的 GDP 是 49100 亿美元，人口为 15.5 亿，2040 时，人均 GDP 分别为 14375 美元、19285 美元、26661 美元和 34426 美元。也就是说，即使未来不考虑人民币升值因素，GDP 按照最低 5% 的速度增长，2040 年时，我们的人均 GDP 也会达到 14375 美元，即目前的韩国和我国台湾的发展水平。它们目前的城市化水平已经为 95% 左右。（2）未来 30 年是城市化加速的 30 年，每年城市化水平将提高 1.5 个百分点左右。中国 1978 年时，城市化水平为 17.92%，2008 年为 45.68%，每年城市化水平上升 0.93 个百分点。未来 30 年中国城市化加速的主要动因为：一是教育的发展，初中和高中教育的普及，加快人口向城镇的流动和转移；二是年轻和有文化人口对城市就业和生活的向往，"80 后"，"90 后"，特别是未来 10 年后的 "21 世纪后"，在农村安心生活，或者出来务工再回农村的可能性越来越小；三是老年人口新陈代谢，农村老龄化水平可能上升，但是农村老年人口到 2040 年规模可能下降；四是中国到了韩国和台湾发展阶段相似的城市化加速期时，即韩国和台湾在 2009 年人均 GDP 分别在 17000 美元和接近 20000 美元时，城市化水平分别为 93%、95%，我们不可能人均 GDP 水平很高，而城市化水平很低，其中的偏差很大；五是有一部分老年人口将随着城市化，包括随子女进城抚养。（3）2040 年中国将会有 6500 ~ 7500 个城市，数量是目前城市的 10 倍以上。过去我们总是限制城市数量的发展，这与农村人口向城市的转移极不相适应。未来，可以将一些城镇建成区人口规模 10 万以上，经济总量和财政有一定规模的镇升级为城市；一些已经是城市的县所在镇加快改市的步伐；并且，发展十几个千万人口级和数十个 500 万到 1000 万人口级的大都市和大城市。以满足未来中国城市化加速的需要。城市数量的增加，主要来源于目前的乡镇升市，城市人口的增加，除了乡镇升市外，还在于现有城市规模的扩大。

二 产业结构：关键是扩张第三产业

加速城市化，需要有产业吸收转移进入城市的劳动力就业。那么，在不同的发展阶段上，在城市化的不同阶段，产业结构如何适应呢？这也是中国发展道路的一个重要组成部分。发展中国家，在它不同的发展阶段上，农业部门随着耕地减少、人口增加和农业现代化的进程，过剩的劳动力人口会越来越多；工业部门的一部分劳动力人口也会随着工业资本有机构成的提高和一些产业的下滑而相对过剩，工业越现代化，其过剩的劳动力人口也会越多。那么，剩余的劳动力人口转向何处呢？必然，也必须转入第三产业。第三产业是一国工业化中吸纳第一产业和第二产业过剩劳动力人口的部门，第三产业发展程度不仅标志着一国经济发展水平，而且还是平衡农业现代化和工业化带来的劳动力过剩的一个最重要的经济空间。根据发达国家的经验，第三产业内部结构的变动规律为：随着人均收入水平的提高，商业、旅馆、饭店业的产出比重逐步下降，运输仓储和通信业、金融保险、房地产和产业服务业的比重较大幅度上升；当人均收入上升到较高水平之后，运输仓储业的比重也趋于下降，而通信、金融保险、房地产和产业服务业的比重继续上升；在高收入的发达国家中，个人和社会服务业的比重也趋于上升。[①] 同时，第三产业的发展也成为经济增长和发展的重要推动因素。这是发展经济学研究的一个国家二元

---

① 曹静：《关于我国第三产业发展的战略思考》，《生产力研究》2006 年第 3 期。

结构转型期间劳动力在第一、二、三产业间转移、变动和配置的一个客观规律和趋势。

（一） 中国第三产业发展的滞后

新中国成立后的30年中，由于受服务业不创造价值理论的影响，实践上反城市化，并且建设生产性城市，而反对生活和消费性城市，使得中国服务业的发展极其缓慢（见表5-1）。

表5-1 新中国成立后两个30年GDP生产结构的变化情况

单位：亿元，%

年份	国内生产总值	百分比	第一产业	第二产业	工业	建筑业	第三产业
1952	679.0	100.0	50.5	20.9	17.6	3.2	28.6
1978	3548.2	100.0	28.2	47.9	44.1	3.8	23.9
2008	300670.0	100.0	11.3	48.6	42.9	5.7	40.1

资料来源：国家统计局网站。

服务业领域扩张缓慢，增加值比例较低，结果使在第三产业中就业的劳动力比例也非常低。新中国成立后的30年中，农业中就业的劳动力从1952年的83.5%下降到1978年的70.5%，只下降了13个百分点；工业中就业的劳动力从7.4%上升到了17.3%，只上升了9.9个百分点；而第三产业就业的劳动力从9.1%上升到12.2%，只上升了2.1个百分点（见表5-2）。而世界上其他最低收入的国家，1960~1980年第三产业就业的劳动力比例从11%上升到了16%；下中等收入国家，如苏丹、也门、尼日利亚、安哥拉、刚果、朝鲜等国则从18%上升到了28%。①

① 世界银行：《1984年世界发展报告》，中国财政经济出版社，1984。

表 5 - 2　新中国成立后 30 年劳动力就业结构变动情况

年份	就业人员（万人）	构成（%）		
		第一产业	第二产业	第三产业
1952	20729	83.5	7.4	9.1
1957	23771	81.2	9.0	9.8
1962	25910	82.1	8.0	9.9
1965	28670	81.6	8.4	10.0
1970	34432	80.8	10.2	9.0
1975	38168	77.2	13.5	9.3
1978	40152	70.5	17.3	12.2

资料来源：国家统计局网站。

　　改革开放后的 30 年，我们先是从理论上进行了大讨论，意识到商业等服务业只转移和再分配价值的理论是错误的，认识到服务业也创造价值；在统计上，将第三产业列入了国民经济增加值的核算；在实践上，逐步地推进了城市化，改变了过去只重生产而不重生活和文化消费的局面，服务业就业的比例，纵向比较，有了显著的上升。1979 ~ 2008 年的 30 年中，就业劳动力从 1978 年的 40152 万人，增加到了 2008 年的 77480 万人，净增了 37328 万人。其中在第一产业中就业劳动力的比例从 70.5% 下降到了 39.6%，下降了近 31 个百分点；第二产业中就业劳动力的比例，从 17.3% 上升到 27.2%，上升了近 10 个百分点；而第三产业中就业劳动力的比例则从 12.2% 上升到了 33.2%，30 年中上升了 21 个百分点（见表 5 - 3）。第三产业相对于工业，30 年来多提供了 7700 万个就业岗位。

　　中国在 2008 年人均 GDP 已经达到 3200 美元，第一产业增加值 34000 亿元，占国内生产总值的比重为 11.3%，第二产业增加值 146183 亿元，比重为 48.6%，第三产业增加值 120487 亿元，比重为 40.1%。显然，第三产业增加值的比重比世界人均 GDP 平均

1000 多美元时 50% 的比重还要低 10 个百分点。而如果从城市化、生产结构和就业结构看，其结构扭曲更大。如表 5-4 所示。

表 5-3　改革开放以来 30 年就业结构变动情况

年份	就业人员（万人）	构成（%）		
		第一产业	第二产业	第三产业
1978	40152	70.5	17.3	12.2
1980	42361	68.7	18.2	13.1
1985	49873	62.4	20.8	16.8
1990	64749	60.1	21.4	18.5
1995	68065	52.2	23.0	24.8
2000	72085	50.0	22.5	27.5
2005	75825	44.8	23.8	31.4
2008	77480	39.6	27.2	33.2

资料来源：国家统计局网站。

表 5-4　人均 GDP 3000 美元发展水平时中国发展的结构偏差

单位：%

项　　目	中国（2008 年）	国际一般水平	偏　　差
城市化水平	45.7	60~65	14.3~19.3
服务业就业比例	33.2	60~65	26.8~31.8
服务业增加值比例	40.1	55~60	14.9~19.9
农业就业比例	39.6	10~15	29.6~24.6
农业增加值比例	11.3	10	1.3

资料来源：中国数据来自于统计局出版和发布的《中国统计年鉴 2008》和"2009 年中华人民共和国经济和社会发展统计公报"，国际一般水平根据世界银行各年发展报告计算。

如果没有结构偏差，2008 年中国第三产业就业的比例达到国际上的正常水平 60%，第三产业中就业的劳动力总量将达到 46488 万人，假定工业中就业的劳动力比例不变，则第三产业就会多创造岗位 20765 万人，也就是说农业中就业的劳动力减少 20765 万人，这样农业领域的 GDP 劳动生产率就会从 2008 年实际的 11081 元，提高到理想状态的 34285 元，这与 2008 年全国平均 "GDP/就业劳动力" 生产率 38806 元差距就很小了。因此，可以看出，在工业资本有机构成不断提高和技术不断进步及其吸收容纳劳动力能力不断下降的趋势下，转移农业剩余劳动力、降低失业率、缩小城乡差距，在产业结构方面，关键是扩大第三产业的比例，加速农业中的劳动力向服务业转移。需要特别说明的是，在产业结构变动吸收劳动力就业，特别是吸收从农村转移出来的劳动力就业方面，只有不同发展阶段产业变动普遍的规律，没有中国特殊的道路，中国在产业结构变动方面，不可能有主要发展农业和工业来解决劳动力转移和就业问题的道路可走。

（二）发展第三产业的战略和规划

那么，怎样才能改变这样一种第三产业发展滞后的局面呢？我认为，需要从观念、思路、战略、体制和政策方面进行思考和讨论。

首先，从战略上讲，积极促进农村人口向城镇转移，加速城市化的进程，以城市化推进第三产业的发展。中国第三产业发展不足，制约了农村劳动力和人口向城镇转移的速度，导致农村中还有大量的剩余劳动力和剩余人口；而长期以来阻碍城市化的进程，则又是第三产业不能得到充分发展的重要障碍。

第三产业就业机会的扩张与城市化进程密切相关。有统计资料表明，服务业发展与城市化水平之间存在着高正相关关系：用 1965 年 101 个国家的数据和 1980 年 123 个国家的数据计算分析，二者的相关系数分别达 0.74 和 0.80。日本、美国、法国、澳大利亚、韩国、巴西等国的产业比重变化是：第一产业下降较快，第二产业变动缓慢，第三产业上升较快。其中第三产业扩张较快的原因与其城市化进程较快和水平较高有关。城市化过程使人口相对集中，而经济和社会活动的集中使行政、医院、学校、金融、保险、房地产、商业、通信、饮食、公共设施等服务行业的经济效率提高，最起码使其达到平均利润率，使其有发展的利润动机和机会。而分散的人口形式只能使这些服务业的成本大大上升。例如在一个村庄里建小学甚至中学、医院、净水设施、邮电中心等，其利用率要比在城镇建设低得多，成本却要高得多，其经济利润率是很低的，无论是社会投资，还是私人投资，都是极不合算的，实际意味着资源的极大浪费。因此，在分散的人口形式条件下，服务业的低利用率和低利润率制约第三产业的扩张。①

因此，为了扩张第三产业以转移剩余人口，降低实际失业率，并节能减排，需要在地理上集中人口，加快城市和城镇的发展。(1) 发展战略上要从过去的限制城市发展，特别是从限制设市，改变为鼓励县所在镇改市，鼓励经济总量大、人口达到规模和交通运输枢纽等地的镇升市，形成"特大城市—大城市—中等城市—小城市—城镇—小集镇"的城镇体系。如前所述，如果 2040 年，平均 1000 万人口的城市发展到 10 个，500 万人口的城市 20 个，100 万人口的城市 100 个，50 万人口的城市 400 个，20 万人口的城市 1500 个，10 万人口左右的城市和城镇 5500 个，全部城市数量在 7530 个城市，才能满足中国 90%，即 13.5 亿人口在城市和城镇中生活和工作的需要。因此，未来 30 年，城市的数量需要从目前的 660 个左右增加 10 倍以上！(2) 对都市圈、城市带、城市集群的地理分布，进行规划，加速区域合作，在国土上形成数十个城市和城镇网络密集分布的区域。在东北，形成黑龙江东西线的城市

---

① 周天勇主编《新发展经济学》，中国人民大学出版社，2006。

带，并南北与哈尔滨—大连城市带相连；从大连到青岛，形成环渤海城市圈；在广东形成珠江三角洲包括香港和澳门在内的城市网络集群；在长江三角洲形成以上海为龙头的城市网络集群；在湖南形成长株潭城市集群；在湖北形成南北京广线和东西长江线十字形的城市集群；在四川和重庆间形成成渝一线城市网络集群；在中原形成以郑州为中心的东西陇海线和南北京广线为十字的城市带；在西北形成陕西陇海线城市带、兰州—西宁城市带、乌鲁木齐东西线的城市带、呼和浩特—银川一线的城市带；在京冀和山东，云贵闽桂等地，也形成各自相连的城市圈和城市带及城市群。

其次，鉴于对解决就业的至关重要性，应当制定发展第三产业的中长期战略规划，并且切实加以实施。从中央到地方，特别是地方市县，对于发展工业项目，建设交通等基础设施项目，都能列入年度、五年和十年规划。各地领导，抓工业和基础设施项目，从动议、报批、规划、招商、征地、环评、协调融资、税费支持等都有一整套的办法。特别是这些工业项目，增加 GDP 和税收快，政绩显眼。但是，抓第三产业，项目都很小，GDP 见效慢，政府出马似乎是大材小用，无处下手。

我认为需要在总的年度、中长期发展规划中对于 GDP 的第三产业比例、增长速度，根据不同规划和产业性质的城市，应当有所规划。作为总的发展计划和规划的一部分，全国应当有专门的"十二五"期间第三产业的发展规划，一是规定第三产业在"十二五"期间的增长速度：2011～2020 年，增长率不低于 13%；二是规定第三产业增加值，到 2020 年时，占国内生产总值的比重达到 55%，比 2008 年提高 15 个百分点左右；三是第三产业就业人数占全社会劳动者总人数的比重，到 2020 年时，到达 55%～60%，比 2008 年提高 20 个百分点以上，将其分解到地区和部门。考虑到第三产业增加就业和节能减排的贡献较大，第三产业增加值增长速度、第三产业解决就业效果、第三产业在 GDP 中的比例等指标，应当成为考核地方主要领导的重要指标。

（三）发展第三产业的体制和政策[①]

从中国第三产业，也即服务业发展滞后的原因来看，除了城市化滞后外，体制不顺和政策不到位，是其重要的原因。因此，需要加大体制改革的力度，出台有效的政策，促进第三产业的发展。这里引用夏杰长教授的研究。

首先，在市场准入方面，为服务业的快速发展奠定体制基础，建立公开、平等、规范的服务业准入制度，适当降低服务业的市场准入门槛。凡是法律法规没有明令禁止的服务领域，都要向社会资本开放，凡是向外资开放的领域，都要向内资开放。进一步打破市场分割和地区封锁，推进全国统一开放、竞争有序的市场体系建设，各地区凡是对本地企业开放的服务业领域，应全部向外地企业开放。特别是新闻、出版、文化艺术、影视等行业，应当逐步地减少管制，向社会放开。鼓励和支持各类资本进入法律、法规和规章未禁入的现代服务行业和领域。各类服务业企业登记注册时，除依据法律、行政法规和国务院有关规定外，各部门一律不得设置前置性审批事项。除国家法律、法规限制经营的服务行业和项目外，企业可根据需要自主调整经营范围和方式，工商部门可按企业要求予以核定。

分步骤放松对现代服务业中投资项目的行政审批，推进投融资体制改革，以此打破市场壁垒，实现要素的自由流动。同时，改变服务业部分行业垄断经营严重、市场准入限制过严和透明度低的状

[①] 此部分已经有成熟的研究，不再赘述，引自夏杰长《中国服务业三十年发展历程、经验总结与改革措施》，《首都经贸大学学报》2008 年第 6 期。

况，按市场主体资质和服务标准，逐步形成公开透明、管理规范和全行业统一的市场准入制度。积极鼓励非国有经济在更广泛的领域参与服务业发展，在市场准入、土地使用、信贷、税收、上市融资等方面，对非国有经济实行与国有经济同等的待遇，形成与国有经济企业相竞争的局面，增强市场机制的作用，提升服务业产业的竞争力。

其次，调整和完善税收政策，为促进服务业发展创造良好的外部环境。税收政策大有作为：一是完善所得税政策。比如，为鼓励服务业企业进行技术引进和技术改造，对服务业企业符合国家产业政策的技术改造项目，其项目所需国产设备投资，可按国家税收政策规定申请抵免企业所得税；为支持服务产品的研发和生产，研究开发新产品、新技术、新工艺的服务业企业所发生的技术研发费用，除按规定在实行扣除的基础上，允许再按当年实际发生额在企业所得税前加计扣除。企业年度实际发生的技术开发费用当年不足抵扣的部分，可在以后年内的企业所得税应纳税所得额中结转抵扣。二是改革营业税。建议对于服务外包采取增值征税的方式。服务外包是服务业分工的产物，是服务业发展水平提升的重要标志，目前的重复征税造成服务外包的税收负担太重，不利于服务业分工的进展，因此，在确定营业税税基时，可以考虑允许服务外包企业将支付给承包方的营业额从计税依据中扣除，仅对实际取得的营业额征税。三是调整增值税。从发展服务业的角度来考虑增值税的调整问题，主要涉及服务购入的抵扣问题。建议制造企业在购买诸如专利等高端生产性服务时，可允许其按照一定的比例抵扣进项税额，以鼓励这些服务项目从制造企业中分离出来，从而促进制造业的服务化，增加服务供给。

再次，改革第三产业生产资料价格与行政及事业收费等体制。在使用土地和水电气的价格方面，服务业普遍高于工业。因此，价格等管理部门应当进一步减少服务业生产资料价格政府定价和指导价，完善价格形成机制，建立公开、透明的定价制度。尽早实现商业用电价格与一般工业用电价格并轨，对列入国家鼓励类的服务业用水价格基本实现与工业用水价格同价。此外，要全面清理各类收费，取消和制止不合理收费项目。加强行政事业性收费、政府性基金的管理，各地区、各有关部门对有关收费项目及标准要按照规定公示并接受社会监督。除法律、行政法规或者国务院另有明确规定外，履行或代行政府职能，安装和维护与政府部门联网办理业务的计算机软件，不得收取任何费用。规范行业协会、商会收费行为。

最后，推进服务业专业化、社会化改革。一是加速制造业企业服务与生产环节剥离，鼓励工商企业实行主辅分离，非核心服务业务外包，实行专业化经营，促进生产性服务业向专业化、市场化、社会化发展。二是引导企业进行重组，改变"大而全"和"小而全"的组织结构，通过外包方式充分利用社会资源，在分工深化的基础上实现服务业的规模经济。三是按照政企分开、政事分开、事业企业分开、营利性机构与非营利性机构分开的原则，鼓励国家机关、企事业单位和社会团体将能够由社会提供的服务业务推向市场。比如，信息咨询、会议展览、专业培训、软件开发等服务就可以实行公开招标或委托社会中介代理，交由专业的生产性服务企业来完成。

另外，还要逐步放松服务业价格管制，尽可能减少非市场定价，推进市场定价。对某些必须管制的服务价格，也要提高定价的透明度，应当允许差别化定价，或有指导性的市场定价。

三　企业结构：小企业事关
人民富裕和社会安定

我们在前面讨论了加速农村人口向城市转移的话题，数量巨大的人口向城市转移，加上城镇新增和结构调整需要再就业的劳动力，到哪里去就业呢？从产业上讲，是服务业；而从不同规模的企业讲，主要是小企业；其实，服务业的绝大部分企业，也是劳动密集型的小企业。发展什么所有制的企业，发展什么规模的企业，不同所有制和不同规模的企业，其所需要的劳动、资本、土地、技术、资源等要素是不一样的。如果选择劳动力不能充分利用的企业所有制形式和大资本为主的大规模企业，剩余劳动力就不能得到很好的转移和就业，城镇新增的劳动力也会就业不充分。因此，是不是鼓励创业，是不是重视小规模企业的发展，是走人口众多和劳动力剩余国情的中国发展道路所要抉择的重大问题。

（一）错误的思维定式与正确的理论

过去解决中国的就业问题，有这样一些错误、不切实际和违背规律的提法：公有制力量大，国有和集体大企业解决就业；农村是个广阔的天地，到农村去就业；西部地域广阔，人烟稀少，到西部去就业；基层缺乏人才，到基层到就业。实事上从吸收劳动力就业的格局看：（1）从 20 世纪 90 年代中期至今，国有企业就业从8000 多万人，减少到了目前的不到 3000 万人，集体企业就业的劳动力从 5600 多万人减少到了目前的 500 万人左右，总的减少了 1亿多工作岗位；21 世纪以来，农村向城镇转移的劳动力就业、城镇新增就业，90% 以上在个体和私营小企业和微型企业中。（2）随着劳动力成本的提高和农业生产资料价格的上升，加上农业的机械化、电气化和化学化，需要的劳动力越来越少；而城市和城镇中工业和服务业的发展，则提供越来越多的就业岗位和机会。（3）生产力和市场，从中国地域的分布看，越来越向东部集中，70% 左右的 GDP 在东部，85% 的外商投资在东部，东部向西部提供了巨大的劳动力就业的空间；相反，西部因工商业发展比东部缓慢，劳动力就业的空间相对狭小，大量本地的中高等学校毕业的学生失业积累在西部的城乡。（4）越是特大型城市，越是首都和省会城市，包括地级城市，就业机会越多；而越是基层，到县级城镇，到地区城镇和小集镇，就业越是困难。

发展中国家的比较优势是什么，是资本技术，还是劳动力和市场？当然，要想超常规发展，赶上发达国家发展水平，资本积累和科技进步是至关重要的方面。但是，劳动力便宜，在一个较长的时间里，仍然是发展中国家竞争的优势，人口众多、市场容量较大，也是一些发展中国家竞争的优势。需要发展劳动力密集的小企业，其产品凭借劳动力成本较低和人力技能密集的优势，在国际市场上竞争，将闲置的劳动力资源劣势转化为真正的经济比较优势。从供给与需求的关系看，如果小企业发展缓慢，将会出现一方面生产能力和劳动力资源闲置，另一方面居民收入增长缓慢，市场需求能力有限和生产过剩的情况。解决此问题最好的办法是鼓励居民投资办小企业，让更多的劳动者在小企业就业，形成储蓄、投资、就业、收入和消费的良性循环。而在一个人口众多的国家里，只有就业率提高，收入水平逐年上升，才会形成市场容量，产业才能有规模化发展和升级的足够条件，才有运输成本低等就近竞争的优势。

马克思曾经在《资本论》第一卷中分析，由于资本利润率长期下降，工资长期上升，资本家必须提高资本有机构成，即让工人失业，以克服利润率下降和工资上升造成的困境，保证剩余价值的获得。但是，马克思认为，提高资本有机构成，会形成无产阶级失业大军，成为资产阶级的掘墓人；而失业人口增多，生产能力扩大，无产阶级消费能力萎缩和生产能力过剩之间形成矛盾，导致经济危机。因此，资本主义的丧钟就会敲响。但是，150多年过去了，资本主义社会没有灭亡。主要是这些从资本主义大工业中失业下来的工人到服务业和小企业中获得了就业。马克思没有分析和预料到服务业和小企业的发展不遵从他在《资本论》中阐述的大工业资本有机构成提高的逻辑和规律，并救了资本主义的命，使其长青而不衰。英、德、日三国目前在各自的 200 人、500 人和 300 人以下的小企业中就业的劳动力分别达到其总劳动力的 65%、71% 和 81%。小企业发展使得资本主义社会逃过一劫。

一个国家在市场化过程中，越来越多的劳动力，特别是工业化国家中，大部分劳动力在小企业就业，是一个世界性的经济规律。从工业化的市场经济国家普遍格局看，有这样四点：一是小企业的数量占全部企业数量的 99.5% 以上；二是每千人平均企业数量为 50 个左右，如果按劳动参与率 50% 计，平均一个企业就业人数为 8 ~ 13 人，也就是说小企业绝大部分是 10 人左右的企业；三是总劳动力中的 65% 到 80% 在小企业中就业；四是发达国家大学生毕业后三年内创业办小企业的比率达 20%。

大型企业和小型企业在一国经济发展中要有功能分工。大型工业企业，不论是国有还是非国有，其主要功能是：形成一国工业体系、体现综合技术水平、反映国家竞争力、保证产业安全等，而不能用来就业，这是一些以计划经济为主和国有经济占高比重国家用最昂贵的代价换来的一个教训和真理。小型企业的功能则主要是：大量地吸收劳动力就业，向社会提供较丰厚的社会保障资金来源，形成经济的竞争活力，相当部分科技创新来自于小企业。小企业容纳劳动力就业多的经济学原因在于它的资本有机构成比大型企业低得多。从所有制方面看，小型企业国有，其体制风险太大，企业内外部关系和组织结构成本不小，国家监督管理成本太高，国家也没有足够资金注入如此多的小企业之中。因此，绝大部分小企业只能由非国有和非公有制经济兴办及管理和经营。

大企业主要用资本创造和分配财富，分配的流向为资本所有者和政府的税收；小企业主要用劳动创造和分配财富，分配的流向为创业者、劳动者和居民。当重点发展特大和大型企业时，一方面大资本所有者、高管和部门经理的分配比例要比微型和小企业多的国家和地区高，特别富裕的阶层人数虽然少但收入水平相对高，财富分配比较集中；另一方面，由于每千人口微型和小企业数量水平低，微型和中小业主等中间收入阶层人数少、收入水平低，特别是由于微型和小企业数量少，其失业率较高，低收入和极低收入的贫困和绝对贫困的人口较多。结果是收入的两极分化特别严重。因此，创业的多，小企业多，中等收入的多，就业的劳动者多，因失业而贫困的人就少，这是社会防止两极分化、公平分配财富的基础。

如果发展中国家城镇失业人口越多，需要的失业补助和最低社会保障的资金将越多；而失业人越多，所交的社会养老和失业保障费就会越少，社会保障费源基础薄弱。因此，失业人口越多，财政保障能力越差，社会将越不稳定。因此，还是要用增加就业的办法稳定社会，一是减少领失业和最低生活救济金的人数，二是增加社会保障基金的费基，这是稳定社会的良性途径。①

（二）将发展小企业上升为最高级别的国家战略②

就业是民生之本，特别高的劳动力剩余率和失业率，将会使大规模的城乡居民陷入生活的困境，将会因居民支付能力低而形成更大范围的就医难、上学难和住房难问题，将会因为国内消费不足对出口形成强烈的依赖，将会由于生产能力强及劳动参与财富的创造和分配不足而在出口不顺时导致生产过剩和经济危机，将会使贫富差距越来越大，将会使居民对社会从心理上产生负面的感觉，将会

① 周天勇主编《新发展经济学》，中国人民大学出版社，2006。

② 这是 2008 年人大和政协"两会"期间，委托全国政协蔡继明委员向大会提交的一个议案，加入本书时，稍作了一些修改和删节。

成为社会动荡和不稳定的隐患。面对今天和未来这样一个对于我们的国家可能形成灾难性后果的一个问题，如果在最高议事和决策平台上不能引起高层的高度重视，可能是我们国家和民族的一大遗憾。

在国家发展的重点战略上，我们提出过新农村建设，提出过建设创新型国家等，我认为这些都是必要的。但是，值得指出的是，韩国在提倡新农村建设时，提出了小企业振兴计划。我们的有关部门和学者，只是给国务院领导提到韩国的新农村建设，但是好像没有部门和学者提醒国务院领导，韩国还有个同样重要的小企业振兴计划。再者需要提出的是，中国一定要处理好技术进步与劳动就业、创新与创业的关系。不自主创新，科学技术不进步，中国的科学技术在世界上就没有一席之地，中国的产品在世界上就没有竞争力，中国的经济和社会在发展中就没有后劲；但是，不创业，没有劳动密集型的小企业和产品，没有一定的与我们大量的低知识水平的劳动力相结合的适度技术，中国这样庞大的劳动力资源就会闲置。我们无法像世界上已经完成了工业化的一些发达国家那样，依靠向外转移人口，发动战争，掠夺资源，抢占市场，搞殖民经济来缓解工业化和城市化阶段中的这一劳动力过剩、转移和就业难题。我们得为面临的这样一种困局寻找一条可能走通的出路，以免使我们的国家和民族陷入灾难。

缩小城乡差距的根本出路是推进城市化，而转移和容纳劳动力转移和需要就业人口的最大领域是个体、微型和小企业，新农村建设和农业现代化是保证中国粮食安全的基础，创新型国家建设则是国家经济有竞争力的基础。新农村建设要与推进城市化和在城市中发展小企业结合起来，只有这样，才能使大量的劳动力在城市创业和安居乐业，才能不会像我们目前农民工工棚式转移和钟摆式地流动，也才能不会像拉美和印度等国在城市周围形成大量的贫民窟，也才能不会发生粮食不安全问题，也才能使我们在发挥劳动密集优势的同时，有自主技术的竞争力。新农村建设、推进城市化、小企业发展、建设创新型国家，这四个战略密不可分、缺一不可。从中国这样多的劳动力需要转移和就业来看，可能建设创业型国家和小企业发展，更为重要。

因此，我认为，在党和国家层面上，应当将建设创业型国家，发展小企业，上升为最高级别的国家战略。其逻辑为：鼓励全民创业——创业增加个体、微型和小企业——增加个体、微型和小企业来增加工作岗位和劳动力需求——增加个体、微型和小企业来扩大服务业——使劳动力较为充分地得到利用——增加劳动力的收入——提高居民的生活水平，缩小居民之间和城乡之间的收入差距——扩大消费能力，实现生产和消费的良性循环。

国家发展与改革委员会宏观调控的头等重要的工作，就是降低失业率，就是千方百计地促进就业；否则，作为宏观调控部门，可能失之于片面。中国过去出台的国家层面的重大战略，由于没有落实机制体制和步骤，实现得并不理想。为了落实国家"创业带动就业"这一重大的国家战略，考虑中国创业严重不足和小企业相对太少的实际，先是由国家发展与改革委员会牵头制定国家 21 世纪小企业十年振兴计划（2011～2020 年）。由国务院责成国家发展与改革委员会，组织有关研究机构和部门，到韩国、日本、中国台湾、意大利、德国等调研小企业的振兴计划和小企业立国立岛之经验，促进小企业发展的体制和政策等，形成有目标的、务实的、可操作的小企业振兴计划。我个人认为，对于我们国家目前这样紧迫的就业压力，对于我们民族长久的安危，这个计划远比 2009 年出台的十大产业振兴计划重要得多。

另外，特别需要提及的是，在 2006 年机构改革中将原在国家发展与改革委员会中的小企业司划到了工业与信息化部。但是，这样一个重大的关系到宏观调控中解决失业问题的机构，因为许多小企业属于服务业范围，它们并不属于工业领域，其遇到的工商管理、税收、各部门收费、融资等问题，又是工信部所不能协调的，放在工信部里是不合适的。有关部门不要觉得刚将小企业司划到了工信部，再重新划归发改委，似乎面子上过不去。我认为，国务院和有关部门应当从宏观调控高度重视就业，特别是从国家和民族的安危着眼，摒弃部门之见和部门利益，在国务院责成下，工信部让出小企业司，重新回归发改委，以使发改委有最重要的机构来宏观调控失业率目标，并协调全国和各部门有关的小企业促进事务。

建议改革统计指标，劳动和统计部门客观和真实地统计失业率，为中央和有关部门宏观调控决策提供可靠的依据。目前公布的2008年城镇登记失业率4.2%，说老实话，这不仅仅是学者们不相信，国外研究机构不相信，群众不相信，就连统计和劳动部门自己也可能不相信，因为这是一个不反映中国经济社会发展实情的虚假指标。如果这一指标对于我们国家和民族，无关痛痒，那么怎样统计都是无所谓的。关键是这一指标太重要。一个虚假的失业率指标，一个比世界上许多国家就业状况都好的指标，使各级领导干部感觉不到百姓失业生活的压力，使中央和国务院领导在对控制物价，还是要促进就业进行决策时受到误导，使群众的失业艰难无法真实地向国家和社会表达。我们党的思想路线之一就是实事求是，无论从什么方面讲，这一不可思议的统计指标实在是应当进行彻底改革了！建议国务院责成劳动和统计部门，废除城镇登记失业率指标，研究统计指标和办法，由垂直统计部门，或者中立的社会调查统计机构，对全社会失业率进行全面或者抽样调查，形成较为客观的宏观经济失业率指标，并按月向全社会发布。

（三）为小企业发展改革体制和出台政策

为什么从20世纪90年代初，我们就提出发展服务业，到现在其生产和就业比例十分不理想？为什么中国创业和小企业生存发展的环境较为恶劣？对此，我在《中国向何处去》一书中进行了详细的讨论。这里不再赘述。关键是怎么办，怎么改革，出台一些什么样的政策。

1. 放宽小企业发展的准入

实事求是地讲，中国创业难，个体、微型和小企业发展相对不足，除了过去意识形态方面对个体和中小私营经济的歧视和限制外，工商系统曾经的重管制、轻服务，重限制、轻发展，重收费、轻帮助，重罚款、轻宽容，重停业整顿、轻教育引导是非常重要的一个原因。当然，工商部门近几年在周伯华局长的领导下，对其进行了力度很大的改革，并且其经费体制也从过去的收费，转向了财政来供养。这不能不说是一大进步。但是，我认为，在工商管理方面，还要进一步进行改革和创新，才能真正地鼓励人民群众去创业，使工商管埋为解决国家的就业难题作出贡献。一是建立非登记企业制度，对个体工商户，不再进行登记制度，而改为备案制；允许地摊、游商、小店小铺等非正规创业和灵活就业形式存在，对于有食品安全方面问题的就事论事，进行培训、教育和引导。二是降低和放宽资本金限制，允许不动产及无形资产作为注册资金；对一些不动产实力较强和科技型企业，放宽其资本金的限制条件。三是放宽注册场地限制，一些设计等不影响邻里的企业，应当允许住宅内注册企业住所；居民注册在住宅办企业时，工商局部门取消附加还要得到当地居民委员会同意的限制，而一些不宜于在住宅中办的企业，可以由有关条例进行限制，而且，考虑就业压力如此之大，条例应当以最快的速度出台。四是取消工商管理部门，包括其他政府部门和行政事业性机构对商户和企业的年检制度，如果确实需要年检，工商部门和其他有关部门应当向财政部打报告，由财政来解决目前由被管理者承担的年检费用。并且，严厉禁止，工商部门通过年检订报订杂志等行为。五是个体工商协会和私营企业协会，与工商部门脱离，改革为民间组织；或者保持现状，其经费由财政拨款解决，但不向个体工商户和私营企业收取个体工商户和私营企业协会会费。六是建议各级政府，认真调查工商系统的人员和经费情况，应当承认现实，拨足经费，不要再允许工商部门因补充经费而向个体工商户和企业收费和罚款。七是工商部门在管理中，要重教育，重培训，重服务，尽量不要查封和重罚。将管制个体私营经济的理念，转变为促进个体私营经济发展的职责。

2. 清理对小企业的收费和罚款项目

建议中央组织全国人大、中纪委、最高检，国务院责成发改委物价、财政、审计、监察等部门，合力清查和废除所有政府各部门和各行政事业机构对个体、微型和小企业的一切不合理收费和罚款项目。目前，保守估计政府各部门和各行政性事业单位向社会各界收取的收费和罚款，高达 2 万亿元左右。由于编制、物价、财政等部门对许多政府部门和行政性事业，或者全部，或者对其一部分，或者对其一些职员，不拨款，实行收支两条线体制，再加上一些地方财政部门实际的潜规则上对这些收费罚款单位实行超收奖励、罚款分成的"激励"机制，使这些单位巧立名目、大量地收费。在公民和企业已经交了税的情况下，政府各部门和行政性事业单位还收取这样多的费，造成的问题太多：一是政府有关行政和事业机构和人员得不到预算控制，有收费和罚款就有机构和人员膨胀，机构和人员膨胀再收取更多的费项和罚款，形成收费罚款与机构人员膨胀之间的恶性循环。二是许多个体、微型和小企业，实际上被政府各个部门和各行政性事业单位的收费和罚款收得经营困难，甚至倒闭了，1999～2004 年间，因不堪政府各部门和各事业单位收费和罚款，倒闭了 810 万个个体工商户，净减少了 1600 万个工作机会，致使许多想创业者，也望诸多的收费和罚款风险而止步。因此，强烈建议：一是由全国人大、党政有关部门和人民群众代表组成收费罚款清理组，彻底清查政府各部门和各行政事业性收费和罚款项目；人大提议、表决和颁布紧急法令，宣布被清理的收费罚款项目，如再收费和罚款视为非法，并与刑法相衔接，追究相关部门、单位领导人和公务员的违法犯罪行为。二是将委托国务院的制定税收的权力收归人大，并且，成立人大筹款委员会，一切政府税收、收费和罚款，必须经人民代表大会通过，重大税收和收费项目设置，进行全社会讨论和专门的听证。三是对目前收费和罚款的大户，如质监、卫生防疫、交通行政、环境保护、城管，包括各种金融和行业监督委员会等，财政一定要支付一笔成本，将目前让其收钱供养自己的（收支两条线）体制改革为不向被管理者收费的财政单向拨款制度。当然，环境保护可以通过提高排污税费的办法来平衡预算，但是，应当由税务部门征收，直接进入预算，其收费和罚款多少与环保部门的利益无关；此原则也适应于交通安全警察系统。特别需要提出的是，质检等部门对产品的抽检，是一种公共行为，不应当由被抽检对象交费，应当向财政申请这笔经费。如果财政没有经费，质检部门可以不做这项工作。因为让质检部门向被管理者收费检验，它为了创收，不应该检的，它要检；本应少检的，它要多检；已经检验的，不同的地区要重复检。目的就是为了收钱。四是查清一些行政部门将其工作委托由中介代理，并让中介收钱，事实上行政或者行政性事业单位暗中与中介一起谋利的问题，一些属于政府提供服务的项目，不得交由中介从事，不得向被管理者收费。五是彻底废除政府行政部门和各行政性事业建设项目的经费自筹体制，其办公大楼和培训中心，包括车辆等设施，如确实需要，应当由财政拨款，发改委和财政部门不得以自筹经费立项批准建设，防止"一栋政府部门和政府事业单位大楼盖起来，千万个个体工商户和小企业倒下去"的局面继续出现和扩大。六是一方面编制部门一定要与财政部门协商，严格控制政府各部门和各行政性事业单位内设机构和人员，财政不拨款的，不能增加机构和编制；另一方面，要调整中央与地方的事务责任和财政税收关系，减少政府层级，将各自的收入定在中央、省、地方 50∶15∶35 为宜，并且规范中央向地方的转移支付。改变目前中央主要靠税，地方主要靠费和卖地的局面。七是人大紧急通过一项法律，或者国务院通过一项紧急条例，规定政府各部门不得以任何理由，到个体、微型和小企业，包括其他大中型企业要求资助，否则，视为违法行为，追究主要领导和承办人员的违法责任。因为，我们调查的一些案例表明，一些地区的企业，特别是中西部财政困难地区的许多企业，倒闭在政府各部门五花八门的资助要求上。

3. 规范收税方式与减税

实际上，在中国，创业和办企业，17% 的增值税，5.5% 的营业税，两项附加税，25% 的所得税，还有劳动保险费，投资者年终分红的累进个人所得税，以及政府各个部门和行政事业单位的收费和罚款，说实在的，如果不偷逃税费，老老实实把这些税费都交了，99% 的创业都要失败，绝大部分企业都要倒闭。因此，建议一是在税收体制和行为上实行三个"废除"。废除目前不管经济发展如何，不管企业效益怎样，实际上实行的各地方政府财政和地国税务部门税收硬性高速度增长的年度计划指标和任务制度；废除许多地方不按照税法对个体、微型和小企业收税，而是进行比实际税率要高，甚至高得多的包税行规；废除对税务人员超额完成税收任务实行奖励，以刺激税务人员收过头税的各地通行的潜规则。税务部门的收税高指标、不规范和利益驱使行为，是使相当多的地区个体、微型和小企业税负沉重的重要原因。二是应当出台能增加就业的财政政策。我认为，2009 年财政政策的一个失误是，增值税转型，成本 1250 亿元，但是得益的是对劳动就业贡献不大的资本密集型企业。不如将这样大规模的财政成本，用于能大量吸收劳动力就业的个体、微型和小企业减税。小规模纳税人，小企业的增值降低到2%，营业税降低到4%，所得税率降低到15%，对企业投资人、经理层、中高管人员、技术人员等，降低其个人所得税的累进率，最高控制在20%。对一般纳税人，其增加值中劳动成本占50%的企业，其增值税应当降低到10%。

4. 严厉规范政府及其行政性事业机构的行为

建议国务院，中纪委、检察、监察等部门，严厉规范政府各部门和各行政性事业机构的行政、审批、许可、监督、执法方式和行为。因为上面提到的政府各部门和各行政性事业机构的收费罚款与其行政、审批、许可、监督、执法等密切相关，许多政府部门和行政性事业单位的工作，就是想办法收钱，以收代管，以罚代处，问题奶粉等在有关部门收费后就可以大行其道。因此建议：一是制定相关法律，除了大规模清理和清查政府各部门的收费和罚款外，近期取消不了的，一律行政执法处理与收缴相分离，直接进入国库，并不得与收费和罚款的机构和人员利益有任何挂钩，否则视为违法。严查各地政府的行政大厅、一站式办公，防止其变成集中统一的收费系统，防止其变成实际上的第三"税务局"。二是归并和集中一些重复和交叉的行政、审批、许可、监督和执法事务，对个体、微型和小企业，一定要从对其培训着手，教育引导为主，不要动不动就严厉处罚和将其搞倒闭了事。三是规定行政、审批、许可等方面办结的时间、程度等，并且规范公开公务员的监督执法程序和规定，使创业投资，使个体、微型和小企业在与政府各部门和各行政事业单位打交道时，节约时间，特别是少支付公关费用。据调查，目前，创业，个体、微型和小企业办事的公关费用太高，有些地方的企业中，已经占到税收、费及罚款和向政府公关费用总和的30% ~50%。

5. 必须发展小银行来解决小企业融资难问题

建议银监会真正为创业和就业及其民生着想，尽快放开金融管制，大力发展城乡社区小银行，并对其区别对待，小银行监督管理下放地方，银行业由中央与地方分层分工监管。小企业融资难是一个世界性的难题，但在中国比世界其他国家更加困难。如何解决这一难题，有不同的思路、体制和政策。目前采取的办法是，在各大银行的信贷中对微型和小企业划出一定的比例，中央和国务院，包括银行业监督委员会，作为政治任务给各大银行打招呼。各大银行再给各分行，分行给支行，基层行给信贷员下任务，希望以此来解决个体、微型和小企业融资难的问题。

但是，根据我们2009年在许多地方的调查，目前一些大银行所报的所谓给中小企业贷了多少多少款的报告，很可能是假的。因为不少个体户和微型企业业主说，从来没有从银行贷到过款，现在也贷不到；遇到的小企业的业主，大多也说没有贷到过。一些过去曾经贷到款的，近来银行说，中央最近要求我们向小企业贷款，你们赶快将老贷款还了，我们给你们贷新的，结果老贷款还回去了，新贷款贷不出来了！

需要向国务院和银监会再次建议的是，让大银行给小企业和个体户贷款的想法，是一种不可能真正实现的幻想，这种办法实际不可能解决个体、微型和小企业融资难的问题。从经济规律和实际操作来看：（1）大银行和各级分支银行，对个体、微型和小企业的信息是不对称的，银行对个体、微型和小企业信息搜寻、甄别的时间较长，费用较高，而且真实性难以保证；（2）假如大银行和各级分支银行给个体、微型和小企业贷款，它在员工、网点、操作等方面的分摊成本要比数额较大的款贷给规模较大的企业高得多，是极不合算的；（3）由于很多个体、微型和小企业经营生存周期短、变化快，业主流动性强，抵押物无或少，难寻担保，大银行和"条条"银行对其贷款的风险难以控制；（4）银行的信贷员将款贷给大型的国有和国有控股企业，贷款较易收回，即使收不回来，责任较小，而贷给民营的个体、微型和小企业，一旦收不回，他要负的责任要比国有和国有控股企业大得多。因此，即使中央和国务院，包括银监会要求银行向个体、微型和小企业贷款，实际上可能是政府热、银行冷；银行的上级表面上热，银行基层和信贷员实际上冷；编造的给个体、微型和小企业贷款的数据热，实际给个体、微型和小企业的贷款则会非常少。实话实说，事实上此路绝对是行不通的。

另外，目前的小额贷款公司，不能吸收存款，其资金来源受到限制；或者到大型银行中拆借，要么到其他机构拆借，反而使资金成本升高，甚至发生一些腐败。

因此，应当改革目前金融体制高度垄断的局面，大力发展乡村和城镇社区小银行。并且不应当采取由大银行入股的办法，这样实际上又会成大银行的分支行，结果还是不会给个体、微型和小企业贷款。较为彻底的改革办法是：由社会资本发起，限定其规模，发展专门为个体、微型和小企业的小银行；将目前一些民间地下的借贷组织合法化，允许其发展为小银行；鼓励目前的一些担保公司发展为小银行。总之，一定要产权明晰，规模小型社区化，设计其资产等保证制度，政府有关部门不能图监管方便，而应当积极地推进金融体制的改革，形成为中国目前和未来个体、微型和小企业融资的金融体系。

对农民创业，最好由政府担保。但这似乎是不可能的。既然政府不能担保，那么，对农民的一些财产，对农村的一些不动产，如宅基地、集体建筑物等，应当允许其抵押融资，否则，农民创业根本就没有抵押物，你让他怎样创业呢？

6. 其他鼓励小企业发展的政策建议

除了上述体制改革和政策设计外，还有如下建议。一是土地管理部门，各级政府在分配土地时，给创业和小企业一定的土地。目前，在各级政府的土地分配中，更多的是给大企业，给外资，给政府的项目，给房地产项目，小企业用地往往由于地位低、实力小，攻关能力弱，而得不到土地资源。因此，土地管理部门，特别是各级政府，应当考虑能吸收就业的劳动密集企业的土地要求，在比例上进行考虑，并且建立一些小企业创业园，使小企业创业和投资能有土地资源保证。二是改革中等和高等教育体制，以适应创业和就业需要。现在无论是企业，还是社会，对目前的教育体制意见很大，觉得毕业的大学生既不能自己创业，又在企业中不好使用。我认为，应当进行这样一些改革：（1）改革普通院校和职业教育的招生比例，初高中教育毕业后，50%左右进入高等教育，50%左右进入职业教育。（2）调整高等院校和职业学校的课程结构，特别是大量地压缩毕业后去任职党政干部需要的知识部分。需要特别指出的是，目前大学课程中，学生毕业后没有用的知识太多，这些知识占去大量的时间和精力，对毕业后创业和就业几乎没有用处。（3）对大学生，进行创业和就业的培训，特别是进行创业培训，进行有关的怎样注册登记，怎样选择创业领域，怎样进行财务管理，怎样进行风险控制，怎样进行市场调查和营销等，使今后毕业的大学生中，创业者能多起来。三是建议劳动、财政、民政等部门，全方位对创业进行支持。财政部门拨付一定的经费，由劳动部门，特别是动员和利用社会力量，对农民工，对大学生，对社会青年，不仅进行就业培训，更重要的是对有创业意愿的，进行创业培训。民政和劳动部门倡导和批准，成立全国创业带动就业促进会，形成这方面的民间组织，由其建立基金，动员力量，进行培训，相互学习，联系政府，反映要求，沟通信息，促进创业。四是尽快重新起草和颁布《创业和小企业促进法》。人大过去通过的《小企业促进法》，与韩国相比，原则性太强，其中根本找不到政府和政府各部门的责任和义务，根本找不到小企业怎样才会得到促进。主要是此法在立法时，各部门谁都想不让渡自己的利益和权力，谁都不愿承担自己的责任和义务；只好通过原则性很强的法律，而让各有关部门配套实施细则，而有关部门制定实施细则时，却尽量减少自己的义务和责任，而将收费、罚款、执法等这样一些不是促进小企业，而是促退小企业的条款加了进去。因此，强烈呼吁全国人大，今后一些原则性太强、事实上根本不能用的法律，以不立或者不通过为宜。建议人大废止目前的《小企业促进法》，有关委员会组织专家和委员，到韩国、中国台湾、日本等，学习其促进创业和小企业发展的法律，结合中国的实际，尽快制定和颁布一部更实用的《创业和小企业促进法》。

总之，中国人并不是没有创业精神和能力，许多漂洋过海在异国他乡的人，都创出了自己的一番事业，在中国为什么就不行呢？我认为，是因为在解决剩余劳动力转移和就业的战略、观念、体制、机制、政策等诸方面存在着问题和不足。政府各部门，学界，包括政协和人大，应该认认真真地思考一下涉及国家和民族安危的这一大事，出点思路，放弃部门利益，政府支付一定的成本，改革有关的体制，出台切实可行的政策，起草和颁布有用的法律，使中国千千万万的人，有一个创业的体制和政策环境，去自主创业，带动就业，从而使我们度过几亿人要转移和就业的发展的艰难阶段，实现中国人民祖祖辈辈盼望的乐业并安居。

四　提升竞争力：建设创新型国家

中国在 2010 年，在财富的总量上，已经成为世界上排名第二位的经济大国，但要成为与之相适应的各方面的强国，其基础是科技和经济的竞争力。那么，中国未来30年，如何提升未来国家的竞争力？除了本章前面所讨论的三大结构调整非常重要外，可能更为重要的是，如何保持整个国家科学技术的创新能力，将目前的中国制造转变为中国创造。然而，增强科技创新能力的道路怎么走，也是我们需要认真讨论的大事。

（一）现代化与科技赶超型战略

何传启教授将现代化分为以传统工业化为主的第一次现代化和以知识经济为主的第二次现代化。[①] 我在《中国向何处去》一书中，就中国2008年第一次现代化的进程进行了评估，认为中国的第一次现代化进程已经完成了68.5%，过了中期，已经进入了后期的开始阶段。[②] 中国目前的现代化，呈现第一次现代化与第二次现代化复合推进的状态，在现代化推进的道路上，我们需要提升第一次现代化的质量，加速第二次现代化的进程。这需要通过实施建设创新型国家的战略来实现。

需要指出的是，虽然改革开放后，我们国民经济在高速增长，但是，增长的来源主要是资源和一般劳动的投入。如有关专家计算，1980~2007年间，投入要素对经济增长的贡献为54.38%，技

---

① 何传启认为，第一次现代化指从农业时代向工业时代、农业经济向工业经济、农业社会向工业社会、农业文明向工业文明的转变过程及其深刻变化。第一次现代化的特点是工业化、城市化、福利化、民主化、世俗化等。其评价指标共10个，包括人均GNP、农业增加值比重、服务业增加值比重、农业劳动力比重、城市人口比例、医疗服务、婴儿存活率、预期寿命、成人识字率、大学普及率。第二次现代化指从工业时代向知识时代、工业经济向知识经济、工业社会向知识社会、工业文明向知识文明的转变过程及其深刻变化，其特点是知识化、分散化、网络化、全球化、创新化、个性化、生态化、信息化等。

② 周天勇：《中国向何处去》，人民日报出版社，2010。

术进步对经济增长的贡献为 45.62%，[①] 与发达国家水平 60%~
70% 相比，差距仍然很大。如果未来 30 年中，全球中国以外的经
济每年平均增长 4%，中国 GDP 年平均增长 7%，考虑人民币升值
因素，2040 年时，中国 GDP 占世界 GDP 1/4 的水平，再经过 10 年
的努力，到 2050 年时，中国 GDP 占世界 GDP 1/3 的水平。[②]

　　然而，上述发展的前景虽然美好，但在中国人口众多，土地、
矿产、淡水等资源相对缺乏的国情下，还有全球都在强调保护生态
环境和限制碳排放的大环境下，下一步我们不能再走消耗资源和环
境的发展道路，那么，依靠什么来持续地推动我们的经济增长？可
以看出，除了发展服务业，充分利用劳动力资源等战略外，非常重
要的是，要依靠科学技术的不断进步。未来 30 年，我们科学技术
的进步，从格局上讲，不仅要推动经济的增长，还要推动我们生态
环境的恢复、保护和建设，也要推动我们社会事业的建设和发展，
还包括推动我们国家和民族其他各个方面的发展，进而推动整个国
家和民族的进步和现代化。

　　那么，中国在世界上的竞争力如何呢？瑞士洛桑国际管理学院
"2010 年全球竞争力报告"显示，在 58 个全球最具代表性经济体
中，中国大陆排名第 18 位（2009 年为第 20 位），印度、巴西与俄
罗斯名次分别为第 31、38、51 位。[③] 中国大陆比 2009 年上升 2 位，
比 2008 年下降 3 位。洛桑报告主要是根据 4 个大指标（经济表现、
政府效率、企业效率和基础设施）及其下属的 329 多个小指标来进
行竞争力评估。对于 2009 年洛桑报告对中国的排名，罗德曼认为，
虽然中国经济表现突出，特别是经济预测与展望上排名世界第一，

① 周绍森、胡德龙：《科技进步对经济增长贡献率研究》，2009 年 12 月 28 日
　《软科学要报》。
② 周天勇：《中国向何处去》，人民日报出版社，2010。
③ 张弘编辑，新华网，2010 年 5 月 18 日报道。

但中国在增长速度的持续性方面仍存在问题。首先，中国经济发展基础还有很多瓶颈，比如在信息技术、工程技术、财经教育、人口问题等方面，都排在后面。其次，中国企业管理水平有限，像大企业效率、经理人员不足、适应市场变化的能力等都存在问题。再次，中国的金融系统、企业的环保因素、政府与企业的监管等方面也存在不足。[①] 中国要成为世界上有竞争力的强国，并与其大国地位相适应，2040 年时，至少应当进入洛桑学院排名的前 5 位之内。

什么是科学技术进步的赶超战略呢？世界科技水平方面上可分为三类国家：先进科学技术水平国家和地区，如美国和西方发达国家，包括新加坡和中国台湾地区；中等科学技术水平国家和地区，如中国大陆等；低等科学技术水平国家和地区，如阿富汗等。中等或者低等科学技术水平的国家和地区，在科学技术进步方面，可以采取三种战略思路，一是无为型战略，因生产力水平、财力、教育、人才等方面的限制，无力推进科学技术的进步，只接受先进发达国家科学技术的扩散和辐射，并不主动进行科学技术进步方面的努力；二是跟进型战略，大多采取拿来外部科学技术主义态度，自己只进行引进、消化和吸收，学习和模仿方式为主，不主动进行科学技术方面的自主创新，不以拥有最先进科学技术为目标；三是赶超型战略，就是中等或者低等科学技术水平的国家，在一定的时间内，除了学习和模仿，即引进、消化和吸收外部现成科学技术等方式外，更重要的是通过自主创新和自主再创新进行跨越式的追赶，在科学技术整体方面，赶上并在一些重要领域和重大项目上超过发达国家科学技术水平，并有自己科学技术独特制高点的一种选择。

科学技术赶超型战略道路的几个要点是：（1）在规定的时间和规定时间结束时所要达到的科学技术水平目标。要规定一个长期

---

① 《全球竞争力中国排名下降三位》，2009 年 5 月 20 日《环球时报》。

的时间，在长期的时间中划分若干个时段，在一个长时间的总的赶超目标下，在每个时段，设置要达到的约束性的阶段性的目标。在目标上，有赶上性目标，即某项成熟的技术，我们在什么时间可以攻克其难点，达到世界先进水平；有超过性目标，即拥有我们自主创新的自己知识产权的独占的科学技术；还要有预备性的目标，即发达国家可能在科学技术什么领域未来会有什么样的进展，我们应当有什么样的追赶实施预案。（2）在科学技术赶超型战略方面，非常关键的是，在一定时间内科学技术进步的加速度，并且要有跨越式的进步。因为我们本来就处在全球科学技术进步赛跑的后面，在一定的时间内实施科学技术进步赶超战略时，先进国家也在不停地推动科学技术的进步，我们只有积累爆发力，在规定的时间内加速度，比他们的推进科学技术进步的速度还要快，才能实现赶超型战略要求的目标。

在全球经济社会发展竞赛中，发展中国家存在着科技进步的"马太陷阱"。即发达国家依靠其先发优势，科技资源越来越向发达国家集中和积累，其科技实力越来越强，科技水平越来越先进，科学技术进步越来越容易；而发展中国家在落后的位置上，在科学技术的竞争中处于弱势和不利的地位，付出的教育成本随着人才的外流转移为发达国家的科技进步资源，遇到发达国家科学技术的封锁，凭着自己的科研力量研究出来的成果往往落后于世界先进水平，甚至已经被淘汰或者被更先进的技术所替代。因此，发展中国家在科学技术方面越来越落后，越来越弱；发达国家则越来越先进，越来越强。这就是发展中国家科学技术进步的"马太陷阱"。

中国未来在科学技术进步道路方面，显然不可能采取无为战略。中国已经跨过了发展中国家科学技术进步的"马太陷阱"阶段吗？是采取跟进型战略，还是选择赶超型战略？这是一个重大的科技进步战略的定位和抉择。我们认为，中国应当有信心选择赶超战略。现在一提起技术创新，相当多的人的脑海里有个疑问，中国的技术行吗？在政府采购，居民购物中，总是相信国外的技术水平高和成熟，中国的技术则不然。实际上，中国未来技术创新有着发达国家不可比的一些优势。（1）研发和制造成本都相对较低。在中国，研发人员的工资、研发材料等，要比发达国家低得多。中国研发 3G 移动通信技术只用了不到 4 亿元人民币的投入，而发达国家一般需要 300 亿～400 亿美元成本。在其他技术方面，研发成本是发达国家的 1/50～1/500。发达国家在技术进步方面怕中国，就是怕在这点上。（2）中国研发人员，有特别强的事业心，甚至可以说有一种拼命精神。在许多发达国家，无论这项科研项目多么紧迫，但是科研人员，8 小时以外是不加班的，周末和其他法定节假日是不加班的。而中国则不然。许多科研人员，为一项攻关，可以连续加班，可以没有节假日。（3）有了 30 多年之科技及其产业化人才培养和积累。中国经过改革开放 30 多年教育培养的人才，以及大量的海外学成归国的人才，人力资本规模大，技术创新的人才基础雄厚，目前国内大量的技术创新是由他们所实现的，国外许多发达国家从事能源技术研发的人才，相当部分，也是中国留学海外的人才。（4）中国 30 多年来的对外开放，包括引进、吸收和消化技术，在一些重大领域和整体技术水平方面已经缩小了与发达国家的差距，有些方面已经赶上了世界先进水平。（5）与人口和国土中小国家和地区不一样的是，中国是一个人口和国土大国，中国有丰富的用于科技进步的人力资本资源，有规模巨大的消化科学技术应用的市场。（6）中国的经济在高速增长，经济发展和生产力水平的提高是科学技术进步的基础，科学技术的进步，反过来推动经济更快速的增长，经济高速增长和科技加速进步之间会形成良性循环。当然，稍一松懈，也有重新跌入"马太陷阱"的可能。但是，从目前看，中国已经基本上跨越了发展中国家面临的科技进步的

"马太陷阱"，并且在科技加速进步、实施赶超战略方面，也积累了一定的实力。

（二）建设创新型国家的一些重大关系

中国未来要建设一个现代化的强国，需要走科技赶超型的道路，实施建设创新型国家战略。对此，需要在理论和实践上厘清一些重大的关系，并以此为据进行体制机制的调整和改革。

一是需要正确认识和处理科学创新之基础与应用的关系，并区别科学创新与技术创新。科学分为基础科学和应用科学。基础科学与应用科学的创新，与技术的创新，是有区别的。基础科学以自然现象和物质运动形式为研究对象，探索自然界发展规律的科学。[①]而应用科学是把基础理论转化为实际运用的科学。除了直接应用于物质生产中的技术、工艺性质的科学，还包括对横向科学的实际运用的研究，如应用经济学、社会学、科学管理学、科学政策学、决策方法论、价值分析方法等。经济学将商品和服务划分为公共产品、准公共产品和私人产品。[②] 在建设创新型国家的理论探讨中，科学技术，也需要将其划分为公共产品、准公共产品和私人产品。以此作为国家支持或者放给市场调节的重要依据。需要强调的是，

[①] 基础科学包括数学、物理学、化学、天文学、地理学、生物学6门基础学科及其分支学科、边缘学科。这些学科研究成果是整个科学技术的理论基础，对技术科学和生产技术起指导作用。引自百度百科"基础科学"词条。

[②] 经济学上的公共产品，指产品产权为公有，产品使用没有排他性，如街道上的路灯，谁都可以使用，但是，提供者没有回报，其成本需要公共负担。准公共产品，有一定的公共性，也有一定的排他性，如公共交通，其产权可能是公有的，如自来水公司，也可能是私人的，大家使用，但是，乘车人或者用水人要付出一定的费用，不付出一定费用的不得使用；然而，政府一般对公交和自来水供应的成本进行比例不同的补贴，即其一部分成本需要公共负担。私人产品，指产品有明显的排他性，如家庭购买的汽车，产权归这个家庭，一般情况下，只有这个家庭成员使用，其成本费用由所有和使用汽车的家庭私人承担。

基础科学和应用科学的创新，是一个国家技术自主创新的基础。基础科学和应用科技既有共性，也有区别。作为基础科学创新，其特点为：研究成果成为公众知识，不能直接应用，研究和投入不能给研究者带来直接的利益，甚至直接收益为负；应用科学的研究，很大部分也是公共知识，但是应用科学的研究和出版，其社会需求要比基础尖端科学大一些，其回报利益可能要比基础科学创新多一些。基础科学和应用科学创新，虽然在某些情况下，应用科学带有一定的准公共产品的性质，但是，基础科学和应用科学的创新，都不是经济学意义上的私人产品。

从理论上讲，要区分科学研究与技术研究的区别，科学研究是公共和准公共产品，国家和社会需要公共性投入；要区分基础科学和应用科学研究，并且进一步区分应用科学中自然、技术、工程与人文社会各学科研究的区别。除了重视自然、技术、工程方面应用科学的研究外，由于战略研究、管理体制、科学决策、政策制定在国家治理和调控中的重要性，也需要加大其投入和理顺其体制机制。

二是公益技术创新与商用技术创新的关系。技术也有公共产品、准公共产品和私人产品。发明人不能在大规模的技术使用中直接得到收益的技术，带有较强的公益性，基本是公共产品；在技术产品出售时，获得一定的回报，但是，可能不足以弥补其成本，没有合理的利润，需要国家给以补贴，这样的技术具有一定的公益性质，也有一定比例的商业性质，是准公共产品；完全可以通过技术转让和交易收回成本并且获得利润的，是私人产品，是国家不需要补贴的商用技术。

要从理论上对技术的性质和政策加以区分：（1）对于具有公共产品性质的公益性技术创新，要确认哪些是经济和社会发展需要的，特别是急需的，列出目录，根据其需要，其投入，国家中央和地方政府要列入预算。（2）对上述所述的准公益性技术创新，中央和地方政府，根据经济和社会发展的需要，也要进行确认，根据轻重缓急列出目录，也根据各类技术公益性和非公益性各自程度的不同，纳入预算，确定投入的比例和规模。由于准公益性技术往往应用在生态环境和自然垄断的准公共服务方面，因此，政府需要对准公益性技术的成本、收益等，进行审计、听证和合理定价。（3）对于私人产品性质的技术创新，即非公益完全商用性的技术创新，并且不涉及国计民生和国家战略的，则完全由市场供给与需求及其价格进行调节。但是，国家为了鼓励技术创新，需要在税收、政府采购、贴息等方面，给予一定程度的支持。

从理论上区分公益性技术、准公益性技术和商用性技术的边界，主要是厘清政府与市场、政府与社会在技术创新中参与的范围。

二是短期技术创新与长期重大技术创新的关系。短期技术，有这样一些特点，即无论是公益性、准公益性，还是商业性，都投入少，见效快；而长期的技术，无论是公益性、准公益性，还是商用性，都具有投入大、时间长、不确定性多、风险高、见效慢的特点。关于正确认识和处理长远利益与目前利益、短期技术与长期技术方面的关系，在理论上并不是不为大多数人接受，而在实际工作中排列经济和科技工作顺序时，往往将财力、人力、物力舍不得投在长期发挥作用的基础、战略性重大技术开发上。因为重大和基础科学的研究和开发往往需要时间很长，见效期较长。而我们地区和部门的领导往往任届时间有限，现行的干部考核指标体系又无法考核今天科技创新能给未来带来的绩效。

从公益和准公益性长期技术来看，比如污水处理、生态恢复等领域，一些技术需要进行长期的比较筛选和攻克，往往投入很大，而且投入的时间价值（如损失机会利润，借款的财务成本）太大。

即使我们的政府转变成公共服务型的政府，目前一任地方书记和市（县）长的任期为五年，而且任内升级调动频繁，很少有省地县主要领导干满一届的。在长期技术方面投入过多，既消耗投入，又显不出在任期间的政绩。长期的技术创新，其投入实际是为后任的领导争得收益和政绩。因此，这样一种现实的制度使在长期公益和准公益性技术创新人财物投入方面，往往得不到保证。

而一些长期的商用性的重大的战略性技术（如移动通信3G甚至4G技术，大飞机技术等）创新方面，也因投入大、见效慢，许多企业，即使有实力，也不愿意投入其中。长期重大的战略性商用技术创新，在一个较长时间内，研发的成功建立在大量实验失败的基础之上，需要大规模资金的投入，企业如果有资金来投入短期商业运行，能获得可观的利润，如果投入长期技术创新，能否成功有不确定性，有失败的风险，损失资金应得的机会利润，如果是贷款，还需要支付资金的财务成本。

因此，无论是公益和准公益性技术，还是关乎国家科技赶超战略的重大商用技术，都必须有投入的制度上的保证。对于长期性的公益和准公益技术，制度上要改变有关领导的考核体系。对于在生态环境、节能减排等方面做了大量工作，但成绩可能在时间上滞后的，需要设立特殊的考核和评价指标。特别是对移动通信4G这样的一般企业不愿意投入的长期性技术，国家应当在开发前期将其列为公共产品，或者准公共产品，在监督资金使用和严格审计的前提下，保证和满足其研发需要。

四是技术引进与自主创新的关系。实施科技赶超战略，建设创新型国家，绝对地讲，有技术引进和自主创新两种途径。在现代化过程中，往往技术引进与自主创新交融，一般来说，在前期技术引进的比重高一些，在后期自主创新的比重高一些。我们在科技自主创新战略上需要权衡这样两点：（1）是科技全面自主创新，还是有重点地进行自主创新？我国是一个发展中国家，生产力水平还较低，国家的经济实力还有限，没有足够的财力进行全面和大规模的科技自主创新。因此，需要筛选我国安全、资源、发展等急需的关系国计民生的重大科技项目，进行自主创新。（2）对一些技术是引进、学习、消化和吸收合算，还是自主创新合算？一些科技项目如果自主创新，不论是近期，还是远期，其成本总体上要高于引进、学习、消化和吸收，我们可以用开放引进的办法来获得技术；反之，则可以用较低的成本投入通过自主创新来获得技术。一些科技项目如果自主创新时间较长，等转入应用后，其他国家的技术早已应用扩散，并形成市场竞争力，则需要用开放和引进的方式来获得技术；否则，我们应该在领先的时间内自主创新获得技术。一些科技项目如果进行风险评估后，由于需要长期积累的人才、条件、知识储备等短缺，自主创新失败的概率很大，可用开放引进的方式获得技术；反之，则可以用较低的风险通过自主创新获得技术。

一方面，从参与全球化竞争看，中国作为一个大国，需要在一些尖端科技领域占有一席之地。因此，需要选择一些我们自己已经有基础、有优势、有条件在世界科技界领先的科技项目进行攻关，以提升我们的科技竞争能力。另一方面，还有一些技术可能不直接有利于参与国际竞争，然而是我们国家迫切需要的，也需要自主创新。比如，从我国人口多资源少的国情看，在生产和生活方面节约石油、淡水、矿藏、森林等资源的技术创新，增加农业产量的技术，更加迫切。因而，除了在涉及国家安全和提升产业技术方面进行自主创新外，我们既要在世界领先技术领域争得份额，也要花大力气对我国迫切需要的技术进行自主创新。

五是推进技术创新与发挥劳动力资源优势的关系。从我国的资源禀赋来看，劳动力资源丰富且便宜，资本、土地和技术资源稀缺。一般来说，工业技术创新和进步会加速工业资本有机构成的提高，因而在工业产业中技术创新是替代和排斥劳动力的。基于此，如果从总体上讲，工业产业中资本密集型的技术进步推进太快，就国内来看，会形成大量的剩余劳动力，造成严重的劳动力不得其用，即失业问题；而从国际贸易来看，用我们技术缺乏的短处，而不利用我们劳动力资源丰富和便宜的长处，去参与国际市场竞争，就是扬短避长，会得不偿失。

那么，怎样处理好技术创新与扩大就业的关系呢？第一，发展劳动密集、知识密集和技术密集的产业，比如软件产业、工业设计产业等，高技术、高知识结构的劳动密集型的产业，既能推动创新，又能扩大就业。第二，通过技术进步推动产业专业化分工，使产业链拉长和增多，以产业的扩张增加就业的容量。第三，通过技术创新发展新的领域，发展新的产业，生产新的产品，形成新的服务，以扩大就业。第四，注重大学和科研院所技术知识创新的溢出效应，发展知识经济，扩大就业容量。

中国未来的低成本技术创新与低成本制造，在全球都有其特殊的科技创新竞争优势。从发达国家来看，不仅其制造业的劳动力成本高企，而且其科学技术创新的劳动成本比中国也高很多。中国可以在科技人才价格和一些生活费用水平还未达到发达国家水平之前，用较低成本的科技人才进行科学技术的研究和开发，并与中国的低成本制造相结合，形成更强的创新竞争力。需要重视的是，一是要牢牢把握人才成本还较低这一机遇，加速进行科学技术的研发；二是要利用中国经济的成长期，利用中国处于发展机会多的时期，吸引人才到中国来进行研发；三是中国低成本制造，一定要与中国低成本科技研究相结合，这样才能形成具有竞争力的比较优势。

当然，我们在产业结构上，农业和工业，其资本有机构成提高和技术进步，从长期看，一定会向外挤出劳动力。因此，需要我们重视的是，根据中国劳动力资源丰富的国情看，在农业领域内，要发展一部分精耕细作的农业产业；在有的工业产业中，要用劳动密集型的技术进步（随着技术进步，劳动与资本比例中，劳动的比重可能越来越大），或者中性的技术进步（即资本与劳动的比例不变）参与全球化竞争，发挥中国劳动力资源丰富的优势；更加重要的是，要扩张服务业的比例，特别是发展技术含量高的服务业。

六是正确处理创新技术军用与民用的关系。军用技术创新，从产品的性质看，属于公共产品，其许多保密技术要国家所有，其使用为国防安全公共使用。因此，对其技术创新，如果没有资金来源，一般企业不会投资研发，也无法对其产品化和产业化。但是，技术创新的军用和民用之间，不能互不往来，在许多发达国家和新兴国家及地区是相互转化和相互促进的。

一些技术创新可以先军用，后扩散到民用。相当多的科技赶超战略中重大技术的研发制约为：技术研发，没有足够和满意的实验和改进领域；商业性公司一般不愿意承担初始研究巨大的沉没成本。因此，一些重大技术的先军用，既可以解决技术创新向技术应用的转化，也可以保证这些技术创新的财力支持，由国家的国防费用来承担先期研发的初始成本。另一些技术，可以先民间研发，先民用，后转移到军用。一些技术由民间研发并且先使用，后由军方使用；还有一些已经在民间应用成熟的技术，可以直接由军方购买其知识产权，用于国防和安全等领域。技术的先民间研究和先民用，其优点在于，国防用技术的成本降低，技术研发风险减小。

在技术创新的军用和民用关系方面，除了处理好公共产品与商业用产品的关系外，重要的是要引进成本、价值、交易等经济核算和市场调节机制。比如，通过签订保密和一般的技术研发合同，来约定技术研发和军用技术需要双方的一般商业供货、时间、质量、规格、性能、价格等关系，也约定技术不能外泄的保密关系。比如，通过军方向民间机构进行委托技术招标研发等方式，可以确定技术创新的成本范围、最优研发者，以及保证在一定的时间内完成。

七是科技人才、企业、社会、政府之间的关系。从各方主体看，实施科技赶超战略，建设创新型国家，需要明确创新者（科学家、工程师、技术人员等）、企业（包括技术开发型企业）、社会（各类有关科技的社会组织）、政府（科技主管部门及其相关部门）各自的定位，处理好它们之间的关系。（1）科技人才是创新的基本要素。科技人才，是科技创新和进步，建设创新型国家的基础要素，所有的科学发现、技术发明、技术转化，都来自于科学家、工程师、技术人员等科技人员的研究、发明和创造等智力劳动，即创新型劳动要素。对劳动范畴也要分一般性劳动要素和创新型劳动要素，后者就是指科学家、工程师和技术人员等科技人才，即经济学中讲的创新能力和技能的人力资本。就整个国家的创新型劳动要素层次讲，首先，是形成一支具有一流水平的基础科学家和应用科学家队伍。其次，要有一批高素质的高中级工程师等研发和应用人才，与之配套，还要有大规模实施技术的人才，即技术人员。再次，要有高素质的专业职工。（2）企业是创新的主体。过去在计划经济体制下，往往政府自己在进行创新：选择项目、编制预算、下达任务、进行拨款、审查验收。许多创新成果是市场不需要的，锁在柜子中，不能转化为产品和产业。在市场经济体制中，企业是创新的主体。企业能整合市场需要、创新人才、资本土地、国家政策等各方面要素和关系，组织科技人才、建立研发中心，或者与科研院所合作，根据市场对技术和产品的需要，研发新的技术，将新的技术应用于产品，扩大规模，形成产业和产业集群，从而提高整个企业和产业的技术水平和技术竞争力。（3）民间组织是创新的社会协调者。有关创新的社会组织存在的功能在于，对于科技人才和科技企业，以及科技活动，有一部分既不能由政府来协调，也不能完全由市场来调节，于是，介于政府与市场之间，需要由社会组织来进行协调。（4）政府是科技创新的推动者和服务者。政府在建设创新型国家中，既不能违背科学研究和技术研发的规律，脱离市场经济的大环境，自己去进行科学研究和自主创新；也不能无所事事，任由科学研究和技术研发自生自灭。政府的职能和任务，我们认为，有这样几点：一是制定国家、省市区和市县（一些重点市县）的科学和技术发展战略，规划重点需要突破的一些关键点；二是一些公益性的科学研究项目，公益性和准公益性技术研究项目，包括基础科学研究机构，以及公益性和准公益性的技术研发机构，政府要出资；三是或者由政府来提出研究规划，下达研究任务，组织力量进行研究，或者委托社会研究组织甚至是科技企业，进行研究；四是提供科学研究和技术研发的体制、政策和政府服务环境。总之，应当定位好科技人才、企业、社会组织和政府各自在实施科技赶超战略，建设创新型国家中的任务和职能，处理好其间的关系，才能整合资源，形成推动创新的合力。

八是科技创新中政府与市场的关系。科技创新中，政府的职能是什么，市场的作用是什么，二者之间是什么关系？我认为，政府的主要职能应是：研究和公布长期的科技自主创新战略，确保公益和准公益性科学研究和技术研发的财政投入，保证和增加基础科学和重大科技进步项目的投入，对重大的基础科学研究项目和重大的技术创新项目组织国家研究体系，制定各项科技自主创新的财政、税收、人才、产业等政策，对政府各部门出台的科技促进政策进行协调和整合，对一些重大的项目组织联合攻关，督促和引导行业协会制定各种技术标准，制定保护知识产权的法律和法规，监管专利和技术市场等。在科技自主创新中，政府既不能越位，不能代替企业进行一些技术的自主创新，不能代替市场进行调节，也不能缺位。而市场体系中，企业、社会组织、中介机构、供求市场，知识产权价格、人才薪酬和企业应用技术的预期利润，是技术转换为生产和服务能力的最有效的市场调节机制。其形成的推动力，是市场推动创新的基本力量。它包括知识产权价格和预期利润机制，人力资本的薪酬确定机制，科技人才和技术等要素交易机制，技术转化的风险投资机制，利益分配和专业化分工协作机制等。

九是科技部门主导与其他部门的协同关系。科技创新，要有大格局科技观念。实际上，建设创新型国家，是一个综合性极强的战略，涉及综合规划、教育组织人事、财政、金融、科技研发应用、科技立法等部门和系统。因此，科技创新，由科技部门主导，但是需要与其他部门协同。协同，相互配合，就是大格局科技观念。主要有这样六个方面的协同和配套：从赶超战略和建设创新型国家与国家总体的经济社会发展战略相协调，科技部门需要与政府各级综合部门相协同，特别是科技部需要与国家发改委协同；从科技创新的人力要素来看，科技部门要与教育和组织人事部门协同；从需要国家支持的科技公共、准公共性质看，需要与财政税收部门协同；从科技转化为产品和产业看，需要有风险投资、信贷资本、资本市场等方面的协同，即与银监、证监和保监等机构协调；从科技应用来看，需要与工信、国资、农林、环保、国防等有关方面协同；从鼓励科技进步和知识产权保护方面看，需要与立法部门协同。总之，这就是科技的大格局内容。大格局科技，实际就是科技与相关关系的协同和配套。

总之，通过提升第一次现代化的质量，加速第二次现代化的进程，走赶超型的科技创新道路，处理好科技创新中的一些重大关系，建立起科技创新的体制和机制，最终将我国建设成一个具有科技竞争力的强国。

五 结语

可以说，改革开放后的前30年，是在城市化方面犹豫和摇摆不定的30年，是主要发展工业的30年，是重点发展大企业的30年，是引进技术的30年。那么，未来的30年，我们在发展模式的转变上，应当作什么样的大的调整呢？我认为，将是加速推进城市化的30年，将是主要发展第三产业的30年，将是发展小企业和发展大企业并举的30年，将是科学技术自主创新的30年！

改变滞后的城市化状况，转移出沉淀在农村和农业中的剩余劳动力和剩余人口，加速城市化的进程；改变第一、二、三产业结构扭曲的状况，吸收农业剩余劳动力，以及吸收未来工业技术进步和资本有机构成提高挤出的富余劳动力，包括吸收新增劳动力在服务业中得以就业；改变每千人拥有企业数量少的状况，鼓励创业，发展小企业，以扩大就业，增加中等收入人口，减少因失业而贫困的人口，提高劳动在GDP中的分配比率；改变中国经济总量第二，但竞争力排在第18位的局面，实施科技进步的赶超战略，建设创新型国家，抓住低成本研发和低成本制造相结合形成优势的机遇期，将科技进步对经济增长的贡献从目前的45%左右提高到60%以上，乃至2040年时达到70%及以上，使我国成为一个现代化的经济和科技强国。

转变发展方式，转变什么？我认为，除了处理好人口、资源、环境和发展之间关系外，这是中国未来30年，特别是未来10年中，转变发展方式最为重大的四项任务。完成这些任务，对于控制和缩小我们国家的贫富差距、降低资源消耗，减少对环境的排放，扩大就业，增加收入，富裕人民群众，稳定社会，提高劳动在GDP中的分配比率，扩大内部消费需求，减少出口依赖，从制造大国转向创造强国，提升国家的国际竞争力等，都有着十分重要和深远的意义。

参考文献

周天勇：《中国向何处去》，人民日报出版社，2010。

周天勇主编《新发展经济学》，中国人民大学出版社，2006。

曹静：《关于我国第三产业发展的战略思考》，《生产力研究》2006年第3期。

世界银行：《1984年世界发展报告》，中国财政经济出版社，1984。

夏杰长：《中国服务业三十年发展历程、经验总结与改革措施》，《首都经贸大学学报》2008年第6期。

第六章

第二次改革的重点是
财政税收体制

　　卖地财政造成了财政收入的不稳定性和不可持续等问题。要想解决这些问题，最重要的是改革土地征用制度，明晰农民对农村集体土地应有的权利；取消非公益用地向农民强制征地的方式，废除土地50~70年的出让体制，在符合规划的情况下，让农村和城郊集体土地直接进入建设市场；延长土地使用权期限，城镇国有土地延长出让时间，土地在使用年期内可以交易流转；进入建设市场的土地可以采取分年出租土地使用权、一次性出让长期土地使用权、土地使用权入股等多种形式；成立土地交易所，长期使用年期出让的土地都要在交易所挂牌交易。

　　我国财政支出结构在"十一五"期间，已经开始向公共服务型转变，但是，仍然带有很浓的吃饭养人、投资建设型财政的色彩；税外收费太多太杂太乱，收入没有全部纳入预算管理；人民一人大—政府之间没有在收入和支出方面形成制衡。而且，财政税收体制不顺，还涉及和影响收入分配不公平、房屋价格持续上涨、房地产暴利、农民财产性收入过低、资源浪费性使用、环境污染严重等一系列问题。因此，财政税收体制的改革，实际已经成了今后10年整体改革的核心、重点，是最繁重、最复杂、最艰巨的任务。

一　政府收入体制的改革

目前来看，财政税收体制方面，支出方面的体制改革在逐步推进，比如财政支出结构正在向着公共服务型财政调整。但是，收入方面的体制改革进展不大。我认为，"十二五"期间，甚至到2020年，财税收入方面的体制改革包括以下几个方面。

（一）彻底清理各种收费，需要收的费改税

2009年，进入预算内的收费罚款收入为8962.2亿元，有统计的预算外收费罚款收入大约为7900亿元，无统计的预算外收费罚款收入估计在5100亿元左右，共计约为21962亿元。规模巨大，为税收的1/3多。我认为，对于政府各部门和各行政事业性机构的收费，包括一部分乱罚款，在"十二五"期间，需要有一个五年的清理规划，并且要有各部门配套的取消收费后的改革方案。若要真正彻底清理税外收费，这个规划要分轻重、分先后、分阶段、分步骤实施，扎扎实实地推进清费减人方面的改革。

第一，"十二五"开始年，对收费项目和规模进行普遍清查。对政府各部门和各行政事业性机构的所有收费罚款项目，不论是"合法合规"的，还是政府部门和行政性事业机构自行规定的，都进行一次普遍的清查。查清有多少项，费率是多少，部门和机构的年收费罚款规模有多大，全国加总起来规模多大，各种收入去向何

处，以做到对收费罚款项目和规模心中有数。不论是自收自支，还是先交财政，再由财政拨回，需要查清收费罚款总规模占实际政府全部收入的比率是多少，政府各部门和各行政性事业机构，有多少机构和多少人，特别是一些协编、临编，以及合同制人员到底是多少，其中，收费和罚款供养了多少机构和多少人。如果取消收费和罚款，有多少机构和多少人会失去供养。

第二，进行费归税、费改税的改革。取消纯公共服务和社会管理类的各种收费，除了准公共服务（如公交、教育和医疗等）适当收费外，将居民、工商户和企业的税负定在一个合理的水平上，对居民、工商户和企业只征取税收，不再收取税外费，废除各种收费，大幅度减少罚款，极少量的罚款需要由社会听证制度来认可，并接受社会各界的监督。费归税和费改税改革和界定后，政府及政府各部门再进行收费，应当视作违法，城镇居民、工商户和企业，有权予以抵制。

第三，废除绝大部分政府各部门和各行政性事业机构的收费权和罚款权，废除收支两条线，禁止潜规则中的超收奖励和罚款分成体制，改为专门税务机构收税和财政拨款体制。目前，财政所谓的收支两条线体制改革，实际上将许多不合理的自收自支的收费，通过收支两条线合法化了。再通过超收奖励的体制，使城管、质检、环保、卫生防疫、运管等部门想方设法地向个体户、微型企业和中小企业收费和罚款，是一项很不成功的改革。执法和收费一定要分开，行政和利益一定要分开。政府只留一个税务局收税，然后供养其他政府部门的人，这是一个现代政府的基本原则。不能所有的政府部门和机构都成为收费和准税务机构。财政不允许对政务、法务、军务，以及提供公益性服务的事业单位，留有预算缺口；严禁通过给收费和罚款政策，让有预算缺口的机构和单位自己弥补经费不足；特别是严禁设立财政没有经费而拥有收费和罚款的权力和政策的政府机构和公益性事业单位。

第四，县乡机构、机关后勤、公车消费、公务招待、事业单位等改革要配套进行，并且也要估计成本、评价风险，分阶段和分步骤坚定不移地推进。因为政府各部门收费和罚款的相当部分，用在供养1270万县乡非编制单位和人员上，用在一些机关的后勤开支上，用在8000亿～9000亿元的"三公"消费上，还用在供养130万个事业单位和3000万事业人员上。不进行这些方面的配套改革，彻底清理收费，实际也是不可能的。

清理收费和罚款应当遵循这样三个原则：一是各级政府应当是本级财政有多少钱办多少事，不能靠收费和罚款来多办事；二是有多少钱就供养多少机构和人员，不能靠收费和罚款来供养吃皇粮的机构和人员；三是从中央到地方，各级政府的事权和财权应当划分和界定清楚，不能收钱的不管事，管事的没有钱而去乱收费和乱罚款。

第五，党和政府要从促进创业和就业着想，主动和真正地采取行动解决政府各部门和各行政性事业机构都收费的问题。考虑到财政的承受能力，考虑到政府各部门和各行政事业性机构中可能有两三千万人靠收费罚款解决问题，区分各个方面，逐步但又非常坚决地进行改革。一是解决质检、环保、城管，包括公安法院等系统的收费，进行财政拨款与相关机构配套改革，将其他收费抑制住；二是清理交通乱收费和乱罚款；三是治理整顿教育和卫生乱收费，政府管理和市场改革结合起来，建立一个人民满意的教育和医疗体系；四是彻底清理涉农乱收费。分轻重缓急，在五年之内，彻底清理不合法和合法不合理的各种收费和罚款项目。

第六，政府主动，人大制衡，形成禁止乱收费和乱罚款的体制。收费罚款的90%以上是地方政府及其部门和行政性事业单位收取的，中央部门和行政性事业机构收取的在5%左右，超不过

10%。但是，中央各部门应当先带头清理收费，重点是清理地方政府各部门和各行政机构的收费。从机制上讲，向人民收费，需要由人民同意。原来的一切收费，应该由社会重新听证和人大讨论通过，不能费改税的，规定清理的最后期限；在人大中成立筹款委员会，不论是税收，还是收费，其任何变动，都要通过社会听证和人大讨论，政府不应该擅自立法收税和收费。从制衡上讲，要建立人大、政协、新闻舆论、社会听证，法律制度等各方面制约政府乱收税和乱收费的机制。这样才能从体制上抑制住政府部门的收费，也从根本上抑制住政府各部门和机构以及事业单位及其人员通过无节制的乱收费而无限膨胀的趋势。

第七，制定一个清理和解决收费罚款问题的"十二五"规划。清理政府各部门的收费，是一项艰巨的系统性很强的工作。应当由中纪委牵头，发改委、财政部、工信部、监察部和税务总局等部门协同，制订规划，并加以实施。财政对清理收费的改革，一年有多大的承受能力，中央有多大决心，每年从财政中调整支出结构，用多大的力度来解决政府各部门的收费问题，需要有个筹划。二是机构改革和人员精简要配套进行。一些政府部门和机构需要精简，一些行政收费性事业单位也需要精简，人员要进行定岗定员，这样才能核定对它们的拨款额度。清理收费，实际上是一个联动的改革，这个改革必须研究其成本、风险、可行性和可操作性。拿出多个方案，进行多个方案的比较，分先后、分阶段、分步骤，通过一定的时间，稳步而又坚定地进行改革。所以，"十二五"期间应当制定能使国家和人民都实实在在受益的清理政府各部门及其行政性事业单位收费和罚款的规划。

（二）形成统一完整的国家财政收入体系

2009年预算内的财政收入只有68476.9亿元，其中税收为

59514.7 亿元，其他收费等项目为 8962.2 亿元。实际上，还有预算外表内收费和表外收费 12999.8 亿元，社会保险金 16116 亿元，土地出让金收入 15910.2 亿元，探矿权和采矿权出让收入 57.35 亿元，发行彩票收入 1324.79 亿元，就这几项共计 114885.04 亿元，占当年 GDP 337313.4 亿元的 34.06%。可以看出，中国目前的政府收入体系中，除了税收和一部分收费进入了预算外，相当部分收费罚款收入、社保资金收入、国有企业利润、土地出让收入、探矿权和采矿权出让收入、出售彩票收入、公共考试收费等项目，基本上没有进入政府的财政预算。我认为，应当逐步纳入预算统一管理。

1. 社保费作为税收征收，并纳入预算管理

有的学者提出，中国社会保险的模式，应当借鉴德国经验，采取劳资分责、政府担保、自成系统、自我发展模式。由社会保障部门，或者社会自我管理。这种模式有三个面临的问题：一是社保以税收方式征收，还是以交费的方式征收（交费有很强的自愿交纳含义），包括个人账户需不需要强制储蓄；二是社保与财政关系多大，需不需要财政在一些时段，甚至是较长长期进行投入和平衡；三是需不需要强制征储，纳入复式预算管理。

从中国公民法治意识淡薄、非正规就业量大以及个体微型和中小企业多的国情看，社保需要以税收的方式强制征收，并且个人账户要由国家强制代收代储。如果社会保障缴费方面倾向于自治为主，劳资分责，政府扮演社会担保人角色并承担有限责任，可能会出现如下情况。（1）交费和储蓄漏损将很大，会造成社会保险资金巨大的缺口。中国社会保险资金的征收和储蓄，将面临着这样一些难点：一是相当一部分公民消费是今天有钱今天花，不管明天怎么过，甚至依靠国家的意识和习惯都很浓。二是雇主因提取社会保险会加大成本，将千方百计地不缴或者少缴，或者与职工串谋，给职工少量的现时支付，而不缴和不储社会保险金。三是无论是统筹，还是个人账户，有未来性和与参保人信息不对称的情况，职工作为理性的人，还是宁肯钱少一些，及时拿到手中为上。因此，社会保险的征缴和储蓄，会遇到很大的阻力。税收在筹款立法前通过代议程序需要与纳税人协商，但是，一经立法，便具有强制性。而费则很大程度由于其强制程度较低，公众依法纳费意识弱，可能因法不责众而漏损很大，使测算的交费规模与实际能收的资金规模之间形成巨额的差距。只有以税收方式强制征收，才可能做到社会保险税的应收尽收，使测算社会保险收入与实际保险收入的缺口最小化。（2）如果对非正规创业、非正规就业，特别是个体、微型和中小企业的劳动力，实行自愿参保的政策，不强制其入保，放弃征收社会保险资金，将形成巨额的无保障人口。中国每千人企业数量要远低于发达国家。如果缴社保费只是以法人与雇员之间关系考虑，就会导致这样两个问题：一是目前在非正规企业和就业领域的2亿左右的劳动力可能不会入保；二是从未来看，中国人口众多，劳动力资源丰富，个体、微型和中小企业，特别是非正规创业和非正规就业，可能解决80%的劳动力就业，这样高比例的劳动力任其自由选择是不是参保，不在社会保险之中，将会给国民经济造成灾难性的后果。因此，社会保险一定要以税收的方式强制征缴以及通过税收部门强制代收代储，才能保证社会保险资金的足额征收和为未来足额储蓄。如个体、微型和中小企业，有的要备案，有的要注册，税收部门以此为据来强制征缴和代收代储；而保姆等家庭雇佣的劳动者，要强制由雇主交纳社会保险，包括交纳个人账户的储蓄部分，否则应视为非法雇工。

社保资金如何管理关系到国务院的治理结构。从讨论的情况看，社保要逐步从地方集中到中央，在这一点上基本没有分歧。一些学者认为，焦点在制度设计上，社保资金应由人保职能部门征管和使用，不纳入国家预算统一管理。需要提醒的是，此举千万要慎重。社保体制从微观讲，事关民生；而从宏观看，关系到国家未来行政治理的格局。

社保资金管理模式，涉及我们要建设一个什么样的国务院行政治理体制；从结构有效、稳定和政令统一的角度讲，社保资金应当纳入财政预算统一管理。（1）社保资金由职能部门管理，在中国实际上会形成第二"财政部"。特别需要提醒的是，劳动力价格是逐年上升的，因此，按照劳动力价格一定比例所收的社保资金，在整个政府收入中的比例会越来越大。美国财政收入中社保收入的比例在持续上升，而由于资本长期价格是相对下降的，以资本为基础的公司所得税在政府收入中的比例却越来越低。从长期看，中国也不可能摆脱这种要素价格变动规律对政府收入结构的影响。稍加思考便会明了，目前中国人均 GDP 水平很低，而经济总量却已经超过日本了。中国这样多的人口，如果将其社保费集中到政府的某一部门管理，这一部门掌握的资金，可能是全世界社保资金规模最大的资金额。如果社保不纳入统一的国家财政预算，由职能部门征集和管理，实际上会足以成为国务院中的"第二财政部"。（2）在目前中国特殊的行政治理结构下，财政预算应当统一集中，而不宜使多部门持有重资。中国的国情是，法制不健全，潜规则盛行。从现实看，经济实力决定发言权，即"屁股决定脑袋"；从治理方式上看，与德国行政管理层次和结构不同的是，部门权力较大；从未来国家的发展着眼，需要一个政令统一和稳定的最高行政治理结构。因此，就国家行政治理政治统一和稳定的需要考虑，既要避免地方持社保重资而影响公民对国家的认同，进而影响中央权威和国家统一的局面；也要防止部门持重资而左右最高行政统一政令的情况发生。因此，不能再在预算方面设计一个留有部门持重资而影响统一政令隐患的制度。

因此，社保资金管理需要有两个集中：从地方逐步集中到中央，从部门一定要集中到国家的财政预算。形成社保税务征收、预算管理、基金运作、社保核算、社会化发放、第三方监督的各环节横向分工的运作模式。

2. 国有工商和金融资产和利润纳入财政预算

2007 年 5 月，国务院总理温家宝主持召开国务院常务会议，研究部署试行国有资本经营预算工作。随后，地方国有资本经营预算工作在各省区市陆续铺开。

将国有经济纳入财政预算管理。有学者进行探讨，国有企业的红利和各类"私有化"收入应该上缴给财政部，纳入正规的预算程序，并用于公共支出。但是，不同国家对国有企业的分红政策差别很大，分红方式不同，如新西兰根据国有企业的资本结构、未来投资计划和盈利前景等因素来制订分红计划；新加坡国有企业分红主要考虑现金流（即折旧前盈利）；在瑞典和挪威，国有企业不定期地以特别红利（一次性）的形式将资本金归还给国家，目的是减少国有企业的资本（股本）以取得更高的资本（股本）回报率。具体分红水平也各不相同，一般为盈利的 1/3 至 2/3。[①] 虽然国家对企业投入了巨资，但是，国有工商企业向国家上缴利润很少，并且，作为国有资产，其保值和增值情况也没有向人大报告；金融性的国有资产，国家财政也没有从中得到应有的资产收益，并且资产损益也没有向人大报告；非经营性的国有资产，预算宽算宽用，重复建设和购置，闲置和利用率低，资产收益坐收坐支等现象十分严重。因此，有必要将国有资产及其收益等纳入预算管理。（1）经营性国有资产预算管理，有不同选择方案：或单独编制向人大报

---

① 赵凤彬、韩丽：《基于公平的国有企业利润分配问题》，《经济导刊》2008年第 2 期。

批，或者收益上缴和亏损补助部分纳入国家财政预算，并专门向人大报批。参考程序有：一是国有资产（工商类）管理委员会和金融资产管理部门分别编制两大系统的国有资本金预算，向人大报告，其中资产总额向财政部汇集，国有资产收益应当向国家交纳的部分，纳入国家预算的收入项；二是专门编制预算，但全部收支纳入国家预算管理。不论是独立的国有资本金预算，还是纳入国家预算的国有资产预算，其向社保基金等划转的国有资产收益，都应当先进入国家预算收入，再进行国家预算的支出。（2）非经营性国有资产也要纳入预算统一管理。党政机关、社团和事业等由财政拨款的非经营性国有资产，单位除了编制一般的经常性预算外，在单位预算中要列出国有资产的核算科目，反映其增减和收益等内容；重大的党政、行政和事业工程建设和设备采购，需要先由建设项目预算管理部门编制建设和重大采购预算，对国有资产进行合理配置；建成后，其固定资产纳入财政预算管理，其资产由政府非经营性国有资产管理部门统一管理。非经营性国有资产预算管理，可以采取复式预算的方式，先粗后细，逐步完善。

一些国有资产规模小的省和自治区，以及省级以下政府所管理的国有企业，由于规模小和数量少，因此只在经常性预算科目中列分红和亏损补助，不编制专门的国有资产预算。

国有企业和银行应当向政府财政上缴合理的红利。1994年国企改革提出税养国家、利活企业，之后国企采用税收的形式向国家缴税，告别了财政拨款的年代，这就是所谓的利改税、拨改贷。1994年利改税后财政部等相关部门就颁发了《国有资产收益收缴管理办法》，但是终因它的法律地位不够，加之收缴的情况复杂，实际操作起来非常困难，最终不了了之。一些专家主张国务院国资委应该是国企分红的收支主体，其理由是：国资委是经国务院授权的全民所有制代表；现行的国资委要求管产、管人、管事的统一，当然也应包括管财，因此国资委必须从财政部分离出来成为独立的特别法人组织；相应地国企改革成本今后也应由国资委承担，这样才能真正做到政资分开、职责分清。另一些专家认为，国企上缴的利润应该作为公共财政收入由财政部进行统一预算管理。其理由是：国企由国家出资，国家财政由财政部主管，政府向国企出资，是公共财政预算支出的一部分，国企的收入自然也应该是公共财政收入；对国企投资是全民投资，分红是投资收益，应该为全民所用，通过公共财政真正实现取之于民、用之于民；国际上许多国家如丹麦、芬兰、法国、德国等都是将国企的红利直接上缴财政部门。①

在国有和国有控股企业的红利分配比例上，许多专家认为如果对国企分红制定统一的标准，或由企业自己申报上缴比例，都不能达到理想效果，主张把企业分为股权上市流通的国企和国有独资企业分红来分别制定不同的分红比例。股份制企业国有资本的分红政策可以参考西方股份公司的固定股利政策、固定股利支付率政策和低正常股利加额外股利政策来实施。而国有独资企业国有资本的分红可以考虑资金占用费政策和利润分成政策。学者吴海明（2007）则设计了一个具有良好激励约束功能的红利上缴模式，他将现有国企分为以下几种类别：有正常盈利的国企；公益性国企或需政策特别照顾的国企；有正常盈利且无隐瞒真实利润行为的国企；有正常盈利但有部分隐瞒利润行为的国企；微利且不足以分配红利的国企或亏损性国企。根据这种类别划分提出了国企分红方案。② 我认为，国有企业利润总体上的上缴比例，不应低于80%。

---

① 徐文秀：《近年来国有企业利润分配研究进展综述》，浙江省委党校图书馆网，当代社科视野栏目，2010 年 4 月 12 日。

② 徐文秀：《近年来国有企业利润分配研究进展综述》，浙江省委党校图书馆网，当代社科视野栏目，2010 年 4 月 12 日。

3. 应当成立国有金融资产管理机构

目前，国有金融系统积累了规模很大的金融国有资产。特别是国有净资产来自两个方面的积累：一是金融系统国有和国有控股银行、保险、证券、基金和其他金融企业的利润，一直没有或很少向国家上缴利润，长期在金融系统内部积累，规模巨大；二是人民银行的铸币收益是国家发行货币主权收益，并且随着中国货币实际流通的范围越来越大，收益规模也越来越大，积累的资产规模也越来越大。这些资产归谁，是怎样使用的，使用效果怎样，无人问津，暗箱操作，到现在没有一个管理的制度框架，包括资产管理机构和法律体系。

因此，未来国有经济的改革，还应当包括对国有金融资产的管理。金融国资委应由国务院设立，和国资委一样，一成立就直接由人大管理。成立金融国资委，委员会可以统筹考虑国有金融资产的布局和规划，提高国有金融资产的运营效率；可以协调各部门之间的关系，能够兼顾市场公平与公正；委员会办公室通过授权经营，使所有权与经营权、监管职能与出资人职能分离。

4. 其他收入也需要分类改革，纳入财政预算

目前除了社保和国有企业利润没有被纳入财政预算外，还有一系列的收入游离于预算之外，需要逐步清理，费改税，纳入预算管理。一是目前的探矿权和采矿权出让，应当改革为矿体（如面积和深度等）出让，矿体中矿物产权拍卖的方式，并将拍卖收入上缴财政。二是土地出让，废除目前政府一家卖地并"招拍挂"的体制，应当所有的土地平等进入土地市场，同地同价，政府收取交易增值税，以及土地使用税，税收上缴财政。三是各种收费和罚款，既不合理又不合法的，要坚决进行清理和废除；有些不合理的，即使合法，也需要逐步清理和废止；有些合理的收费，如移动公司的频道使用费、航空空间使用费等，费改税，并制定合

理的税率或者提高税率，纳入财政预算。四是发行彩票收入、举行全国性考试缴费收入等，都应当纳入国家财政收入，进行预算管理。

（三） 调整和改革税收来源结构

过去，在国有制和计划经济体制下，国有企业向国家上缴利润。后来利改税，征税的对象主要是企业。谈税收结构，首先需要分析税源的分布。中国目前的税收结构，主要征税对象为企业，深究起来，我们实行的是一种鼓励依靠资产食利，鼓励污染和浪费性使用资源，而不鼓励创业和创造财富的税费政策。这种税费结构，从结果上看，与社会主义共同富裕价值理念，与科学发展观，从根本上是相悖的。未来的税收源泉在哪里，决定于要素价格、资源和环境稀缺程度和财富的积累分布。并且，应当以此来进行调整和改革。

从表6-1中可以看出，向企业收的税，加上烟酒消费税，占到总税收的75%以上。政府全部收入中，企业主要负担的有增值税、所得税、营业税和城建维护税38143.05亿元，收费和罚款的80%，即17569.6亿元为企业所交，从企业征收社会保险金13696.10亿元，共计从企业中征收69408.75亿元税费，占政府全部收入的60.42%，加上消费税，占全部收入的近65%；而个人所得税只占3.24%；资源税只占0.26%，房产税只占0.59%，环境收费没有进入政府收入的计算，没有体现出来，我估计至多也不超过0.5%；而且土地出让收入则是从农民手中和低收入者手中收钱的体制设计。显然，这样的政府收入结构，抑制投资与创业，对就业不利；对财产积累、污染行为、浪费资源的行为等，轻税和不征税，实际上是对扩大就业设置障碍，促进两极分化，鼓励浪费资源和污染环境。那么，怎么改革呢？

表 6 – 1　2009 年中国政府全部收入及其结构

政府实际全部收入	114885.04			100.00
社会保险金	13696.10		13696.10	11.92
各种规费和罚款等	21962.00			19.12
企业增值、所得、营业和城乡建设维护税	38143.05	20911.20	17231.85	33.20
个人所得税	3722.31	2234.23	1488.08	3.24
资源税	301.76		301.76	0.26
土地增值税、城镇土地使用税、耕地占用税	1668.74		1668.74	1.45
房产税	680.34		680.34	0.59
其他税收收入	9707.59			8.45
税收合计	54223.79	30968.68	23255.11	47.20
探矿和采矿权出让	57.35			0.05
土地出让	15910.20			13.85
发行彩票收入	1324.79			1.15

注：数据来源于国家统计局、财政部、国土资源部网站，收费数据为笔者研究计算估计。

1. 个税最高税率降低到 30%

以劳动者个人为征税对象的税收将快速增长。一是随着人力资本的积累，劳动者智能和技术的提升，人民生活水平的逐步提高，资本要素的价格相对会越来越低，而劳动力的价格相对会越来越高，劳动创造的财富比重越来越大，其收入也会越来越多。因此，未来从劳动创造和分配财富活动征税的税基规模会越来越大。二是社会保障和公共服务水平的提高，也需要征收的社保基金扩大覆盖面和提高水平，加之劳动力工资水平越来越高，社保按照工资水平计提，社保费改税，社保税的规模也会越来越大。三是中国是一个人口众多，劳动力丰富，人力资源大国，税源基础与人口相对较少、资本密集、资源丰富的国家不同，随着剩余劳动力的转移，就业规模的增加，税收来源更多的是劳动创造财富的领域。因此，个人所得税和社保税将是未来最主要增长的税源领域。

不宜提高个人所得税收入起征点太多。目前，有学者提出提高个人所得税从目前的 2000 元起征点，到 8000 元，甚至到 10000 元。我认为，提高个税起征点，在通货膨胀的情况下，有利于减轻居民的负担。但是，提高太多，是不正确的。一是随着资本相对收益率的不断下降和劳动收益率的不断上升，如果征税仍然偏重于资本，而象征性地对劳动征税，面对未来庞大的公共服务需要，税源会相对枯竭；二是与农民收入相比，与城镇中大量的农民工工资水平相比，目前的起征点已经不低，如果调到 10000 元，对于广大的农民和在城镇中务工的农民工是不公平的。因此，我认为，个税起征点上调不宜太高。

应当将个人所得最高边际累进税率，从目前的 45% 降低到 30%。财政部财政科学研究所贾康指出，我国 45% 税率（我国现行税率为 5%～45%，共分 9 级）实际收到的税款几乎为零。[①] 为什么这样低呢，我认为，一是征税基础、技术、手段和纳税观念等方面，还缺乏条件；二是税率太高，加上对小企业和个体工商户的重复征税，对于业主和劳动者纳税成本太高，而其漏税风险成本远小于偷税漏税被罚成本。因此，我认为，不如将个人所得税最高纳税税率降低到 30%，完善征税环境和条件，并且严格征收，对于漏税者严惩不贷。这样，反而偷漏税率会下降，征税额会上升。

个人所得最高税率多少合适，许多专家也进行过研究。他们认为，凡是个人所得税税率高、税入多的国家，政府提供的公共福利也极为丰厚。如欧洲一些国家，个人所得税最高税率超过 50%，

---

① 李卫玲：《个税 45% 税率档实收税款几乎为零》，2005 年 9 月 30 日《国际金融报》。

但与此同时，政府也包办了个人"从摇篮到墓地"的各种福利，如终身公费医疗、从小学直到大学的公费教育、全民退休计划等。另一些国家，以美国为代表，信奉"小政府"理论，提供的个人福利比较少，没有公费医疗，也没有公费的大学教育，其个人所得税也就相应较低，最高税率为33%。"这样一比，我国的个人所得税税率目前最高为45%，即使降到40%，也还比美国高出一大块。"① 因此，我认为，中国个人所得税税率应当比美国33%稍微低一些，定在30%较为合适。

2. 开征财产税

1978年以来，在结构和体制双转型中的中国，不论是依靠辛勤工作和合法经营积累的财富，还是依靠政策漏洞、计划与市场双轨，甚至走私等途径积累的财富，炒股炒汇炒地、企业改制上市等积累的财富，党政公务及行政事业工作人员灰色收入积累的财富，总之，实事求是地讲，中国社会今天少数人积累了大量的财富。

随着经济的发展，投资者和居民积累的财富也会越来越多。一是财富的积累有马太效应。越是财富积累早，越是财富积累多，随着时间的推移，财富会越积越多。比如，有一部分居民很早将住宅作为资产投资，越早，价格越低；随着时间的推移，房地产在涨价，使其财富资产增多。而且，他们还可以投资出售，再投资再出售，逐步地积累住宅和其他资产财富。而有一部分居民，因收入较低，总是希望住宅价格再降低一些购买，而住宅的价格却越来越高，最后或者背负很高的债务，以很高的价格，买了住宅，或者根本就买不起住宅了。二是积累的资产可以进行再投资，获得红利收入；可以将住宅作为出租资产，收取房租，进而食利；等等。

---

① 赖颖璇：《个税改革重效率还是重公平》，《中国经济周刊》2005年8月15日。

　　房屋是居民不动产财富的一个最大项目。若不提早防范，中国导致两极分化，将会从住宅资产的积累和集中开始。从目前居民和农民工的房价收入比看，已经分别超过 8 和 22，从需要住宅的居民看，城市中有 85% 的家庭已经没有购买住房的能力了。有人认为，土地的集中会导致两极分化。实际上，如果一户农民，耕种 90 亩地，每亩收益 200 元人民币，年收入仅 18000 元，每个劳动力仅 9000 元，每月收入仅 750 元；而一个城市家庭，如果有十套房屋，每套每个月租金 2500 元，一年全部租金为 30 万元，是拥有 90 亩地农民年收入的 17 倍！到底是农村的土地集中会导致两极分化，还是城市中住宅资产的集中会导致两极分化，答案显而易见。因此，如果不对居民的财产进行征税，一方面，大量的税源会流失；另一方面，结果必然是两极分化。

　　前几年曾经讨论过私营企业家们的原罪话题，有的学者，包括相当比例的舆论认为，一些企业家，包括一些非企业家庭财富的原始积累，不是辛勤工作和合法经营所得，而是灰色领域，甚至是黑色领域中的收入，应当追究他们发家致富的原罪。从道理上看，我认为应当加以追究。实际上，中国革命战争时期，包括新中国成立初，我们都用过打土豪、分田地、分财产、进行社会主义改造等革命斗争的办法，来均贫富。我们今天还能用这种办法吗？从务实的角度讲，从现代法治社会讲，我认为，这是不可取的，也是行不通的。一是过去法律、体制不完善，一些财富的积累，说不清楚是违法，还是合法；二是许多财富进入了投资领域，进入了企业的经营，如果大规模查抄，必然会影响许多企业的正常运行，给生产、就业、税收带来巨大的损失；三是许多灰色和地下收入，清查成本很高，耗时很长，事情错综复杂，会形成一次革命运动，还会伤及许多无辜。我认为，在多种所有制和市场经济体制下，中国共产党人要学会用经济和法制的手段，以和平的方式，以社会震动最小的途径，防止财富的两极分化和收入的贫富不均。

显然，在税收结构方面，要开征一般和累进的财产税，需要清查和登记财产，并对不同类型的财产和个人财产处置行为设计不同的税种。（1）财产清查和登记。第一阶段，不论财产来源，不论普通公民，还是党政和行政性事业公务员及职员，国家在第一阶段，对家庭的不动产、存款等进行登记，对年收入进行记录，并且，对个人进行保密。第二阶段，对于官员及其家庭财产，在时机成熟时，平稳地进行公开。（2）财产税分为三类：一是对房产征税，对每人使用面积 35 平方米以内的，每年按照房屋市价的0.5% 征收房产税；对于 35 ~ 70 平方米的，征收 1% 的房产税；对70 ~ 100 平方米的，征收 1.5% 的房产税；对 100 ~ 150 平方米的，征收 2% 的房产税；对超过 150 平方米的，征收 3% 的房产税。二是财产赠与和遗产税，当事人除非是捐助，否则，将财产赠与和转移给相关人或者继承人时，分别征收 35% 的赠与税和 55% 的遗产税。财产捐助公益事业的，可免税。房产税的开征，将非常有力地抑制多套房的集中和积累，增加房屋的有效供给，抑制房屋的投机性需求，平抑房价，减少房屋建设所需要的土地，而且，是防止城市居民财富和收入两极分化的最重要机制。[1] 三是对存款资产等，征收利息等不同形式的财产税。

3. 开征资源税和环境税，并提高其比例

中国是一个人口密度很大、环境容量有限的国家。环境资源是一种公共性很强的资源。为了约束法人和自然人向公共环境排污和过度使用公共环境的行为，并且节约使用环境资源，必须开征环境（包括空间）使用税，特别是向环境排放温室气体和污染物的法人和自然人，征收环境（包括空间）使用税和碳排放税及排污税。

---

[1]　周天勇：《中国向何处去》，人民日报出版社，2010。

首先，开征环境保护税。将现行的排污、水污染、大气污染等收费制度改为征收环境保护税，建立起独立的环境保护税种，环境保护税的纳税人应为：在中国境内从事有害环境应税产品的生产和存在应税排污行为的企事业单位、社会团体和个人。环境保护税的税目可以包括碳税、水污染税、垃圾污染税（建筑装饰、电器产品中的有害原料使用）等。

其次，改革资源税结构。一是扩大资源征税范围。在现行对7种矿产品征收资源税的基础上，将那些必须加以保护性开发和利用的资源也列入征收范围。二是调整计税依据。把现行的以销售量和自用数量为计税依据，调整为以产量为计税依据，并将从量征税，改为从价征税，对非再生性、非替代性、稀缺性资源征以重税，以此限制掠夺性开采与开发。三是将现行其他资源性税种，如土地使用税、耕地占用税、土地增值税等并入资源税，并将各类资源性收费改为资源税，如矿产资源管理费、林业补偿费、育林基金、林政保护费、电力基金、水资源费、渔业资源费等也并入资源税。

再次，开征保护资源环境和鼓励节约的消费税：一是对资源消耗量大的消费品和消费行为，列入消费税的征收范围。二是对导致环境污染严重的消费品和消费行为，列入消费税的征收范围。而对于资源消耗量小、循环利用资源生产的产品和不会对环境造成污染的绿色产品、清洁产品，应征收较低的消费税。

总结起来，政府收入结构上费归税，在税收结构上，一是逐步降低向创业、投资和企业经营征收税的比重；二是随着劳动力成本的不断提高和人力资本的不断积累，逐步提高个人所得税的比例；三是对财产开征税收，提高房产税、遗产税、财产赠与税等的比率；四是考虑中国资源稀缺和环境容量拥挤的现实，调整和开征资源和环境税，并将其比重提高到合理的水平上。真正形成一个税源合理、鼓励创业、扩大就业、节约资源、保护环境、促进公平的税收结构。

在税收体制上需要的改革是：要从主要向企业及资本要素征税，改革为向企业及资本要素和劳动者的劳动要素征税并重；要从主要向生产和服务征税，改革为向行为（如节约或者浪费，保护或者污染行为）征税；要主要从企业往来环节征税，改革为在流通甚至是零售环节征税；要从主要以企业为对象征税，改革为企业生产服务与居民家庭财富征税并重；要从目前的有法人账户和现金流的渠道征税，改革为账户征税和个人收入申报征税相结合。

为了扭转只确保政府收入增长，而实际不确保居民收入增长，财政收入增长快于居民收入增长，投资与消费失衡的趋势，应当以法律的形式规定下来，在经济发展阶段，国家财政预算收入上限按照经济景气的不同，最好在 GDP 的 30% 以内为宜；并且适当降低目前较高的企业特别是微型和中小企业的综合税费负担水平。因降低企业税费负担造成的缺口，如前所述，应当以调整税收结构的方式，即增加个人所得税、财产税和销售税等税种的征收来弥补。

二 政府支出体制的改革

财政体制在支出方面的改革任务是，将政府党政公务和行政性事业支出的比例降低，按照现代国家预算体制将一般性预算与建设性预算分开，支出结构向公共服务型财政转变。

（一）预算体制与编制体制联动改革

黄宗羲是明末清初的重要思想家，是我国古代研究赋税制度最深入、最系统的学者之一。他在《明夷待访录·田制三》中指出，历史上的赋税制度有三害："或问井田可复，既得闻命矣。若夫定税则如何而后可？曰：斯民之苦暴税久矣，有积累莫返之害，有所税非所出之害，有田土无等第之害。"意思是说，历代税赋改革，每改革一次，税就加重一次，而且一次比一次重；农民种粮食却要等生产的产品卖了之后用货币交税，中间受商人的一层剥削；不分土地好坏都统一征税。2003 年 3 月 6 日，温家宝总理在全国人大会议期间，参加湖北省人大代表讨论时说，历史上每次税费改革，农民负担在下降一段时间后都会涨到一个比改革前更高的水平，走进黄宗羲定律怪圈。并郑重表示，共产党人一定能够走出黄宗羲定律怪圈。[1]

2007 年，政府党政公务和行政性事业支出的比例，已经达到政府实际全部支出的 44%，[2] 高于许多国家行政公务开支比例一倍以上。实际上，我们没有摆脱财政养人、养人收费、收费养更多的人这样一个恶性循环的怪圈。必须要将财政支出体制与编制体制改革联动，否则，单独的行政体制改革，或者财政体制改革，都会变成未来机构和人员的大膨胀，最后还是陷入"精简→膨胀→更难的再精简→更大程度的再膨胀"的恶性循环之中。

最重要的是，万费归税，行政、执法与收费罚款和部门利益相分离，政府的议事、行政、执行、执法等机构，一定要财政拨款供养；特别少量的处罚收入，直接进入国库，与行政、执行和执法机构和人员的办公、工资、福利等利益绝对无关；设置和建立机构和增加供养人员，事先应当征询人大财经委和财政部门的意见，无财政拨款的，党委不得动议研究建立机构和讨论任职领导，组织部不得提名和考察机构领导，编制部门不得给机构和人员编制，人事部门不得给公务员和事业单位人员岗位。政府不得供养无财政拨款的

---

[1] "黄宗羲定律"，百度百科，http：//baike. baidu. com/view/333867. htm；秦晖：《并税式改革与黄宗羲定律》，http：//economy. guoxue. com/article. php/410；黄宗羲：《明夷待访录》，http：//guji. artx. cn/Article/7360. html。

[2] 周天勇：《中国向何处去》，人民日报出版社，2010。

官员、公务员、事业单位职员和临时雇员。目前的问题是，政府许多行政、执行、执法等机构，如质监、交通行政、卫生防疫、城管、环保、海事、公路、人事、银监、保监等，甚至像公检法这样的机构，财政都不足额拨款；有的一点都不拨款，而是给收费的政策；许多机构虽然收支两条线，但是，潜规则上实行"超收奖励和罚款分成"的体制。于是，有的政府单位，财政不但不拨款，而且还要从中超收和分成一些；有的，财政拨款一点，让其收费和罚款补充其经费不足的差额。就是在一个政府机构中，有吃财政拨款饭的人员，也有吃收费和罚款饭的人员；有的本来就是政府机构，为了收费和罚款，有意设置成行政性事业单位，让其去收费。现在，几乎到了没有一个政府部门和行政性事业机构不收费的，几乎所有的政府部门在立法时，在制定自己的部门条例时，想方设法、千方百计、绞尽脑汁、巧立名目，设置收费和罚款条款，或者要么就是通过办班、考试敛财，要么通过发放资格、许可证等收费，要么通过已经收了贷款投资好几倍钱的公路来强行收费。公权与部门和公务人员私利相结合，政府部门和行政性事业单位商业化和公司化，已经成了中国行政、执行和执法的重要特征。因此，不能再延续设机构、不给钱、给收费和罚款政策的模式，一定要在大部制改革的同时，清理和废除绝大部分政府部门和行政性事业单位的收费和罚款项目，废除财政"收支两条线"体制，将"超收奖励和罚款分成"视为公权腐败来严格禁止和问责。

（二）财政一般性预算与建设性预算相分离

中国财政，过去在以经济建设为主导的指导思想下，把相当多的财力用于经济建设，非建设性的公共服务领域投入不足，公共服务资源缺乏，大部分财力还没有用到社会事业发展和公共服务供给方面。我国近年财政预算内支出中经济建设的比例为1/4左右，如果包括用各类预算外基金、土地收入和政府预算外变相借款筹资而形成的建设项目支出，建设支出的实际比例更高。政府建设项目投资过多，也是宏观经济中投资与消费的比例失调的重要原因之一。因此，在预算改革中，需要将中央财政发行债券收入，不再用于补充经常性预算，调整用途，并仅仅用于项目建设。如前所述，各级政府的建设项目用发行债券来筹集所需资金，一般性预算中只列付息项目。

公共设施项目的建设和重大设备采购，一般有这样一些特征：表现为项目建设的资金需要量大；与日常行政公务开支相比，表现为非常规性，有的年度建设项目多，有的年度建设项目少，年度与年度之间开支不均衡；由于财政收入一般表现为稳定均衡增长性，而建设项目又是年度之间不均衡支出，如果将公共设施建设作为常规支出，则年度之间财政预算很难平衡。因此，需要将各级政府的建设预算和经常性预算分离。（1）政府所有的公共建设项目，都以发债的方式筹集资金；各级政府单独编制本级建设项目预算，报同级人大审查和批准，财政经常性预算中设置付息科目相对应，一个阶段的借债建设规模，受这一阶段财政付息能力的制约，对于中西部地区，财政在转移支付时，要考虑其项目建设付息部分的支出。在成熟的市场经济国家中，其通行的做法是，地方政府的建设项目，其资金主要来自于地方政府发行的长期债券，而其付息则列入政府预算，这样财政支出在年度之间就被均匀化了。（2）规范发债程序和机制。首先，需要建设的管理部门提出项目，财政部门提出预算和发债的动议，提交人大讨论。人大或者否决，或者予以通过。一些重大的建设项目，在人大要进行各方代表和专家组成的听证会听证，听证会有权否决、修改和通过。一些特别重大的借款项目，还需要州或者市县镇的公民投票公决。其次，由中立的资信评级机构对政府的信用进行评级，包括政府的收入、债务、赤字等情况，政府未来的收入和还款能力预测，政府过去付息的行为等。以此给政府所发的债券以信用评级。最后，由政府委托券商通过银行发行政府债券。（3）对于建设发债进行宏观控制。考虑到中国的共和制政体，地方政府的发债要由上级发改委审批。主要标准是，不能超过规定的本级财政收入当年债务比例线和债务余额当年财政收入比例线，还要考虑未来的财政收入增长点和付息能力。（4）规定建设项目前置论证和核准的程序、机制和时间。建设项目备案和核准前的各有关部门的论证和评价，需要前置，并按照论证内容的简易和复杂程度，规定法定的时间限制，以避免预算已经批准，但各部门论证和评价历经一到两年而不能开工建设的情况发生；有必要由发展与改革委员会来归并、协调各部门的各种论证，使其在法定的时间内完成，以有利于建设预算的顺利和按时执行。

最后，中央一级由财政经常性预算、社会保障预算、国有资产预算和建设项目预算，省县级政府主要是经常性预算和建设项目预算，合并形成一级政府的预算法案，依法编制、讨论、审批、执行和监督。

（三）建设公共服务型预算

中国目前的财政体制是从过去的计划经济体制下转变过来的，传统的财政体制带有生产建设和为计划经济服务的特征。随着从计划经济向市场经济转轨，财政也要从生产建设型财政转向公共服务和社会管理型财政，从而在财政方面体现执政为民的理念。

1. 按照公共服务型财政和不同的预算确定预算科目

公共预算，应当以提供公共产品和公共服务为主，其项目的核心理念就是以人为本，注重民生。支出较大的项目应当是社会保障、教育、医疗卫生、低收入补助、生态环境保护和治理、消防、治安等方面。（1）按照执政为民和公共服务的理念设计一个公共服务型的国家各级政府预算科目。预算科目要将政府行政部门的预算与本部门执行的事业等功能预算分开，避免行政管理费用挤占事业费用的情况发生；科目与国际上各国通行的公共财政科目接轨，便于反映政府公共服务的结构和程度；细化预算科目，全面推行部门预算制度。从功能上、性质上进行预算科目规范分类，建立多级预算科目体系，每项支出都要有相应的对应科目，把预算具体到部门、单位和项目。（2）一些科目需要随着改革的深入进行调整。如非税收入项目，包括一些政府基金，有的需要费改税，有的需要清理和废除。因此，还需要一些临时的过渡性科目。（3）取消一些明显带有计划经济色彩的科目。如基本建设和更新改造支出科目，在项目建设预算与经常性预算分开和发债主要用于建设项目联动改革后，需要从经常性预算中予以取消。（4）对社会保障、国有资产预算（或者国有资本金预算）、建设项目预算，按其需要，进行特殊的分类和设置专门的收支科目。这些特殊的预算与经常性预算有所区别，不能纳入经常性一般预算进行核算，需要按专业和功能，设置其科目。

2. 压缩行政公务支出

据政协委员任玉岭计算，1978～2003 年的 25 年间，我国仅预算内支出的行政管理费用就增长 87 倍。预算内的行政管理费占预算内财政总支出的比重，在 1978 年仅为 4.71%，到 2003 年上升到 19.03%，这个比重，比日本的 2.38%、英国的 4.19%、韩国的 5.06%、法国的 6.5%、加拿大的 7.1%、美国的 9.9% 分别高出 16.65 个、14.84 个、13.97 个、12.53 个、11.93 个和 9.13 个百分点。实际上，这里还没有包括在预算外经费和地方土地收入中列支的行政公务开支。如果将这部分加上，中国各级党政行政司法等公务经费开支，可能要占到实际总支出的 40% 左右。因此，如在前面研究报告中所述的，需要制定一部《国家政权和事业人民供养法》。

2011～2020 年的 10 年间，应当有一个中长期的硬性规划，即将党政及行政性事业的支出比例，从目前占政府实际全部支出的 40%，到 2020 年时，压缩到 18% 左右。每年安排一个党政及行政性事业支出比例降低 2% 多一点的计划，并强制和切实执行，到 2021 年时，党政及行政事业经费占政府支出比例降低到意大利政府行政公务支出比例的水平。体现取之于民，用之于民，以及党和政府执政为民的宗旨。

3. 保证公共服务项目支出快速和稳定增长

从我国目前的财政支出结构看，教育支出财政拨款比重下降，没有达到教育支出法定增长；公共卫生投入不足，与发达国家相比差距较大，与一些发展中国家相比，也有一定的差距；社会保障资金征集和支出制度不统一，政府保障特别是财政主体局外缺位，养老、医疗等资金缺口较大，低收入生活和居住等保障水平较低，覆盖面较小；消防和治安等财政投入不足，与建设平安社区和国家的要求相比，警力和设施配备严重不足；生态建设和环境保护投入水平低，不能防止和消除人口集中、工业化、农业现代化对生态和环境形成的负面影响；科技投入不足，支出结构不合理，创新缺乏研究人才和装备基础。向公共财政支出结构的调整为：（1）提高教育支出在财政总支出中的比例。一是加大教育投入，到 2010 年国家政府性教育经费的投入占 GDP 比例达到 4%～4.5% 之间；到 2020 年财政性教育经费投入占 GDP 比例达到 4.5%～5.5% 之间；二是在加大政府对教育投入的同时，改革教育体制，提高教育效率，逐步减少学校收费项目，降低收费价格，并加强财政预算外资金管理，将教育预算外资金收入统一纳入财政预算管理，整合财政教育预算内外资金，统筹用于教育支出。（2）提高公共卫生总费用占财政总支出比重，力争到 2020 年由目前的 4.23% 逐步提高到发达国家水平，达到 10% 以上。从资金来源方面要加强医疗保障资金的征收，从支出方面，增加对医疗保障的支出，并且调整财政支出结构，增加公共卫生投入，加强疾病预防控制体系、应急医疗救治体系和卫生执法监督体系建设。（3）财政收入增量的相当部分，包括国有资产经营和变现收益，用于补充社会保障资金缺口。一是弥补社会保险费用收支不足的部分，特别是补充养老金的缺口；二是加大对社会救济、社会福利、优抚安置、社区服务的财政投入力度；三是社会保险管理机构属于非营利性事业机构，其人员经费和公用经费开支由财政支出。提高社会保障支出占财政总支出比例，力争到 2020 年基本达到中等发达国家的投入水平，为建立较为完善的社会保障体系提供财力保障。（4）增加财政对社会稳定的投入。一是一些大中城市，人口流动频繁的区域，需要增加警力，财政要按照增加的编制增加经费；二是社会治安、消防、交管需要大量的装备，并且对车辆、电子器械等设备的技术和性能要求越来越高，需要财政增加资金支持；三是地方收入相当部分应当用来保证社会稳定（许多国家基层地方财政支出的 1/4 用于治安、消防和交通管理）。（5）增加对环保、科技和农业的投入。在环境保护方面，环境保护费应当向排污税转型，同时大幅度提高用于治理"三废"的投资比例，到 2010 年力争投资比例达到 GDP 的 1.5%，到 2020 年达到 GDP 比例的 2%，基本达到中等发达国家水平；在科技方面，加大财政支持力度，加上企业和社会投入，力争到 2020 年以前科技投入达到 GDP 比重 4% 的水平；在农业方面，需要在农民种粮、良种、农机具购买等方面"三项直补"，在农业综合生产能力建设，农村义务教育、农民工培训、卫生防疫等社会事业诸项目上增加财政资金的支持。

但是，除了教育、卫生、环境保护三项公共支出需要按一定比率进行法律规定外，其他公共支出事项，不宜采取部门法律的办法来决定财政支出的比率。因为，如果公共支出的每个部分，都以比率的形式加以法律规定，实际上哪个支出项目也做不到，法律就失去了其严肃性，并且失信于民。

简而言之，要逐步取消经常性预算中的投资建设项目支出，并控制和压缩行政公务支出的比例，提高教育卫生、社会保障、治安消防、生态环境、农业科技等公共服务型项目支出的比率，真正形成以人为本、执政为民、公共服务型的财政预算体制。

三 理顺中央与地方的财税关系①

中央与地方的财税关系，既是一个经济问题，也是一个涉及国家治理结构及中央与地方利益分配的政治问题。如何设计二者的关系，理论界进行了争论；怎样改革，学界也进行了不同的设计。这里提出我们的看法和设计。

（一）划分中央与地方的事务和支出范围

科学、合理地划定中央和地方事务，是统筹中央和地方关系、调动地方积极性的前提，也是健全中央和地方财力与事权相匹配的财政转移支付体制的基础。因此，要在界定各自所负责事务的基础上，划定各级政府支出的范围。根据公共产品的层次性、政府职能分工以及政府间事权和支出责任划分原则，中央与地方政府间的支出责任划分应当按照如下思路进行。

首先，体现国家整体利益的公共支出项目、全国性公共产品和必须在全国范围内统筹安排的事务，应由中央政府负责，经费由中央财政提供。这类公共产品和事务主要包括：国防、外交、国家安

①　此部分为与东北财经大学财政学院谷成博士合写而成。

全事务、中央政府行政管理、社会保障、外贸管理、对外援助、全国经济社会发展规划与宏观经济政策的制定实施、全国性的立法和司法、空间开发、海洋开发、环境保护、基础科学研究和高新技术开发、全国性交通干线建设、跨地区特大基础设施项目建设、特大自然灾害救济、全国范围内收入再分配政策的制定与实施、中央银行、中央税的征管等。宏观经济稳定（包括财政、金融政策）是一种特殊的全国性公共产品，其支出责任也应由中央政府承担。

其次，由本地居民享用的地方公共产品应由地方政府负责提供。这些地方公共产品和服务主要包括：具有区域性受益特征的基础设施（如道路、交通、电力、电信、自来水、下水道、路灯、垃圾收集与处理、管道煤气以及港口、机场、车站）、社会服务（如基础教育、医疗卫生、地方社会福利、气象预报、消防、公园）、文化与传播媒介（如广播、电视、报纸、杂志、出版、图书馆、文化艺术馆、博物馆、文物与文化遗产的发掘）以及社会管理等。上述公共产品和服务的提供，其支出无疑需要地方政府负责。

再次，对具有跨地区外部性的公共项目和工程，中央政府应在一定程度上参与。比如，跨地区的公路、铁路、水路运输、邮政、通信等项目。此外，有些项目虽然位于一个地区，但其受益者却不限于本地居民，邻近地区的居民也能受益，如防洪设施、兴修水利、控制环境污染等。从理论上讲，这些项目在多大程度上使外地居民受益应成为中央政府在多大程度上参与的主要依据。但在实践当中，这个程度很难判断。比如，教育项目的外部性主要在于一些受教育者在学业结束后会移居其他地区，但这些人的比例有多大，外部效益有多强则很难估计。如果中央政府参与，一个常见的做法是中央政府按一定的比例支付该项目的成本，即通过财政拨款使外部效益内部化。当然，拨款通常不是为受补政府提供一般性的财政补助，而是有条件的拨款，比如项目的配套拨款，地方政府必须用于特定的公共产品和服务项目。

最后，调节地区间和居民间的收入分配，在很大程度上是中央政府的职责，如社会福利项目等，应在全国范围内实行统一的标准。因为地区间标准和计划的不一致可能会因为人口的流动而使各地的计划难以实现。当然，中央政府在这方面承担较大责任并不意味着它承担全部成本，有时可能只需中央政府的某种补贴。目前各国的通行做法是中央政府通过对地方的一般性转移支付来补助，同时提出具体的原则、标准或要求，由地方政府具体实施。

具体地说，中央政府的事务范围应当包括：行使外交、国防、反恐等维护国家主权、安全、统一等职能；保持宏观经济健康发展和稳定运行，限制垄断、保护竞争，保持重大资源的战略性平衡；全国性交通、能源等重大项目建设；在地区发展协调上，缩小地区发展差距；形成统一、平等和能促使劳动力在全国流动的养老、医疗等社会保障体系。与之相对应，中央政府财政的主要支出项目应当为：国防、外交、社会保障、中央政权和政府的行政管理、全国性重大建设项目的付息、地区转移支付、国立教育、对居民社会保障的转移支付等。

省级政府的事权范围包括：地区社会管理，区域市场的监督和管理，地区性法律的制定和中级司法活动，省级交通道路、水利枢纽等工程项目，省级的社会保障项目，省级治安管理、公共卫生等。因此，其支出项目包括社会保障支出及各种补贴支出，如支农支出，对市、县的转移支付支出；科教文卫支出，如省属高校、一般性文化公益事业、基础性研究；治安设备及警力支出；投资支出，如对省内交通、通信、能源、农业等基础设施和产业的投资；本级政府行政管理支出；等等。

县市级政府的事权范围包括市县内社会管理和市场监管，基层司法，城市管理，县市区消防和社会治安，基础教育、创业和技能培训，县市级公路、市内交通，城市供排水系统，生态环境保护，廉租房和最低生活保障，失业保障和促进就业等。因此，县市级政府的支出项目应当为本级政府行政管理支出、基础设施和基础产业投资支出、科教文卫支出、低收入人群保障支出、消防和警力支出、生态环境保护等。

从上述支出责任看，财政总支出的大头应该在省以下的地方，市、县支出约占全国财政总支出的 50% ～ 55%，省级支出占 15% ～ 20%，中央支出只能占全国财政总支出的 25% ～ 30%。因此，财政转移支付势必成为财政体制的重要组成部分。

（二）改革税制：划分各自的收入范围

分税制是财政管理体制的重点内容，也是加强中央宏观调控机制的重要支撑。分税制的核心要义，就是建立以明确界定各级政府事权为前提，以增强中央调控能力为目标，以强化基层政府管理服务能力为重点的税收分配制度。要改变中国目前分税制度与中央以及各级政府事权不相衔接的状况，就应按照中央政府"经济调节、市场监管"的主要经济职能和地方政府"公共服务、社会管理"的服务职能，立足现行管理服务重心下移的基本趋势，财政分配结构要逐步形成两头大、中间小的分配格局，巩固和维护中央财政收入的比重，扩大和提高县乡（镇）财政收入比重，调控和压缩省和目前地市的财政收入比重。

在划分税种时，应使各税种的功能、特性与各级政府的职能特点相对应。具体而言，需要把握如下原则：一是税种的功能与各级政府的职能相一致。在政府职能的划分上，中央政府主要承担收入分配和稳定经济的职能，在资源配置方面负责提供全国性受益范围的公共产品；地方政府更主要地在资源配置上发挥作用，提供大量的地方性公共产品。相应的，具有稳定经济政策、公平收入分配以及其他宏观调控功能的税种应划归中央；对宏观经济不产生直接影响的税种划归地方。在资源配置职能上，则应坚持受益原则，由于与日常生产经营和人民生活密切相关的大部分公共服务是由地方政府提供的，因此，具有明显受益性的税种应划归地方政府。二是维护全国统一市场，即税种的划分不应妨碍生产要素在全国范围内的合理流动。为此，应将税源具有地域性和非流动性的税种划为地方税。三是提高税收征管效率。各个税种应该根据各级政府的税务行政能力以及征管手段的特点来划分。将征管技术要求较高的税种划归中央财政，将税源不具有流动性的税种以及税源零星分散的小税种划归地方。

1. 中央政府税收

中央政府收入以社会保障税为主，还包括关税、增值税和消费税、证券交易税、个人所得税、企业所得税、海洋石油资源税等属于涉及国家主权、公平市场环境、影响全局利益、关系国民经济稳定、维护统一秩序、调节收入分配以及流动性较强和分布不均的税种。其收入总量应控制在全国税收收入比重的50%以上。

开征社会保障税，改变目前由地方、行业统筹，政出多门，条块分割，各地区、各部门之间苦乐不均的局面，对所有纳税人征收统一的社会保障税。由于社会保障税是具有明显受益性的税种，因此，它归属于哪一级政府关键是要看社会保障服务是由哪一级政府来提供的。社会保障制度归根结底是要建立一个全社会范围内的互助系统，只有由中央政府在全国范围内统筹调度，才能获得最优效率，因此，在较为成熟的社会保障制度在全国范围内建立起来，由中央政府向全社会统一提供社会保障服务时，社会保障税应归属中央财政。

关税是国家处理国际贸易关系、调节进出口规模和结构的税种，关系到国家主权，理应归属于中央税。加入 WTO 后，我国关税制度的完善应从以下几个方面入手：一是履行入世承诺，逐步降低关税总水平；二是以保护幼稚产业、维持就业水平和降低福利损失为目标，进一步优化关税结构；三是调整优惠政策和减免税措施，使实际税率接近名义税率。

证券交易税税源来自全国各地，但交纳地点却主要集中在设有证券交易所的上海和深圳两地。因而将证券交易税划作中央与地方共享税的做法有失公平。由于证券交易税的税源具有全国性的特点，税基流动性大，且实际分享该税的地区财力较宽裕，调整后不会对相关地区财政运行产生大的影响，应将其由共享税改变为中央税。

维持资源税中除海洋石油资源税归中央、其他资源税归地方的现状。我国开征资源税的初衷，一是调节开发资源的企业因资源条件差异而形成的级差收入，促进公平竞争；另外就是针对出现的滥采滥挖、掠夺性开采等严重破坏和浪费国有资源的现象，通过征税来促进国家资源合理有效地开发和利用。考虑到资源税对企业级差收入的调节功能以及资源国有，避免资源分布不均造成地方财力的不均，资源税应划归中央。但是，一方面，若将非战略性的资源税划归地方，则大大有利于对国有资源的保护、合理开发和利用，因为地方政府对情况比较了解，且关系其切身利益，在执行有关资源保护政策时措施更加得力，效果也会更好；另一方面，如果将资源税的立法权和管理权较多地集中在中央，使全国保持资源税税政的统一，同样可以起到调节企业级差收入的功能。至于地区间财力的平衡问题，我国目前的资源税主要是对采掘业征收的，而我国的矿产资源主要分布在欠发达的中西部地区，将资源税划归地方有利于缓解东西部地区的收入差距，符合纵向公平原则。

改变按行政隶属关系划分企业所得税收入的做法为中央与地方

共享税源、分率分征，使企业所得税成为地方税体系中的一个重要税种。个人所得税具有很强的收入再分配功能，其累进税率对于稳定经济也具有重要作用，因此，世界各国都普遍地将其划为中央税，尤其是所得税占很大比重的西方发达国家，个人所得税更是其中央税的主体税种。在我国，从长期来看，所得税在税制结构中的比重会逐步提高，其调节功能也将会逐步体现出来，因此个人所得税也应归属中央为宜。但就目前来看，一方面，由于个人所得税的税额过小，其调节功能还难以发挥；另一方面，个人所得税的征管水平仍然较低，相应的配套制度如储蓄存款实名制、个人财产登记制度尚未建立起来。因此，与企业所得税一样，个人所得税现阶段可采取中央与地方共享税源、分率分征的办法。

2. 省级政府税收

省级财政作为地方财政的主导环节，担负着中观层次上进行经济调控的职能，并负责省域范围内的收入再分配和投资规模大、受益范围广的基础设施建设。因此，一方面要保证省级财政必要的财力，同时，将一些具有调控功能的地方税税种划归省级财政。省政府收入以营业税为主，还包括资源税、城市维护建设税以及增值税、公司所得税、个人所得税中的地方分享比例等税种。其收入总量应控制在全国收入比重的15%左右。

将营业税收入全部划归地方，使其成为名副其实的省级地方税。营业税是一种与地方经济发展密切相关的税种，对于地方政府提供公共服务也具有重要意义。但目前铁道部门、各银行总行、各保险总公司集中交纳的营业税归属中央，这种划分方法显然不够规范。今后，应在合理界定营业税征税范围的基础上，将其全部划归地方。

3. 市县级政府税收

县市政府以房地产税为主，还包括契税、土地增值税、遗产税、排污税、城市建设维护税、车船牌照税等流动性较低、信息要求较细、适宜由基层掌握的税种，以及其他国税、省税以外较小的税种。其收入总量应保持在全国收入比重的30%左右。

实行分税制的许多国家都将房地产税作为其地方税的主体税种，而我国的房地产税体系尚不健全，主要表现为税基窄、税种少，已经不适应经济形势发展的需要。今后，应遵循国际通行做法，分别按房地产拥有、房地产转移、房地产收益三个环节来设计税种，逐步建立和完善房地产税体系。改革的方向应当是将现行城镇土地使用税、房产税、城市房地产税合并，建立内外资统一的房地产税，统一纳税人，合理调整计税依据，改从量定额为从价定率，适当提高征收标准。

修订契税条例，扩大契税的征税范围，对各行政事业单位、国有企业、集体企业、外资企业在参与房地产买卖、赠与、典当、交换时，应交纳契税，以体现公平税负原则，增加契税收入。

开征遗产税和赠与税。根据继承法合理确定纳税人、课税对象范围以及税前扣除项目，按照轻税、简便原则设计税率和确定起征点，并尽快建立财产登记制度，以便创造良好的外部环境。

在房地产收益环节保留土地增值税，并完善配套制度，加强征管，将国有土地自然增值的部分收归国家，以便抑制房地产的投机，防止国有土地收益的流失，增加财政收入。

（三）改革卖地财政

前已述及，卖地财政造成了财政收入的不稳定性和不可持续等问题。要想解决这些问题，最重要的是改革土地征用制度，明晰农民对农村集体土地应有的权利，改变目前农村集体土地实际上的村委会所有制；延长土地使用权期限，城镇国有土地延长出让时间，土地使用年期可以交易流转；取消非公益用地向农民强制征地的方式，废除土地 50~70 年的出让体制，在符合规划的情况下，让农村和城郊集体土地直接进入建设市场；进入建设市场的可以采取分年出租土地使用权、一次性出让长期土地使用权、土地使用权入股等多种形式；用于建设的土地都必须符合城乡建设规划，并成立土地交易所，如果是长期使用年期出让，都要在交易所挂牌交易。

对于政府来自于土地的收入，可以从以下几个方面加以规范。一是征收土地长期使用权交易增值税。无论是企业长期使用的国有土地，还是农民使用的集体土地，如果出让，在土地交易所集中挂牌交易，政府在交易过程中收取土地交易增值税。二是土地使用税。即用地法人对其所占有长期使用权的土地，按照面积和区域级差，每年或者每月向政府交纳一定水平的税收。三是对企业、行政、事业和社团等法人，对城乡自然人，按照所拥有房产的价值征收一定水平的房产税。对于居民，考虑中国以往纳税的习惯，可对一定基本面积以上的部分征税，并顾及我国人口众多和土地稀缺的国情，对超面积的房产实行阶梯式累进征税，从而抑制房产投机和土地资源的浪费。四是对拥有土地长期使用权的占有者，如果其按照年月分期出租土地，或者将土地入股于企业，则按照出租和入股的所得征收土地资产收益所得税。

与上述改革方案相配套，可以将目前由土地管理部门实行的出让和收入制度，改变为财政税收部门的有关土地和房产征税制度，并统一纳入财政预算管理；在逐步理顺三级政权和三级财政的基础上，房产税全部留给市县政府，作为基层政府的主要税收来源，而有关土地的各种税收的大部分留给地方使用，中央财政考虑集中一小部分，用于中央财政向失地农民的转移社保支出，以及用于未来农民工进入城市及弥补农村养老社保资金的缺口。只有这样，才能使地方有关土地的财政可持续，并且避免投资规模过大、土地浪费使用和房地价格过高等种种问题，防止有关财政和资源危机的爆发。

（四）允许地方政府发债并科学控制

为了适应地方政府从生产建设和行政管制型政府向公共服务型政府转型，并且将目前混乱的地方政府举债行为控制住，在规范的前提下，应当允许地方政府发债进行公共设施项目的建设。

第一，规定地方政府财政不得有赤字，比较大的建设项目，可以通过发行地方债进行，在预算中列入项目建设举债的还本付息科目。但是，每年借债的规模不得超过年度本级财政收入的1/5，地方财政债务余额不得超过年度本级财政总收入（不含债务）；并且要测算未来财政增长的来源和还款可能，编制详细的还本付息计划，每年的还本付息额纳入当年预算。考虑到将地方发债进行项目建设的方式固定化，地方财政支出项目中应当有一定比例的还本付息支出被固定化并逐步增长，确保其不得挪为他用，使发债的还本付息有一个稳定的资金来源。

第二，任何重大建设项目若由主要领导决定，应当视为违法；任何建设项目，其项目建设与否、经费预算多少都要经过人大批准。规定项目建设和预算的立法程序，要编制建设项目预算，形成政府的项目建设议案，报同级人大财政预算委员会详细审查，由人民代表大会讨论通过，并由人大监督工程款项的支付和工程项目进度；人大财政预算委员会没有通过的建设项目建议，必须修改再提议，或者予以否决。

第三，地方重大的建设项目建议，对其建设的必要性、可行性、预算等，由同级人大组织进行听证，参加人员为工程建设专家、经济学家、预算专家、会计师、普通公民、人大代表、政府官员、建筑商、审计师、工程师等，就其意义多大、是不是可行、有没有节约成本的其他方案、风险、财政能力等进行讨论，并由媒体广泛报道，接受社会的监督。甚至一些特别重大的影响生态环境、财政支付能力等的建设项目，应当由区内全体公民投票决定。

第四，地方发债，应当由中立的政府信用评级机构对其发债信用进行评级，公布拟发债政府的信用等级，信用等级决定债券的价格，并由债券投资者根据其信用等级决定是否购买、购买多少、以什么价格购买等。因而，政府的财政收支状况要公开透明，研究机构要预测政府未来的收益趋势，投资者在综合信息的基础上，进行地方政府债券的投资，而债券能不能发出去，能发出多少，其发行价格是多少，完全由市场机制来决定。对于财政状况较差的地方政府，如果发债没有成功，其必要的项目建设需要，应当由中央政府和上级地方政府转移支付解决其资金需要，或者由国债项目安排建设，禁止用其他变相的借债方式搞建设，从而规避财政风险，防止财政破产。

第五，对各级地方政府的债务进行清理，不允许地方政府变相借债，一切借债行为都公开和规范化；地方政府借债，限制在发行债券一个途径上，其他借债行为都应当被禁止和视为违法。如不允许政府组建城市建设开发公司，由财政担保进行借款；不允许政府、政府各部门、各事业单位拖欠工程款；不允许欠发公务员和事业职工的工资、欠报医疗费、欠上社会保障等；不允许挪借其他专项资金，用来搞建设。因为公益性项目没有后续的收益来源，是政府要支付成本的公共产品，不允许地方政府从商业银行贷款进行公益性项目的投资和建设。这样只有发债一条借债途径，可以使地方政府借债显性化、公开化，容易控制其债务风险。将一切政府债务显性化后，纳入财政收入债务风险比例控制管理。

第六，考虑到中国的共和制政体，地方政府的发债行为要由上级发改委和财政部门审批。主要标准是，不能超过本级财政收入当年债务比例线和债务余额当年财政收入比例线，还要考虑未来的财政收入增长点和还本付息能力。需要避免的行为和现象是：政府财政预算和未来收益信息不透明和公开，造假账；中立的信用评级机构被政府收买，进行虚假的和夸张的信用评级；人大审批和听证形式化，听证人员选择方式不合理，人员构成不合理，审批和听证走过场；上级有关部门审批时寻租，导致"跑部"和"跑委厅"批债的不良局面。

在调整中央与地方的关系过程中，地方债务的控制和化解是一项重要内容。

一是制衡、规范和约束地方政府借债的行为。需要尽快重申和颁布地方政府不得随意借债的法律或者国务院条例，以遏制地方借债规模的膨胀；经常性项目、社会保障项目不得借债；建设项目可以借债，但是采取政府建议、同级人大批准、上级有关部门核准、资信机构评级、向市场发行的方式，除此以外，不得以其他法律没有规定的方式借债进行项目建设；建设项目借债，同级人大没有批准或者上级有关部门没有核准的，不得发债；如果政府债券资信评级过低，向市场发行不出去，则是市场机制对政府借债行为的否定。

二是编制政府财务报告。中国政府的债务目前主要包括中国政府向外国政府和国际金融机构借入的债务、国债的未来还本付息负担、国有商业银行的不良资产坏账、社会保障支出缺口、政府担保的各种借款以及政府部门的各种欠款等。这些债务有些已按收付实现制的确认条件在会计上得以确认，并在政府财务报告中予以披露，如中国政府向外国政府及国际金融机构借入的债务。而更多的隐性债务在会计上没有得到确认，在政府财务报告中也没有予以披露，如国债的未来还本付息负担、政府担保的各种借款等。从国际经验上看，一些市场经济国家能够在政府财务报告中全面、系统地披露政府所有的债务信息。中国政府财务报告也应改进对政府债务信息的披露，对于符合债权发生制基础上负债的确认条件和计量标准的政府债务，财政总预算会计应按权责发生制的要求进行会计确认、计量，并在资产负债表的有关项目中予以披露；对于不符合具体负债确认条件和计量标准、无法量化的政府隐性债务，应在政府财务报告附注中披露相关信息，以全面、系统地披露政府所有的债务信息。政府财务报告由有关法律规定，将各级政府（包括其各部门及其派出机构）举借的所有债务及所欠的所有款项，都应纳入财务报告的统计、记账和管理范围。对不纳入其中管理的，应当由借债人自我负担，政府不承担还债的义务，以此来约束政府官员的欠款行为。

三是对地方债务进行一次清理。将一些隐性和或有债务显性化。一些建设的设施，可以企业化经营的，通过改制、拍卖等方式，将负债企业化。同时也需要同时清理、收回、出售政府的债权和股权，以其冲抵债务。

四是多种方式综合解决地方债务问题。除了上述的措施外，还可以用出售地方级优质国有企业、经营性设施、土地，甚至政府非经营性国有资产等的收入冲抵债务。债务证券化，按资信评级拍卖或者出售，所得收入冲抵债务，债务进入经常性预算的长期还本付息科目，即债务消解长期化。对一些财政贫困的老少边穷地区，其债务中央政府不直接承担，而是以对经常性预算中付息项目给以专项转移支付补助的方式进行帮助。如果全国地方债务进行清理后，中央政府无力对地方巨额债务进行付息的转移支付，可以试点选择一些县市财政进入破产程序，用破产的方式对历史债务进行消解，以警示地方政府，同时也告诫银行、民众、企业、外商等，随意借钱给政府是有风险的。

（五）配套改革：减少政府层级

应当按照建立效率政府和公共财政框架的方向，在适当简化政府层级的前提下，按照"一级政权、一级事权、一级财权、一级税基、一级预算、一级产权、一级举债权"的原则，经过改革，构造和最终形成中央、省、市县三级政权和财政体制。

第一，撤乡并镇，取消乡镇级人大和政府，包括其财政预算。在政府层级上取消乡镇一级政权，县级政府向乡镇派出精简的政府管理机构；一些如公安、工商、税务等，按照社会治安的需要和经济发展的程度，派出专门机构。取消乡镇一级财政，进行乡镇财政由县财政管理的体制改革，对于乡镇事务的收支，按照资金来源和预算支出，归口到县级财政预算之中。同时，从组织结构、土地产权和利益、集体经济和财产、民主选举、民主议事、社区公共事务等方面完善农村社区自治。

第二，在取消乡镇一级政权和财政后，逐步改革和撤销市地管县政权和财政的体制。远期目标是取消地一级政权，也不再设立省政府向地区一级的派出机构；可将目前的人口过多和地域过大的省和自治区，适当拆分和划小，实行省区直辖和直接管理县市的体制；市县无论区域大小，人口多少，经济发展水平高低，在政府层次级别上是相同的；目前一些改成市所属区的，如果交通、建成区、经济等方面确属没有紧密联系的，可重新考虑划归独立的县市区域，直接归省政府管理；从目前开始，财政进行省直管市县的改革，县级区域提供的全部税收与中央分成的地方部分，不应当再与地级政权分成，中央和省财政向县级区域的专项投资、一般性转移支付、专项转移支付等，都不再通过地区一级政府的财政和相关部门；目前的地区一级政权，也不再考虑对县和县级市的财政一般和专项转移支付。

（六）建立科学、公正和公开的转移支付

中央对地方的转移支付，一是要解决地区间发展不平衡的问题，二是要保持中央政府的权威性和保持国家的统一，三是要建立民众对国家的信任和依赖，四是要讲效率和公开透明。具体地说，规范我国目前的转移支付体系应从以下几个方面考虑。

第一，整合我国现行的"混合型"转移支付制度。将现行的"混合型"转移支付整合成两种形式，即一般性转移支付和有条件的转移支付。一般性转移支付主要用于平衡地方财政预算，既要满足地方履行政府职能的基本开支需要，还要保证地方政府最低公共服务水准的全国均等化。从我国实际情况出发，这类转移支付总额应占绝大部分，并且这部分补助不规定专门用途，由地方政府统筹使用。在分配方法上主要采用因素计算方法，即中央根据各地的自然条件、人口、面积、人均 GDP 等因素差异，确定出不同的参数变量，再按照有关公式对各地的补助进行测算。一般性转移支付与地方财政能力成反比，即地方政府的财政能力越强，得到的补助越少；反之，财力越弱，得到的补助就越多。一般性转移支付可以在对现行诸多类别的转移支付（如税收返还、体制补助等）进行整合的基础上建立起来。有条件的转移支付（专项补助）是中央政府对地方政府从事农业开发、交通运输、通信、能源、原材料和教育科技等方面的社会事业特定项目进行的补助。专项补助可以在整合现行的、项目众多的专项转移支付的基础上构造。

第二，以标准收支和公式作为转移支付分配的基础。良好的转移支付制度应满足透明、客观、公正和稳定要求，而以标准收支和公式作为分配转移支付的基础，则能够最好地满足这些要求。转移支付的分配有两种计算模式：一是简单比例因素法。这种模式不考

虑地方收入,只按影响支出的因素用加权平均法进行分配;二是收支均衡模型法,这种模式是按照各地收支差额的多少计算均衡拨款的多少,只有收不抵支的地方政府才能获得均衡拨款,越贫困的地区得到的拨款越多,其计算公式为:均衡拨款 = 标准财政支出 - 标准财政收入。其中,标准财政支出是指地方政府为提供全国一致的基本公共服务标准所需的开支,等于地方政府提供所承担的教育、社会治安和交通等各项公共服务的标准财政支出之和;标准财政收入是指地方政府应该征收到的地方收入,等于地方税基乘以标准税率。与我国的税收返还相比,以收支均衡模型法为基础的分配方法要好些。由于所有的转移支付接受者适用于统一公式,并以统一口径的相关数据进行统一的测算,因而得出的结果比较客观。从发达国家经验看,以公式为基础的转移支付制度已逐渐发展成为规范性转移支付的主流模式。据此,我国应努力发展以标准收支和公式为基础的转移支付模式。就 一般性转移支付而言,我们必须对2002年确立的转移支付中的标准收支的测算进行改进。在计算标准收入时,对中央和地方税种要按照公平和效率的原则在不同层级间进行合理划分。同时,还要进一步推行"收支两条线"改革和税费改革,把预算外收入、制度外收入等纳入预算,统一各级政府的财力。在计算标准财政支出时,必须按照规范的因素法来进行,要以各地每个支出项目的合理支出水平为标准,而不是历史的数据,这样就会使2002年的一般性转移支付制度不断完善,实现部分规范向整体规范转变;而就专项转移支付的分配而言,也要最大限度地减少甚至彻底摒弃按主观因素分配专款的做法,选择相关客观因素,设计相应的模型进行分配。

第三,建立地方一般性转移支付制度。规范的转移支付制度应包括地方转移支付制度。由于各地的经济条件、地理位置、文化背景等差异较大,故不应采取完全一样的形式,但要使一般性转移支付制度成为一个完整的体系，各地就应该努力使地方转移支付制度与中央对地方的转移支付制度相衔接，即应该参照中央对省的一般性转移支付，并根据各地的实际情况因地制宜。规范的地方转移支付制度的主体应有足够财力来进行转移支付，如果下级实际转移支付财力不足，应由上级财政进行专门的一般性转移支付补助。

第四，加快政府间转移支付制度的法制化建设。针对我国目前转移支付制度存在的问题，借鉴国际上转移支付制度的先进经验，我国必须加强转移支付制度的立法工作，为转移支付提供有力的法律保障。首先，应将转移支付的目标、原则、范围、形式、标准等以法律形式加以规定，使我国转移支付制度在法治轨道内正常、有序地运行。其次，要进一步规范转移支付的审批监督程序，编制转移支付的专项预算，并按预算审批监督程序报同级人大审批。再次，以法律形式明确转移支付的监督制约机制，同时辅之以必要的司法和审计手段，对违法违章者加以相应的制裁。最后，对转移支付的执行效果，要建立专门的考评体系和一系列的量化指标，对其进行社会效益、经济效益的考核评价，以保障转移支付资金使用的科学性和有效性。

四　推进财政民主化

目前中国的财政税收制衡体制方面的问题是，收费方面，各种部门法律、法规和条例中收费罚款项目太多太滥；政府各部门甚至行政性事业单位发个文件，就可以收费。税收方面，政府财政税收部门的决定权较大，不能体现纳税人与政府之间的制衡关系。支出方面，财政供养的公务员、事业单位职员、临时和协助人员太多；报给人大的预算，粗糙难懂；相当多的政府收入没有纳入预算进行管理，不报人大审批；强力部门得到的预算数额多，公共服务部门争取预算的能力较弱；转移支付不透明和不公正。

财政体制改革的制度转变，核心是推进财政收入与支出的民主化。财政民主化，就是要公开、公正和透明，就是限制政府本身在财政收支方面的过度权力，限制党政事业本身对财政收入的消耗，将其转变为提供公共服务的财政。因此，财政体制改革，既是经济体制改革的一部分，也是中国政治体制改革的一个方面。

（一）与财政体制改革相关的人大和政协改革

财政预算体制的改革，也要与人大、政协体制的改革和完善以及相关立法联动。

人大和政协中应当分别设立筹款和预算委员会，下设专门的办事机构——筹款委员会办公室和预算委员会办公室，负责日常的审查工作；建立筹款委员会和预算委员会的联席会议制度，平衡财政收入与支出的关系；筹款委员会和预算委员会的组成人员，应当是从事过宏观管理、财经工作，或者从事过经济、税收、财政、会计、审计、法律等方面教学和研究的官员、专家和学者；而办公室组成人员，则应当是具有税收、财政、审计、会计、法律等方面知识的专门人员。

人大代表应当从目前的会议制改革为专职常任制，过渡时期逐步减少会议代表的数量，增加专职常任代表的数量；为了建立人大与政府之间的制衡，避免政府官员和公务员代表影响筹款和预算法案之嫌，人大和政协代表构成中减少直至取消政府和两院的会议代表（不在政府和两院兼职的中共领导代表不在其列）。

由于人大是按照人口比例分配代表，为了防止产生对经济不发达地区转移支付在讨论和审批时通不过，将政协设置为"多党＋省级区域"的代表构成结构，不论党派和民族其人口及党员多少，不论地区大小，平均分配代表名额；政协代表也与人大一样，减少数量，逐步从目前的会议制改变为专职常任制，减少直到取消政府和两院的官员和公务员代表；授予政协对筹款、预算法案的讨论、审议和批准等方面的立法权力；在人大与政协之间，建立筹款和预算讨论和议事的联席会议制度。

同样重要的是，对财政执行要加大监督的力度，形成预算"编制——讨论审查批准——执行和监督——调整编制"的科学反馈机制：一是加强人大对预算执行情况的监督；二是加大对政府预算执行审计的力度；三是对违反预算法案而乱支乱用的，加大行政和刑事处理的力度。

从立法方面看，要加快《预算法》的修改进程，并与预算改革方案相协调；加快《转移支付法》、《政府部门收费许可法》、《社会保障预算法》、《国有资产预算法》、《公共建设项目预算法》等具体法律的起草、讨论和颁布；《预算法》等要与《会计法》、《审计法》、《刑法》等之间进行衔接和配套，使其成为能真正实施和违法后能追究责任的法律；《预算法》及相关法律，制定要详细，部门制定的有关法律实施细则，也需要经过人大和政协的审定和批准，以防止部门曲解立法机构的立法精神，保证法律具体实施的公正性。

（二）政府财政收入和支出的两个法定比例

这里说的两个比例，一是指政府全部收入占 GDP 的比例，二是党政公务和行政性事业等支出占全部政府支出的比例。应当科学合理地确定政府收入占 GDP 的比率，既不能太低，而不能满足提供公共服务和社会主义福利的需求，也不能太高，影响居民的收入和创业、投资及企业经营；也应当合理地确定政府全部支出中党政公务支出的比例，尽量压缩党政公务和行政性事业支出，使有限的财政资源向为民众提供公共服务倾斜，使我们的党和政府在财政支出上真正体现为民执政和为民服务的宗旨。

1. 发达国家与发展中国家的财政"两个比例"

从政府收入占 GDP 比率看，世界各国的格局是，发达国家高，承担公民福利多的国家高；发展中国家低，承担公民福利少的国家低。发达国家财政收入占 GDP 比率为 35% ~ 45%，但这些国家生产力水平高，国民财富剩余多，国家筹集资源的能力强；而且，这些国家基本上是福利国家，从婴儿的出生，到老年，在教育、医疗、失业、工伤、养老、住房等各个方面，国家都有程度不同的福利。因此，发达国家有能力集中财力，其集中的财力大多用到了人民的福利方面。

从大多数发展中国家的财政收入看，大多占 GDP 的 18% ~ 25%。主要原因：一是从生产力水平方面看，它们比发达国家低得多，财政筹集资金的能力弱，如果财政过度集中财力，税费负担太重，会影响人们的创业、投资和经营积极性，使就业机会减少，失业率升高；二是发展中国家承担的对人民的公共服务和福利程度要比发达国家水平低，覆盖面窄，项目少。因此，发展中国家在财政收入方面，客观上没有集中过多财力的基础条件，主观上对公共服务和人民福利的支出不如发达国家重视。

从政府行政公务支出占政府全部支出的比例看，在发达国家中，最低的是日本，政府行政公务支出占政府全部支出的比例为 2.4%；最高的是意大利，占 19%；美国在 14% 左右。在发展中国家中，实行较复杂民主制度国家的政府①，其政府行政公务支出占政府全部支出的比例要低；而总统权力较大，特别是一些军人独裁的政府，其政府的公共服务支出比例相对低一些，而政府本身行政公务支出比例相对要高得多。

---

① 主要是指总统普选，立法、行政、司法相互制衡，反对党进行监督。

2. 中国财政两个比例存在的问题

从中国的财政收入与支出的关系格局来看，存在两个问题。

一是政府实际全部收入占 GDP 的比例过高，约 35%，脱离了中国是发展中国家，生产力水平还较低这样一个国情。2007 年和 2008 年中国中央与地方政府的预算收入分别为 51321.785 亿元和 61316.9 亿元，分别占当年 GDP 的 19.95% 和 20.39%。但是，中央与地方政府实际的收入要远远大于交给各级人大审议的预算内收入的规模。主要是没有包括不在公布预算中的收费、罚没、土地出让金、探矿权和矿产开采权拍卖和出让、社保费、国有企业上缴利润、彩票发行等方面的收入。20 世纪 90 年代后期，不让政府部门办企业后，收费罚款盛行。中国政府的预算内收入和实际全部收入是两个概念。2009 年的财政预算内收入占 GDP 比率也超不过 20%，当年预算内的财政收入只有 68476.9 亿元，其中税收为 59514.7 亿元，其他收费等项为 8962.2 亿元。实际上，还有预算外表内收费和表外收费 12999.8 亿元，社会保险金 16116 亿元，土地出让金收入 15910.2 亿元，探矿权和采矿权出让收入 57.35 亿元，发行彩票收入 1324.79 亿元，就这几项共计 114885.04 亿元，占当年 GDP 337313.4 亿元的 34.06%，如果加上国有企业利润，会超过 35%。因此，财政和税务部门在计算中国宏观经济税负率时，仅仅以税收，或者税收加社保计算，都是不完整的，都低估了国民经济的税费负担。

宏观经济税费负担太重，且因中国的税费主要来自于企业环节，对创业、投资和企业经营影响很大，导致就业机会扩张较难，实际失业率较高。《福布斯》计算税负痛苦指数的方法，是根据各地公司税率、个人所得税、富人税率、销售税与增值税，及户主和员工的社会保障贡献等 6 种税项的最高税率合计计算。《福布斯》公布的 2009 年税负痛苦指数排名中，中国得分 159。其中增值税率为 17%，企业所得税率 25%（两税统一以后），个人所得税率 45%，个人收入中的 23% 作为社保缴款，企业则配套上缴员工个人收入的 49% 作为社保基金缴款。与 2008 年相比，由于社保基金方面税负的增加，中国的税收痛苦指数上升了 7 个点，排名从 2008 年的第五名上升至第二名，仅次于法国。① 《福布斯》对中国的测算中，没有包括收费和罚款等项目，如果加入这方面的政府收入，实际中国内地税负的痛苦指数可能会高居世界各国首位，是世界上创业、投资、经营税费负担最痛苦的区域。

政府对投资、创业和企业的税费率越高，投资、创业和经营越受到抑制，每千人拥有企业数量就越少，失业率就越高；反之，每千人拥有企业数量就越多，失业率就越低。这是一个规律，不能视而不见，更不能违背客观规律。

二是政府的全部支出中，党政公务及行政性事业单位支出比例太高。笔者曾经对 2003 年和 2007 年的数据进行过详细的计算，2003 年，由国家财政、预算外资金、企业和村民交费和列支成本支出的行政事业供养费用高达 15766 亿元，占 2003 年 GDP 的 13.52%，由这些被供养的公务人员所消耗；国家预算收入、有统计的预算外收入、没有被统计的供养非编制人员 3000 亿元预算外收入，占整个国家总计支出 37960 亿元的 37.58%，由被供养人员所消耗。高达 37960 亿元的国家实际支出中，只有 21.33% 用于公民最需要的社会保障、抚恤救济、教育、医疗卫生四类项目。② 而在 2007 年，一般党政事业支出为 29425 亿元，再加上党政事业投资支出，共计支出为 37412 亿元。以上从支出方面研究了由税费供养的党政事业在编和临编人员的工资、退休、医疗、公招、公车、

---

① 冯兴元：《我国财税体制的缺陷与改革》，人民网，2009 年 7 月 13 日。
② 周天勇：《替纳税人管好"钱袋子"》，中国友谊出版公司，2010。

公出、办公、投资等费用。如果剔除党政及行政性事业投资部分，其日常费用，占当年实际全部政府支出 66875 亿元的 44%。财政开支中，党政事业养人、三公和建设的结构特征较为明显。[①]

3. 用立法限定财政的两个比例

财政体制改革非常重要的任务，一是将政府收入在全部 GDP 中的比例稳定下来，不要让它继续上升，并逐年降低，使其达到一个合适的水平；二是将党政公务及其行政性事业开支比例控制住，不要让其再攀升，并加大力度，让其逐年快速下降。

（1）法定政府全部收入不得超过 GDP 的 30%。20 世纪 90 年代后期以来，仅仅从政府收入的税收看，增速远高于国民经济增长和居民收入增长，是我国经济发展中的常态。2009 年全国财政收入增长达 11.7%，而 GDP 增速为 8.7%，这已经是差距很小的年份了。2008 年全国财政收入增长 19% 左右，2003～2008 年，我国税收收入增速分别为 20.4%、25.7%、20%、21.9%、31.4%、19%，而 GDP 分别增长 10.0%、10.1%、10.4%、11.6%、13.0% 和 9.0%。同期，收费罚款、土地出让金和社保金收入也同样是高速增长。从百度上看到的一则新闻，2009 年某省某市第一季度罚没款同比增长 47%，超过同期 GDP 12.1% 和财政收入 46.4% 的增长幅度。从目前中国政府的税收、收费罚款、土地出让和社保等收入制度设计看，其是一个从 GDP 中强力集中分配的体制。因此，需要从制度上设计，以限制政府的收入比例占 GDP 比重过高。

可见，需要从制度上设计，需要修改《预算法》，在新的《预算法》中规定，首先，将政府的全部收入纳入预算管理，在此基础上，考虑中国还是一个生产力并不发达的发展中国家，考虑收入

---

① 周天勇：《中国向何处去》，人民日报出版社，2010。

在政府、居民和企业中的合理分配，特别是改善居民分配比率过低的状况，政府在中国还没有进入发达国家行列之前，其全部收入不得超过 GDP 的 30%。在这样一个严格的法律指标限定下，处理好财政收入增长与 GDP 增长速度的关系，处理好国家收入增长与居民收入增长的关系。财政年收入增长速度，在财政收入不得超过 GDP 30% 的红线下进行安排。

（2）党政公务及行政性事业开支不得超过全部政府支出的 15%。西方公共经济学的核心理论认为，一个政权是由纳税人供养的，即一个国家中，不是政权在供养着人民，而是人民在供养着政权中的政府、两院和其他政权机构。纳税人委托政府代理国事并拿钱来购买政权所提供的公共服务和社会管理。实际的生活中，由于政权中的政府、两院等有它们本身的利益，包括政府部门、官员和公务员都有自己的利益。于是为了防止公共权力私用，防止政府和公务员拿钱不干事和少干事，为了防止纳税人供养的政权机构和人员无限膨胀和随意提高自己的报酬，政权与人民总是处在制衡政权关系上，即设计出法定的财政预算、财政预算中行政公务开支的比例、公共财政支出的各种支出比例，政府内部有关机构和人员控制机构，人民代表大会对政权各种机构和人员的监督和控制，控制各种机构和人员的有关法律，政权机构设置和人员增加的社会听证，新闻监督等一系列制度。中国的实践反复证明，多少年来多少次精简党政机构和人员的改革，越减越多，事实上处于精简—膨胀—精简—再膨胀的恶性循环之中。因此，修改《预算法》，将党政公务及行政性事业开支比例不得超过 15% 作为一项法律规定确定下来；并且，还需要制定和颁布一部《国家政权和事业人民供养法》，使国家政权机构和人员的无限膨胀受到法律的约束。

解决党政公务及行政性事业开支比例大的问题，需要精简党政社团等机构，党政后勤要社会化，一些事业单位要企业化，公务消费要货币化、公开化，养老等保障要社会化等。这些改革的任务也十分繁重，阻力也不小。如果这些改革不能启动，并且进展不顺利，养人的预算不能减少，收费就不能减少，相关的审批和许可也就不可能减少，建设公共服务和社会管理型政府的目标就很难实现。除了改革之外，需要制定一部法律来约束党政机构的膨胀和"吃皇粮"人员的无限制增加。

起草、制定、颁布《国家政权和事业人民供养法》，属于人民供养的各类机构和人员，需要定岗定员、规定标准、建立指标体系、严格经费拨款、制定审核监督办法和增加供养人员的程序，将供养机构和吃皇粮人数膨胀用法律的形式死死控制住。

需要研究一个课题，就是人民供养的吃皇粮人员的比例数量怎样确定？是以各级政权的框架确定供养人员，还是根据别的因素确定供养人员。我们认为，首先，应当定义财政供养人员的范围，哪些属于人民应当供养的，哪些不属于人民应当供养的。比如精干的政府、人大机关、两院、部队、武装警察、民事警察、义务教育、基础科学、公益性卫生等事业，这些应当由人民来供养，他们为人民提供服务。而那些可以社会化和企业化经营的党政机关后勤和事业不应当由人民来供养。

但是，供养人员规模的确定，必须考虑这样一些因素：一是城市化趋势。乡村人口要向城市人口转移，因此，政权的运作任务量在城乡讲是一个动态变化的过程。城市中的任务越来越重，乡村中的任务越来越少。从趋势上讲，以农业和农村为特征的政权应当越来越精简。二是人口和经济活动单位数量及财富生产规模。过去往往用人口数量因素确定"吃皇粮"人员的比例和数量，然而，农业社会人口的负担能力最弱，而工商业人口的负担能力较强。并且，农业社会和农业生产方式的社会管理事务较少，而工商业经济法人和城市人口的社会管理事务较多。因而，需要从人口、经济法人和事业法人数量、经济发展的负担能力来确定吃皇粮食人员的比例和规模。而不应当是发达地区有什么样的政权设置，不发达地区也有什么样的政权设置；也不应当城市中有什么样的政权设置，农业县中也有什么样的政权设置。三是还要考虑"吃皇粮"人员的工资水平，工资水平太高，"吃皇粮"人员的人数就应当减少。当然，还有一些扶贫、卫生教育需要，民族地区的特殊性，政权管辖的地理面积，中央给予的转移支付力度等因素。但是，政权规模的设置，首要的是以经济发展的承受能力和政权的低成本和高效率为准。而不应当成为人民和企业的沉重负担。从人民中收取的税收，应当更多地用于公共基础设施建设、教育、卫生、科技、环境等方面的开支，而不应当大部分和全部用来发放"吃皇粮"人员的工资，用来养人。

应当根据研究的成果，制定和颁布一项《国家政权和事业人民供养法》，将其与财政预算、党政事业编制、供养人员增减程序等法律法规结合起来，形成有效的对"吃皇粮"机构和人员规模的严防死守机制。将由人民供养的人大、政协、政府、两院、安全、国务事业等所有的机构和人员规模，严格控制在人民能够承担和不影响经济发展的范围内。需要解决的问题和供养法有以下内容。

首先，在控制被供养机构和人员方面，编制、组织、人事、财政等部门的公务员和财政供养事业人员编制要与组织、人事和财政预算相配套。先确定财政支出中用于行政经费和财政负担事业的支出比例，再确定这部分有多少钱，养多少人。目前编制、组织、人事、劳动和财政等部门相互脱节，上级有关部门对市县的财政供养人员的控制脱节，有关部门对单位随意进人的控制脱节。于是一些县市随意增加公务员，随意增加事业人员，而与自身的财政供养能力脱节；一些党政部门随意增加机构，多安排官员，多安排公务员，造成机构林立；甚至一些县市委书记买卖官员、公务员和事业职员，造成财政供养的公务员和事业职员猛增。

其次，界定哪些机构和人由财税供养，哪些不用财税供养，应当市场化；规定如何确定财税供养的规模，比如按人口、按 GDP、按国土面积等；供养的水平，即报酬、福利等水平要符合国情国力。先要减少人民供养公务员和事业职员的数量，然后才能谈到高薪养廉。否则，财政供养的官员、公务员和事业职员太多，国情国力承受不了高薪需要的资金。

《国家政权和事业人民供养法》需要解决的问题是：确定供养的范围和水平，设定党政警社等设置机构、官位和进人的依据和审批，规定供养经费的来源和预算程序，建立人民群众、人大和政协、新闻等各方面的监督制度，并且完善监察、审计部门对机构数量、官位、公务员数量、事业单位数量、事业职员及其经费等进行监察和审计的机制，经费开支的监督，对政府用于养人的借款进行严格控制和监督（禁止用借款来养人）。在城镇实行费改税，废除目前的各种收支两条线，政府各部门不得以收费和罚款来补充行政和养人的经费；编制、组织、人事、财政、监察、审计等部门要相互配合，相互衔接，防止单位和地方钻政策的漏洞而扩大机构和人员。对于违规要进行追究责任，考虑多年控制不住"吃皇粮"的机构和人员，这方面的党纪国法可考虑设置得严格一些。

（三）中央一级财政预算编制和执行分开

我认为，在中国，中央一级财政预算编制和执行应当分开。理由是：（1）国际上财政编制和执行分开，是一个通行的原则。有的国家是财政部内编制和执行分开，相对独立运作；有的国家是政府下编制和执行分开，是两个相互独立的政府部门。（2）中国是一个人口众多、多省份多民族、发展不平衡、公共事务繁杂的大国，一个部门既编制预算，又执行预算，编制容易粗糙，权力过于集中，透明性较差。预算编制和执行分开，便于进行编制和执行的专业分工，进行编制和执行之间的制衡，提高预算的透明度。

分开有几种方案：一是财政部内编制预算与执行预算分开，优点是有专门的编制人才，缺点是部门内编制与执行分离，起不到制约作用；二是单独设置总理预算编制办公室，优点是独立和超脱，直接归总理领导，没有部门利益掣肘，缺点是需要调进人才，熟悉工作，与宏观的规划可能脱离；三是在国家发改委内部设总理预算编制办公室，由总理直接领导。优点是预算可以与国家的中长期发展规划，与煤电油运平衡相协调，缺点是其他部门可能会认为发改委权力过大，集中度过高。

总理预算管理办公室的职能是：（1）审查中央各部门的预算，汇集编制中央财政经常性预算；（2）审查并再编制国有资产管理部门的国有资产，或者国有资本金预算；（3）审查劳动与社会保障、卫生、民政等部门的有关预算，汇集编制社会保障预算；（4）根据国民经济发展五年和十年规划，审查和编制政府需要投资建设的重点建设项目预算，编制年度建设项目预算、五年建设项目预算和十年长远建设项目预算；（5）按 GDP 的债务警戒比例，控制全国发行债务筹集建设资金的总规模，审查编制中央级和中央政府各部门重大建设项目的发债方案，对地方发行建设债务实行总量控制。分级编审项目，中央发改委不编审省县级举债项目，只控制、建设债务规模；编审中央向地方转移支付的、重大的、一定规模以上的中央举债建设项目；省县级举债建设项目，由省和县级政府自行编审预算。

总理预算编制办公室和财政税收部门，是两个平行的系统，二者之间无隶属关系。二者分工大体是：预算编制办公室负责预算的编制；财政税收部门负责收入概算、预算执行和税收等日常事务。
省以下政府考虑事务规模，不设省长和县长预算办公室。

（四）改革预算编制和审批时间

我国《预算法》规定预算年度从 1 月 1 日起到 12 月 31 日止，但《预算法实施条例》又规定预算年度开始的 1 月份才要求省、市、自治区政府财政部门汇总上报本级总预算草案，预算经人大审批通过的时间一般都是在 3 月中下旬，从理论上讲，经过人大审批通过的预算案才具有法律效力。但在我国目前的情况下，预算年度开始后，预算还处在编制和审批中，待预算获得正式批准后，预算执行差不多已过去三四个月，在有些地方已过去半年。财政在较长时间里的无预算运行，形成了先执行、后编制、再审批的局面，使预算从立法上缺乏应有的严肃性和权威性，客观上限制了预算的法律约束力。一旦预算执行中出现问题，就缺乏追究有关人员责任的法律依据。

安排充足的编制时间是保证预算编制质量的重要条件。从大部分国家的实践看，预算正式编制之前的准备时间普遍较长，许多国家预算编制时间一般都在一年左右，在每一个预算年度开始之时，就着手下一年度的预算编制工作，使得预算的编制有较充分的筹备、测算、讨论过程，保证了经济资料搜集、指标测算、项目取舍等工作的必要时间，提高了预算编制的准确性。美国联邦预算的编制审批时间是 18 个月，其中编制时间需要 9 个月，这样就为收集资料、进行相关论证提供了充分的时间。[①]

为保证预算本身的客观性和科学性，提高其可行性，减少在

[①] 刘虹、方亮：《关于我国政府预算编制若干问题的思考》，中国网，http://www.pp-cn.com/，2006 年 6 月 12 日。

执行中的频繁调整，应适当延长预算的准备期。参考其他国家的做法，结合我国的实际，年度预算编制、审查和批准时间程序定有两种方案选择：（1）每年 2～5 月编制部门预算，6～8 月由中央预算编制办和地方财政部门汇编预算，8～9 月由各级人大预算委员会讨论、辩论、预审查预算，10～11 月内召开各级人民代表大会审查批准预算，预算执行年度时间不变；（2）将预算编制、讨论和审批时间顺延 4 个月，将预算执行年度改为 4 月 1 日至第二年 3 月 31 日。通过立法明确规定有审查或者审批预算议程的人民代表大会会议，应当自下而上逐级提前召开，保证按照上级政府汇编预算所需要的时间，提交经过本级人大审批通过的本级预算和本级总预算，从根本上解决部门或者财政部门代编代定预算的问题。

（五）建立和完善人大和政协对预算的审查和批准体制

社会主义政治文明的重要特征之一是人民当家做主。在社会主义社会，公民将自己的一部分权力和财力让渡给国家后，对公共权力是怎样运用的，特别是钱是怎样花的，需要有一个极为透明的制度来满足公民作为纳税和纳费人的知情和监督权益，这是社会主义制度下，人民民主的一项最基本的权益。因而，财政是不是公开透明，是不是由人民来批准和监督，是反映社会主义政治文明程度的重要标志。

将一切决定税收、收费和罚款的权力授予人大，取消政府和政府各部门决定税收、收费和罚款的权力。人大和政协中专门设立筹款委员会，具体负责政府和政府部门提交的税收、收费和罚款议案、条款。

政府与人大、政协以及国家元首之间具体制衡程序和过程包括两个方面。

1. 税收和预算议案的提交和听证

总理预算管理办公室提出预算方案，或者政府及政府部门，或者社会上提出要设立新的税收、收费和罚款法案，包括修改以往税收、收费和罚款的动议，人大筹款委员会和预算委员会就此进行听证会。首席证人是总理预算管理办公室主任、财政部长，税务局长，依次是预算司长、央行行长，还要有专家（经济学家、律师、会计师等）和社会其他有关方面的证词。

中央政府方面由财政部分管副部长和国家税务总局局长负责各种税改方案的制订，税政司下设税收分析处、税收立法顾问处和国际税收顾问处，应当由若干经济学家、统计学家、税务律师、会计师等组成。总理预算编制办公室、国务院研究室、国务院发展研究中心等机构，也有对财政税收部门和其他政府部门的税收、收费和罚款方案提出意见的义务和权利。

分别隶属于人大和政协的预算委员会和预算常设办公室，前者负责预算的审议并向人大和政协提交对国家和中央政府预算草案审议的意见；后者主要负责为人大和政协预算委员会提供分析材料，进行中长期预测。

2. 议案审议通过或者被否决的程序

税收、收费、罚款，或者预算方案在人大和政协先后辩论，否决或者通过；报国家主席，同意或者否决；重新表决，通过形成法律或者议案作废。先由人大筹款委员会或者预算委员会举行听证会，进行激烈的辩论后，或者否决，或者形成意见较为一致的报告，报人大再由全部人大代表辩论，一般会通过。后交政协筹款委员会或者预算委员会，将在人大进行的听证再在政协重复进行一遍。人大和政协意见一致，报国家主席；意见不一致，将分歧交由人大和政协联席会议协商，以消除分歧。报国家主席后，国家主席同意或者否决；主席将其否决，发回人大和政协重议，若人大和政协重新表决，多数通过原来议案，推翻主席否决，则强行成为法律。对于达不到原议案支持的票数的，如果是税改方案，该议案作废；如果是预算方案，则要重新修改。

中央政府预算办公室和财政部门只有调整预算方案的建议权，如需要进行修改，必须经过人大和政协讨论审查批准；地方政府则由财政部门提出修改建议，通过地方同级人大讨论审查和批准调整预算。

考虑中央与地方管辖范围和多少的不同，省和县市镇的税收预算体制不设政府预算编制办公室，由财政部门代替。地方税收、收费、罚款和预算方案，在同级政府、人大之间进行制衡，不再通过同级政协讨论和审议。

政府财政和国有资产是公共财产，除了涉及军事和国家安全的，全部预算和国有资产经营信息必须向公众公开。一切税法、税收，收费和罚款法律条款，预算法及各级政府的预算法定方案，其全部和详细内容，除受安全保密法特殊限制的，必须通过出版物、政府公告、政府网站等方式和途径向公众公开。

（六）急需建立各级政府对人大的财务报告制度

我们在 2005 年进行过一项研究，2004 年，从乡镇到中央政府及政府各部门，所借的债务，包括变相所借的，总规模为 72396 亿元，如果加上国有企业亏损、银行、保险、证券公司的呆坏账，养老金空账和欠账等 88400 亿元，最后需要政府兜底的或有债务，高达 160796 亿元，接近当年 GDP 的 120%。虽然近两年由于中央加大财政转移支付和各级地方政府加大卖地、收费罚款的力度，使地方财政欠债运转的情况有所好转，但是，欠债之风还是盛行，如果不设计一种制度加以制约和疏导，必然给未来累积严重的财政和金融危机。

中国政府及各部门，特别是地方政府及各部门有一种无制约的借债偏好和冲动，对其基本上没有加以约束的制度。第一是建设项目巨额借债。任期较短，财力有限，在较短的任期内又要干出看得见的政绩来，特别是许多领导想将应该由几任领导完成的建设，在他一任中完成，但财政经费不够，于是只好靠大量地借债或者变相借债来搞建设。第二是政府各部门会议招待、迎来送往，习惯在宾馆酒店记账消费，一些业主不敢不接待，也不敢即时追要款项，经常是欠债多年不还。如此种种，积累了大量的经常性债务。第三是中央政府各部门要求地方政府各部门工作达标，一些项目和工程，有的部门下拨款项要有相应的地方财力配套，但是地方政府和部门又没有钱，于是借债达标，借债完成配套，结果形成地方政府和部门的巨额债务。第四是政府管理的一些事业性单位借债。如高校贷款建设教学楼、学生宿舍、报告厅、实验室、体育及图书馆设施等，欠了4000多亿元债务。中国各级政府到底借了多少债，这是一个谜。我个人估计，不包括国有企业亏损、银行、保险、证券和养老等隐性债务和历史欠账，2007年累积的债务在10万亿元以上。

中国各级政府无节制借债的原因：一是任期制和政绩愿望，包括个别党政和部门领导干部的私利，导致了强烈的借债冲动。一任领导，都有要干出一些突出政绩的强烈愿望，即使借债和变相借债也要搞建设和上项目，要亮化、绿化、净化、硬化和现代化城市，要搞城市标志性建筑，要大上交通建设项目，要搞部门政绩项目，要建设部门的办公楼和培训中心。这方面的政绩在面上，上级领导来视察，看得见，最能体现出政绩来。当然，也有个别地方政府领导和部门领导借债搞建设，利用工程项目的发包、招标等，从中捞取个人私利。二是前任领导可以将债务推给后任领导，而后任领导可以不理会前任领导的欠账，并且继续借债。曾经发生过许多案例，即前任领导让某个建筑商搞政府的工程，或者民营企业为国有企业改制填资，当领导换任后，新任领导不承认债务和优惠政策，或者推托还债。三是认为银行是国家的，政府项目也是国家的，将银行的钱当财政的钱花，最后由财政承担责任。比如，许多政府搞没有收益的公益性建设项目，特别是高校建设向银行贷款，政府、教育部门和学校的心态是，我不管项目是商业性的还是公益性的，日后是不是有稳定的还本付息的现金收入流，反正项目和学校都是国家的，银行也是国家的，最后当然有国家兜底。而银行也不认真进行可行性研究，认为政府是不能破产的，贷款给政府及政府的学校，不愁还不了款。四是财政体制方面，一方面预算法规定不让地方政府有赤字，不让地方政府发债搞建设，于是地方政府及其部门只好变相借债上项目，隐性借债规模大；另一方面，税收大部分集中到中央，地方建设，甚至其经常性支出，正规渠道上没有足够的经费来源，只好靠大规模借债、大规模卖地和人肆收费罚款来维持运转和搞城市及交通等建设。五是没有一个约束和限制地方政府及部门借债的制度。大部分借债没有即时和年度的财务报告制度，相当多的部门迎来送往，办事人员在宾馆和酒店签字就可以了，最后到底住了多少，吃了多少，平时谁都心中无数，只有年终才知道欠了多少。因吃饭欠债，被业主告到法院，最后以政府和部门办公楼、汽车抵债的案例也不少见。因大部分借债也不向人大报告，到底政府及部门借了多少债，政府自己不清楚，人大也不知道。总之，各级政府有借债的偏好和冲动，而几乎没有任何对这种借债行为的制约机制。这种体制，是靠透支子孙未来的收入搞现在的政绩，享受现在最好的办公和公务消费条件，最后许多地方的政府实际上都会破产，结果是积累巨额的财政风险，可能导致财政金融危机爆发。

因此，除了理顺中央与地方的财税关系体制、将地方政府建设借债公开化和规范化、改革清理废除收费罚款体制、改革卖地财政等外，非常重要的是，建立各级地方政府向人大财务报告的制度。

首先，编制政府财务报告，每年定期向同级人大报告，并向社会公开披露。我国政府更多的隐性和变相债务在会计上没有得到确认，在政府财务报告中也没有予以披露，如国债的未来还本付息负担，政府担保的各种借款，各级政府虽然以公司名义借来而未来肯定不能还款的，政府各部门的签字消费欠账等。从国际经验来看，一些市场经济国家能够在政府财务报告中全面、系统地披露政府所有的债务信息。我国政府财务报告也应改进对政府债务信息的披露，对于符合权责发生制基础下负债的确认条件和计量标准的政府债务，财政总预算会计应按权责发生制的要求进行会计确认、计量，并在资产负债表中的有关项目中予以披露；对于不符合具体的负债确认条件和计量标准、无法量化的政府隐性债务，应在政府财务报告附注中披露相关信息，以全面、系统地披露政府所有的债务信息。政府财务报告，由有关法律规定，将各级政府，包括其各部门，也包括其派出机构所借的所有债务，所欠的所有款项，都纳入财务报告的统计、记账和管理范围。对不纳入其中管理的，应当由借债人自我负担，政府不承担还债的义务，以此来约束政府官员的欠款行为。

其次，制衡、规范和约束各级政府及部门，特别是地方政府及部门借债的行为。需要尽快重申和颁布地方政府不得随意借债的法律或者国务院条例，以遏制地方借债规模的膨胀。经常性项目、社会保障项目不得借债，建设项目可以借债，但是要采取政府建议、同级人大批准、上级有关部门核准、资信机构评级、向市场发行的方式，除此以外，不得以其他法律没有规定的方式借债来进行项目建设。建设项目借债，同级人大没有批准，或者上级有关部门没有核准的，不得发债。如果政府债券资信评级过低，向市场发行不出去，则是市场机制对政府借债行为的否定。

（七）国家审计、国有资产及编制体制应向人大领导过渡

审计是人大对政府最有效的监督。国际上审计部门在政府内部，还是在议会之中，大体有两种不同的体制：一是中国等国的体制，在政府内部设置；二是审计机关在议会领导下的审计体系，主要是指议会中设立审计委员会，比如芬兰、瑞典等，或审计机关直接向议会报告工作，如美国的审计总署，直接向国会报告工作。从公共受托责任的角度来看，作为对人民和人民代表大会所承担的公共受托责任履行情况功能的审计机关，应该设立于政府之外。

现行宪法第九十一条、第一百零九条确定了中国现行审计制度的基本内容。主要是：（1）国务院设立审计署，对国务院各部门和地方各级政府的财政收支、对国家的财政金融机构和企事业组织的财务收支进行审计监督；（2）审计长由国务院总理提名，国家主席任命；（3）审计署既是中央政府的组成部门，还在国务院总理领导下，主管全国的审计工作；县级以上的地方政府设立地方审计机关，在本级政府和上一级审计机关领导下开展本地区的审计工作；（4）审计经费由本级政府保证。

现行审计制度存在的问题根源于审计机关与政府的相互关系，即审计机关是政府直接控制下的内部审计组织。主要问题是：（1）独立性缺乏。审计机关在现实工作中常常会受到政府和政府有关部门、政府首长或其他政府官员直接或间接的干预或影响，很难真正做到依法独立行使职责。（2）审计结果披露受到限制。现实中，审计结果或因缺乏实质内容或因涉及局部利益等原因，造成在披露上受到限制。（3）审计工作重点和目标不稳定，审计监督职责难以

深化。尽管宪法和审计法对于审计监督什么都有明确规定，但由于规定得相对笼统，特别是宪法和现行审计制度事实上又导致了审计工作直接接受政府首长指示的格局，因此现实中审计工作会受政府行政管理上的多样性、复杂性和变化性影响，呈现复杂、多变和不稳定状态，造成审计工作重点和目标不明确，审计工作缺乏长期规划性。（4）审计监督留有空白。目前的审计监督指向只能是平行的或者是向下的，即审计机关要监督的是政府所管理的部门和企事业单位及下级政府，并不包括政府或政府首长本身。（5）预算审计流于形式。如果审计机关能够尽职尽责地实施预算审计，但政府能否如实地把审计结果报告给人大呢？如果政府决定着审计报告的主要方面，那么预算审计实质上就是政府在做"自我检查"。

审计机关朝人大归属方向改革，更能体现出中国人大制度的优越性，人民不仅直接管理政府及财政行为，而且应当直接监督财政预算。其本源或实质是政府如何向人民负责，这就是我们看问题的出发点。其意义在于：第一，体现了人民当家做主的宪法思想；第二，有利于防止政府官员的腐败行为；第三，财政制度按透明和高效的要求运行；第四，体现出纳税人对公共资金管理的监督要求。

国有工商和金融资产，都是全国人民所有的资产。但是，从目前看，没有明确的"人民—人大，人大—政府，政府—企业"之间的委托代理关系。而且，由政府直接管理国有工商和金融资产，实际上体现不了资产由人民监督的本意，而且国有和国有控股企业免不了受政府在体制和政策上的偏袒，并且，这种体制下，国有工商和金融资产，以及利润分配等，处在一种不透明的状况之中。因此，国有工商和金融资产管理，应当划归人大直接管理。而长期以来，由人民供养的党政和行政性事业人员数量总是没有控制住，规模越来越大。实践证明，党政和行政性事业机构和人员有很强的自我膨胀的动力，自己控制自己的规模，实际上是不可能的。因此，编制系统，应当从目前党和政府双重管理的体制，划归人大管理，在人大领导下发挥控制党政及行政性事业机构膨胀的作用。

参考文献

周天勇、王长江、王安岭主编《攻坚——中国政治体制改革研究报告》，新疆建设兵团出版社，2008。

周天勇：《中国向何处去》，人民日报出版社，2010。

周天勇：《替纳税人管好"钱袋子"》，中国友谊出版公司，2010。

周天勇：《建议制定一部清理政府收费的十一五规划》，2005 年 7 月 11 日《经济参考报》。

赵凤彬、韩丽：《基于公平的国有企业利润分配问题》，《经济导刊》2008 年第 2 期。

徐文秀：《近年来国有企业利润分配研究进展综述》，浙江省委党校图书馆网，当代社科视野栏目，2010 年 4 月 12 日。

李卫玲：《个税 45% 税率档实收税款几乎为零》，2005 年 9 月 30 日《国际金融报》。

赖颖璇：《个税改革重效率还是重公平》，《中国经济周刊》2005 年 8 月 15 日。

满燕云、郑新业、郑颖尔：《中国环境税负已超发达国家平均水平》，2009 年 12 月 14 日《第一财经日报》。

李静睿：《全国工商联称 9 城市房产开发费一半流向政府》，2009 年 3 月 6 日《新京报》。

《假发票凸显财政管理制度的漏洞》，2010 年 6 月 25 日《新京报》。

周天勇、谷成：《中央与地方财政税收关系研究报告》，中国社会科学院欧洲研究所项目。

刘虹、方亮：《关于我国政府预算编制若干问题的思考》，中国网，http：/www.pp-cn.com/，2006 年 6 月 12 日。

杨肃昌、肖泽忠：《中国国家审计制度：调查·问题·改革》，http：//www.66wen.com，2006 年 9 月 14 日。

第七章

完善经济体制：土地、金融和国有经济改革

　　还有这样一些需要继续深入进行的重大改革事项：一是现有的土地体制如何改革，以适应社会主义市场经济正常运行和推进城镇化的需要；二是现有的金融体制如何改革，以适应信贷等资源和社会资金在各行业及各企业中公平配置的需要；三是现有的国有企业如何改革，以打破垄断，平等竞争，提高效率，合理地向国家上缴利润，以及控制财富分配的国有经济内部化，避免分配的不公平。中国未来10年需要在这几项经济体制的改革方面，纵深推进，加快步伐，调整到位，才能在2020年真正建立起一个完善的社会主义市场经济体系。

　　从中国未完成的经济体制较为重要的改革看，有资源价格体系改革和财政税收体制改革，这我们已经在前面进行过论述。本章将论述一些需要继续深入进行的重大改革事项。

一 土地管理法的修订和土地制度改革

关于土地体制的问题及其如何改革，已经在前面的论述中零星进行了一些讨论。中国土地制度如何改革，并且需要以立法的形式加以承认和固定，这是未来"十二五"期间，甚至是未来10年中，中国经济和社会稳定发展绕不过去的一个问题。目前正在讨论土地管理法的修改和立法，将系统地进行土地改革的设计，以立法的形式加以确定，我认为，这是一个土地改革的契机。那么，土地制度到底怎么改，特别是怎样通过立法将改革推进，将改革以法律条款的方式固定下来，各方意见不一，争论很大，本章就此阐述笔者的观点，并提出相应的建议。

（一）土地体制改革和立法的目的

土地体制的改革一定要推进，而且土地方面的法律也需要修改。但是，最后改革和立法后的体制和法律需要达到什么样的效果，这是最关键的。我认为，应进一步明确土地体制改革的目的。

一是应将土地体制看做社会主义市场经济体系的一部分，虽然土地有其特殊性，但是，从基础性的体制来看，还要以市场经济的原则配置土地资源；而不能变成主要以行政的方式配置土地资源。二是要形成能促进二元结构转型的，有利于城市化和农业现代化的土地体制；而体制和立法的结果，不能妨碍农村剩余劳动力向城镇转移和阻碍土地流转，使农业不能规模经营。三是要提高土地资源配置的效率，合理分配土地资源，并节约使用土地资源。例如，使土地资源在城镇中的分配有利于我们产业结构的优化，保护我们的耕地，并且，要防止漫不经心地耕种土地。如果土地资源仍然是大量地配置到工业中，起不到促进服务业发展的作用；如果农业的生产率很低，耕地被撂荒；如果耕地没有得到保护，那么改革和立法还是不成功的。四是要将房价降低下来，使大多数城镇居民，包括农村转移到城镇的劳动力和人口，能买得起住房，使农村过剩劳动力和人口能向城镇永久性转移，并使城镇居民安居乐业；如果土地体制改革和立法后，80%以上的想买房的城镇居民及绝大多数进城的农民，买不起住房，那么改革和立法实际上是失败的。五是使全国性的土地，包括农村和城镇土地科学和合理地规划，并且各城市、交通、水利等规划，应与国土规划相协调，并严格按照规划分配土地，而且调整规划也要科学和民主；如果改革和立法后，解决不了目前一任长官，一任规划，规划在各部门不相协调的状况，那么改革和立法也是不成功的。六是土地体制改革和立法，应当贯彻执政为民，以民为本，以百姓的生计为主、百姓的利益为重，政府不与民争利，特别是不与农民争利的原则。如果这次改革，并以立法的形式确定的内容总体上仍是一部与民争利的法律，那么，从立法维护人民群众利益的方面看它是不成功的。因此，需要对拟出台的法律的每一条款及其后果，仔细评估，使其能够达到以上目的，而不是适得其反。

（二）土地体制改革中应调整好四个关系

土地体制改革涉及体制和利益，以及粮食生产与住宅建设等多个方面，必须处理好一些重大的关系，才能稳妥并坚定地推进改革。

1. 政府管理与市场调节的关系

在有关土地法的修改和立法中，究竟是立一部《土地法》民法，还是立一部《土地管理法》行政法，有不同的意见。从目前的立法基础和相关法律的配套来看，一步到位，立一部《土地法》民法的条件还不成熟，还是以《土地管理法》为宜。但是，需要指出的是，不能将要修改的《土地管理法》纯粹立为方便土地行政管理的法律。否则，就失去了修改《土地管理法》的意义。而其中最重要的，除了上面讨论的对土地相关者权益的认定和保护外，就是如何处理土地资源配置方面政府管理与市场调节的关系。

从政府对土地的行政管理看，主要应体现在这样一些方面：（1）大的国土规划，比如全国草原、森林、农业、独立工矿、城镇城市及城市圈等功能区的规划，国土、村庄和土地整治战略和规划；（2）应当与国土规划相协调的部门和行业土地利用规划，如林业、交通、水利、农业、海洋等土地利用规划；（3）城市和乡村建设规划，包括城市和乡村功能区的划分，建筑容积率的控制，城市道路、生态、工业、生活、商业、教育等功能区的划分；（4）对功能区规划内的土地实行用途管制，比如城市规划内用于生态绿地的土地不能用来建设住宅，对住宅的层数和高度也要进行控制等；（5）制定土地管理的实施细则，并加以实施；（6）研究制定土地资源的利用战略、体制、政策，对土地管理的重大事项提交人大进行决策，并对决策加以执行；（7）对土地纠纷的仲裁等进行研究和提出意见。由于土地资源的特殊性，其资源配置，不可能完全交由市场调节。土地规划和用途管制必不可少。

然而，需要看到的是，城市化过程中人口到底向哪里流动和集中，经济发展中资金、技术和项目愿意往哪里投入，这是由地理区位、就业机会、工资水平、运输距离、交通条件、营商条件等所决定的，而且是不断变化的，深层次是由市场机制调节的。因而，认为规划机关是万能的，有非常长远并且科学的预见性，实际上是不现实的。比如对每一个城市的人口和用地规模在十几年和几十年前就进行规定，但是，执行的结果，有的城市可能人口大量地增长，突破规划，而有的城市可能达不到规划预期的人口规模。因而，规划要在科学的基础上，随着人口和生产要素的流动和集中趋势，进行调整。

从我们推进城市化的进程来看，立法的一个重要功能是，当农民进入城市工作时，能够有自己的住所安居下来。然而，农民进入城市，其开始时，收入低，只能居住在"城中村"和城郊租屋中，立法要对这些能使农民低成本居住的方式给以宽容；而且，为了降低农民居住的成本，立法应当在城市特定的地域，允许开辟一些平民区，并保护平民区的居住权益，使其家人能够团聚，减少人口在城乡之间的剧烈流动，防止农村人口过快的老龄化，并加快一些小、散、远村落人口的迁移和其土地被整理复垦为耕地。立法上不要急于在未来还有6亿人口向城市转移的发展阶段中，片面地强调绝大多数城市建设的现代化和国际化，这实际上是不可能的。待到平民区的人口收入提高，逐步向其他区域转移；并且，在国家和各级财政逐步富强后，逐步地改造这些平民区，最终成为现代化的城市。

由于社会需求、价格、成本、利润等方面的变化，企业的进出，人口的流动，土地资源每天都会发生无数次的重新配置。对这种大量的土地资源的重新配置，如果国土资源部门都要管起来，实际上也是不现实的。对此，在规划和用途管制的前提下，其价格、交易方式等应当交由市场去调节。政府要做的事是，改革目前的行政垄断性的市场，让集体建设用地也进入市场，形成竞争性的土地供应市场。政府的职责是打击土地市场的囤积、垄断和利用垄断及不正当手段抬高地价；而不是像目前一样，体制和制度实际鼓励和促进了垄断性的抬高地价。特别需要指出的是，如果今后改革集体土地可以进入建设市场，或者承包经营地放开进行交易时，并强调到统一的交易市场内交易，则需要防止出现集中出售、供给垄断而抬高地价的局面发生。就像股票交易所一样，进入交易市场的土地一定要多家，许多土地可以随时随地交易，这样才能形成竞争性的土地供给市场。而且，由于土地的特殊性，一些土地也需要认可其场外协议出租、入股、抵押，甚至交易的合法性。

市场经济的一个重要规则是同物同价，集体所有制和国有土地应当同地同价，不能再实行征用补偿的办法。如果继续实行征用补偿的体制，即使提高征用补偿，一是与市场经济格格不入，二是仍然给政府和用地商剥夺农民利益保留了制度渠道，三是如果真正到农民中征求意见，或者农民代表在人大中真正是按比例产生，这部法律根本不会被通过。

2. 粮食安全与房价等社会安全的关系

目前提交讨论的土地法修改草案中，将耕地保护和耕地的占补平衡作为较为严格的条款加以制定。从我们13亿多人口、未来可能峰值达到15.5亿人口的大国来看，保有一定数量的耕地，保证粮食的安全，是非常重要的。但是，需要看到的是，人口要向城市流动，城市周围往往非耕地土地不多而稀缺；许多城市坐落在平原地带，这些地带耕地连片，而就近占补平衡无法实现；片面的占补平衡，可能导致围湖围河造田，开垦草原和林地，有损于生态环境。此外，虽然城市化是节约土地的一种过程，然而，由于农民工不能永久向城市转移，农村的一些村落不能萎缩衰败并整理出耕地，在城市中他们还需要居住和工作的土地，可能需要更多的居住用地。因此，耕地怎样在数量上得到保护，土地到底怎样进行占补平衡，需要慎重考虑。

城市化到底需要多少土地，特别是城市中需要多少居住用地，农村什么时候衰败到什么程度，能整理出来多少土地，如果大部分农民在城市中买不起住房，农村的土地能不能被整理出来？这些都需要认真地进行预测和分析。从农业社会向城市社会转型，实际意味着土地资源的一次重新分配。如果偏重于耕地的保护，而对城市化用地，特别是住宅用地限制过度，其后果是城市中80%的需要住房的居民购买不起住宅，转移进入城市的农民劳动力和人口95%在城市中购买不起房子；绝大多数进入城市的农民不能在城市中安家，而中老年回乡，不仅导致人口的剧烈流动，而且农村人口老龄化程度在不久的将来也将大大高于城市。这些都将形成一系列比粮食相对不安全更加麻烦和严重的社会问题。

因此，在改革和立法上，我们要在传统的粮食安全和非传统的房价、人口流动、人口老龄化、贫富差距等社会安全之间谋求平衡。绝对地只顾一方面，可能造成无法挽回的社会后果。在法律的有关条款中，不仅要有保护耕地的条款，也要加上国务院、国土、建设等政府部门保证土地供应、维护房价稳定、保证80%的中国城市居民能购买得起和拥有自己住宅的义务和责任。否则，只关注吃饱，不关注安居，至少在执政为民方面是有缺陷的。在具体的方面，如怎样占补，在什么范围内占补，在一些地区能不能占补，可能都需要认真地进行研究。此外，立法也要考虑技术进步、农业生产条件改善、规模经营、进口等对粮食安全的保证。

我们曾经作过研究，农村人口 2007 年比 1978 年减少了 6246 万人，但是用地比 1978 年增加了 19628 万亩；同期，城镇人口增加了 42134 万人，但城镇建成区面积，包括建制镇，才增加了 5043 万亩。[①] 从节约用地大的格局来看，包括用地分配调整产业结构，发展第三产业，立法应当限制农村村庄用地的扩大，放宽城市住宅用地（第三产业发展与人口在城市中的居住集聚是重合的）的供给，鼓励相对少的城市居住用地转移更多的农村人口；应当限制城镇居民到农村，特别是去购买今后要被整理为耕地的农民宅地，鼓励城镇、城郊中用集体土地建设进行有利于集中人口的、置换农村庭院式住宅的多层，甚至高层住宅；应当限制占地过多、容

---

① 周天勇：《中国向何处去》，人民日报出版社，2010。

纳人口相对较少的别墅建设，鼓励容积率适当的多层和高层住宅建设；鼓励够用、舒适的一套房居住模式，限制城乡或者不同区域两栖居住、多套居住、别墅居住和超大面积居住。不过，在立法方面应更多地规定用房产税、土地使用税和累进税收的办法进行调节。

3. 土地改革和立法与财政体制改革的关系

土地改革和立法与财政体制改革一定要同步。改革和立法如果不涉及土地政府财政收入，不改变目前在土地和房产方面的税费收入方式，那么，改革将是不成功的，立法也是不完全和片面的。因为中央政府将正规税收的大部分集中，地方政府收入的很大部分来源于收费罚款和卖地。一是地方政府土地出让将几十年的土地租金一次性收上来，在一年中花掉，是不可持续的；二是一个城市规划面积总是有限的，但这种体制促使地方政府开发区热、房地产热、扩大城市热，有意将地价和房价抬起来，多获得出让收入。

显然，目前与地方政府有关的这种拍卖出让方式，应当彻底改革，并且最好利用这次立法，将其彻底纠正。所有的土地，不论集体，还是国有，不论政府收购后储备的，还是破产、转产要进行出让的，在转让时，可以直接由自然人和法人提交交易所经常性挂牌，用地商可以到交易所随时找地选地，交易可以随时进行，从而消除政府卖地的垄断性供地格局。

土地体制改革和立法的一些条款，不能迁就于目前的地方政府财政体制，而是要通过改革和立法改变目前这种不合理的卖地财政格局。总之，立法的一些条款的结果，一是强制地方政府目前从土地拍卖上获得财政的收入方式，改革为土地交易收取增值税，房产收取房产税，对一些土地使用多的工厂和别墅等，收取土地使用税；二是强制地方政府清理目前在房地产上的各种税费，废除收费，简化税收，稳定收入渠道，并使政府在土地和房产方面的税收具有可持续性。

4. 农民土地保障与推进城市化与农业现代化的关系

传统小农经济破产并被现代规模农业经济所代替，大部分村庄衰败，农村社会被扩大的城市社会代替，农业经济从总体上被非农业经济代替，这是一个经济社会发展的规律，是无法抗拒和不以人的意志为转移的。在传统农业社会中，土地和家庭，是最基本的生活保障方式。而在向现代社会的迈进过程中，这种保障方式和能力逐步地被农村生活的商品化和市场化所瓦解和削弱，逐步地被在非农业就业和现代的社会保障所替代。如果传统农业不向现代农业转变，传统的保障方式不向现代的保障方式转变，经济发展是不可能的，农业的规模化和现代化也是不可能的。为什么我们的城市化在同样的发展阶段上滞后 15% 左右，为什么我们的第三产业滞后 30% 左右，这些问题无不与我们维护避免小农经营解体作为农民保障，而牺牲规模经营和妨碍农业现代化有关。因此，土地制度的设计和立法，是顺应经济和社会发展规律的趋势，还是与经济社会发展规律所逆向，需要认真地进行思考。

一家承包经营几亩，并且分散多处的耕地，与现代农业的规模经营是格格不入的。将十多亿亩耕地作为农民生活保障，肯定影响农业的生产效率。特别小规模且分散多处的农户经营，无法抵御农业生产资料的不断上涨，一些技术进步无法实现，分摊成本太高，而且由于农业的比较收益太低，即使国家有大量的支持，农民也无法从这样的生产方式中致富。因此，从立法角度看，要促进耕地的流转和集中，实现农业的规模经营，降低分摊成本，提高农业生产率，使农业逐步有抵御生产资料涨价的能力，在政府支持、调节和理顺农业产品价格的前提下，获得其应有的收益。耕地集中和规模经营是发展现代农业的基础。因此，在立法上着重克服耕地流转集中的障碍，而不是对耕地流转集中设置诸多的限制。

关于农民的生活，首先，应当放松管制、减轻税负、清理收费，在城市中大力发展个体、微型和中小企业，以及第三产业，去吸收他们就业，并且也鼓励他们在小城镇、城郊和城市中创业，使他们有创业和工作的收入；其次，完善农村的低保和救济制度，特别是经济萧条时期，政府要加大对农村失业人口的培训和救助；再次，逐步建立起农村的养老保障体系，考虑到过去对农业采取的价格剪刀差的工业化积累，以及通过压低价格在耕地变城市用地的城市化积累的历史，政府各级财政对农村养老体系的建设要给予支持。

特别需要说明的是，一些地方政府实施的农民土地换社保，并大范围将城郊农民变市民的办法，实际上是对农民的一种剥夺。地方政府社保换土地，实际上不可能解决农民的就业；而且社保缴费是一个长期的支出过程，一个时点上土地征用倒卖得到的收入，交纳一个人很长时间的社保，特别是养老费，是不可持续的；并且，地方政府往往在得到土地高价倒卖后，收入实际上已经用于别的支出项目，将这部分农民的社保缴费负担留给了后来的财政。从会计学的原则看，只有处在不断经营过程中有不断有收益的土地，才能带给农民不断的社保缴费能力；而一个时点上被卖出的土地，其静态的价值，实际上不可能满足农民一生的社保缴费，这是一个简单的但容易被忽视的道理。而一些城市将郊区的农民全部城市居民化，看重的是低成本获得土地。为什么地方政府不将远在深山中的农民市民化，不用他们的土地换社保呢？这种用一纸文件，就剥夺农民的集体土地的做法应当叫停。因此这次立法，应当禁止一些地方推行的土地换社保和城郊农民市民化而将其土地国有化的做法。

立法也要有利于耕地农业土地向家庭农场，或者合作经济组织流动和集中。因为农业的收入较低，但是，如果没有土地税，没有土地撂荒方面的惩罚性税收，农民闲置土地的机会成本为零。而且，农场集中农民耕地的谈判和协议成本相当高。因此，对于撂荒和漫不经心应付种田的，应当设计一种税收成本，逼使其将土地使用权转移；甚至，在特殊情况下，政府应当出面强制个别钉子户农民耕地使用权转移，以利于耕地的规模经营和农业的现代化。而一旦耕地被改变用途为建设用地时，其收益，应当考虑原耕地使用权所有者农户的利益，以避免乡镇村变相剥夺农民的耕地变建设用地时的利益。

（三）土地体制改革的思路和方案

土地体制改革的思路是，不动所有，延长年期、近似产权，平等入市，以税代金。

1. 改革和形成合理的地方政府房地财政收入渠道

根据国土资源部的统计，2010 年全国土地出让成交总价款 2.7 万亿元，比 2009 年增加 70.4%，城市发展对土地的依赖有增无减，利益分配不合理，社会矛盾突出，土地出让制度亟待进一步改革完善。[①] 可以认为，日益走高的土地出让金，还有政府税务部门和各有关部门对房地产项目征收的其他税费，以及要求房地产商承担公共配套项目，也是推动房价上升的最重要的因素。有研究表明，政府的出让金、税收和各种收费，占城镇住宅房价的 1/2。全国工商联在 2008 年的全国政协会上，递交了一份《我国房价为何居高不下》的材料，其房地产商会 2009 年就全国 9 城市"房地产企业的开发费用"的调查显示，在总费用支出中，流向政府的部分（即土地成本 + 总税收）所占比例为 49.42%。[②]

目前的房地产财政，实际是用农民和低收入者的钱来推动经济发展和提供税费资金的。2009 年，商品房销售总额为 43994.5 亿元，[③]

---

① 国土资源部：《今年开展土地招拍挂改革试点》，2011 年 1 月 8 日《每日经济新闻》，http://news.dichan.sina.com.cn。
② 李静睿：《全国工商联称 9 城市房产开发费一半流向政府》，2009 年 3 月 6 日《新京报》。
③ 国家统计局：《中国经济景气月报》，2010 年 1 月号。

按照 49.42% 为政府的比率，政府在住宅方面的出让金和各项税费所得为 21742 亿元。从这部分政府收入的来源看，一是来自于农民土地的低价征用和高价出售，实际上是靠分配农民的利益而得，二是很大一部分来自于收入并不高，靠省吃俭用积蓄，并且从银行贷款的购买第一套房屋的，可能是较低收入和初参加工作的居民。从这里可以看出，从房地产财政渠道流入的政府收入，是农民土地资产价值的相当部分和需要买房子的低收入的人支付的；而不是来自于富裕人买了住宅去交易收取的增值税，以及相对比农民和刚买住宅的人富裕的已经有住宅资产的居民所交的。可以这样说，由于中国集体和国有土地征用和出让的体制，由于中国征收税费的对象不同，中国城市化的投资和建设，以及政府的相当一部分公共财政，不是由富人交钱推动和满足的，而是由低收入的农民和低收入无房需要住宅的人推动和满足的。这是一种极不合理的，有悖于社会主义公平价值的房地产财政体制！

允许不同所有制土地，允许法人和自然人使用的土地，平等地进入市场，改变目前政府一家卖地的高度寡头垄断市场，形成土地供应的多个主体。市场经济的一个重要规则是同物同价，集体所有制和国有土地应当同地同价，不能再实行征用补偿的办法。一是非公益性用地，不再经政府征用，集体用地直接进入市场，由用地商到土地交易所寻找，其交易中的级差地租，以及交易增值，由政府通过税收的办法加以调节。二是政府公益性用地，对集体土地，也要按照市价进行收购，价格太高的，可以用税收的办法加以收回。也应当允许城镇土地使用权所有者（法人）到市场挂牌交易。显然，目前的与地方政府有关的这种政府一家垄断土地拍卖出让方式，应当彻底改革了，并且最好利用土地法的重新修改，将其彻底纠正。如前所述，自然人和法人可提交交易所经常性挂牌，让土地市场上形成多个出让者竞争性的供给者，改变目前土地供应的政府垄断出让格局，从而将土地价格稳定下来。

2. 延长土地使用年期，形成稳定的土地物权

从中国目前土地的产权看，虽然有国有和集体所有形式，但是仍然存在着产权不明晰的问题。从集体土地的改革来看，提出了私有化、国有化和保持集体所有三种思路。笔者曾经也提出过农村集体土地国有化，并给农民999年使用权的设想。现在从改革的可操作性和立法角度看，笔者认为，考虑各方面的因素，土地私有化和将集体土地国有化的操作可行性都不大，还是应当顺着调整所有权和使用权关系的思路去改革和立法更为务实。

笔者认为，从农村集体土地来看，主要应在改革和立法方面落实党的十七届三中全会使用权在时间上长久不变的精神。也就是说，农村和城郊集体土地，除其公共使用的部分，承包的耕地和宅基地，使用权永久归农户所有。并且，这种使用权，除了国家在公共利益时征用外，在符合规划土地用途的前提下，农户可以将土地长期使用权在各种用途中转让、出租、抵押、入股和出售。

笔者认为，许多住宅用地，因种种原因，其出让到期后让住户再交一次出让金，实际上根本操作不了。不如改为永远，或者长期使用，可以继承，但交房产税来解决土地使用者对国家的义务。应当改革目前土地50~70年出让期、一次收取50~70年出让金的体制。

应延长使用年期，比如城镇住宅用地可以延长到500年，企业用地可以延长到300年；改革一次性交出让金为交纳房产税（住宅、写字楼、商业大厦、宾馆等）、土地使用税（工厂占地等）和两项合征（别墅等）；自然人和法人退出土地使用时，自己剩余的土地使用年期不再交给政府有关部门，而是直接在土地市场上交易；废除目前的土地出让金体制，政府除了自己拥有的土地初次出让时按照市价收取年期土地出让收入外，对自然人、法人手中的使

用年期内的房产和土地若要交易，则收取交易增值税，对使用中的房产和土地收取房产税和土地使用税。改革一定要先交给政府、再由政府出让的体制。这样的好处是：（1）土地市场上形成了多个出让者，改变目前土地供应的政府垄断出让格局，有利于将土地价格稳定下来。（2）政府从土地上的收入不再是一次性将几十年的收入收上来，在一年中花掉，形成吃子孙饭的不可持续的财政；而是形成每年都有的、可持续的有关土地和房产的财政收入。（3）将一些沙漠、荒山、滩涂等延长使用年期，有利于促进社会投资者投资开发的积极性，改善我国的生态环境，提高土地的利用率。从经济学的制度设计上看，延长国有土地的使用年期，并允许手中的土地使用权可以交易、抵押、入股、出租、出售等，可以建设一个土地产权较为明晰的所有制度和竞争较为充分的土地供给市场结构。这可能涉及有关部门的利益，但改革和立法应当以大局为重。

延长土地使用年期，实际上形成了近似产权。明晰产权的重要方式是，从契约制度上讲，对农民的承包地、宅基地，包括农村公用的村庄土地，以及城市和城镇中自然人和法人使用的住宅、土地，都要有政府部门登记和发放统一的长期使用权证书。一是统一层次，如由县市级人民政府（考虑行政体制改革为三级政府的趋势）发放；二是证出一门，将林地、住宅、承包耕地等方面的长期使用权证，统一由国土资源部门登记认定和颁发。改变现在的林地、土地、住房产权登记方面由林业、农业、建设和国土等多部门和各级政府多层次登记的混乱局面。特别需要指出的是，产权登记的一层次和一部门，是形成房地产集中统一市场的基础。

3. 开征房地产交易增值税、房产税、土地使用税

在上述基础上，改革税收和地方房地财政体制，以税代替出让金和其他收费，扭转地方政府有关房地方面的收入渠道。清理目前在房地产上的各种税费，废除收费，简化征收各种房地税费，改为三种税：房地产交易增值税（把土地出让金改为增值税，房产交易也征收增值税），房产税，因占地过多的土地使用税。即使开始税率低一些，应该先在住宅上开征，且开征房产税的税率由地方决定。对低端收入者的房产税，在合理的面积范围内，政府要进行补贴，先征后补，但不能免。对其他收入超面积居住的人群进行累进征税。当然，考虑到工薪阶层的负担，开征房产税要以适当增加其工资为前提，对企业、事业单位、社会团体、自收自支机构等的人员增加工资或补贴。在逐步理顺到三级政权和三级财政的基础上，有关土地的各种税收的大部分还是应当留给地方使用，中央财政考虑集中一小部分，用于中央财政向失地农民的转移社保支出，以及用于未来农民工进入城市及农村养老社保资金的缺口。

总之，土地体制的改革和立法，要本着执政为民、以人为本的精神，要符合经济社会发展的规律和趋势，要顺应社会主义市场经济体制的完善，要考虑土地资源配置的特殊性，要顾及土地制度的历史延续性和改革的可操作性，让各方利益相关者参加讨论和发表意见，让专家学者进行研究，要对各种方案和法律草案，进行实施成效和后果的预估，使土地体制的改革和立法，为科学发展和建设和谐社会而服务。

二 以发展小银行为突破口推进金融体制改革①

从目前国有金融垄断的格局来看，主要是信贷资金不能公平地向个体、小型和微型企业分配，导致创业困难、中小企业发展不足、就业难以充分、中等收入者少，失业而贫困的人多，进而使得

---

① 这是给全国工商联提供的一个研究报告的一部分，与谭小芳博士共同完成。

收入分配也不公平。因此，关键是要以小银行的发展为突破口，打破国有大型银行对社会信贷资金的垄断。

（一）个体、微型和小企业融资难格局

我国目前有 4000 多万家中小企业和个体工商户，吸纳了 75% 左右的城镇人口和农村转移劳动力就业，对 GDP 的贡献率超过 60%，对税收的贡献率超过 50%，创新环节中有 65% 的专利、80% 的产品开发来自中小企业。但是，中小企业融资问题长期以来都没有得到解决。在美国金融危机的冲击下，2008 年底全国中小企业歇业、停产或者倒闭的大概占 7.5%。在这次金融危机中受创伤最重的中小企业，资金短缺的问题越发突出，中小企业融资愈加困难。

目前，中小企业的融资更多地表现为结构性矛盾。

（1）从融资来源看，中小企业存在着对内源融资的过度依赖和外源融资相对不足的矛盾。我国的中小企业无论是创业期还是成长期；无论是结构转型还是产业升级，在发展过程中均高度依赖内源融资。但内源融资要受到中小企业自身发展状况的限制。

（2）就外源融资而言，中小企业存在着对间接融资的过度依赖和直接融资相对不足的矛盾。我国中小企业的直接融资额——即债券和股票融资之和，不到整个融资的 1%，基本可以忽略不计。在各种间接融资方式中，中小企业获得信贷资金的渠道主要是民间借贷和银行贷款。民间借贷在某些地区虽然活跃，但处于"非法"的尴尬境地。银行等正规金融机构作为中小企业信贷资金的主要供给者，给中小企业仅仅提供了极其有限的信贷资金。2008 年中国人民银行对 8000 多家民营工业企业和近 3000 家金融机构的调查结果表明，截至 2008 年 5 月末，全国中小企业贷款覆盖率为 18.7%，与发达国家 54% 的指标相比，覆盖率方面十分有限。贷款覆盖率，

是指同金融机构有贷款关系的中小企业数与全部中小企业数之比。根据人民银行网站的数据，2009 年 4 月，私营企业及个体贷款获得短期贷款 2700 亿元，仅占同期短期贷款总额 75916.83 亿元的 3.5%。

目前和今后一段时间内，权益性融资并不是中小企业融资的最主要来源，银行贷款仍将是中小企业融资的主要渠道。因此，中小企业融资难的问题仍然主要表现为取得银行信贷困难。

我国金融体制在历经 20 多年的改革之后，仍然呈现国家垄断性、集权性的特征，国家牢牢控制着金融资源的配置权力。我国四大国有银行占据了银行业的多数份额，2008 年末其金融资产占全部商业银行机构总资产的 51%，占全部金融机构 51% 以上的存贷款份额（见表 7-1）。国有商业银行拥有最庞大的分支机构，是目前信贷资金的主要供给者，在一定意义上实质是信贷资金的垄断性供给者。在全国中小金融机构中仅有城市商业银行 136 家、农村商业银行 22 家、农村合作银行 163 家、村镇银行 91 家，贷款公司 6

表 7-1 2008 年末银行业金融机构总资产与总负债（境内本、外币）

金融机构	总资产（亿元）	比重（%）	总负债（亿元）	比重（%）
国有银行	318358.0	51.0	298783.6	51.0
股份制银行	88130.6	14.1	83683.9	14.3
城市商业银行	41319.7	6.6	38650.9	6.6
其他类型金融机构	176104.7	28.2	164897.2	28.1
合　计	623912.9		586015.6	

注：国有商业银行包括中国工商银行、中国农业银行、中国银行、中国建设银行和交通银行。股份制商业银行包括中信银行、光大银行、华夏银行、广东发展银行、深圳发展银行、招商银行、上海浦东发展银行、兴业银行、民生银行、恒丰银行、浙商银行、渤海银行。其他类金融机构包括政策性银行、农村商业银行、农村合作银行、外资金融机构、城市信用社、农村信用社、企业集团财务公司、信托投资公司、金融租赁公司、汽车金融公司、货币经纪公司和邮政储蓄银行。

资料来源：银监会网站。

家及农村资金互助社 10 家。国有商业银行掌握着大部分的金融资源，为中小企业服务的地方金融机构却由于数量少、规模小，金融资源占有较少。

（二）大银行不可能给小企业贷款

金融资源的现状导致中小企业的资金需求与银行的资金供给之间缺口很大。高度垄断的金融体制成为中小企业难以从银行等正规金融机构获得融资支持的深层次原因。

1. 大银行与中小企业之间信息不对称

大银行与中小企业之间的信息不对称实际上分为两种：一是有关借款人的个人信息，以及有关中小企业的经营信息。个人信息主要指借款人的个人素质、经营能力、风险偏好等信息，个人信息是一种人格化的信息，只能在借款人的熟人圈子中流传。外界要想观测到必须付出高昂的代价。企业经营的信息包括会计信息、技术专利、组织结构、利润分配等方面。企业信息是一种可以以数据和书面资料反映的信息。但是，中小企业由于企业治理结构不健全，组织结构变动较快，财务制度和财务管理相对不规范、不稳定，对外财务信息披露不规范，并且由于经营历史较短，信用积累不足，缺乏品牌和信用历史所能发挥的间接传递信息的作用。大多数中小企业并不需要由会计师事务所对财务报表进行审计，很难在融资时向银行提供经过审计的财务报表。即使中小企业提供了会计师事务所的审计报告，银行还是会对中小企业的财务报表重新审查。因此，在中小企业融资过程中，银企之间的信息不对称现象比较严重，国有银行不具备有效缓解银企之间信息不对称的优势。

融资双方的信息不对称必然给借贷市场带来逆向选择和道德风险问题。在借贷合约签订以前，各种各样的中小企业混杂在一起，不乏各种没有企业家才能或者骗取信贷资金的企业经营者，投资的项目也不排除高风险、低收益的可能性；在借贷合约签订以后，中小企业往往会通过隐藏投资项目信息等方式，把资金用于高风险的项目。在这种经济现象重复多次发生之后，借贷市场自然出现了信贷配给现象。在信息不对称的情况下，信贷市场会自发地拒绝信息量不足和信息成本过高的信贷资金需求。结果使得国有银行缺乏对中小企业贷款的积极性。

2. 分摊成本高

中小企业经营灵活，资金周转快，以多样化和小批量著称。相应的贷款需求具有要得急、次数多、额度小的特征。这使得融资的单位成本大大提高，在不考虑其他因素的情况下，中小企业少量的资金需求将使其融资利率比上规模的资金融资利率平均高出2~4个百分点。例如，美国小企业的贷款利率上浮水平高达3~6个百分点，欧洲小企业的贷款利率上浮1.5~3个百分点。

而且，为了降低代理成本和监督成本，国有商业银行研究出相对固定的正式工作程序。现行的信贷操作流程长、环节多，无形中增加了银行的管理成本和单项融资的交易成本。如某国有商业银行，针对中小企业的贷款门槛至少有8道，要求申请贷款的中小企业在行业性质、股东结构、负债率、贷款归还率、日均存款额、抵押等方面全部符合银行指定的标准。即使中小企业符合这些标准，如果金额较高的话，还要等待基层行递交上级部门逐级审批。因此，国有商业银行对中小企业融资存在成本高、效率低的问题，即使扩大信贷队伍、专设对口的信贷部门，也不可能在短时期内得到有效解决。

3. 风险不易控制

中小企业大多处于发展初期，经济成分多元化，遍布城乡，涉及各个行业，主要依靠低成本优势参与市场竞争，极易受到经营环境的影响，稍有不慎就可能导致经营失败。根据银行机构的估计，我国有近30%的中小企业在2年内消失，近60%在4~5年内消失。中小企业情况复杂，信息不对称，国有商业银行难以对其生产经营情况进行评估和把握，要开拓这一市场，要承受较大风险。而且中小企业贷款以短期流动资金贷款为主，贷款的周转期难以准确测算，逾期还贷的可能性相对较大。

4. 融资担保机制缺乏

中小企业普遍成立时间较短，规模较小，自有资产有限，资信相对较差。银行几乎不向中小企业发放信用贷款。无论金额大小、期限长短，中小企业都必须提供抵押担保。以民营企业为主的中小企业大多分布在城乡各地，在经济发展过程中大量依靠自营、集体、合资合作等方式运作。不同程度地存在着机器设备等固定资产所有权、农村集体土地和宅基地的所有权不明晰问题，不能用作抵押。实质上，银行也不愿意接受农村土地、宅基地等作为抵押品。中小企业缺乏抵押资产，制约了抵押贷款的发放。

在抵押物处置方面，我国尚未形成抵押物流转二级市场，如果中小企业经营不善而破产，银行等金融机构很难处置抵押物，这些都会影响到银行等金融机构的贷款意愿。抵押物难处置也进一步导致了抵押物的折扣率高的现状。目前抵押贷款的抵押率，土地、房地产一般为50%~70%，动产为20%~30%，专用设备低至10%。高的折扣率不仅降低了中小企业的信贷资金额度，而且也增加了中小企业的信贷成本。

近年来，我国虽然建立了一些担保公司和各类基金等中介机构，但担保机构规模小，实力弱，缺乏规模效应。业务运作中放大倍率偏低，银行认同度不高，担保效应难以发挥。部分担保公司业务空置率较高，不能开展正常业务。专业法律和行规行约建设滞后，担保机构运作规则缺乏。再者，我国担保机构的风险分担与损失补偿机制尚未建立，省级、国家级再担保机构仍然缺位，再担保业务尚未开展，妨碍了担保体系在增信、分险、监控与整合等方面重要作用的发挥。缺乏适应民营企业贷款需求特点的贷款担保或保险体制，在客观上限制了中小企业的融资能力。

5. 所有制歧视

国有银行呆坏账的核销以所有制来划分，政府可以对国有企业承担责任，补贴国有企业逾期还款出现的不良信贷资产。贷款对象如果是国有企业，信贷人员可以不承担或者少承担责任。而以民营经济为主体的中小企业的呆坏账却不在核销范围之内，信贷人员有可能因为私营企业的逾期贷款而被司法机关追究。由此加大了国有商业银行信贷人员开拓中小企业信贷的后顾之忧和"惧贷"心理。

国有商业银行虽然强化了贷款风险的约束机制，但与约束机制相匹配的利益激励机制却没有相应建立。特别是在现有产权制度下，国有商业银行的产权所有人缺位，银行员工缺乏关心银行资产的动力，更多的是关心自己的个人利益。信贷人员在具体操作中就会十分谨慎，尽量限制对中小企业的贷款数额，且贷款手续复杂、抵押条件苛刻。这些严重影响了国有银行支持中小企业的积极性和信贷人员的放贷积极性。

在高度垄断的金融体制下，信息不对称、分摊成本高、风险不易控制、融资担保机制缺乏、所有制歧视等多方面因素的综合影响，使得中小企业的信贷融资相当困难。

（三）扶持中小企业融资的相关政策效果分析

央行和银监会一贯高度重视中小企业金融服务工作，自1998年以来，陆续出台了若干指导意见和政策来鼓励、引导银行业金融机构进一步完善中小企业金融服务。但大多以失败而告终。

1. 制定专门的业绩考核和奖惩机制

除了前面所述国家要求大银行给小企业贷款外，还采取了其他一系列措施。2002 年中国人民银行发布《进一步加强对有市场、有效益、有信用中小企业信贷支持的指导意见》，主要内容包括：国有独资商业银行要建立和完善适合中小企业特点的评级和授信制度；引导商业银行适当下放流动资金贷款审批权限；健全贷款营销的约束和激励机制；等等。后来，银监会针对支持小企业发展的工作，修订和发布了《银行开展小企业授信工作指导意见》（银监发〔2005〕54 号、银监发〔2007〕53 号）、《建立小企业贷款违约信息通报机制的指导意见》（银监办发〔2006〕7 号）等一系列文件，涉及了小企业贷款的奖惩机制问题。2006 年银监会出台《商业银行小企业授信工作尽职指引（试行）》，引导商业银行建立尽职免责制度，在考核整体质量及综合回报的基础上，根据实际情况和有关规定追究或免除有关当事人的相应责任，做到尽职者免责，失职者问责。

2. 创办新型机构，提高中小企业金融服务机构覆盖率

2005 年，央行明确在山西、陕西、四川、贵州进行"农村小额信贷组织"试点，成立了 7 家小额信贷试点公司。此时，恰逢全国股份制商业银行从农村抽取资金、撤出大多数县域市场之际，农村小额信贷公司是政府借助民间资金之力来弥补农村金融市场空白的尝试。2006 年 12 月 20 日，银监会《关于调整放宽农村地区银行业金融机构准入政策、更好支持社会主义新农村建设的若干意见》正式推出村镇银行。与小额信贷试点不同，村镇银行可以贷，也能吸纳存款，银监会鼓励各类资本到农村地区新设主要为当地农户提供金融服务的村镇银行。2007 年，中国银监会印发《村镇银行管理暂行规定》（银监发〔2007〕5 号）、《村镇银行组建审批工作指引》（银监发〔2007〕8 号），调整放宽农村地区银行业金融机构准入政策的试点工作，进一步明确村镇银行、贷款公司等新型农村金融机构的组建程序和申请材料要求。2008年5月，针对中小企业融资，中国人民银行和银监会联合发布《关于小额贷款公司试点的指导意见》，开启了小额贷款公司的闸门。

通过央行和银监会坚持不懈的努力，各种金融机构从制度、产品、服务等方面进行了一定的探索和创新，中小企业融资服务领域得到了拓宽，服务水平、效率和质量有所提高。但是面对日益增长的中小企业融资需求，央行和银监会推行的融资支持政策由于种种问题的存在而明显力度不足。

3. 大银行给小企业贷款以失败而告终

在国家重视中小企业金融服务的导向下，各个国有商业银行都成立了中小企业信贷部，但执行以来，收效甚微。

由于借贷双方信息不对称、较高的信贷风险、难以降低的信贷成本等因素的影响，国有商业银行逐渐收缩经营领域，定位"大城市"、"大企业"是大势所趋。国有商业银行对于信贷成本、风险和效率的追求，必然使得银监会的行政命令失效。从当前的改革方向来看，如果没有相应的新兴金融机构的兴起，国有商业银行大批撤退后形成的金融服务空白、中小企业融资难的问题将进一步趋于严重。

（四）小额贷款公司的尴尬境地

经过近一年的运营，小额贷款公司从一定程度上缓解了中小企业的融资问题，起到了积极的作用，但是远远没有达到预期的效果。而且不容忽视的是，小额贷款自身已陷入尴尬的生存境地。

首先是盈利状况不佳。由于政策限制，金融机构的很多常规业务，比如票据贴现等都没有开展，因此，贷款利息收入是小额贷款公司唯一的盈利来源。《关于小额贷款公司试点的指导意见》规定，小额贷款公司的贷款利率不得超过司法部门规定的上限，下限为中国人民银行公布的贷款基准利率的0.9倍，具体浮动幅度按照市场原则自主确定。根据这一规定，小额贷款公司的利率一般在10%～20%之间，虽然稍高于银行基准利率，但是由于小额贷款公司按照普通公司缴税，享受不了国家对金融机构的税收优惠政策。而银行是按照存贷款差缴税，同时农村信用社有优惠政策，所得税率减半，即1.25%，营业税优惠到3%。这些税率对于仅靠贷款利息收入维持的小额贷款公司来说非常重要。如果扣除税金成本后，小额贷款公司的收益堪忧。

其次是信贷资金的来源制约。根据中国人民银行和银监会的相关规定，小额贷款公司的主要资金来源为股东交纳的资本金、捐款资金以及来自不超过两个银行业金融机构融入的资金，不能吸收公共存款。而且严禁吸收公众存款和非法集资。这些规定一方面控制了风险，但同时也限制了它的自由度。在长期内，小额贷款公司只贷不存、不能拆借、不能委托，完全依靠自有资金在运作，使小额贷款公司的资金来源成为最大的难题。在这种情况下，小额贷款公司如果严格遵守相关规定，在自有资金放贷出去之后，很快就会陷入无业务可做的窘境；要想长期生存下去，就很有可能找一些变通的方法违规操作。

更为重要的是，贷款公司看不到未来的发展方向。在我国，金融业是垄断行业，但是进入的门槛很高，小额贷款的试点无疑是进入金融服务业的最佳跳板。银监会出台的《村镇银行管理暂行规定》说明，经营好的小额贷款公司日后有望转为村镇银行，这一规定描绘了实业界企业进军金融业的蓝图。但是，《村镇银行管理暂行规定》中的另一条规定，"村镇银行必须由银行等正规金融机构成为最大的股东"，这让许多村镇银行的申办者们失望不已，当然，也包含大量企图由小额贷款公司升级为村镇银行的公司。因为一旦转为村镇银行，民企的持股比例将大幅度下降，而现有的银行金融机构则成为最大的股东，将占主导地位，民营的话语权难以保留。再者，现有的银行金融机构控股后，必然把其全部的理念灌输到村镇银行中，村镇银行实际上就成为了现有大银行的分支机构，这一结果与当初设立贷款公司、村镇银行的初衷完全偏离。没有了未来进入金融业希望的贷款公司，经营利润又十分低下，将来会有越来越多的贷款公司申请停业。据统计，目前温州正式开业的小额贷款公司仅有5家，杭州只有2家。而根据《浙江省小额贷款公司试点管理办法》，杭州第一批最多可有18个名额，温州可有16个名额。一度火热的小额贷款公司已经陷入被冷遇的尴尬境地。

（五）村镇银行试点缓慢，治理结构不合理

建立村镇银行是解决当前农村金融服务缺位问题的创新之举，对于促进农村新型农村金融体系的形成，加强农村金融服务，具有十分重要的意义。但作为新生事物，村镇银行在建立及发展中遭遇重重障碍和阻力，不能发挥出其应有的功能和作用。

（1）政策瓶颈的限制。村镇银行一直没有得到人民银行总行的行号批复，没能加入人民银行大小额支付系统。由于缺少人民银行总行核批的行号，其资金划转业务受到了影响。村镇银行的账户系统、信贷管理系统、征信系统等都不能与人民银行总行正常联网。由于没有加入大小额支付系统，不能办理企业经常所需的汇兑业务，如企业通过村镇银行汇款，村镇银行就必须通过第三方银行的系统来进行，需要额外付一笔费用。汇兑功能的缺失使得能够成为村镇银行的企业望而却步，转向其他银行。而且《村镇银行管理暂行规定》明确村镇银行享有发行银行卡的权力，但由于在银联入会费方面缺少相关的政策扶持，银行卡业务至今无法办理。因此，村镇银行其实一直不具备银行的基本功能。

（2）目标定位与可持续发展的冲突。按照当初政策设计的初衷，设立村镇银行的目的是在农村金融市场引入更多金融机构，从而促进竞争，让不能贷到款的农民，涉农企业贷到款，缓解农村信贷资金紧张状况。虽然政府界定了村镇银行的支农地位和义务，但并未给村镇银行应有的政策支持：一是公共财政没有相应的奖励、补贴、税收优惠等政策，激励和引导作用不够；二是农业保险仍然停留在商业保险领域，政策性保险没开展起来。村镇银行的本质是"自主经营，自担风险，自负盈亏，自我约束"的独立企业法人，各发起人或出资人必然会把利润最大化作为直接的追求目标。而农民作为弱势群体，农村经济作为风险高、效益低的弱势经济，受自然条件和市场条件的影响巨大。在政策性支持严重缺乏的情况下，村镇银行的可持续发展成为一个很现实的问题。

（3）主发起人资格限制。与贷款公司一样，村镇银行的主发起人被限制为现有的银行机构。按中国银监会颁布的《村镇银行管理暂行规定》，最大银行业金融机构股东持股比例不得低于村镇银行股本总额的20％，单个自然人股东及关联方持股比例不得超过村镇银行股本总额的10％，单一非银行金融机构或单一非金融机构企业法人及其关联方持股比例不得超过村镇银行股本总额的10％。村镇银行的主发起人辛辛苦苦取得了申请村镇银行的资格，却被迫请来金融机构当控股股东，不得不拱手让出主导权。除了对金融机构有益，这样的安排对市场、对农村、对农村金融体系的正常发展都不利。因而，能否按照公平原则放宽主发起人准入条件值得关注。

（4）治理结构不合理。村镇银行虽然形式上按照《公司法》和监管部门的要求进行了法人治理建设，但在主发起人作为控股股东的前提下，村镇银行独立法人的自主决策权无法体现出来。发起银行与其他股东间就投资额度、董事名额分配等问题往往难以达成一致意见。因此，发起银行的主导地位必然导致其他股东对村镇银行的经营管理缺乏关心。

在多种障碍的合力作用下，村镇银行发展缓慢，远远跟不上中小企业发展的需求。

（六）中小企业融资出路和中小金融机构发展环境

我国现行的金融体系建立于改革开放之初，基本上以服务国有经济的国有银行为主，缺乏与中小企业配套的中小金融机构。随着中小企业的快速发展，经济成分呈现多元化的态势，不同经济主体与不同金融主体的对应关系却没有设置。由此呈现经济结构与金融机构的不对称性，信贷结构与融资需求的不对称性。以民营经济为主体的中小企业在现行的金融体制中找不到与之匹配的金融服务部门，从而在现行融资体制中处于劣势地位。因此，沿袭传统的金融体制，固守旧有的思维方式，在现有的融资体制中是不可能找到解决中小企业融资问题的思路与对策的。

从银监会支持中小企业融资的政策不难看出，监管层连续多年从不同的角度出台相关的扶持政策，对于中小企业融资难的问题十分重视。但是出于风险监控的必要性，监管决策者往往在出台扶持政策的同时，又设计了种种关卡，在摸着石头过河的进程中，走一步看一步甚至退一步。这种左右为难的境地，主要在于对中小企业融资的出路认识不透彻，以及对于中小金融机构风险的长期误解。

1. 中小金融机构是破解中小企业融资问题的根本途径

当前中小企业融资难的深层次原因，就是当前银行市场结构的垄断特征，中小金融机构发展明显不足。因此，大力发展中小金融机构是解决中小企业融资难的根本途径，别无他路。央行发布的《2008年第二季度货币政策执行报告》中对中小企业融资难问题也进行了专门的讨论，并指出，解决中小企业融资难问题，需要大力培育和发展中小金融机构体系。

当前，加快建立中小金融机构的时机已经基本成熟。首先，社会资本丰富。改革开放 30 多年来，社会已经积累了近 5 万亿元的民间资本，完全有实力建立一大批中小金融机构。其次，我国已经培养出了一大批优秀的金融从业人员。在这次国际金融危机后许多国际金融人才也纷纷回国创业求发展，完全有能力按照现代企业制度成功经营新设中小金融机构。再次，市场需求旺盛。我国中小企业众多，存在着广大的信贷需求市场。最后，还有广泛的国外经验可以借鉴。发达国家通常选择大力发展中小金融机构来缓解这一世界性难题，为我们提供了丰富的经验。在美国，资产 10 亿美元以下的小银行就有 7000 多家，专门服务于小企业；在韩国，作为三大政策性银行之一的中小企业银行资产高达 1110 亿美元，可以为 16 万家韩国中小企业服务。因此，当前要进一步解放思想，大力发展多种形式的中小金融机构，以改革创新的精神加大金融体制改革，切实发挥中小金融机构在解决中小企业融资难中的重要作用。

2. 对发展小银行一些不同看法的讨论

一提起发展小银行，一些学者和有关部门马上举出过去曾经发生的农村合作基金会和股金会给中国金融体系造成的大量呆坏账，以及社会上发生的集资诈骗。我们认为，应当客观地看待这些问题，并分清它们与小银行的区别。

（1）过去农村合作基金会发生问题的原因，是产权不清的体制，不能与产权清晰的民间小银行相提并论。农村合作基金会的性质及财产所有权制约和规定了农村基金会的治理体制和运行机制。合作基金会本应属于集体所有性质的金融组织。但是，大多数地方在推行大包干以后没有进行产权相对清晰的社区股份合作制改革，农村合作基金会要么是通过行政命令控制的集体组织，要么是民营性质的股份制经济组织，而不是乡村集体经济组织和农户的互助合作组织。尤其是在推行"村有乡管"的条件下，乡镇政府可以通过下属"经管站"直接将集体资金划入合作基金会，以基金会的名义开展信用活动。这一切甚至完全不必征得村级集体经济组织同意。这一事实说明乡镇级农村合作基金会的实际所有者是地方政府，而不是集体。村级集体组织以股东身份应该获得的所有者地位是"缺位"的，农民作为集体成员，对集体资金事实上也丧失了控制权。

在内部管理上，由于真正的所有者"缺位"，基金会根本就没有一种监督机制。基金会随意通过高息揽储和非法集资的手段来骗取巨额资金，基本上无人监督，任意挥霍。在日常运营过程中，基金会监管滞后，非法集资、高息揽储等行为畅通无阻，最后酿成巨额呆账死账。

而以温州市的多数农村合作基金会为代表的民营性质的股份制经济组织，无论是设立的指导思想、原则、章程、组成，还是具体运行，都比较规范，一直运行比较正常。只是在政府关闭农村合作基金会的时候，被"一刀切"取缔了。因此，在现有的金融体系不能破解中小企业融资困境的情况下，适度开放市场，允许产权清晰的中小金融机构加入，以促进金融市场的适度竞争，也是对历史经验和教训的合理借鉴。

（2）大规模的集资诈骗与小规模的民间银行不同，风险波及范围与程度不一样。大规模的集资诈骗往往以高额的融资利息、投资回报或理财收益等为诱饵，向社会不特定公众集资，连续集资的时间跨度往往长达三、四年之久。具有代表性的案例，是2007年初的浙江东阳女富豪吴英非法集资案，2004~2007年期间，吴英在不具备吸收公众存款业务资格情况下采取书面或口头承诺还本付息的方式，以借款、投资、资金周转等名义，在浙江的义乌、东阳、宁波等地向不特定对象变相吸收资金共计 7.2 亿余元。集资诈骗规模大、时间长，往往使得成百上千乃至数以万计的普通人席卷进去，给金融体系和社会秩序的安全和稳定带来极大的影响。

而民间小银行只能是小规模、小范围的，出事风险可以控制在小范围内。以村镇银行为例，《村镇银行管理暂行规定》明确：在县（市）设立的村镇银行，其注册资本不得低于 300 万元人民币；在乡（镇）设立的村镇银行，其注册资本不得低于 100 万元人民币；商业银行和农村合作银行可以设立专营贷款业务的子公司，其注册资本不得低于 50 万元。广东首家村镇银行中山小榄村镇银行是目前全国资本规模最大的村镇银行，注册资本为 25000 万元。其他的村镇银行的注册资本金更低。由以上规定可以看出，小银行普遍规模较小，在此基础上的资金放大倍数有限。只要银监局审慎监管，规范小银行的资本充足率不得低于 8%，资产损失准备充足率不得低于 100%，内部控制、贷款集中、资产流动性等严格满足监管的要求，即使产生信贷风险，也是在小范围内，程度较低，可以控制。

（3）中小金融机构的政策环境问题。与大银行的经营取向不同，中小金融机构比较愿意为中小企业提供融资服务。一方面是因为它们资金少、无力为大企业融资；另一方面是因为中小金融机构在为中小企业提供服务方面拥有信息上的优势。中小金融机构一般是地方性金融机构，在地域自然条件限制下主要为地方中小企业服务。长期的合作关系使得中小金融机构对中小企业经营状况的了解程度逐渐增加，这就有助于解决中小金融机构与中小企业之间的信息不对称问题。因此，建立和完善中小金融机构体系是解决中小企业融资难的有效途径。

中小金融机构经过几年的发展，已经积累了一定的基础，抗风险能力增强，经营发展水平得到提高，其发展前景良好，但也面临一系列问题不容忽视。

一是现有的中小金融机构，如农作信用合作社、村镇银行、贷款公司普遍存在产权不清的问题。产权不清晰导致公司治理存在缺陷、内部控制能力不足，中小商业银行股东大会、董事会、经营班子和监事会各方职责不够明确，无法达到有效制衡；内部控制有待加强，且外部约束意识淡化。

二是资本金不足。中小金融机构资本来源渠道单一，资本金自我补充能力弱。资本金补充速度远远赶不上金融资产的增长速度，风险资产的增长速度高于资本总额的增长速度，结果必然是资本金缺口越来越大，资本充足率问题日益突出。中小金融机构的不良资产主要依靠自身消化，基本上只能依靠私募扩股、留存收益、红利转注资等弥补，由于金额相对有限，资本金不足问题一直难以妥善解决。

三是政策环境有差异。大银行在改革发展过程中始终得到国家政策的支持，比如剥离不良资产给四大资产管理公司，而中小金融机构的政策支持比较缺乏，在不良资产处置等方面还存在弱性政策。大银行具有国家信誉作隐性补贴，国外战略投资者对入股大银行表现踊跃，国内企业和百姓对大银行的依存度很高。而中小金融机构则没有国家的信用支持，经营时间短尚未形成必需的商业信誉，在金融市场上难以获得足够的信任与支持。同时，中国银监会为防范风险，对中小金融机构实行了严格的限制性监管。

（七）需要大力发展城乡社区小银行

给个体、微型和小企业贷款的出路就在于打破国有大银行的垄断，大力发展民间城市和乡村的小银行。并且，需要找出行之有效的监管体系和办法。

1. 大力发展民间城乡社区小银行及担保体系

发展城乡社区小银行，配套地发展担保公司，并且，财政对小企业的支持，主要应当用在贴息方面，发挥"四两拨千斤"的作用。

（1）发展城乡社区小银行。中小金融机构现有的银行数量规模，很难满足我国众多中小企业发展的需要。因此，必须大力发展民间城乡社区小银行。

首先，放开准入资本范围，引导民间资本设立社区小银行。积极支持和引导民间资本设立小银行：鼓励民间资本新设主要为当地中小企业提供金融服务的小银行。

其次，控制城乡社区小银行的规模。小规模的金融机构服务的空间范围有限、提供的信贷资金额度较低，不仅有利于引导小银行市场定位于中小企业，而且控制了信贷规模，降低了金融风险的影响程度，出事风险可以控制在小范围内。

再次，规定社区小银行的功能。社区小银行可以设在农村大的村镇中，也可以设在大中城市社区。限定服务于社区，从而规定了小银行的功能，保证其专项服务创业、个体、微型和中小企业，以及居民的一部分消费信贷。

（2）完善担保体系，扩大抵押物范围。目前中小企业间接融资主要以担保类贷款为主，特别是不动产抵押贷款最为普遍。担保和抵押品的不足造成很多中小企业贷款困难。

要改变中小企业担保公司在与银行的合作过程中的劣势地位，必须设立多层次中小企业贷款担保基金和担保机构，在建立政策性担保机构的基础上，大力鼓励发展商业性担保和互助担保机构，对于商业性担保和互助担保机构，地方政府可以考虑建立政策性的中小企业再担保公司进行再担保。

针对中小企业资产规模小、抵押物有限的现状，必须进一步扩大抵押物范围。政府制定政策引导银行接受中小企业的专有知识产权作质押和抵押，包括专有技术、专利以及其他权益作为抵押资产。明晰农村集体土地和宅基地的所有权，允许农村房地产的使用权进入金融市场交易。

（3）政府扶持中小企业应当以贴息为主。政府扶持中小企业融资的方式有多种：一是成立中小企业融资辅导中心，开展综合辅导及融资协助，为中小企业发展提供管理技术帮助。二是提供中小企业诊断和经营指导服务。由有企业管理实践经验和具备专业知识的人，根据实地调查情况，分析中小企业经济管理中出现的问题并提出建议与咨询意见。三是设立专门的信息提供与咨询机构，提供信息咨询服务。可以有针对性地帮助中小企业迅速、及时地了解所需信息。四是落实对中小企业融资担保政策。鼓励地方政府通过资本注入、风险补偿等多种方式增加对信用担保公司的支持。为体现政府的政策导向，对符合条件的中小企业信用担保机构继续给予减免营业税等政策支持。五是实行贴息政策。贴息政策是以低于市场利率向中小企业提供贷款，这是世界各国政府向中小企业提供资金援助的一种主要形式。贴息贷款能以较少的财政支出带动大量的社会资金参与对中小企业的援助，有利于中小企业获得贷款，因此在各种扶持方式中，政府应当以贴息为主。

2. 地下金融的合法化

2006 年中央财经大学发布的调查报告《中国地下金融调查》测算，我国地下信贷规模介于 7405 亿元至 8164 亿元之间，地下金融规模平均指数为 28.07，也就是说地下融资规模相当于正规途径融资规模的 28.07%。在正规信贷支持力度相对较小的中小企业和农业等行业方面，地下金融很大程度上起到了补充作用。调查数据显示，全国中小企业约有 1/3 强的融资来自于非正规金融途径，非正规金融途径获得的借贷占农户借贷规模的比重超过了 55%。一方面地下金融庞大的规模蕴藏着巨大的风险，需要尽快纳入金融监管体系之中。另一方面地下金融在解决中小企业融资问题所发挥的积极作用，又不容忽视。既然不能放任地下金融自行发展，通过发展民间金融机构让地下金融合法化，成为我国金融体系的一个必要补充，并将其纳入国家金融监管体系，将是最佳选择。

首先，加快制定"放贷人条例"，明确非吸收存款类放贷人主体的法律地位。其次，如前所述，大力发展民间社区小银行，通过吸引民间资本进入实现地下金融合法化。最后，通过市场竞争规范地下金融。鼓励充分竞争，借助市场的力量使地下金融利率水平维持在一定区间内。

应当让庞大的地下钱庄通过发展社区小银行合法化。地下钱庄游离于金融监管体系之外，利用或部分利用金融机构的资金结算网络，从事外汇买卖、跨国（境）资金转移或资金存储借贷等非法金融业务。地下钱庄对客户提供的各种金融服务，与合法的中小金融机构提供的金融服务基本一样，没有太大的差别。面对大量存在的民间钱庄，如果一味地封堵，并不能消除它存在的问题。如果从法制的层面加以规范，部分钱庄尝试转为小银行，让其有序发展，一方面可以通过明确民间自由放贷权利来堵住地下钱庄的非法资金渠道，从而使民间资本更好地为中小企业服务，有助于解决各地政府目前所面对的矛盾；另一方面帮助地下钱庄进入"阳光地带"，加速中国金融体系改革，打破银行业的垄断。

三　国有企业及其监管体制怎么改

20世纪的后20年，国有企业改革一直是整个经济体制改革的中心任务。关于单一公有的国有经济和集体经济为什么要被多种所有制所代替，并且在当时如何进行国有企业的改革，我们已经有过详细的讨论，读者如果感兴趣，可以读我过去的论著，[①] 这里不再赘述。

时至今日，国有企业本身的状况，国有企业监督管理的格局，国有企业的内部治理结构，以及它们在国民经济中的地位，都发生了非常重大的变化。现在，学界对国企改革看法很多，如国进民退、国有企业垄断、造成分配不合理等。那么，应该如何进一步改革呢？

（一）办国有企业是为了什么

从我们过去讨论的兴办国有企业的目的看，其理由为：在意识形态方面，我们要坚持公有制，国有经济是公有制中的骨干；从一些理论阐述的想象中似乎觉得，国有经济是实现公平分配的一种方式；涉及国家经济命脉的一些领域，要国家控制，国有经济就是国家控制的最好方式。当然，也有理论研究认为，国有经济是中国共产党执政的基础等。我们觉得为什么要兴办国有企业，需要认真进行深入的分析。

1. 防止私人家族大资本垄断国民经济和影响国家政治

我们前面进行过研究，目前体制的国有经济，因为在其中就业的劳动力越来越少，其利益分配并不促进社会分配的公平，而是造成社会分配不公的一个重要原因。但是，需要指出的是，如果一个国家的经济被私人所垄断，以经济实力为基础左右政局，一些地方的大资本影响和干预当地的政治，也是一种危险的格局；而且，虽然大量的资本集中在国有经济之中，并不会带来分配的公平，但是，大量的资本集中和集聚在少数私人手中，则更会导致两极分化。

---

① 周天勇：《中国向何处去》，人民日报出版社，2010；周天勇、张弥：《国企改革攻坚》，中国水利水电出版社，2005。

工业产业，有一个资本不断集中、集聚和资本有机构成不断提高的客观趋势，随着竞争，一些产业的集中度越来越高。有自然垄断性质的产业集中度，如电力网络、铁路网络、天然气输送网络等；有的通过一定的资本集中和集聚过程提高集中度，形成经济垄断，如大的钢铁、石油、烟草等工业。从企业所有制形式上来看，无非有三种，第一种是私人控制的资本密集型企业，可以称之为私人资本企业；第二种是股票上市的社会资本结构型企业，可以称之为社会资本企业；第三种是国有控股的国有资本和国有资本控股的企业，我们可以称之为国有资本企业。

烟草、钢铁、石油等，这些行业的资产规模、垄断经营额、产业关联度、利润规模等，对国民经济的左右举足轻重。如果被少数家族所垄断，他们将会以雄厚的经济基础，以左右经济命脉威胁，以资本外逃要挟，以利益好处来运作等，左右国家和政府的政治治理。因此，不能让私人家族企业垄断资本和资源密集型的行业，防止其摧毁公民社会和现代民主的国家治理结构。

2. 承担社会责任

在市场经济条件下，兴办国有企业的一个目的就是补足非政府投资者不愿意在市场中办，而社会又需要的企业，它们应当是公共性质的企业。公共性质的企业，其功能就是承担非政府不愿意承担的责任，即社会责任。

既然国有企业是对非国有企业市场缺陷的一种补充，那么，国有企业应当承担哪些特殊的社会责任呢？（1）国家整体利益需要。如在地震洪水、外敌侵入、社会动荡等特殊时期，国家和政府最容易调动的是国家兴办企业的资源和力量，来应对事件和事态。最为突出的是，中国十多年来的抗洪抗震方面，国有电力、交通、物资储备、粮食等部门起了关键性的支撑作用。再如，替国家生产经营好特别许可领域的战略性资源，石油、天然气、稀土、空间频道等。（2）社会公众利益的需要。如市内居民的交通出行、燃气、供水排水、医疗等需求，其提供准公共性的产品，以满足居民的日常生活需要。数量要足够，质量要保证，服务要到位。（3）投资于非国有企业不愿意投资的科技进步等领域。如周期长、投入大的科技研发，特别是发展中国家的非国有企业，一般不愿意投入其中。发展中国家与发达国家的科技进步，实际上存在着竞争关系。如果发展中国家任其非国有企业去从事科学技术的进步，由市场来决定技术进步的速率，结果只能是跌入技术进步差距的马太陷阱之中。为了在技术进步方面赶超发展国家，后起的发展中国家必须有国家支持的国有企业去从事一些周期长、投资大的战略性技术的研发。

当然，国有企业也与其他的非国有企业一样，也有其一般性的社会责任，这就是：（1）保护在国有企业工作职工的合法权益。给国有企业职工交纳各种社会保险金，支付合理的工资报酬，按照国家法律规定保证职工的正常休假、产假和假日时间，保护妇女职工的特殊权益等，不仅是非国有企业的职责，国有企业应当在这方面做得更好。国有企业还要保障国有企业职工民主政治权利，但需要注意的是，也要防止这种权利过大而侵蚀企业利益的现象发生。（2）节约能源和保护环境，资助社会公益和慈善事业。目前中国国有企业在生态环境保护和节约能源方面，与世界许多国家相比有较大的差距，重效益、轻社会责任的问题大量存在。紫金矿业第一大股东是代表福建上杭县国资委的闽西兴杭国有资产投资经营有限公司，持有28.96%股权，是一家国有控股的上市公司。2010年7月12日福建省环保厅通报称，紫金矿业集团公司旗下紫金山铜矿湿法厂污水池发生渗漏，污染了汀江，部分江段出现死鱼。当时的初步统计，汀江流域仅棉花滩库区死鱼和鱼中毒约达378万斤。这起污染事件实际发生在7月3日，9天后方才公开披露。给当地的居民用水造成重大有害污染。① 2010 年 7 月 16 日晚，大连港发生原油运输船在卸油时输油管爆炸起火漏油事故，污染面积达 100 平方公里，对生态环境造成严重巨大损害。而与事件有关的国际储运公司是中国石油大连中石油国际事业公司（80% 股份）与大连港股份公司（20% 股份）的国有合资企业。② 还有国有煤矿等造成塌陷，国有化工业造成重大江河湖海污染，如此等等，举不胜举。因此，国有企业，应当改变目前的对生态环境造成巨大破坏的格局，承担起自己应有的社会责任。

（二）国有资本继续社会化和产业组织改革

对于国有工商和金融经济本身来讲，其改革一是应当继续推进其资本社会化的改革，二是促进竞争和反垄断的改革。

1. 国有企业资本要继续社会化

大多数领域中的大型国有和国有控股企业改革的方向是从国有企业单一资本或者国有资本占控股格局，转向资本社会化。家族私人资本、国家资本和社会资本，是三种不同性质的主体资本。社会资本是指许多出资人投资形成的企业资本，企业的资本由多个所有者拥有，但由法人统一支配和使用。多个法人投资形成的企业资本，许多个人投资形成的股份制和股份合作制资本，非上市但许多个人投资形成的企业资本，上市公司资本，基金投资机构的资本，包括一些混合所有制企业资本，很明显都是社会资本。我们大型国有企业的改革，总体方向不应当是将国有资产变成家族私人资本，也不应当是国有资产做大做强，而是要进一步社会化，变成社会资本。

---

① 《紫金矿业污染毒杀汀江 378 万斤鱼　绝非初犯》，2010 年 7 月 14《扬子晚报》。
② 大连输油管爆炸事件，见百度百科等有关网站和新闻。

国有资产继续社会化的意义在于以下几个方面。（1）国有经济从竞争性的领域中退出。国有经济在竞争性领域中存在，可能形成这样一些问题：一是与社会资本企业，以及家庭、合伙、小投资者合伙的小企业相比，效率较低，浪费很大；二是如果一旦一些国有企业凭国有银行支持，在竞争性的领域获得高集中度垄断的地位，则形成将社会资本和其他小资本企业竞争垮的情况，也会因垄断而向消费者提供价高质次的商品和服务。因此，国有垄断企业应该彻底退出一些竞争性领域，将这些领域让给小型企业和社会资本，防止国有经济在这些领域中垄断。（2）继续完善现代企业制度。需要进一步完善企业的法人治理结构，将大部分企业的董事长和总经理等领导，逐步由过去的组织部门代替市场选择，改革为交由市场选择为主。社会化的公司，就是公众公司，企业领导的业绩和其他方面，都要处于公众的监督之下。投资者以股票的买卖选择企业，股东大会选择董事长，董事会选择总经理，监事会、董事会和经理层之间形成制衡。

2. 产业组织改革

除了在资本构成和企业制度方面存在国有资本还没有很好地社会化的问题外，中国国有经济目前在产业组织方面，既存在一些如电网、铁道等领域垄断程度太高的弊端，也有钢铁、炼油等领域企业和装置规模太小、集中度不高的痼疾。因此，从产业组织上讲，应该降低集中度，反垄断的行业，需要进行反垄断的改革；而应该提高集中度，获取规模经济的行业，则需要进一步合并，消除散小乱的局面。即使那些需要提高集中度的行业，解决其可能垄断带来的有关问题的关键在于其集中的资本从国有转向社会化，形成公众性的公司，由社会来监督。并且，需要设立一些第三方监督制衡的制度。

比如，电力改革的核心仍然是打破垄断，不仅要打破行业垄断，更重要的是要打破行政垄断。虽然厂网已经分开，虽然电网主辅有一定的进展，但在一些方面还没有真正分开，输配售仍然一体化，电网企业仍然高度垄断，实行的是仍然是统购统销、独家经营、电厂和用户不能直接交易的体制。另外，履行公共服务职能的调度交易机构仍然隶属于电网企业，更加加强了其垄断地位。①

电力改革的思路，从短期的改革看，要划分出上网、输电、配电、终端销售电价；对于仍处于垄断经营地位的电网公司的输配电价，要在严格的效率原则、成本约束和激励机制的条件下，由政府确定定价原则；随着改革的推进，逐步实行输配分开，在终端售电环节引入竞争机制（即配售分开）。② 但是，就长期来看，电价要走出行政定价的体制，在理顺煤电价格动态关系的前提下，由市场供需决定电力价格。

为了达到规模经济和适应对外资源谈判定价权的要求，一些如钢铁、石油化工、重型机械、汽车制造等，从产业组织角度看，应当提高集中度的行业，则需要兼并重组。钢铁业的改革重组则是要治理分散小规模和无序竞争问题，要提高其产业组织集中度，在全国形成几个大的钢铁集团。工信部 2010 年 8 月 12 日公布了钢铁工业结构调整的细化要求，表示将争取用三年左右的时间，对我国钢铁行业生产经营状况进行一次全面的整顿与规范，2010 年公布 2～3 批符合《钢铁行业生产经营规范条件》的企业名单。根据工信部规划，钢铁工业兼并重组的基本目标是，要在全国范围内发展 3～5 家产量在 5000 万吨以上的具有国际竞争力的大企业集团，同时发展 6～7 家 1000 万～3000 万吨级的较强实力的钢铁企业。工信部要求 2010 年第三季度末淘汰落后炼铁、炼钢产能分别为 3525 万吨和

① 华中电监局何兆成、余保东：《电力改革和电力市场建设新思考》，2009 年 11 月 27 日，http：//www.serc.gov.cn/jgyj/ztbg/。

② 陈毅聪：《电网改革不宜再拖》，2010 年 8 月 18 日《21 世纪经济报道》。

但是，工业行业集中度的提高，并不影响国有资产的进一步社会化改革。

（三）行政监管、出资人监管和资产运营分开

实际上，国家对于国有和国有控股企业的监督管理有着多重性：一是普遍意义上的监督和管理，如工商登记、质量监督、排放管理、纳税等，是不论所有制如何，对所有的企业进行的一种普遍的监督管理。它需要对不同的所有制企业，内资和外资企业，都要公平公正。二是国家作为出资人意义上的对国有和国有控股企业的监督管理，包括国有资产的安全，投资的效益，利润的分配等。三是资产的具体运营，作为代表国家出资人的部门，不能具体去运营国有资产。运营国有资产，如并购、卖出、资产在行业中的退出和进入等，具体应当由国有资产运营公司来操作。

1. 取消监督管理国有企业的特殊性

从中国国有企业的特殊性来看，中国的一些如烟草、邮政、石油化工等国有垄断企业，还有变相行使行政管制的权力；许多国有企业能从银行等系统得到资产剥离、呆坏账核销等特殊关怀；国家实际上对一些领域进行了限定，只有国有企业才能进入。这对于非国有企业，包括对于外资企业，都是不公平的。

需要改革的是，进一步清理在市场竞争中国有垄断企业明显和隐性的行政权力。比如，一般民营石油企业，无权进口石油，赋予进口权的民营石油企业，进口的石油需要交给中石油或者中石化，而中石油和中石化如果没有排产计划，则民营石油企业有国家下达

---

① 夏青：《钢企仍处微利期 钢铁业重组进程明显加快》，2010 年 8 月 28 日《中国证券报》。

的进口指标，也不能从国外进口石油。再比如，国内民营炼油企业，必须从中石油和中石化两大国有石油公司购买石油，才能炼制生产，不允许从其他渠道进油从事炼制。还比如，在电力系统，实际上由于垄断，也有隐性的行政权力。一些用电企业在需要提高用电等级、增容增压时，由于供电垄断，经常被迫接受电力部门的"三指定"，即指定设计单位、施工单位和设备材料。某省电力部门甚至向执行农村用电价格的企业收取城市建设附加费；某省会城市电业局在电力监管机构已经行政许可的情况下，另行设立"二次许可"，要求承接电力工程的外来施工队伍必须与发包单位建立挂靠关系，取得其颁发的《进网施工安全合格证》，还有一些供电企业向用户推荐无资质的设计施工单位。① 这些明显和隐性的行政权力，需要由与之有关的民营企业和外资企业，以及专家学者，反映归类，进行清理废除和政府有关部门立法加以禁止。

取消对国有企业在体制和政策等方面的特殊关怀，国企、民企和外企，都应当公平对待。政府有关部门及金融等部门，在对企业管理时，对国企、民企和外企业，实际上有显性和隐性的管理差别。如曾经银行系统的呆坏账核销，金融资产剥离，划拨土地无偿进账等，都是为国有企业设计的，根本就没有民营企业的份额。在给企业贷款时，对国有企业，从各项规定上，从银行领导到信贷员的心理上，都比对民营企业要方便并偏向一些。

需要推进的改革主要有两个方面。（1）组织专门力量，全面清理和废除不符合《行政许可法》的地方性、部门性法规，打破行业、部门和地区垄断，实现民营企业与国企、外企平等的政策待遇，包括同等的市场准入政策；同等的招投标政策；同等的融资、

---

① 《三成供电企业存在问题　利用垄断牟利现象严重》，电力产品网，2007年12月7日。

税收、土地使用、财政贴息、政府采购政策；同等的外汇管理、进出口经营权、进出口配额、出口退税、出口信用保险费补贴、人员出入境等政策；同等的参与国资国企改革的政策。（2）尽快实施投资登记备案和核准管理制度。中央和地方各级政府尽快制定这方面的法规和相应的管理办法。今后除禁止类和限入类项目外，民间投资不必经政府主管部门审查，只登记备案或核准管理。[①]

2. 出资人管理职能与防止行政管理复归

国有出资人的职责就是保证国有资产运用的领域，保证在这些领域运营国有资产的保值和增值，以及国有资产正常的收益。但是，需要指出的是，由于国有企业是公共企业，它有特殊存在与发展的领域，因而，一是要有退有进，不能所有的经济领域都存在国有企业；二是遇到公共利益时，国有企业要讲社会责任，而不能只讲资产保值和增值，比如国有企业的资产，可以通过变卖来补充社会保障基金；三是对国家要求国有企业在长期的科技进步方面的战略性投资和研发等，不能以资产的收益率多高来衡量。

国有资产出资人的重要职责之一是，以出资人的身份派出董事长、财务总监和监事会主席等。这里需要处理党管干部与出资人部门管干部，以及党及出资人管干部与市场选择干部的关系。我认为，目前党管干部方面，有一部分国企干部由中组部来考察任命。考虑到资产保值增值收益与干部管理相统一的原则，应当取消企业干部的行政级别对应，并且目前由中组部考察管理的一部分国有企业干部，改由中组部和国资委组织人事部门联合考察任命为宜。或者将中组部管理干部的机构与国资委管理干部的机构合一，设在国资委之中，为组织部门的派出机构。在程序上，党管干部的原则，

---

① 上海市工商业联合会：《关于放宽市场准入，鼓励私营企业进入垄断行业的建议》，上海政协网，2010 年 11 月 24 日。

通过出资人委派，股东大会选举，依法产生。将党的意志，体现在法定过程之中。而经理层干部，则放权，由股东大会、董事会在企业内部、在社会上，作为职业经理人，进行公开选择，体现企业干部的党管干部与市场竞争选择相结合原则。

现在的问题是，在全国范围内，在各级区域内，是分散地按照各个行业形成国有资产经营公司，还是在国资委下面再成立一个总的国有资产经营公司？如果是前者，目前，央企通过过去的部门行业所属企业的改革，已经有行业性的集团公司，各地也是如此。如果是后者，则需要对各行业的国有资产经营公司上面，还要成立一个总的资产经营公司。国资委正在筹划组建一家新的资产管理公司以运作和管理央企资产。其目的是，有利于提高国有资产运营质量以及国有企业战略调整，并严格区分国有资产的资本运营和实际运营，谨防行政干预。在目前设想的方案中，这家资产管理公司仍采取"小步走"策略，只是先把几家国有企业的部分股份放到这个公司里，相当于国资委成立了控股公司。而一般的资产管理公司应该把国有企业的所有股权划归于这家资产管理公司，公司仅在资产层面对公司实行纯财务型运作，实现资产收益的最大化。对一些经营不好的企业，资产公司可以出售这家公司的股票。① 当然，此种改革，必然涉及和削弱石油、电力等许多国有大鳄们的权力和利益，国资委与这些大规模企业之间的博弈会是什么结果，中央和国务院的态度如何，决定未来国家总的国有资产经营公司的命运。

未来国有经济的改革，还应当包括对国有金融资产的管理。对此，中央财经大学财政学院的学者文小才有较为深入的研究。他认为，金融国资委应由国务院设立，和国资委一样，作为国务院直属

---

① 钟晶晶：《国资委确认筹建新资产管理公司管理央企资产》，2009 年 3 月 3 日《新京报》。

的事业单位。成立金融国资委，委员会可以统筹考虑国有金融资产的布局和规划，提高国有金融资产的运营效率；可以协调各部门之间的关系，能够兼顾市场公平与公正；委员会办公室通过授权经营，使所有权与经营权、监管职能与出资人职能分离。

他还认为，金融国资委主任应由财政部的部长或副部长来兼任，也就是说，金融国资委要在财政部金融司的基础上组建，在业务上接受财政部的领导和监督。理由如下：一是财政部过去和现在一直都代表国家对国有金融企业有关财务方面的重大决策和涉及产权变动的重大事项进行审批，具有较好的机构、人力资源和开展业务的基础；二是国外有很多国家是由财政部对国有金融资产履行所有者职能，这些国家的经验可供我们借鉴；三是可以实现现有人力资源和机构资源的有效利用，符合成本效益原则，操作起来比较容易；四是较少产生利益冲突，财政部与中央银行、行业监管机构或国资委相比，既没有债权债务关系，也没有行业监管职能，作为国有金融资产的出资人代表更超脱一些；五是财政部门是国家金融风险事实上的最终承担者，宏观金融风险具有公共产品的性质，当出现系统性金融风险时，无论是私人金融机构还是国有金融机构，财政都将承担最终的风险。因此，由财政部门管理国有金融资产，统筹考虑个别机构的风险和系统性风险的关系，能更有效地防范和化解金融风险，维护宏观金融安全。

金融控股公司代表国家履行国有金融的资产所有权。在"三层次"模式中，金融控股公司的地位特殊，是介于政府和国有金融企业之间的一个缓冲层，是在政府部门和国有金融企业之间设立的隔离带，可防止政府对国有金融企业进行直接的、过多的行政干预。就我国目前的情况，2007 年成立的中投公司可担此大任。中投公司除要实现国家外汇储备保值、增值外，还兼职收缩当前金融系统流动性、对抗宏观经济波动的任务。当前，中投公司已经成为一个大型金融控股集团。未来的中投公司，应该定位为我国"三层次"的国有资产管理体制下的高度市场化的超大金融控股公司，管理包括部分外汇储备、国有银行等在内的国有金融资产，成为我国国有金融资产管理的中枢。[①]

对于行政事业单位的国有资产，我认为，也应当严格管理起来。一是在财政部建立台账制度，摸清行政事业单位国有资产总量，具体按照管理范围，对于全国行政事业国有总资产、中央直属行政事业总资产和各省行政事业国有总资产，根据增减、折旧报废等情况，建立统计和台账制度；二是对党务行政，纯拨款的事业单位，企业管理的事业单位，分门别类进行管理；三是对行政事业国有资产的分配标准、资产使用、资产处置、资产收益等，都要纳入行政事业国有资产管理的范围；四是与国有工商企业资产、国有金融企业资产一样，也应当向人大进行报告，报告的内容是，行政事业资产投资、使用、效率、处置等情况，使行政事业国有资产的投资和使用处于人民的监督之下。

（四）国有资产预算及收益分配改革

国有工商、金融等资产管理和收益分配的改革，以前面的财政税收体制改革中已经谈到了一部分。除了前述的国有资产收益应当上缴国家财政和地方财政外，还应当进行如下一些改革。

1. 建立向人大的国有资产财务报告制度

除了对国有工商和金融等企业建立国有资产预算外，还要建立向政府和人大的资产、负债等情况的财务报告制度。内容为：（1）对国有企业及占有、使用国有资源的其他类型企业中的国有

[①] 文小才：《国有金融资产管理的模式选择与设计》，《改革与战略》2010年第3期。

资产产权及收益权益实施管理，负有国有资产保值和增值的责任。政府财务报告必须向使用者报告和提供它是如何有效管理和维护国有资产权益的信息。（2）各类国有企业和行政事业拥有的固定资产信息。现阶段，国有企业、政府和行政事业拥有的固定资产使用效率不高，重复购置、重复建设现象普遍，流失情况比较严重，应加强对国有固定资产的监督，为国有资产财务报告信息使用者提供完整的国有资产状况。同时，对于国有企业和政府投资建设的基础设施，也应当以适当方式披露其情况。（3）国有工商企业、金融企业，以及行政事业单位拥有的债权及负有偿付责任的责任和义务的债务信息。国有债务既包括国内的国外的债务，也包括企业和行政事业单位财务报告主体以外的其他主体的债务；既包括各类现实的、显性的和明确的债务，也包括各类潜在的、隐性的、或有的债务。

2. 国有经济领域工资和管理者报酬决定制度

国有经济领域中的工资确定，首先是国有工商和金融企业负责人报酬的确定。一是要正确考核和评价国有企业效益和企业负责人业绩，并在此基础上合理确定国企负责人薪酬。二是要借鉴和考虑国外职工与企业经理人之间工资的差别，并且还要考虑国有经济领域运营的国有资产，包括国家对国有经济垄断经营的特殊政策等因素。国有企业董事会、监事会和经理层等领导人的报酬，不能脱离中国国情，定得过高，甚至比国外发达国家的还高，这是不合理的。

国有工商和金融企业，其利润分配之前，需要向国家上缴合理的资源税、排污税和国有资产投资及经营利润。目前，国有经济领域领导及职工收入较高，主要是由于这些应当上缴的资源税和利润没有上缴而形成的。因此，石油煤炭化工电信等国有企业，需要向国家交足资源税和排污税，所有的国有工商和金融企业，都应当向国家上缴利润，其比例应当视不同的情况，在 50% ~ 90% 之间。以防止国家应得的税收和排污费，以及应当由国家收取的利润，变成国有企业领导和职工的工资。

国有工商和金融企业领导人的报酬和职工的工资，其水平和每年的增减，应当由出资人提出意见，第三方审计其收益和成本，以及负债等情况，由各级人民代表大会来确定。

3. 通过国有资产社会化来补充社会保障

"采取多种方式包括依法划转部分国有资产充实社保基金"，已写入党的十六届三中全会报告。但是，国有企业资产向社保基金的划转工作至今尚未进入实质性操作阶段，国企资本社会化改革、社保基金的积累和资本市场的完善，逐步用国有资产社会化变现充实社保基金，或者划转由社保基金持股，是一举三得之事。

逐步将国有企业资产社会化，从市场上获得售出资产的收入，用来补充社会保障基金。过去很多年没有为职工提取养老等社会保障基金，从农民手中低价征地、低价收粮使其没有能力积累养老等储蓄，而用国有资产的社会化来获得收入，进行弥补，实际上是对过去不合理政策的一种纠正。

逐步划转国资充实社保基金，发挥社保基金长期投资的优势，对国企改革来说一个显而易见的好处是，国家将长期持有一些重点企业的股权。在这方面，社保基金具有较多的优势。因为社保基金是国家战略储备金、老百姓的"养命钱"，短期内动本金的可能性非常小。另一个好处是，社保基金作为股东之一持有国有股权，有利于抑制"一股独大"，从而推动国企公司治理的完善。也应看到，社保基金持有部分国有股权后，可能会面临股价波动或效益较差的国企破产的风险。因此，社保基金应建立起有效的风险管理制度。[①]

---

① 付宁：《国资划转社保一石三鸟》，2005 年 9 月 9 日《中国证券报》。

（五）推进国有资产民主监管

国有企业，是全民资产，是通过人民上缴的税收再投入，通过工农业价格剪刀差，通过许多年没有给职工提取养老等保险，通过低价征用农民的土地等方式，从全国人民手中积累而来的。人民委托国家和政府管理国有企业和国有资产，也即全民资产。因此，国有资产的保值增值，国有资产的经营状况，国有资产收益的分配等，人民有知情权和监督权。这与财政税收的民主化一样，也是人民民主的一个非常重要的内容。

1. 国资委归人大管理，董事长由人大任命

国有资产到底如何管理，有两种方案：一种是全体人民委托人民代表大会，再由人大委托政府，由政府行使所有者出资人和监督管理者的权力；另一种是国资委与我们曾经设计的审计署、中编办一样，归属人民代表大会管理。

如果是采用第一种方案，需要处理好全民资产、人民代表大会这一国有资产最终出资人与政府代理和政府监管国有资产的关系。国有资产从理论上讲是全民所有资产，必须在人大与政府之间就委托和代理形成一种制度性的关系：作为所有者的代理者，政府资产管理部门就每年国有资产使用和增值保值（包括特殊公共产品的补贴）情况向人大报告；作为出资人，人大对国有资产的使用情况进行监督。人大还可以用抽查等方式，对国有资产代理业绩进行考察。这种方式主要是给政府的国有资产管理部门形成压力，变成其监督国有资产的动力。

但是，从国资委成立这些年的实践看，国有工商和金融企业不交和少交利润、资源税和环境排放税的情况存在，国有企业垄断使其收入分配水平比其他所有制要高，且有扩大的趋势，其也压缩了其他所有制发展的空间，政府这几年也没有就国有资产预算和财务

向人大进行报告。实际上，公共权力有时与公共权力的委托人之间也存在着利益差异，信息失真，或者公共权力不作为的情况。因此，国有资产管理改革应当采取第二种更加彻底的方案，将国资委划归各级人民代表大会直接管理。

这样，国有企业和银行的董事长和监事会主席，应当由有关专业部门建议，国资委通过，提交人大代表审议投票任命。一些地区创造了"了解考察——讲法考法——领导谈话——供职报告——接受询问——审议表决——民主测评——颁发证书"等"八步"人大任命程序，我认为可以作为人大考察和任命国有工商和金融企业董事长和监事会主席的制度。

2. 国有资产管理民主和公开化

财政和有关国有资产管理部门除了向人大进行国有资产预算和国有经济财务报告外，一个重要的制度设计是，由第三方审计国有工商金融企业的成本。这实际上是国有资产管理民主化的一个重要内容。

有学者指出，国有企业特别是国有垄断工商金融企业职工的工资、奖金、福利待遇等，要远高于社会平均水平。更重要的是，国有垄断企业以向公众转嫁成本等方式，来进一步提高和维持自身的高收入，进而导致低收入者不堪重负。在巨大的利益驱动下，某些行业不断地背离公正的方向，做着加剧行业垄断的反市场化的努力。此外，同样是由于对行政权力缺乏必要的制约，导致相当一部分政府收入沉淀在地方甚至单位内部，没有进入公共财政体系，没有用到真正迫切而必需的民生问题上。垄断企业的高工资，究竟在多大程度上影响了企业成本，并进而影响到广大消费者的利益？很遗憾，由于信息不对称，消费者几乎不可能获得这方面的数据。在定量证据缺位的情况下，即使有所谓的价格听证会，国有垄断企业也往往可以随心所欲轻松过关，听证会往往成为"涨价会"的代名词。真正的公平，离不开信息的透明。因此他提出，国有垄断行业，应该引入类似上市公司的监管制度，即对于国有垄断企业特别是那些国有行政性垄断企业来说，包括人力成本在内的财务信息，应该经过第三方审计后向社会公开。[①] 这是一种很好的制度设计提议。我们认为，不仅国有工商和金融垄断企业，其成本应当由人大委托的第三方独立审计机构审计，而且包括非垄断国有企业，国有控股企业，国有在其他企业中的入股等，因为是人民的资产，都应当由人大代表人民委托独立的机构进行审计。

国有资产管理民主化的重要方面还有，一是对于国有企业领导年薪、职工工资、成本核算、价格调整等事项进行人大内，或者人大组织社会听证。二是凡是国有企业的经济信息，包括年薪、工资、年金、成本、重大投资、盈利和亏损、成本等，除了与国家安全有关的，一律通过政府公告、政府网站栏目公开，任何公民都有权查阅信息。

总之，国有经济的改革，除了国有土地制度的改革外，重要的是国有工商经济，国有金融经济的改革，还包括国有行政和事业资产管理的改革。国有工商和金融经济的改革，主要是其资产继续社会化，建立和完善国有工商和金融企业资产经营预算，国有经济向国家上缴利润；国有企业划归人大管理，工资由人大确定，董事长由人大任命，预算和财务向人大报告；国有资产及其运营情况，以及管理层工资等信息，由于是全民资产，必须向社会公开。

参考文献

《中共中央关于推进农村改革发展若干重大问题的决定》（2008 年 10

[①] 闻一言：《垄断企业应强制公开信息》，2006 年 7 月 13 日《燕赵都市报》。

月12日中国共产党第十七届中央委员会第三次全体会议通过）。

周天勇：《缩小城乡差距　农村土地使用权应永久归农户所有》，2009年10月21日《经济参考报》。

蔡继明：《土地制度安排的原则思考》，财经网，2010年5月25日。

韩保江：《保护农民权益　深化土地制度改革正当时》，《瞭望》2010年11月22日。

常红晓：《土地制度改革迈出关键一步》，财经网，2008年10月20日。

周天勇：《发展向中小企业融资的金融机构是关键》，和讯网，2009年1月22日。

周天勇：《反思民营经济发展与货币政策取向》，2003年7月24日《中华工商时报》。

周天勇：《发展融资融券还不如发展中小银行》，和讯网，2008年9月19日。

周天勇：《发展乡村及城市社区银行才能救中小企业》，金融界网站，2008年10月24日。

周天勇：《指望大银行给小企业贷款是幻想》，2008年9月2日《中国财经报》。

周天勇、张弥：《国企改革攻坚》，中国水利水电出版社，2005。

陈毅聪：《电网改革不宜再拖》，2010年8月18日《21世纪经济报道》。

夏青：《钢企仍处微利期　钢铁业重组进程明显加快》，2010年8月28日《中国证券报》。

《三成供电企业存在问题　利用垄断牟利现象严重》，电力产品网，2007年12月7日。

上海市工商业联合会：《关于放宽市场准入，鼓励私营企业进入垄断行业的建议》，上海政协网，2010年11月24日。

钟晶晶：《国资委确认筹建新资产管理公司管理央企资产》，2009年3月3日《新京报》。

文小才：《国有金融资产管理的模式选择与设计》，《改革与战略》2010年第3期。

付宁：《国资划转社保一石三鸟》，2005年9月9日《中国证券报》。

闻一言：《垄断企业应强制公开信息》，2006年7月13日《燕赵都市报》。

消除两极分化与实现共同富裕

从世界各国，包括中国国内各地区经济模式的比较看，越是重视小企业发展的日本、韩国和中国台湾地区，国内长三角地区，基尼系数越低；越是忽视小企业发展，而以大企业和大资本为主发展的拉美国家和地区，国内个体和小企业越是发展不足的湖南、贵州、甘肃等地，收入分配差距越大，基尼系数越高。其道理概括起来讲，就是个体、微型和小企业大多是劳动密集型的，而大型企业是资本密集型的，前者多，劳动分配的相对多，中等收入者多，因失业而贫困的少，社会保险基金的征收面也广。这就彻底颠覆了我们过去通常的想法，即个体私营经济是导致收入分配不公和两极分化的根本原因的思维。

什么是社会主义？其最重要的一个标志是避免两极分化，实现共同富裕。这不仅是科学社会主义经典作家们的设计，也是中国共产党人和中国人民百年浴血奋斗和艰苦建设所追求的理想，更是绝大多数中国人的梦。各尽所能，充分发挥劳动、技术和资本等各方面的积极性，创造财富，按贡献进行初次分配；保护环境，善待生态，节约资源；政府和社会进行第二次调节，社会民主、公平、正义，劳有所业、能有所用、学有所教、病有所医、老有所养、残有所济、困有所助，能者和收入多者多向国家和社会作贡献，居民之间收入和财富差距不大，人们之间没有贫富贵贱高低之分，和谐相处；家庭安居乐业、尊老护幼、幸福安康、充满和谐。这就是中国未来理想社会主义社会的蓝图。这是除了发展生产力外，社会主义的另一个本质。这就是中国人民未来的社会主义社会理想之梦。在未来的 30 年中，甚至更短一些的时间内，如果不能在中国共产党的领导下，实现中国社会主义社会的这一理想之梦，我认为，建设中国特色社会主义的努力就可能付之东流了。

一　谋求共同富裕不能走老路

要不要公平，如何实现公平？因为新中国成立后的 30 年中，我们在意识形态上过分强调无私奉献，在分配上过分搞平均主义，干好干坏一个样，抑制了劳动者、管理者和技术人员的积极性。改革开放后的一个重要任务，就是要破除这一不合理的局面。然而，发挥劳动、知识技术、资本各方面的积极性，发展生产力，让一部分人先富起来，不能极端化，党和政府在实现公平方面不能不作为。随着收入和财富差距的拉大，又有一部分学者提出，重新以所有制和计划经济的办法，来缩小差距。这是走老路，我认为，这样的老路走不通，也不可行。

（一）　发展不能忘了社会主义的共同富裕

30 年来，我们发展了生产力，但是共同富裕的道路怎样走呢？我认为到现在仍不十分清楚，需要认真进行讨论。虽然我们在经济发展上面取得了伟大的成就，然而，在共同富裕方面，从目前收入分配的格局看，存在着这样四个方面严重的问题：一是 GDP 中居民收入分配比率持续下降。1990～2007 年，GDP 结构中，居民收入分配比重逐步下降，占 GDP 比重从 56.18% 下降到 43.42%，下降了 12.76 个百分点；数据显示，在成熟市场经济体中，初次分配后，劳动者报酬占 GDP 的比重，美国接近于 70%，其他国家和地区普遍在 54% 至 65% 之间。二是城乡差距在继续拉大。农村居民人均纯收入与城镇居民人均可支配收入之比，从 1985 年的 1∶1.86 拉大到 2008 年的 1∶3.31，近几年虽然差距拉大的幅度在缩小，但趋势仍然处于拉大之中。三是居民之间的收入差距也在拉大。基尼系数从 1982 年的 0.249 拉大到 2008 年的 0.47，有一些专家计算，我国基尼系数已从改革开放初的 0.28 上升到 2007 年的 0.48，近两年不断上升，实际已超过了 0.5，[①] 属居民间分配不公平问题较为严重国家之行列。四是地区间发展不平衡，东中西部发展差距较大。从东中西部地区人均生产总值水平来看，1978 年东部地区人均生产总值是西部地区的 1.86 倍、中部地区的 1.56 倍，到 2008 年分别扩大到 2.39 倍和 2.05 倍。如前面所说的，如果没有有效的战略和对策加以解决，任其发展下去，问题将会越积越多，局面可能会进一步恶化，以至于达到不可收拾的程度。

社会主义共同富裕不是空中楼阁，也不是中国共产党人空洞的口号，要使人民信任我们，就需要看到社会和经济变迁的大的规律和趋势，要有新的思路，制定新的战略，想出实实在在能缩小三大差距的新的办法，推进改革，出台新的政策，形成新的体制和机制，引导社会走向共同富裕。

---

① 丛亚平、李长久：《中国基尼系数超过警戒线　收入分配失衡》，2010 年 5 月 25 日《燕赵都市报》。

（二）新形势下实现共同富裕要解放思想

未来要较好地解决分配不公问题，要富裕人民群众，重要的是要解放思想，即分析问题和思考办法要从传统的思维定式中解放出来。过去一提起解决收入分配不公、城乡差距过大、地区发展不平衡等问题，思路总是在公有与私有、计划与市场、政府与社会、公平与效率这样一些关系上绕圈子，最后得出的方略和对策，要么意识形态味道太浓，原则性太强，在实践中无法操作；要么没有大的和综合性的思路，在小范围和局部点上做文章；要么被误导，没有认清关键性问题，没有针对主要和重要的方面去解决问题。

第一，要从"公要多一些，私要少一些"的思维定式中解放出来。有学者，甚至舆论界也想当然地认为，在所有制结构上，公有经济的成分多一些，社会就会公平一些；而私有经济的成分多一些，社会分配就会不公平。① 这种看法是错误的。以我从数据入手对东亚与拉美的比较，以及国内各地区之间的比较看，国外，越是国有经济比重高和人民群众创业不足的国家和地区，其基尼系数越高，收入分配越不公平，反之，基尼系数越低，收入分配越公平；国内，越是国有经济比重高和人民群众创业不足的省份，如贵州、甘肃等，城乡居民收入差距越大，基尼系数越高，越是创业活跃和个体私营经济比重大的省区，如浙江、江苏等地，城乡居民收入差距越小，基尼系数越低。

第二，要从"计划要多一些，市场要少一些"的思维定式中解放出来。一些学者认为，是过分的市场经济导致了社会分配的不公，因此，解决公平需要加大国家计划筹集资源的力量，要用计划的手段对财富进行再分配，进而实现分配的公平。这也是一种错误

---

① 刘国光：《实现收入分配公平的基本思路》，新华网，2010 年 6 月 30 日。

的看法。从国际比较看，曾经实行计划经济体制的苏联等国家，财富向权力阶层分配和集中，不但没有较多地创造财富，也没有公平地分配财富。而从国内各地区的比较看，凡是市场经济发展较为成熟的省区，如浙江、江苏等地，城乡居民收入差距小，基尼系数低；而凡是政府管理方式受计划经济体制影响较深、市场化程度不高的地区，如东北、西部等，城乡居民收入差距就大，基尼系数就高。

第三，要从"公平重一些，效率轻一些"的思维定式中解放出来。一些学者认为，在发展到一定阶段时，解决收入分配公平问题，要放弃效率优先的指导思想，要偏重于公平。这绝对是错误的看法。我们不能牺牲效率去追求公平，一个不讲求效率的社会，必将没有公平分配财富的基础。从公平的基础看，关键是加大劳动参与创造和参与分配 GDP 的力量，增加中等收入人口，减少因失业而贫困的人口等，这要从鼓励创业，调整就业的产业结构，发展劳动密集型小企业等入手。这些解决公平问题的重大的战略举措，成败在于高度重视创业，重视企业、劳动和政府管理的效率，而不是反其道而行之，去轻视效率。另外，公平比效率要重一些，如何重呢？如果是政府不鼓励创业，不鼓励人民群众去办企业，不鼓励劳动者去努力寻找工作岗位和勤奋劳动，主要依靠国家给予，结果会似拉美一样，福利压力很大，国家债台高筑，金融体系脆弱，基尼系数反而居高不下。

简而言之，上述表面上看起来正确，其实是非常错误的一些理论和思维方式，如果不对其进行深入的分析，不对其反思，如果长期在上述定性的争论上纠缠不休，如果不是从经济和社会的内在规律方面务实地认识问题和解决问题，我们在"十二五"期间解决分配不公问题和富裕百姓的思路又会陷入传统思维的怪圈之中，结果又会误导解决问题的方向，贻误几年时机，可能使 GDP 居民分配比例下降趋势不能被控制，并且使城乡和居民间收入分配差距越拉越大，地区间发展越来越不平衡，问题不仅得不到解决，反而会越来越严重，导致社会越来越不稳定。

第四，要从片面认为公平主要由政府来调节，并且需要政府全包的思维定式中解放出来。一些专家认为，效率由市场来促进，实现公平主要依靠政府来调节和再分配。这种看法容易使政府不顾生产力发展水平、脱离财力实际去分配财富，而居民越来越依赖于政府来满足自己的生活需要，忽视了社会促进公平的自动调节功能。我认为，和谐社会的划分可分为两类：有一种是积极的和谐社会。即公民都去积极地创业和创造，都去勤奋地工作，中等收入人口越来越多，因失业而贫困的人口越来越少，在此基础上，政府对高收入人群进行征税，对低收入人群进行补助，进而实现收入分配的公平。另一种是消极的和谐社会，公民去创业和创造的积极性不高，失业率很高，国家对企业和勤奋工作的人课以重税，然后去补贴大量的不积极创业和创造的人群，这样的社会，结果必将是创业和企业艰难、财政赤字巨大、债务高企，最终难以为继。"拉美陷阱"的特征之一，就是政府不顾生产力发展水平，不顾国家财力可能，对选民过度承诺福利，最后由于财力不支，赤字过高，借债过多，导致财政金融和经济动荡和危机，使国民经济跌入了1981～2000年长达20年的负增长和低速增长状态。

二　科学和全面地认识收入分配不平衡的原因

如何调整收入分配和财富拥有的格局，关键是要搞清楚收入分配和财富拥有的差距形成的多方面和深层次原因，才能对症下药。对于收入分配和财富积累差距的形成原因，学术界有许多不同的看法。我认为，都有一定的道理。但是，就战略和政策制定的需要看，还应当深入地进行讨论。

（一）中国收入分配差距形成的深层次结构性原因

对于收入分配差距形成的原因，极少有人从一个国家创造财富和发展模式的要素利用结构方面思考问题。这不能不是理论研究和政策分析上的一个遗憾。因为，很多时候，当形成收入分配差距大的格局不顺时，从小的方面着手，如提高工资、增加税收等办法，虽然能改善一些局面，但是解决不了收入差距过大的根本性症结。

到目前为止，除了个别学者对产业组织方面的企业规模结构与收入分配差距的关系进行过研究外，学术界对形成收入分配差距的城乡结构、产业比例结构及其产业结构等失衡方面的原因的分析，也很少见到。这也不能不是理论研究和政策分析的一个遗憾。研究城乡结构、产业比例结构和产业组织结构失衡的收入分配差距之间的内在关系，有利于我们从大的战略入手，用调整结构的办法，来改善收入分配差距。因为这三大结构形成的分配不平衡问题，深层次的原因并不是我们的体制、政策不顺造成的，而是结构失衡的结果。用战略上调整结构来谋求收入分配的平衡，既能对症下药，又能事半功倍。仅仅局限于二次收入分配的调整，不从调整结构入手，不先调整与之有关的初次分配，可能费力很大，结果并不乐观；甚至政策南辕北辙，差距会更加拉大。

1. 要素利用结构与收入分配差距

创造财富的要素有劳动、资本、土地、技术、管理、矿产等，就初次分配和价值形成看，创造新增财富的同时，也就是分配新增财富的过程：一方面，各种要素的投入价格，如工资社保、利息、地租、专利价格、管理者薪酬、矿山拥有者的收益等，形成商品和服务的新增价值；另一方面，它们的投入价格，实际上又是对新增财富的一种分配，形成不同所有者之间的初次分配格局。

但是，不同的要素为不同的所有者所有。普通劳动者，拥有其劳动力；投资者拥有的是资本；土地所有者，拥有其土地；技术发明者和管理者，拥有的是他们的知识、专利和管理才能，矿山所有者拥有的是未被开发的矿。这样，一个国家和地区，在其发展的要素利用方面，也即依靠什么样的要素组合创造财富方面，模式不同，初次分配的格局也就不同。

比如，主要依靠资本推动经济增长，也即资本密集型的发展方式这样的经济模式中，创造财富主要的要素是资本，即厂房、机器设备、生产线、车辆等。举一个特殊的例子，水力发电厂，其创造的电力是财富，而一个水力发电厂用的劳动力极少，发电和送电主要是由大坝、水轮发电机组、输电线路、泄洪渠等资本构成，在电力生产新增值的分配比率中，大部分为投资者分得，而劳动者分配的比例很小。也即国民收入的分配中，资本的分配比例较大，而劳动的分配比例较小。这主要不是因劳动者与资方的工资博弈机制失衡，如资方力量太强克扣工资导致的，而是大的发展模式上，要素利用结构失衡导致的。

再比如，西亚海湾许多是产油国家，是资源密集型的发展模式，油气生产需要的劳动力很少，要素主要是资本与石油矿藏。创造出来的财富，主要是采油设备、港口和运油管线及其轮船，财富的初次分配获得者主要是油田、港口、管线和轮船的投资者和拥有者，在石油资源密集主导发展的行业，需要的劳动力也很少。劳动力拥有者从资源密集型财富的生产中，获得的分配，必定也是很低的。

我们在考虑收入分配格局时，需要思考这样一个问题，即是追求资本和资源密集型的经济发展模式，还是追求资本、资源、劳动等要素平衡的模式，抑或是追求劳动密集型的发展模式。一个定理是，一个国家过度追求资本和资源密集型的发展模式，劳动力不能被充分利用，在财富的创造中，资本和资源占主导地位，而劳动力大量地被闲置并过剩，在分配的格局上，必定是资本和资源所有者分配过多，而劳动者分配过少，形成资本资源所有者与劳动者之间的收入分配差距。

这里需要对中国的发展模式进行反思。中国许多地方，热衷于招商引资，热衷于基础设施资本的投入，以资本推动增长，财富的创造中资本过度替代劳动，忽视劳动力如何能被充分利用的问题。形成了程度不同的资本和资源推动型的发展方式。诚然，一个发展中国家和地区，在它的发展之初时，毫无疑问，需要资本的推动。然而，像中国这样一个人口众多的国家，劳动力转移和就业较大的国家，在长时间中，着重用资本和资源密集推动经济发展，而劳动力实际的失业率较高，由于劳动力过剩，工资又过低，一个结果，必然是资本和资源所有者与劳动者之间的收入分配差距越拉越大。因此，转变发展的要素利用模式，平衡资本与劳动要素的利用结构，实际上是改善不同要素所有者之间收入初次分配的一个关键。

2. 城市化速度越慢，城乡收入差距会越大

改革开放以来，城乡差距在持续拉大。1983 年中国城乡居民收入比为 1.82∶1，2009 年拉大为 3.33∶1，幅度不仅远高于发达国家，也高于巴西、阿根廷等发展中国家。那么，究竟是什么原因造成了城乡差距的扩大？农业增加值在 GDP 中的比率持续下降，是一个客观的趋势，谁也阻挡不了，它要求农村的人口和农业中的劳动力相应地向城市和非农业转变，从而使减少的农村人口与持续下降的农业增加值相适应。从统计来看，农业增加值占 GDP 比重从 1982 年的 33.4% 下降到了 2009 年的 10.6%；而农村人口的比例，从 78.87% 下降为 53.41%；特别是第一产业就业比例，只从 68.1% 下降到 38.1%。在农村和农业财富生产比例持续快速下降的同时，农业人口和农业劳动力向城市和非农业转移过慢，导致相对越来越少的农业增加值被相对越来越多的农村人口和劳动力所分

配，与城市和非农业人口的分配相比，差距必然会拉大。

20 世纪 90 年代后期及 21 世纪初的几年中，劳务经济，即出外务工的农民将在城市中所得的收入带回农村，使农村的收入有所增加。但是，随着转移农民工教育水平的提高，随着他们观念和生活方式的改变，随着城市生活费用的提高，与 60 年代和 70 年代出生的农民工不同的是，"80 后"、"90 后"和未来的"21 世纪后"农民工，他们将自己挣得收入的一部分，再带回家的可能性越来越小。这样，农民工外出务工收入平衡城乡差距的作用将越来越弱。

除上述主要方面的问题外，农民土地等没有资产收益，以及粮食等农业产品价格不顺，也是造成城乡差距扩大的原因。一是农村资产不能带来收益。城市的住宅和企业用地可以抵押融资，可以出租，甚至倒卖住宅等资产，可以带来资产收益。而中国农民的耕地、林地和宅地资产不能变现，不能融资，除了生产农业产品外，基本不能作为资产给他们带来收入。并且，由于征地和补偿制度的不合理，农民因征地而致贫的也不乏其例。二是宏观调控的稳定物价，结果是扭曲的工农产品价格体系，相对低的农业产品价格向城市居民转移了一部分利益。而改革开放 30 多年来，宏观调控上，一直将稳定物价作为重要的目标，但是，稳定物价的重要办法就是稳定粮价，控制粮价的上涨。这样，非农业产品，包括农业生产资料的价格上涨速度较快，而农产品价格上涨相对较慢，于是农村和农业的一部分收益被城市的低物价所分配。

3. 第三产业比例越低，劳动者分配越少

三次产业结构变动的规律是：国民生产总值中，第一产业的比例将持续下降，将从 80% 到 90%，最后下降到 5% 以下；第二产业增加值先是上升，后是稳定在 30% 到 40% 左右，再开始下降，最后下降到 20% 左右；第三产业持续上升，从 15% 左右最后上升到 75% 左右，甚至更高。而从就业结构看，在第一产业中就业的

劳动力将从 80% 以上，最终下降到 5% 以下；在第二产业中就业的劳动力，最高达到 35% 左右，再下降到 15% 左右；而第三产业中就业的劳动力，从 15% 左右，最终上升到 80% 左右。这样产生两个收入分配方面的问题：（1）产业的生产结构与劳动力配置结构扭曲时，由于各产业的劳动生产率不同，形成各个产业的收入分配差距。产业中的劳动力对应的是产业所创造的增加值，从初次分配来看，各产业劳动力在本产业中创造财富的同时，也分配他们所创造的财富。因此，当产业增加值与对应就业劳动力的规模不匹配时，各产业的劳动生产率不同，导致其行业之间的收入分配差距。（2）各个产业要素利用程度不同，宏观上，生产大部分由资本密集型的工业提供，而劳动密集型的第三产业增加值和就业比例过低时，整个国家财富创造向工业和资本倾斜，GDP 的资本与劳动分配比例中，资本分得的就多，劳动分得的就少。资本所有者与劳动力所有者之间的收入分配差距就会扩大。

从世界各国的一般规律来看，人均 GDP 3500 美元发展水平的国家和地区，其第三产业增加值占 GDP 比例在 60% 左右，就业比例在 65% 左右。而中国 2009 年人均国内生产总值在 3400 美元左右，第三产业增加值比例只有 42.6%，就业比例只有 34.1%，与均值的偏差分别为 20 个和 30 个百分点。其在收入分配的经济学含义上就是，大量的在第一产业中沉淀的劳动力，本来应该被转移到服务业中，一部分第二产业中应当向第三产业转移的劳动力，没有被转移到服务业中，使这部分劳动力发生闲置，没有充分创造财富，也不能对应地分配财富；财富大部分由第二产业创造，第二产业是资本密集型产业，财富很大比重上被资本所有者所分配。结果，宏观上导致了资本所有者与劳动所有者之间收入分配不平衡的问题。

需要看到的是，随着工资和社保等成本的提高，第二产业资本有机构成提高是一个趋势：工业总体上会通过技术进步和自动化，用资本替代劳动力，用越来越少的劳动力推动越来越多的资本。在这样一种趋势下，如果不能及时扩大服务业领域的生产和就业，劳动力将会更加过剩，失业率会更加上升，资本与劳动之间的收入分配将会更加恶化，收入分配差距会进一步拉大。

4. 小企业越少，收入分配差距越大

产业结构分为产业比例结构，主要是指行业和地区分布。如产业的生产结构和就业结构等。产业组织结构，主要是指产业的集中度，还有特大、大、中、小和微型等企业规模结构。一个国家，产业组织中的企业规模结构，以及每千人口拥有企业的数量，与这个国家的资本与劳动、居民之间等收入分配结构密切相关。

从要素和行业分布方面看，特大和大型企业，包括相当一部分中型企业，多数是资本密集型企业，大多分布在工业之中；而一部分中型企业，相当多的小型和微型企业，大多分布在第三产业之中，有一部分工业中的小型和微型企业为特大和大中企业进行配套生产和服务。因此，前者是资本密集型的，资本有机构成变动规律产生内在的作用；后者是劳动密集型企业，或者劳动密集程度较高。在财富的创造和分配方面，前者资本分配的比例较大，后者劳动分配的比例较大。

综合以上所述，解决收入分配差距问题，如果不转变发展方式，不从调整以上结构出发，只是从低保、工资增长、提供公共服务、财政转移支付、分配体制改革等方面入手，可能还是解决不了结构原因导致的收入分配不平衡问题。

（二）收入分配差距形成的历史和时间原因

收入分配和财富分布差距是怎样形成的，有一部分是历史的原因形成的，并且，财富的再收益和积累在时间过程中，有马太效应。

1. 改革开放以来的历史原因

1978 年党的十一届三中全会开始了中国的改革开放，当时我们面临的情况是，平均主义盛行，生产力极不发达，人民生活水平很低，国民经济濒临崩溃的边缘，从导向上党和政府提出了让一部分地区和一部分人先富起来的政策。先富起来的人群中，一部分是通过辛勤劳动、知识技术创新应用、经营管理等致富。如一般劳动者的加班加点，身兼双职；国有企业和科研单位的技术人员，星期日到乡镇企业服务，称之为"星期日工程师"；一些善于经营的人，从事长途贩运，利用不同地区之间商品的价格差获得收入；还有一部分人，承包企业，承包班组，通过经营获得承包规定的收入；一部分个体经营户，通过生产经营，也获得了收入的积累。

另一部分人群，则是依靠当时法律、体制和政策管理方面的不完善，积累了财富。有这样一些情况：一是倒卖批文，利用事项的审批许可等，赚取利益。这方面的，包括投资项目审批文件，进口和出口配额，某一项目的特别许可等。二是计划经济主导和市场调节的期间，利用许多物资和产品的双轨价格，赚取差价。三是炒买炒卖外汇，利用外汇管制的官方价格与黑市价格差额，赚取利益。四是通过走私、国有企业破产改制、集资谋利等方式，一些人也获得了巨额的利益。四是土地买卖，利用土地的供需缺口及其升值速度较快，许多开发商和其他投资商，在地价较低时，甚至零地价，从政府手中获得了土地，通过囤地、改变土地用途、调整容积率等办法，从中获得土地和房地产方面的巨大利益。这就是几年前激烈讨论的一部分私营企业资本积累的"原罪"问题。

2. 时间过程中不动产价格上涨导致的财富分布差距

经济学除了研究要素组合是怎样形成财富的外，其另一重要研究内容，就是时间经济。因为财富，是时间与要素的共同作用形成的。一个重要的方面是，财富的价格在时间过程中发生变动，而财富价格在不同时间中的变动，使财富又在不同时间投资和拥有财富居民之间的分配发生变化。一些财富在其积累过程中，随着时间的进程和价格的上涨，会越积越多。一部分资产在时间过程中，价格是上涨的，价格上涨因素导致财富升值。比如，早年购买的商品住宅，或者是从单位公有住宅改革中低价获得的住宅，今天，无论是住宅本身价格，还是住宅需要拆迁补偿的价格，都大幅度上升。在北京居住的一居民，1997 年时，二环周围的商品住宅一平方米也就 4500 元左右，而到了 2010 年，有可能上涨到一平方米 45000 元左右，其 120 平方米的房产，就会从 54 万元，上升到 540 万元。而 2010 年贷款买房的居民，则不仅需要承受高房价的支出，还需要背负沉重的还本付息负担。因此，资产的价格变动，也是造成早买住宅等资产居民与晚买住宅等资产居民之间收入分配和财富分布差距的重要原因。价格随着时间的过程升值的资产，除了住宅，还有土地、股票、黄金、钻石、古玩等。拥有这些资产越多的居民，其投资的时间越长，随着价格的变动，其积累的财富就越多。

3. 时间过程中财富投资再收益及积累原因

时间经济的另一个重要方面是，财富在时间过程中，可以投资和积累，其收益和再投资，使得财富以复利，即利滚利的形式快速增长。拥有资产的居民，其中许多人，将其用来收益，以积累更多的财富。比如，拥有几套住宅的居民，将其出租出去，收取租金；将手中的钱投入股票和房产，购买原始股，或者新开发的商品住宅等，获得溢价收入，在二级股票和房地市场上跌买涨卖，获得涨价收入。或者用积累的财富，进行再投资，兴办工厂，获得生产、经营和管理收益。总之，财富是可以用来投资收益的，周而复始，会越积越多。

因此，在时间经济中，财富在人们之间的积累和分布有马太效应：越有财富的人群，占有的财富相对会越多；越没有钱的人，占有的财富相对会越少。贫富两极变动，除了上述的时间过程、价格变动和财富的再投资积累原因推动外，还有不同收入人群子女接受的教育及教育形成的能力差别，不同代际对财富和贫穷的各自继承，获得财富的人脉资源关系的延续，社会地位与工作等机会的获得等，也是马太效应趋强的重要因素。

（三）国有制变成了推动两极分化的重要力量

中国目前收入和财富分配方面的不平衡问题，除了上述结构和历史时间性原因外，体制缺陷和不顺，也是其重要的成因。国民收入，即财富，它如同流水一样，需要通过各种蓄池、渠道、水坝等在国家、企业和个人，在不同的居民之间进行流动、配置和分配。这些蓄池、渠道、水坝，实质就是收入和财富分配的体制。我们在收入流动和分配的体制方面有如下这样一些问题。

1. 国有垄断经济成为推动两极分化的机制

国有经济，包括国有工商业企业、国有金融机构，还有土地的国有制度。从原来单纯公有制及其计划经济体制的制度设计中，工商企业的国有和集体所有，银行等机构的国有和合作所有，以及土地的国有和集体所有，拟让其成为公平分配的基础。我们这里不论这种制度，是不是真正实现了公平，比如城市与农村的公平，也不讨论其分配是不是合理，是不是调动了积极性，是不是推动了生产力的发展。现在的问题是，在市场经济运行环境下，这些貌似社会主义的公有体制，与当年传统社会主义理论设想的相反，实际上成了导致收入分配不公和推动两极分化的重要机制。

国有工商和金融经济，是如何获得资源，如何形成财富流，并且如何分配财富的呢？需要具体、客观和实事求是地进行讨论。

（1）现在积累的估计 30 多万亿元的国有工商企业资产，还包括规模很大的国有金融资产，都是全民的资产。垄断性国有工商企业资产投资和积累来自于全民，包括财政投资、国有划拨土地入账、工农业产品价格剪刀差积累、低价征用农民土地溢价、不上缴利润留用、低价格资源转移、没有征收资源和环境税的变相利润等。

（2）20 世纪中后期，挽救国有工商和金融企业动用了 10 万亿元以上的资源。20 世纪 90 年代，国有工商企业由于负债率较高，效率低于银行贷款利率，发生大面积亏损，国家通过银行呆坏账冲销国有企业欠款，成立资产管理公司来剥离国有企业给国有银行形成的不良资产，还运用了划拨土地进账的办法充实国有企业的资本金，运用国家的铸币收益来补充银行的资本金（核销其坏账，实际就是补充其资本金），实际上是大量地动用了全民所有的央行铸币收益，国有土地，以及一部分财政资金，我个人估计，在 20 世纪 90年代中后期，国家至少动用了 10 万亿元以上的全民资源挽救国有经济。（3）不向国家交利润，估计又使国有工商和金融企业自1997 年以来多得了 10 万亿元左右的利益。不论是国有，还是私有，投资者一般要得到投资的回报，这在任何制度的社会中，都是天经地义的规则。但是，自从 1997 年以来，到 2007 年，中央的国有工商企业不向中央财政上缴利润，地方国有工商企业由地方决定，大多也不向地方财政上缴利润。2008 年国有工商企业开始向国家上缴利润，但是，其比例所占其利润总额也很小。而国有金融企业，过去没有向国家交过利润，到现在也没有看到它们要向国家交利润的有关规定。（4）市场准入和资源垄断，但象征性地向国家交税交费，并且将本应自己承担的污染成本转嫁给国家，获得的垄断利益在 10 万亿元以上。金融行业中，银行、保险、证券的准入，特别是银行的市场准入，存在着垄断，甚至是高度垄断；工业企业中，石油、天然气、移动通信、烟草等，在市场准入和资源方面，也是高度垄断的。改革开放以来，我们的税种中，长时间没有资源税（如对石油征收的资源税，对移动征收的空间资源税等）和环境税，后来零星设置一些这方面的税收，也是税率极低，征税面较小，一些资源还是从量征税制；许多国有的矿山、石油、化工等企业，形成大量的塌陷、污染和排放，实际上是将这些企业的负外部性成本转嫁给了社会和国家，节省的支出成为国有企业的利润，而塌陷、污染和排放等损失则由居民和政府来承担。

（5）国有经济减人增效，更少的留用人享受改革成果，更多的减出人承担改革成本，这部分成本也在 10 万亿元左右。国有工商和金融经济就业人员从 20 世纪 90 年代中期最多时的 8500 万人左右，减少到目前的 2500 万人左右，除了上述国家和社会的输血外，国有经济今天的辉煌，是以国有工商企业和国有金融系统减少 6000 万人就业所换来的，国有企业、政府和社会，对于承担这些人群的改革成本，并不是太多。国有工商和金融经济是振兴了，但是，在不交和少交利润，以及不交和少交资源税和环境税的情况下，利益又偏重于向剩余的 2500 万左右的人分配，这是不合理的财富分配格局。

国有垄断经济，使越来越少的人群，获得了越来越多的财富。那么，国有工商和金融经济的财富分配到哪里去了呢？经济学家李实在接受媒体采访时分析道：20 世纪 80、90 年代，金融、电力、电信等行业与制造加工业工资水平差不多，但随着垄断地位的加强，这些行业的工资水平已远远超过社会平均水平。目前，电力、电信、金融、保险、烟草等行业职工的平均工资是其他行业职工平均工资的 2～3 倍，如果再加上住房、工资外收入和职工福利待遇上的差异，实际收入差距可能在 5～10 倍之间。而且，在行业企业内部，工资、福利向少数人集中的趋势正不断加强。2008 年全国国有及国有控股企业财务决算反映，当年央企人均福利费支出为

3387 元，其中最高的为 4.46 万元，最低的为 149 元，相差近 300 倍。①

2. 国有垄断性的银行体制推动两极分化

在创业和企业资产结构中，不仅要有自有投资，还要有负债资金。在工商业中，根据不同的行业，资产结构中的负债率一般在 40% 到 60% 之间。总体上来说，企业不可能所有的资金都是自有资金，必须通过负债来扩大规模和进行资金周转。一些企业，还需要通过上市，在资本市场上筹集资本金。而金融体系，特别是银行、证券、基金、担保等金融机构，则是将社会资金通过一定的形式输入各种不同企业的体系。而金融体系对社会资金的筹集、调节和向不同的行业和不同的企业分配格局，决定着特大、大、中、小及微型企业发展的筹资条件，决定着资本密集企业和劳动密集企业的筹资条件，决定着工业与服务业的筹资条件。

那么中国的国有金融体系，它们将社会资金配置到哪里了呢？绝大多数配置到了特大、大和中型企业之中，配置到了资本密集型的企业之中，配置到了工业之中，而小型和微型企业、劳动密集型企业，这些大量创造中等收入人口和解决劳动者就业的方面，却很少能得到贷款。从 20 世纪末到 21 世纪初看，以大中型企业、资本密集型企业、工业为主的国有和集体经济从 1996 年到 2001 年，减少了 6440 万个工作岗位，但短期贷款余额增加了 10392 亿元，国有和集体企业职工短期贷款的平均额高于个私企业职工短期贷款的平均额，从 1996 年的 10 倍扩大到了 2001 年的 20 倍。而个体微型和小型企业、劳动密集企业的民营经济，20 世纪 90 年代以来，解决了 80% 以上的新增城镇就业、80% 以上的城镇再就业和 90% 以

① 曲哲涵：《收入差距不断扩大　行业内收入相差近 300 倍》，人民网，2010 年 5 月 24 日。

上的进城务工农民就业，个私经济对国民生产总值的贡献也占到了40%，但是能从银行贷到的短期贷款，只相当于国有和集体经济的2.3%。就平均起来看，2001～2002年，国有和集体企业中的职工平均贷款余额为6万到7万元，而个私经济的职工平均贷款余额只有2500元。[①] 2008年中国人民银行对8000多家民营工业企业和近3000家金融机构的调查结果表明，截至2008年5月末，全国中小企业贷款覆盖率为18.7%，与发达国家54%的指标相比，覆盖率方面十分有限。贷款覆盖率，是指同金融机构有贷款关系的中小企业数与全部中小企业数之比。根据人民银行网站的数据，2009年4月，私营企业及个体贷款获得短期贷款2700亿元，仅占同期短期贷款总额75916.83亿元的3.5%。[②]

而大量形成中等收入和解决劳动者就业的个体、微型和小企业，其70%～80%的负债资金需要来自于地下金融渠道，来自于高利贷，还有很多是从黑社会渠道借款。这些地下钱庄、黑社会渠道的资金，利率要比国有企业贷到的贷款利率高得多，条件也极为苛刻。相当多的个体、微型和小型企业，破产倒闭于高利贷和黑社会的逼迫。可以说，中国国有为主的银行体系对储蓄资源垄断，流向国企，流向规模较大的私营经济，流向外资，流向资本所有者，流向少数人群，而流向小企业的较少，流向服务业的较少，流向现代农业的较少，没有流向中小创业者，没有流向劳动所有者，没有流向农民，没有流向低收入者。实际上，这种国有垄断的金融体系，它们不可能给能富民的个体、微型和小型企业贷款，不可能给劳动密集型的企业贷款，因资产抵押难点，也不可能给大量容吸收

① 张立栋：《增加对民企贷款额度　呆坏账准备金应分羹民企——访周天勇教授》，2003年7月24日《中华工商时报》。
② 周天勇、谭小芳：《中小企业融资与小银行的发展》，2009年提交全国工商联的研究报告。

第八章　消除两极分化与实现共同富裕

劳动力就业的服务业贷款。

尹中立对金融体制如何形成收入分配的差距，作了较为详细的研究。就银行通过不合理的利率差造成收入分配扭曲方面，他提出，主要发达国家的商业银行利差很小，一般在 1% 左右，而中国存贷款利差一直维持在 2% 以上，从 2009 年的上市公司年报看，工行、建行、中行的利润都达到或超过了 1000 亿元，中国银监会发布的《银监会 2009 年报》显示，2009 年中国银行业金融机构实现税后利润 6684 亿元，这是十分不正常的现象，其本质是拿存款人（主要是居民）的财富补贴了国有或者国有控股的商业银行，也补贴了能从银行贷到款的特大、大中型企业。[①]

这样的国有金融体系的流程是：大部分创造和分配财富的人群得到很少的贷款，或者得不到贷款，小部分人群能得到创造财富和分配财富的优厚的贷款，实际上已经成了比资本主义国家金融体系还要扭曲的，拉大收入分配差距和推动两极分化的重要机制。

3. 土地的国家和集体所有体制也推动两极分化

我国在土地制度上实行的是，城镇土地国有，农村耕地、林地、宅基地、牧场等为集体所有。这在所有制只有国有和集体所有，劳动者国有和集体解决就业，生产资料和消费品计划分配，工资和价格由国家统一规定时，它确实是社会主义公有制的基础。但是，在市场经济环境中，这种土地制度变异成了以下的利益分配流程。

首先，地方财政在土地出让和房地产收税和收费中赚取了本来收入就低的农民的利益和低收入的刚要买房人的利益。政府低价征

---

① 尹中立：《金融市场价格扭曲 对收入分配影响巨大》，2010 年 8 月 23 日《每日经济新闻》。

用，通过"招拍挂"，甚至囤地，再高价倒卖。即从农民手中获得利益，又推高房价，从买房人手中大赚一笔。实际上，地方政府的房地产财政，实际上农民和低收入买房人交钱的财政，或者不客气地说，是穷人交钱，富人不交钱的城市化和地方财政。我们估计，地方政府在改革开放以来，从土地上获得，并且推高房价后从买房人手中获得的利益，现值总计在15万亿到20万亿元之间。

其次，农民只有农业生产性收入，而因土地制度的问题，没有资产性收入。城镇居民的住宅可以自由买卖，可以抵押贷款，一些商住两用的可以入股等；但是，农民的耕地、林地和宅基地，不能抵押、不能入股，基本上不能买卖。农村农民守着宅地林地等资产没有资产收益，城镇居民有资产收益，这也是形成城乡差距的重要原因之一。

再次，这种行政控制和垄断性的土地供给制度，政府强力推高地价，由于供给与需求缺口太大，加上需求拉动的价格上涨，房地产商在其中获得了巨额的暴利；一些有资本的房屋投资和投机者，也通过低价进，高价出的途径，获得到高额收入，积累了不断涨价和溢价的财富。

4. 反思所有制、运行环境、财富流向之间的关系

通过分析可以发现，计划经济体制下的国有和集体经济，生产和种植受计划和价格中央决定的控制，劳动力大多都在国有和集体经济中就业，虽然效率较低和生活水平不高，但是，较为公平。然而，市场经济环境中，越来越少的人群在国有经济中工作，越来越多的人在非国有和非集体经济中就业；国有经济的资产收益不向国家上缴，国有银行的信贷资源不向容纳就业多的地方分配，而是向人们就业少的地方分配，越来越少的人分享国有经济和信贷资源带来的利益；甚至土地从集体转向国有的征用制度，变成了强制从低收入人群中获得利益的机制。

综合上述三个方面的分析，我们发现，不论我们在理论上称它为公有制，还是私有制，只要这种具体的所有制在实际的经济运行方面，使社会资源和利益越来越多地向少数人群集中和分配，它就会导致分配不公和两极分化。目前的理论上的社会主义国有制，土地等集体所有制等，与实践上的社会主义公平分配和共同富裕两者之间形成无法克服的内部矛盾，即理论上国有制和土地集体所有制是实现公平分配和共同富裕的制度基础，实践中却导致了分配不公和两极分化的结果，可以说这是当代改革开放以来社会主义理论与实践的一个悖论。邓小平20世纪80年代初时曾经讲，社会主义是什么，我们过去搞了多少年，没有搞清楚。他的这个问题，是从两个方面讲的，一是社会主义有没有大力发展生产力的优越性，二是社会主义能不能实现生产力水平较高的共同富裕。当时他主要是从打破平均主义，调动积极性，发展生产力方面提出问题的。今天我们通过30年的实践，大力发展生产力，将小平同志提出的这个问题搞清楚了一半。邓小平也讲，社会主义的本质是共同富裕，要避免两极分化。如果在这方面出问题，我们搞社会主义，也可能是不成功的。而在市场经济环境中，即越来越多的人在个体、小型和微型企业创业和就业，也就是我们理论上讲的私营经济中创造和分配财富，大部分人群不能也不可能在理论上讲的国有经济和集体经济中创造和分配财富，这种格局下，怎样搞社会主义的公平，怎样实现社会主义的共同富裕？我认为，这是一个与计划经济环境中的所有制结构设计完全不一样的课题，我们到现在也还是没有搞清楚。因为通过上面的分析我们看到，这30年中，特别是20世纪90年代初社会主义市场经济体制确立后，过去作为社会主义制度基础的国有经济、国有银行、国有土地和集体土地等，在市场经济运行环境中，却成为越来越少人群谋取利益的体制，成为推动两极分化的重要力量。实践中，社会主义碰到了一个难题：国有制和集体所有制，在计划经济运行环境中，它是实现公平分配的机制，但是，在市场经济体制中，由于运行环境发生了变化，它要容纳绝大多数人创造财富和分配财富，就会破产甚至全军覆没；而它如果容纳少数人创造和分配财富，加上垄断力量，却成了形成收入分配差距和两极分化的机制。今天，我们遇到的一个尖锐问题是：市场经济运行环境中，如果从公平分配和共同富裕的方面看，社会主义的制度基础是原来我们理论上所说的公有制吗？具体来说，还是国有制和目前的土地集体所有制吗？

（四）不成熟的资本市场原因

尹中立的研究还发现，在政府行政控制程度较强的证券市场上，按照中国长期国债收益率4%计算，上市公司每年应给股票投资者分红达到4%以上才合理。一般而言，上市公司的分红率是40%左右，推算出上市公司的发行价格应该以10倍市盈率为合理水平。按照这样的标准衡量，我国的股票发行价格从来没有达到过合理价格，当前的发行价格被严重高估了2倍以上，创业板市场和中小板市场的发行价格则更高。并且，中国的上市企业，很少给投资者分红。实际上小股民的钱补贴了上市公司。

补贴了上市公司就等于补贴了上市公司的发起人股东，其本质是股票市场的投资者将财富集中给了少数人，加剧了社会财富的两极分化。有意思的是，这些发起人股份在流通过程中居然可以不缴任何税收，目前增加了20%的税收显然还是严重偏低。由此，我们看到了中国股票市场奇特的景象：一边是小股民投资者的亏损累累，而另外一边是每天"制造"大量的亿万富翁。股票市场成为多数人的财富向少数人集中的场所。

从资本的二级市场看，在股市的潮起潮落之间，少数人可以通过信息的优势或资金的优势将散户玩弄于股掌之间。我国股票市场的规律是少数人赚多数人的钱，这相当于广大老百姓把钱汇集起来送给少数有钱的人（包括证券公司等中介机构，基金管理公司、保险公司等机构投资者，以及私募基金等）。①

（五）没有完善的现代收入分配调节和堵漏体系

财富分配不公，除了上述的城乡及产业结构、历史及时间因素，以及所有制垄断等三大原因外，收入分配调节体系不完善，收入分配流程中向一些人群的不合理漏出，也是重要的形成原因。

1. 工资协商机制还没有建立起来

劳动与资本是一个对立的统一体，在创造财富的同时，国家和法律需要对双方进行保护和制衡，也需要建立真正能起作用的商会和工会组织。否则，或者工会及工人势力强大，工资侵蚀利润，导致企业破产；或者资本强于工人，利润侵蚀工资，导致剥削工人。在资本势力强大，资本不受约束，而工人组织性较弱，或者分散的社会中，资本利润会侵蚀工资，导致收入分配向资本所有者倾斜。

2010 年发生的重大事件之一是深圳富士康职工连续 10 多个人自杀，900 元的工资，每天超过 4 个小时的加班，动不动罚站，上厕所也要计时间，状况恶劣的集体宿舍等，是其职工不断跳楼的重要原因。2010 年 5 月以来，丰田的中国工厂已至少发生 9 起罢工事件。原因是，丰田在中国许多地方的企业，基本工资只有 900元，加上加班费等，在 2000 元左右，在物价上涨的情况下，许多职工无法维持房租和日常消费，生活非常拮据。

有一些地方的政府，将职工的最低工资线定得很低，主要是为了打造吸引投资的低成本的洼地。有的地方，还将维持低工资成

① 尹中立：《金融市场价格扭曲　对收入分配影响巨大》，2010 年 8 月 23 日《每日经济新闻》。

本，列为吸引外地投资的一项优势和政策。政府压低工资线，劳动者组织程度不高，或者工会没有正常发挥作用，资方力量太强，导致在劳动与资本的定价中，工人没有谈判的余地。

2. 政府调节还不到位

从政府对收入分配和财富分布的调节看，一是对高收入的财富多的通过税收等杠杆进行再分配，二是通过社会保障、均等化的公共服务和转移支付等体系，谋求社会的收入和财富分配的公平。

前面已述，中国房地产税，不仅不向拥有大量房产的人收税，反而是通过低价强征农民土地，向一部分低收入借贷买房者高价卖房，政府从中获得了大量的收入，房地产商也获得了暴利。不向拥有较多房地产的居民征税，一是他们投资和投机房屋，获得越来越多的利益，二是他们低买等待涨价，财富升值，三是出租房屋，靠资产食利。进而越来越富。中国 2009 年，不开征遗产税，也没有赠与税，房产税收入只占政府实际全部收入的 0.59%。

有关专家也指出，在国际上，发达国家目前大多选择以所得税为主体的税制体系，比如美国。我们的税收结构中，将近 70% 税收来源是所得税，只有 30% 是流转税等。而问题在于所得税所占比重相对较低，不利于税收作为杠杆调节收入之间的差距，也容易造成中低收入阶层承担的税负相对较高。[①] 前面已述，在全部税收结构中，对于创业和办企业，增加就业的企业，税收较重，而对财产、资源和环境等征税很少，实际是一种鼓励积累财富食利，鼓励浪费资源，鼓励污染的税收结构。

每一个居民，不论贫富，都应享受均等的教育、卫生和社会保障等福利，一是可以避免因文盲、生病和老年而致贫，二是可以节

---

① 尧尧：《内地税收复杂混乱杀贫济富　专家设想取消税务部门》，《新财经》，2010 年 7 月 2 日。

省自己在这方面的开支，三是教育机会的提高，可以提升低收入人群的能力，是一种最好的缩小贫富差别的措施。在中国的教育卫生等公共服务，以及社会保障中，过去，政府的教育和卫生机构，实际只是为城镇居民服务的机构，不仅教育和卫生公共资源的分配，不仅城乡配置不平衡，社会保障也只是在城镇中建立，在城镇居民中的分配和覆盖也不均衡，特别是进入城市的农民工，他们享受教育卫生等公共资源，受到户籍的歧视；社会保障也是农民工基本上没有享受，在农村也没有养老保障。这几年，随着城乡低保制度及农村合作医疗制度的建立，城镇教育向农民工子女开放等措施，农村养老保障也在试点，状况开始改变，但是，要实现教育和卫生资源的城乡和城镇居民与农民工的均等化分配，城乡社会保障全覆盖，因体制和公共经费等问题，还需要付出很大的努力。

许多学者从各个方面谈了中国财政转移支付方面的问题。最重要的是，财政转移支付的基本目标是保证全国各地居民都享有大致相同的公共服务水平，也就是要解决地方政府间财政的横向不平衡问题。可是我国现行的财政转移支付主要是弥补财政缺口，以解决政府间财政的纵向不平衡。忽视保证全国各地居民都享有大致相同的公共服务水平这一目标，实际中获得的转移资金大部分用于维持现有的政府机构的运转，而不是投入到能带来更大效用的公共服务。[①] 另外，也存在着转移支付不科学、不透明，资金分散效益低，资金使用中漏洞多，各种专项转移支付中存在着"跑部钱进"等问题。

3. 腐败及灰色收入

王小鲁博士对灰色收入进行了专门和深入的分析。他认为，权

---

① 孔霏：《谈农业税减免过程中的财政转移支付问题》，中国财税法网，2010年8月31日。

钱交易，以权谋私的收入，公共投资和审批（工程发包、土地出让、公共采购、矿山出让等）领域中的腐败收入，土地收益和垄断性收益，许多进入了高收入居民的灰色收入之中。2005～2008年的三年间，游离于统计数据之外的隐性收入，以每年近20个百分点的速度上涨，膨胀了91%，其中，20%位于收入金字塔上层的人们拿走了80%以上的财富，与钱权交易和垄断利益等密切相关的"灰色收入"高达5.4万亿元。

如果将这部分灰色收入计算进去，居民之间的收入差距则更大。2008年城镇最高收入家庭与最低收入家庭的实际人均收入，相差26倍，而按国家统计局数据计算只有9倍。如果城乡合计，2008年全国最高10%家庭的人均收入是9.7万元，全国最低10%家庭的人均收入是1500元，两者相差近64倍，而按国家统计局数据计算只有23倍。[①]

国家统计局的学者对上述分析进行了商榷，指出王小鲁的研究报告中，2008年全国城镇居民人均可支配收入为32154元，是国家统计局中数据的2倍左右；全国居民可支配收入为23.2万亿元，比国家统计局按城乡住户调查推算出的全国居民收入高出9.26万亿元，比2008年全国资金流量表中居民可支配收入高出5.3万亿元。他们认为，这一推算结果明显高估了我国城乡居民收入水平。如果采用报告中的计算结果，2008年居民可支配收入占GDP的比重将达到73.9%，占当年国民可支配总收入比重将达到72.6%，而当年全国财政收入占当年GDP比重为19.5%，政府可支配收入占国民可支配总收入比重为21.3%，按此推算，企业可支配收入占国民可支配收入比重仅为6.1%，这一结果明显是不合理的。[②]

---

① 王小鲁：《灰色收入与国民收入分配》，《比较》2010年第3期。
② 施发启：《也评王小鲁博士的〈灰色收入与国民收入分配〉》，中国新闻网，2010年8月25日。

这里不论王小鲁博士与国家统计局之间的争论谁是谁非。王小鲁博士的分析数据定会有一定的偏颇。但是，灰色收入的存在，是一个不争的事实。在国民收入流动和分配中遗漏的灰色收入，不能不是拉大居民之间收入差距的一个重要原因。

（六）对收入分配问题原因讨论的一些思考

收入分配及财富分布差距的形成，是一个非常复杂的事情。如何看待问题的成因，特别是科学和全面地讨论，基本上搞清楚中国许多年来，形成收入分配问题原因的内在性和多方面性，对于我们对症下药，解决收入分配问题，有着重要的意义。历史的教训是，搞清问题的形成原因，比没有搞清楚之前，就着手解决问题，显得更为重要。

从理论和实践上深入认识收入分配问题的形成原因，从经济学的方法看，需要从诸多方面进行考察：如需要从现代经济学的要素投入与分配角度，从一个国家要素创造财富的结构与各种要素被利用程度的关系上考察；需要从产业经济学的角度，从生产结构与就业结构之间的关系观察；需要从发展经济学的角度，从城乡人口变动与城乡创造分配财富的关系，以及农业非农业生产结构与就业及人口结构的关系上考察；需要从价值形成和时间经济学角度，从财富的增值、积累和马太效应等方面考察；需要从公共经济学、福利经济学、制度经济学角度，从调节收入分配，防止收入分配漏损的方面考察。

因此，在理论和政策研究界，我们需要对过去分析收入分配问题原因的一些思维方式进行调整。一是从"意识形态论"调整到从经济运行和经济结构变动错位去找原因。我们已经分析过，曾经一提解决收入分配问题，总是自觉和不自觉地以为，多搞一些计划经济，多搞一些国有制，可能会达到公平。因为我们在上述分析中看到，国有垄断，实际上成了分配不公的一个重要成因，而非公有的个体、微型和小企业，则是扩大中等收入人群，减少因劳动力闲置失业而贫困的关键。二是要从收入分配问题的一元原因论，调整到综合原因思路方面。如收入分配问题单纯是由工资过低造成，或者由腐败和灰色收入造成，抑或由公共服务和社会福利不到位造成，都可能是片面的。比如，不扩大就业，仅提高工资，就会因企业用机器替代人力，而使失业增加；或者在不减少企业税负的情况下，硬性增加工资，可能使一批企业倒闭，使失业劳动者增加，从而使收入分配问题趋于更加严重。再比如，如果仅从反腐败和规范灰色收入入手来解决收入分配不公问题，而剩余在农业中的大量的人口和劳动力，分配日益下降的农业增加值，反腐败再严厉，也解决不了因结构失衡导致的城乡收入分配差距问题。三是要用多学科综合的经济学方法，从浅层原因讨论，到深层次的内在原因的分析。比如，浅层次认为收入分配就是一个政府再分配的问题，不鼓励创业，不使劳动力充分利用，使劳动在创造财富的同时，分配财富，全部依靠政府来解决收入分配不公问题，将会形成一个无效率，并且福利成本很高的国家；只是往农村投入，不把农村剩余人口和劳动力转移出来，相对过多的人口分配日益下降的农村和农业增加值，城乡差距永远也不会缩小；结构调整对改善收入分配非常重要，仅仅依靠发展容纳就业越来越少的工业，而忽视能大量容纳劳动力就业的服务业的发展，但重工业、重资本、重大企业的经济结构，本身就是导致收入分配不公的一个发展模式。

因此，从上述造成收入分配问题的多层次原因看，需要从转变发展方式，调整城乡和产业结构，进一步深化国有企业和金融体制改革，建立工资协商机制，完善财富流动和分配的调节体系，打击腐败，规范收入秩序，防止财富的灰色收入流动和漏损等方面，综合治理，才能从根本上抑制和解决中国收入分配差距过大的问题。

三 客观看待解决收入分配问题的 "十一五" 成就

这里需要指出的是，分配不公平和发展不平衡的格局的确非常严峻，对此，掉以轻心、思路不清、束手无策、任其扩大，是不对的；然而，问题形成的原因需要客观地看待，不能因此而否定过去许多年我们在解决收入分配方面所做的艰苦努力和所取得的巨大成就。

学术和舆论界对以上问题的发生提出了各种各样的质疑。我们认为，应当从发展历史和经济规律的角度客观地看待以上问题的形成，认真研究问题形成的深层次原因，务实、积极并逐步地加以解决。首先需要看到，改革开放初破除分配的平均主义，一部分群众和一部分地区通过勤劳工作和创业，通过改革开放，先富和先发展起来，这个大局是正确的，不能否定。我们不能再走回头路，搞贫穷的平均主义。其次，1978 年改革开放后一个阶段中，国内经济和社会发展的首要任务是把国民经济从崩溃的边缘挽救和扭转过来，一心一意搞建设和发展经济，特别是大项目和大企业带动，依靠资本集聚和规模经济，来增强国力；而进行社会事业建设、社会保障投入、加大转移支付等方面，都还缺乏财力基础。再次，除了日本、韩国、中国台湾等特别重视发展中小企业的国家和地区外，许多国家在从农业社会向工业和城市社会转型的过程中，在从低收入国家向中等收入国家发展过程中，居民间收入差距有一个从小到大再到小的过程。这应当成为实事求是地认识收入分配问题的一些基本点。

还需要看到的是，进入 21 世纪以来，党中央和国务院，以及各地党委和政府，在控制和缩小城乡居民收入差距和居民间收入差距、平衡地区间发展等方面，做了大量的工作，取得了显著的成就。

最显著的是在统筹城乡发展和缩小城乡居民收入方面，出台了一系列重大的举措，控制住了城乡差距持续急剧拉大的势头。一是从 20 世纪 90 年代后期，大力清理政府各部门和行政性事业单位对农村和农民的各种收费，数额估计在 400 亿元左右；二是 21 世纪以来，免除农民 500 亿元规模的农业税和农林特产税，也杜绝了搭收税车而收费的行为；三是中央财政对农民粮食直补、农资综合补贴、良种补贴和农机具购置补贴，2004 年，金额为 140 多亿元，2008 年到达 1027.7 亿元，到 2009 年，预算数据为 1230 亿元；四是从 2007 年开始，全国农村建立最低生活保障制度，到 2009 年 6 月底，已有 4470 多万农民纳入最低生活保障体系；五是国家财政对"三农"投入的规模在扩大，农业农村方面的支出 1993 年中央和地方共计为 440 亿元，包括计划生育补贴、水库移民补贴、农田基础设施、农村饮水等，2008 年，仅中央财政支出就达到 5955.5 亿元。这些重大的措施，改观了 20 世纪末城乡差距急剧拉大的势态，为进一步缩小城乡差距奠定了基础。

在保障城市居民和农村向城市转移新移民的生活方面，建立了城市低收入人群最低生活保障制度，2008 年有 2335 万城镇居民得到政府最低生活保障；近几年，各地政府关注"零就业"家庭问题，通过开辟公益岗位、优惠企业吸收就业等形式，实现了一户至少就业一人的目标；20 世纪 90 年代后期以来，针对城市中对农民工就业的一些歧视体制，中央和各地政府清理对农民工进城务工的各种收费和不合理的限制，使务工收入比重在农民收入中的比重越来越高；近几年，各地政府相继在农民工家庭及其儿童就学、就医、改善居住条件等各方面，采取了一系列措施。

特别需要指出的且具有划时代意义的是，进入 21 世纪以来，社会保障体系的建立在加速，从养儿防老、土地和自我储蓄保障，正在转向现代的社会保障。在城镇，除了企事业社会保险外，2007年开展城镇居民基本医疗保险试点，2008年末参保人达到3.18亿人，计划用3年时间在全国推开，覆盖城镇全体居民；2008年末，参加城镇基本养老保险人数达到2.19亿人。在农村，从2003年开始，逐步扩大新型农村合作医疗制度的试点范围，先从人均每年筹资30元的水平起步，逐步提高到50元、100元的水平，其中财政补贴始终占大头，2009年中央财政的补贴已达到253亿元，参加新型农村合作医疗制度的人数已达8.15亿，基本实现了对农业人口的全覆盖；从2009年下半年开始，我国将在全国10%的地区先期开展新型农村社会养老保险试点工作。新型农村居民养老保险建立以后，全国农村居民都将有社会养老保障。

进入21世纪以来，各级财政支出中，各项教育、卫生、公交、环境、治安等公共支出的比例在加大，各级政府财政从过去的吃饭养人和生产建设型财政，向公共财政转型。教育方面，通过普及九年义务教育，实现了城乡之间基础教育的公平。这些年中央财政和教育部实施义务教育建设工程、西部地区"两基"攻坚计划、农村寄宿制学校工程、中小学危房改造等一系列措施。用惠民政策保障教育公平，义务教育阶段实施"两免一补"，在非义务教育阶段建立家庭经济困难学生资助体系，每年国家拿出500个亿，目前受资助的学生达2000万。多层次、覆盖城乡的公共卫生体系初步建立，人民健康水平不断提高。到2008年，中国共拥有卫生机构30多万个，医疗机构床位数近400万张。到2008年底，卫生人力总量达到698万人。每千人口执业医师数为1.55人，注册护士数为1.22人，居民人均期望寿命为73岁，与新中国成立前的35岁相比，大幅提升。公共文化服务体系初步形成，人民精神文化生活更加丰富。体育事业全面发展，竞技体育取得历史性跨越。生态环境保护取得进展，污染物排放总量逐步得到控制。

20 世纪 90 年代下半期以来，党中央、国务院在缩小地区间发展差距和统筹区域间平衡发展方面也做了大量的工作。一是实施了西部大开发和振兴东北老工业基地等区域发展战略，布置了一批交通能源水利、生态环境治理和加工工业重大项目，给予了国债资金支持，特别是在东北地区首先进行了增值税转型改革，有力地支持了中西部和东北地区的发展。从金融危机后各地区的发展情况看，中西部和东北地区的经济增长显现出其增长的后劲。二是中央财政加大了对民族、老革命区、贫困地区、边远地区的转移支付，使这些地区过去欠发工资、欠报医疗费等状况发生了改变，基本保证了这些地区行政管理、社会事业、社会保障等方面的资金需要。

总之，需要看到的是，在财力还不是太雄厚、人口众多、城乡和地区间发展千差万别的国情下，我们城乡间和居民间收入差距拉大的趋势正在得到控制，地区间发展不平衡的状况正在得到改善，一个全新的现代社会保障体系正在形成，人们普遍受惠的教育、卫生等公共事业正在加速发展和均等化，我们应当实事求是地评价这些进展，不能因还存在着许多问题对这些已经进行的艰苦努力和取得的巨大成就视而不见。

四　以全新的思路和战略来解决收入分配问题

在战略和对策上怎样解决分配不公、缩小各种差距、富裕老百姓，这样的思路研究和建议，对于我们建设一个和谐、富裕的社会，要比仅仅责难这些问题有着更加积极的作用。然而，重要的是，我们需要思考和解决这些严峻问题的全新的思路，并制定正确的战略和策略。

从控制 GDP 中居民分配比重下降，以及提高居民收入在 GDP

结构中的比例看，正确的思路应当是：增强劳动要素对 GDP 的分配能力，稳定和调整资本要素分配 GDP 的结构，控制住政府权力分配 GDP 比例的扩张。实际上，对 GDP 的分配中，各级政府用税收、收费罚款、土地出让、探矿权和采矿权出让等权力进行分配，企业用资本要素的红利和折旧等进行分配，而居民基本上用让渡劳动而获取的所得进行分配。因此，关键是要发展劳动密集型产业，特别是发展服务业，转移剩余劳动力，减少剩余和失业劳动力，并且努力改善劳动力市场供大于求的局面，推进工资集体谈判，从而从增加分配 GDP 劳动力数量和增强劳动者分配能力两个方面，提高 GDP 的劳动分配比例，进而提高居民收入对 GDP 的分配比例。从资本要素分配来看，要调整其结构，即对创业投资，特别是投资增加就业的，应当降低税负，清理收费，禁止乱罚款；而对资本涉及投资房地产出租、采矿、污染等，应当开征房产税、资源税和污染税等。各级政府和行政事业性单位，用权力对 GDP 的分配，要通过人大法定的政府全部收入占 GDP 比例，全部税收和收费由人大讨论批准，清理和废除政府各部门、各行政性事业单位收费、罚款等方式，逐步降低其在 GDP 中的分配比例。

从控制住居民间的收入分配差距继续拉大，缩小居民间收入差距，降低基尼系数水平看，正确的思路应当是：创业带动就业，增加中等收入人口，减少失业贫困的低收入人口，对因各种原因所致的贫困人口托底，调节一些人群的高收入。首先，就东亚与拉美模式的比较、从国内江浙与中西部的比较来看，缩小居民间的收入差距，最为重要的是，鼓励创业以增加中等收入人口，利用一人创业带动多人就业的倍增效应，发展小企业而增加就业，减少因劳动力剩余和失业而贫困的人口；其次，国家对劳动能力丧失、到退休年龄、失业、家庭遇到重大事件等原因形成的家庭和人口要通过低保、社会救助、失业养老保障、提供均等的公共服务等方式进行托底；再次，对高收入进行税收调节，特别是对利用资源谋利、利用房地等不动产出租食利、用排放和污染来谋利和消费等行为，通过税收调节他们的过高收入。

从控制住城乡居民收入分配差距继续拉大、争取缩小城乡收入差距方面看，首先，最为重要的是，推进人口的城市化，转移农业中剩余的劳动力，使较少劳动力分配在比重上日益下降的农业生产总值；其次，推进农业的现代化，减免农业的税费，加大对"三农"的投入，对农民和农村提供应有的公共服务。一个无法抗拒的规律是，农业增加值的 GDP 比重，在任何处于城市化过程中的国家都是持续下降的，因而，劳动力在农业中就业的比例也必须同步下降。如果农业生产增加值 GDP 比率在不断地下降，而农业领域中就业的劳动力转移过慢，过多的农业劳动力和农业人口，分配比例日益下降的农业增加值，结果必然是城乡居民之间收入分配差距的拉大。目前在中国，40% 的农业劳动力，分配农业创造的11% 的 GDP，毫无疑问，结果肯定是城镇居民收入为农民的 3 倍多！这是城乡居民收入分配差距最重要的深层次原因。因此，"十二五"期间，包括今后一个较长的时期内，加快农村剩余劳动力和剩余人口向城市和城镇的集中和转移，是缩小城乡差距最主要的办法。

从控制住地区之间发展差距拉大、逐步消除地区间发展不平衡来看，正确的思路应当是：推动中西部，以及产业衰落地区劳动力及人口向经济成长较快和需要劳动力较多的地区流动和迁移；加快行政和经济管理体制的改革，并且国家制定各种有效的政策，促进资本和产业向经济相对不发达地区转移；国家增加对经济不发达地区基础设施和公共服务的投入，加大一般转移支付和专项转移支付的力度，特别是对老少边穷，以及生态涵养和保护地区更应该如此。从世界各国的经济和社会发展看，不发达地区的劳动力和人口向发达地区流动、转移和迁移，是一个趋势，也是平衡地区发展和缩小地区发展差距的一种方式。英国工业重镇格拉斯格，工业最繁荣时，人口最多达131万人，到1999年时，由于钢铁、造船等工业的衰落，劳动力和人口向英国南部流动和迁移，当地人口下降为61万人。由此可见，如果劳动力和人口不向南部流动和迁移，格拉斯格与英国南部的发展差距会更大。由此可见，需要指出的是，劳动力和人口在地区间的流动，实际是平衡地区发展差距，特别是平衡地区居民间收入水平，一个非常重要的机制。从中国的实践来看，20世纪80年代末农民外出务工，特别是进入21世纪以来形成的劳务经济，其外出农民工邮回和带回增加的中西部和农业省份的收入，要比国家和中央政府向这些地区的转移支付多得多。

除了促进不发达地区的劳动力和人口向需要劳动力的经济发达地区流动外，未来，中西部地区和东北地区，更要解放思想，改革体制，改善投资环境，留住当地资金较少外流，吸引外出务工中的精英人才回乡创业，也吸引国外、港澳台和区外资金流入，推进当地企业上市融资，通过项目融资到更多的银行资金，通过市场机制使资金更多地向中西部和东北地区配置。

更为重要的是，对一些老少边穷地区，在交通、能源、水利、生态环境、基本农田等基础设施建设方面，在教育、卫生、文化等社会事业方面，在行政管理设施和条件建设方面，包括一部分城市、城镇和农村牧区居民的生活方面，国家要加大投入力度，一般转移支付的标准要提高、项目要增加，专项转移支付项目要增多、规模要加大，使这些地区，特别是少数民族地区的发展，跟上整个现代化的步伐。

从所有制结构与创造和分配财富关系的思路看，处理好国有大与民营小的关系；处理好国有大经济资本密集，劳动力就业少，与民营小经济劳动密集，中等收入人群多和劳动力充分利用的关系；

处理好市场经济条件下，土地国有和集体所有与资产收益平衡分配的关系。一是国有工商经济方面，国有经济要有进有退，退出竞争性领域；除了非得国家控制的一些产业，有些战略性的产业领域，国有经济与非国有经济也应当平等竞争；在通过市场逐步集中和自然条件形成的国有垄断经济中，要形成反垄断的改革。二是民营经济方面，要鼓励能大量劳动力就业的个体私营经济发展；在金融结构方面，要放开金融限制，大量发展能给个体私营经济贷款的民营小银行。三是进一步改革国有和集体所有土地制度，使其与市场经济运行环境相适应。

从消除历史原因和时间过程形成的收入分配差距，以及完善财富分配调节和堵漏体系看，要设计通过税收、转移支付和防止腐败等制度和机制，调高、扩中和保低，形成收入和财富分配极高收入者少，中等收入者多，低收入者少的局面。一是开征房产、遗产和赠与等税，制定适当的税率，用税收杠杆调节财富，进行再分配；二是对不发达地区、低收入人群，财政将税收集中起来的一部分，进行转移支付，进行补低；三是提供更多的公共服务，并使其均等化，每一个公民都平等地享受公共服务带来的福利；四是建立和健全全社会的保障体系，努力使城乡逐步平衡，居民之间逐步平衡，地区之间逐步平衡，并由中央来管理；五是严格税收，打击腐败，设计反腐倡廉的制度体系，建立身份、社会保障、财产、存款、交税、就业等方面的联网系统，严格控制国民收入向灰色渠道漏损。

总之，从思路上讲，"十二五"期间解决收入分配不公和GDP居民分配比例低，要从社会转型、经济结构变动、地区人口流动等这样一些经济规律和趋势的大的角度和大的格局去思考问题；要鼓励创业、增加就业、调整结构，借鉴东亚地区用发展小企业增加中等人口、增加就业减少贫困人口的办法，防止从农业社会向工业和城市社会转型过程中基尼系数的攀升，从调动社会自我平衡收入分配的机制和力量方面去思考问题；既要发挥人民群众创业和创造的积极性，又要充分发挥政府在调节收入分配中的作用，从协调和谐社会共建和共享两个方面关系的角度思考问题；要从各个方面综合地分析和研究，统筹关乎收入分配国家税负水平与社会创业活力、创业就业分配与国家二次分配、地区人口流动与产业资金转移、社会自我平衡分配与政府看得见的手调节、福利社会水平与国家财政能力等各个方面的关系，全面和综合地思考问题。进而形成"十二五"，以及以后一个较长期间，提高 GDP 居民分配比例、缩小各种收入分配和发展差距、富裕人民群众的全新思路和战略。

五　公平分配和富裕百姓的一些重大战略

从上面的分析看，要综合和全面地解决分配不公、GDP 居民分配比例下降、地区发展不平衡等问题，需要从方向上进行调整，相应地谋划一些重大的战略设计。

一是制定和实施加速城市化和人口区域间流动的战略。改变目前人均 GDP 3200 美元时比同样发展水平国家城市化滞后 15% 的局面，推进农业剩余劳动力和人口向城市和城镇转移，推进中西部地区的剩余劳动力向沿海发达地区的城市和城镇转移，进而使剩余劳动力向工业，特别是向服务业转移。并建议未来开征耕地撂荒税，这样在劳动力转移外出的情况下，加上耕地税成本，使农民能将耕地转移给种粮大户耕种，实现农业的规模经营和劳动生产率的提高，使农业领域迅速变少的劳动力和人口分配农业增加值，会增加在农村农民的收入；而农民向城市转移，能获得比农业收益高的务工收入，还会压低城市工资的上涨幅度。这样可以从战略上缩小城乡居民间的收入差距，也缩小区域间居民的收入差距。

二是制定和实施十年促进小企业发展的战略规划。中国目前将

5 个个体户折算成一个小企业，加上法人企业，全部人口与全部企业相比，每千人口拥有企业水平仅 11 个左右，远低于发达国家的每千人口拥有企业 45 个左右，也低于发展中国家的每千人口拥有企业 25 个左右。小企业发展极为不足，是中国目前中等收入人口少，因剩余和失业而贫困人口多，因劳动力需求不强而工资水平低，进而收入分配不公和基尼系数高的最重要的原因。因此，制定一个未来十年振兴和促进小企业发展的战略，是扩大就业、解决民生、稳定社会的当务之急。也是增加中等收入人口、减少因劳动力剩余和失业而贫困的人口，降低基尼系数的最重要的战略。

三是制定和实施加速发展服务业的战略。服务业是密集吸收劳动力的产业领域，与同样发展水平的国家相比，中国 GDP 服务业增加值比率，比一般国际水平低 20 个百分点；服务业就业的比率占全部就业的 33% 左右，比一般国家水平低 27 个百分点左右。如果从"十二五"期间开始，加速服务业的发展，吸收从农业领域中转移过来的剩余劳动力，吸收从工业领域中因资本有机构成提高而过剩的劳动力，吸收从大中专学校毕业学生、军队复员人员、被征地农民，使他们能在服务业中得到就业，拿到工资，其家庭获得收入，就会大量地减少因劳动力剩余和失业而贫困的人口，产业结构向充分利用劳动力改善，会大大增加居民的收入格局，降低居民间收入的基尼系数。因此，未来需要制定一个切实能振兴服务业发展的战略规划，以及相应的体制改革方案，并以各部门的体制改善和政策促进相配套，真正使服务业成为我国吸收劳动力就业，增加居民收入的广阔领域。

四是制定一个长期的提高国家福利的战略规划，并加以实施。根据中国人口众多和处在发展过程之中，但是已经具备一定经济实力的国情，逐步地提高对城乡贫困人口的低保标准和范围，建立健全城乡医疗、养老、失业、伤残等社会保障网，建立一个有竞争活力、财富丰裕和公平正义的现代社会主义福利国家。

只有在战略上进行大的调整和努力，才能从全面和动态的格局上，解决 GDP 居民分配比例低、中国城乡居民收入差距大、居民间收入分配基尼系数高、地区发展不平衡等问题，真正建设一个人民共同富裕的国家。

六　一些重大改革和政策措施

除了上述主要因素外，导致收入分配不公的原因，从直接层面看，还有政府和行政性事业单位收费罚款及其部门利益、地方政府房地产财政利益、国有企业垄断、公务员的隐性收入等原因。从间接层面看，还有：（1）金融体制高度垄断，其资源主要放贷给国有经济，大量能增加劳动者就业和居民收入的小企业融不到资；（2）就税收结构而言，82% 来自于创业、投资和企业，对依靠房产等财产食利、对占有稀缺资源而获暴利、对大量消耗生态环境的谋利行为征税却比例太低，是一种抑制创业和经营企业而鼓励倒卖出租房子、乱采矿产、污染环境的税制，结果导致分配不公。因此，在"十二五"期间，最长在未来 10 年中，应当进行以下重大的改革和调整。

首先，要改革和调整税收和政府收入来源结构，在财政收入的来源结构中，逐步降低对创业、投资和企业的征税，加大对资源、财产、利用财产食利、排放和国有资产的征税和收缴红利。（1）小企业的增值税率降到 3%，小企业的营业税降到 3%；对劳动、技能、知识型的小企业，个人所得和小企业所得合并征税，避免企业所得和个人所得重复征税，减轻对创业、投资和经营企业的税负。（2）矿产资源税从计量征收改革为计价征收，费改税，大幅度提高淡水、土地使用、石油、矿产、空间通信频道等资源使用的税率。（3）普遍开征房产税，设为县级区域的税种，对房屋中已经含有土地出让金的，先征后返，对于人均超过30平方米的，按照超过面积的多少，进行累进征税，对别墅加一道土地使用税。（4）对排放量较大的企业，包括家庭大排量汽车、排水等，所有的排污行为，都由税务部门征收排污税，并提高税收标准。（5）国有企业运用的公共资源，除了全民的资产外，还有政府的特别许可、独占的资源、贷款的偏重，以及20世纪90年代不良资产核销和债转股等全社会代价等等，其利润应当交给全民使用。用了这样多的公共资源，不向国家交资产应得利润，这在资本主义国家也是说不通的。应当尽快由目前的国资委主导的国有资本金预算进一步改革为直接面向财政部门的上缴利润预算，纳入公共预算分配之列。（6）社会保障由向社保部门缴费改革为由税务部门征税，形成税务征收、预算管理、基金运作、社保部门操作、社会化发放、审计部门监督的运行机制。

其次，改革政府的收入，特别是收费和土地出让体制，将政府全部收入控制在占GDP 30%的范围内，将政府的行政公务开支限制在18%的范围内。目前，实际政府的全部收入已经达到GDP的35%左右，行政公务开支占财政全部支出的35%～40%。这也是抑制创业，抑制劳动者收入增长，增加行政公务和事业部门人员收入，导致分配不公的一个重要原因。（1）应当通过社会听证和人民代表大会有关法定程序，严格控制政府各部门和行政事业单位机构设置、人员编制、临时协编和雇佣人员；特别是一切政府税收、收费和罚款项目的设置和改动，一定要由人大审查批准，重大项目应当进行社会听证；"十二五"期间，大规模清理政府各部门和各行政性事业单位的收费和罚款项目，绝大部分应当加以废除，极少量的通过人大审查预算保留的项目，也必须改费为税，并且纳入财政预算管理。（2）彻底改革目前土地政府寡头垄断供应的"招拍挂"制度，形成竞争性的供应市场，以抑制地价暴涨，并且逐步降低土地的价格水平。改变土地一次将几十年出让金收上来的体制，通过土地交易增值税、房产税、占用土地过多的土地税等，使与土地有关的地方财政收入可持续。用以解决目前房价过高，政府利用土地和建房收入多分配，被征地农民利益受损，城镇居民居住成本过高，新进城市和城镇的农民买不起房等问题。（3）集体所有制和国有土地应当同地同价，不能再实行征用补偿的办法。这方面的改革和立法应当彻底一些。一是非公益性用地，不再经政府征用，集体用地直接进入市场，由用地商到土地交易所寻找，其交易中的级差地租，由政府通过税收的办法加以调节。二是政府公益性用地，对集体土地，也要按照市价进行收购，价格太高的，可以用征收增值税的办法加以收回。农村和城郊集体土地，除其公共使用的部分，承包的耕地和宅基地，使用权永久归农户所有。并且，这种使用权，除了国家在公共利益时征用外，在符合规划土地用途的前提下，农户可以将土地长期使用权在各种用途中转让、出租、抵押、入股和出售。从而扩大和增加农民财产性收入的来源。

再次，"十二五"期间，解决收入分配不公、GDP居民分配比例过低的一个重要环节，是改革高度垄断的金融体制，大力发展能给小企业融资的民间小银行。收入分配不公和GDP居民分配比例过低的一个重要原因，是目前的银行体系垄断了绝大部分信贷资源，而且将其大部分贷给了资本密集型、就业人数很少的国有企业，大量的财富是国有企业占有垄断资源创造的，它们有主动分配这些财富的优先权；而小企业几乎得不到社会信贷资金的资源配置，于是规模不能扩大，生产不能持续，不能容纳更多的劳动力就业，使大量的劳动力不能通过劳动创造财富和分配财富；结果，导致创造财富和分配财富的不公平。因此，如果"十二五"期间，不能推进金融体制的改革，不能解决小企业发展的融资问题，鼓励创业、增加企业、扩大就业、提高劳动分配能力、改善 GDP 居民分配比例，也将会成为一句空话。

最后，要通过制度设计和制定，来解决非法、灰色和隐性收入问题。前面已述，从王小鲁的研究看，一部分居民的收入被低估，国民收入中相当一部分居民的收入被漏算，他估计在 5 万多亿元，其中既有非法收入，也有介于合法和不合法之间的灰色收入，还有被漏征税的合法收入。（1）严厉打击和惩处行贿受贿、贪污、地下黑色经营等违法犯罪活动；完善规划、工程建设、土地审批、探矿采矿权出让、项目资金下拨、行政审批许可、行政监督执法、干部考核任用、公务员和事业人员录用、国企采购和销售等各个方面的程序，使其程序化、公正化，在阳光下操作，形成杜绝贪污和行贿受贿的制度和机制。（2）推进廉政建设，建立党政、事业和国企领导，包括行政公务员、行政性事业职员的财产来源、状况申报制度。特别是十七届四中全会提出的，对官员及其亲属房产、投资入股、经办企业等情况要进行申报。（3）在保护个人隐私的前提下，一切在银行、税务、工商、房地产、学校、社保等系统的个人信息均实行实名制，建立全国联网的公民个人身份、银行账号及存款、房产、收入、社会保障、证券开户等信息系统，立法和打击这些系统买卖个人信息的违法活动，从而给公务人员财产逐步公开化、对房产征税等，建立成熟和现代的技术条件。

总之，20 世纪 90 年代中期到今天，我们处在一个农业社会向工业和城市社会剧烈转型的期间，许多拉美、南亚、非洲国家在这一时期，居民间的收入差距是拉大的，对控制这些差距的扩大我们做了不懈和大量的努力。但是，需要看到的是，局面还没有得到改善，如不加以高度重视，可能还会恶化，以至于影响人民群众对社会主义的信心，甚至涉及社会的安定和国家的安全。从这个角度看，GDP 居民收入持续下降、城乡居民收入差距扩大、居民间收入基尼系数过高、地区发展不平衡，在"十二五"期间，最长在今后的 10 年中，已经到了非解决不可的地步了！然而，通过上述分析可以看出，解决问题的大的思路、方向和路子一定要正确，要进一步解放思想，并且要敢于触动政府本身、各部门和各阶层的利益，坚决地推进一系列的改革，才能真正向分配公平、人民富裕的目标迈进，最终建设一个有中国特色的美好的共同富裕的社会主义社会。

参考文献

周天勇：《中国向何处去》，人民日报出版社，2010。

李君如：《邓小平是怎样回答"什么是社会主义"的?》，1995 年 6 月 15 日《人民日报》。

刘国光：《实现收入分配公平的基本思路》，新华网，2010 年 6 月 30 日。

周天勇、谭小芳：《中小企业融资与小银行的发展》，2009 年提交全国工商联的研究报告。

尹中立：《金融市场价格扭曲　对收入分配影响巨大》，2010 年 8 月 23 日《每日经济新闻》。

王小鲁：《灰色收入与国民收入分配》，《比较》2010 年第 3 期。

施发启：《也评王小鲁博士的〈灰色收入与国民收入分配〉》，中国新闻网，2010 年 8 月 25 日。

中国道路路线图

中国发展路线图为：农业现代化—城市化—产业结构升级—技术进步—小企业的发展—完成第一次现代化和加速第二次现代化。

中国资源环境路线图为：节约资源和减少排放的发展方式—节俭、低碳和宜居舒适的生活消费方式—节约和保护资源生态环境的技术进步—形成生态良好、环境清洁和资源可永续利用的社会。

中国民生路线图为：鼓励人们创业—充分就业—绝大多数城市居民有自己的住房—良好的公共服务和完善的社会保障—收入分配和财富分布较为公正—形成既有创业活力，又能体面、安全生活的社会。

中国未来改革路线图为：突出财政税收体制改革重点，协同理顺资源价格体系，改革和创新土地制度，打破垄断的金融体制，进一步深化国有经济改革。

本书的许多部分，已经在国务院发展研究中心主办的《中国经济时报》发表过，本书的前八章完成后，《中国经济时报》理论版主编，著名记者柏晶伟女士向我提出，应当将全书概括一下，提出一个中国道路路线图，便于使读者对本书框架有一个清晰的了解。于是，本章以访谈的形式完成。

一 提出、梳理和搞清中国道路的一些关键理论

（一） 在实践中进一步创新和发展社会主义

柏晶伟：道路选择往往与理论研究的清晰和前瞻有关，有时理论上的误判，在实践中会发生方向性的错误。您的这本书中，理论上有哪些研究，对于未来实践中确定大政方针有什么样的作用？

周天勇：是的，在理论上没有搞清楚的一些方面，特别是一些似是而非的认识，会误导中国未来发展道路的选择，如果理论上模糊，也会使关键性的任务不明确，不能给力于发展重点。这本书在如下几个方面进行了理论的探究和梳理。

首先，如何认识和理解社会主义，未来 30 年中，社会主义社会的主要任务是什么？概括来说，社会主义社会的目标和任务，一是发展生产力，使财富极大丰富；二是财富分配公平，力求共同富裕。前 30 年中，我们在发展生产力方面成就突出，但是，在公平分配和共同富裕方面，有所不足。出现这种状况的原因有三：（1）理论方面，我们过去的理解是打富豪、分田地、均贫富，而对于在一个现代市场经济体制的国家中，如何实现公平和共同富裕的路径、体制、政策等，没有搞清楚。（2）30 多年前，我们处在国民经济濒临崩溃的边缘，人民生活和发展的位次在全世界居倒数第几位，主要任务是发展生产力，一心一意搞建设，谋发展，并且

通过一部分人和一部分地区先富起来，形成带动效应，对于收入分配一定程度上存在着顾此失彼的问题。（3）二元结构转型这样剧烈，资本和财富的集中和积聚力量这样强劲，我们在调节手段、公共服务、转移支付方面，在体制和财富分配体系的建设方面还没有准备好。

因此，未来 30 年，除了继续发展生产力和创造财富外，与发展生产力同等重要的一个方面，就是如何实现公平分配和力求共同富裕。

柏晶伟：有这样一种看法，要实现分配公平和共同富裕，要回归一大二公的所有体制，并且，重视和强化计划经济。您认为，这种看法和道路选择合适吗？

周天勇：传统社会主义理论，定义的社会主义社会的两个重要特征，一是生产资料公有制，二是计划经济。这里首先遇到的是，计划体制的成本、效率、可行性及其实践上的合理性问题。20 世纪 50、60 年代起，世界上实行计划经济体制的 30 多个国家，除了朝鲜外，包括越南、老挝都进行了改革，都往市场经济转型，传统理论中理想的计划经济体制，实际上几乎在全球范围退出了资源配置的历史舞台。为什么？我在 2008 年 9 月 29 日《学习时报》发表的《计划经济的困境与市场化取向的改革》一文从资源配置机制方面论述了计划经济理论设想及其模式失败的原因。

柏晶伟：那么，现在摆在我们面前的难题是不是，在市场机制为主的资源配置的经济体制下，选择什么样的所有制结构，才能实现收入分配公平，并实现共同富裕？

周天勇：是的。我在所有制结构与收入分配格局关系理论上的第一个发现是：一个国家，其经济生活中如果大企业集中度过高，生产力的资本有机构成较高，即使资产公有，如果没有相应的制度建设和制衡，将与大资本的私有经济占主导地位一样，仍然会成为导致分配不公及两极分化的经济体制。全民积累的越来越多的工商和金融国有资产，在越来越少的从业者支配的情况下，如果没有在法律上界定合理的公有资产预算、分配和民主监督的制度，这种公有制实际上成了推动两极分化的重要力量。这在本书"防止两极分化与实现共同富裕"一章中，对此进行了详细的论述。理论上的公有制为主导并且主导的是国有经济这种体制在实际运行中的收入分配结果一定会是公平的这一假说，起码从中国目前的实践验证来看，是不成立的，并且是相反的。

柏晶伟：我看到您在有关土地方面的研究中也谈到国有和集体土地体制导致了收入分配的不合理。能概括谈一下吗？

周天勇：我在所有制结构与收入分配格局关系理论上的第二个发现是：目前的土地公有体制，使利益分配向高收入者倾斜，使国民收入分配向政府倾斜。土地的国有和集体所有制度，由于不同所有制之间的征用体制，由于从农民手中低价征用，商品房建设后再高价卖给许多需要房屋的工薪阶层，农民没有得到多少利益，购买房屋者背上了沉重的包袱，而开发商获得高额利润，政府获得越来越多的土地财政收入，房屋投资者和投机者获得房价升值和倒卖房屋的利益。而且，按照目前土地法的规定，住宅50年，或者70年土地使用期到期后，由于土地是国有，需要再进入出让程序，再交土地出让金，否则，要收回，包括地面建筑房屋也要收回。届时，将会有大量的中低收入家庭在经济上破产：一是在住宅楼中居住的有退休人员，有失业人员，有困难家庭，这些居民突然在某一天要交巨额的土地出让金，在财力上根本不可能；二是50年，或者70年后的地价，将远远高于今天的地价，即使有中等收入的工薪阶层，恐怕也难以支付这样巨额的土地出让金。因此，也可以看出，这种公有的土地制度，实际运行的结果，在社会之间，财富分配上是劫贫济富；在国家和居民之间，是国民收入向政府集中。

柏晶伟：我也看到过您研究过小企业的发展，得出的结论是，一个社会小企业越多，收入分配越公平，基尼系数越低。是这样吗？

周天勇：这是我在所有制结构与收入分配关系理论上的第三个发现：一个社会，个体、微型和小型企业越多，收入分配越公平，基尼系数越低。从世界各国，包括中国各地区经济模式的比较看，重视小企业发展的日本、韩国和中国台湾地区，国内长三角地区，基尼系数低；忽视小企业发展，而以大企业和大资本为主发展的拉美国家和地区，国内个体和小企业发展不足的湖南、贵州、甘肃等地，收入分配差距大，基尼系数高。对此，我在《中国向何处去》①中，进行过数据计算和比较。其道理概括起来讲，就是个体、微型和小企业大多是劳动密集型的，而大型企业是资本密集型的，前者多，劳动分配的相对多，中等收入者多，因失业而贫困的少，社会保险基金的征收面也广。而后者主导，资本所有者和大资本投资者分配的相对多，特别高收入者相对多，因失业而贫困的人相对多，就业率相对低而社会保险金征收缺口大。这就彻底颠覆了我们过去通常的想法，即个体私营经济是导致收入分配不公和两极分化根本原因的思维。这种假想与实际经济生活不相符合。

柏晶伟：那么，概括地讲，您想象中的中国的社会主义是什么样呢？

周天勇：所有制结构是社会主义社会的手段，共同富裕是社会主义社会的目标，实现不了共同富裕，甚至拉大分配差距的所有制结构，肯定是有缺陷的。通过我的研究，我以为，在所有制结构上，国有企业资本社会化和公开化，私人大企业也必然资本社会化，创业和就业的体制宽松和机会平等，使广大人民创业的个体、

---

① 周天勇：《中国向何处去》，人民日报出版社，2010。

微型和小资本企业在数量和解决就业方面占主导地位，力求初次分配趋于公平公正。在分配关系方面，开征合理的所得税和财产税，调节高收入阶层。政府提供日益完善的公共服务，在公共服务方面平等和均等化；政府对低收入和经济不发达地区进行转移支付。建立和完善社会保障体系。在市场配置资源的条件下，在资产和分配关系上，人们创业、创造和初次分配财富，政府主导调节财富的二次和多次分配，形成一个在资产上激励人们创业，在分配上通过税收和转移支付的方式调高补低，并建立完善的社会保障体系。这样的社会主义社会，才能既发展生产力，又迈向共同富裕。

柏晶伟：为什么您要在《中国梦与中国道路》这本书中，从理论上分析所有制与共同富裕之间的内在关系，有什么样的实践意义？

周天勇：因为未来的 30 年中，我们建设一个理想的社会主义社会，是主要发展以国有大企业为主的经济，还是高度重视和促进我们原来以为会导致两极分化的个体、微型和小企业的发展？是按照市场经济体制的要求，彻底改革和创新土地公有制形式，还是维持目前的土地公有制形式，只对其小改小补？选择的道路不一样，收入分配和财富分布的结果就会不一样。因此，经过新中国成立后 30 年的实践和挫折，我们认识到社会主义要发展生产力，要把经济搞上去；而又经过 30 年的改革、开放和发展，及其积累的问题，我们进一步认识到，社会主义的基本经济制度应随着实践的发展而发展，应当实事求是，理论上要解放思想，体制上要不断进行创新和改革，才能适应我们在市场经济体制下，建设一个共同富裕、民富国强的现代社会的要求。

（二）城市化是不可抗拒的客观趋势

柏晶伟：您在《中国向何处去》一书中，就新中国成立以来城市化方面的观念、体制和失误进行了分析，在本书中又设计了城市化的推进方略。为什么您特别强调加快城市化的推进？

周天勇：人类社会从农业经济和农村社会向工业及服务经济和城市社会转型，这是一个客观趋势，是由规模经济、集中经济、节约分工和协作成本、交易成本、外部性、范围经济等这样一些经济内在的规律所推动的，人口是不是向城市迁移，迁移的快慢，是不以人的意志为转移的。[①] 如果人为地阻碍城市化的进程，则需要付出结构扭曲的代价。

美国经济学家刘易斯就因提出经济发展的二元结构转型的分析理论，获得了诺贝尔经济学奖。他所指的发展，实际就是从农业经济和农村社会向工业经济和城市社会的转型过程。联合国和世界银行等组织对于发展评价的一个重要指标，就是城市化水平的高低。

柏晶伟：这些似乎在学术界，包括政界，是不是已经达成共识？

周天勇：虽然对城市化的认识在逐步清晰，但是，学术界和部门在一些方略和大政方针方面，还有一些模糊的认识。表现为：（1）错误地认为城市建设浪费和占用了过多的土地。实际上是，农村人口2007年比1978年减少了6246万人，但是用地比1978年增加了19628万亩；同期，城镇人口增加了42134万人，但城镇建成区面积，包括建制镇，才增加了5043万亩。[②]（2）城乡统筹，减免农村税费，加大向农村的投入，社会主义新农村建设都是非常必要的，但是，一些部门和地区，忽视加快城市的推进，一成不变地和固化地理解新农村建设。需要指出的是，无论国家如何支持，农业和农村的生产总值在国民生产总值中的比重都持续下降，这是

---

① 周天勇：《城市及其体系起源和演进的经济学描述》，《财经问题研究》2003年第7期。

② 周天勇：《中国向何处去》，人民日报出版社，2010。

一个全世界的规律；而且村庄随着人口向城市迁移而衰败萎缩，也是一个全世界性的趋势。增加他们收入和提高他们生活水平的办法是将更多的农村人口和劳动力从产出日益降低的农业和农村中转移到城市。而不是反其道而行之。新农村建设，一定要城乡统一规划，人口要适当集中，撤小村并为新农村的大社区。（3）对未来30年中农村人口急剧向城市的转移，没有一个科学的估计，没有思想和办法上的准备。我认为，未来30年农村人口城市化的格局会是这样：2040年时，至少80%左右的人口将会集中在城市；农村的老年人口将大部分沉淀在农村，并自然减少，中国相当规模老年人的养老由农村的低生活成本来负担。城市的大中小规模，城市体系在哪些地区布局，政府可以影响，但并不以人们的意志为转移，而是市场调节的结果。

柏晶伟：学术界和政策制定部门也有一些顾虑，如这么多的人口和劳动力到城市中来，怎样安排他们的就业，他们住在哪里，农村的耕地谁来种？

周天勇：是的，经常听到这样的议论。实际上，（1）城市中，工业和服务业是创造就业机会的最大领域，而服务业发展的水平与城市化水平呈现高度的正相关，人口越是集中，越能创造出更多的就业机会。（2）在中国道路中，加快城市化进程与促进个体、微型和小企业发展，是密不可分的。从农村转移出来的劳动力，绝大部分要到城市中的这些企业中就业。对于中国来说，个体、微型和小企业的发展，可能要比建设新农村更加重要。（3）农业特别是粮食种植业，需要从过去的劳动密集型，转变为技术和土地密集型，只有土地的规模经济，才有可能谈得上农业的现代化。因此，除了已经转移到城市的，现在还有33000万农业劳动力种18亿亩地，与拉美、美国、欧洲甚至是日韩及中国台湾地区相比，种地的人不是少了，而实在是太多太多。

柏晶伟：我看到您比较了中国、日本、韩国、中国台湾、拉美和印度的城市化模式，即城市化的道路，认为我们的城市化道路充满了风险，能简单谈一下吗？

周天勇：城市化道路，除了学界过去争论的发展大城市，还是发展中等城市，抑或发展小城市外，实际上更重要的是农村人口城市化的模式，即人口怎样从农村退出，能不能进入城市，进入城市有无事干，怎样居住，能不能享受教育卫生等公共服务，有无社会保障？只有这个过程是完整和适度的，城市化进程才是良性的。这个过程，在不同的国家是不一样的。（1）日本、韩国、中国台湾模式，由于宅地、耕地、林地是私有的，农村人口向城市转移是可以通过市场机制将其资产退出。户籍管理上没有进入限制。由于它们对创业和小企业发展实行宽松的政策，进城的人口或者兴办小企业，或者在小企业就业。居住方面，他们可以用退出资产变现，加上创业和就业的收入，另外居民收入增长快于房价上涨速度，虽然开始时有一部分贫民窟，但最终他们的绝大部分人口通过市场途径获得了自己的住房。政府逐步地提供和完善公共服务和社会保障。（2）拉美和印度模式，土地私有，农村资产可以退出，但有一部分农村人口没有土地资产。进入城市没有户籍限制。由于小企业发展不足，游商和灵活就业较多，农村到城市中的人口失业率比日韩台高。居住主要是贫民窟方式解决，成本较低。公共服务和社会保障在逐步提供，但水平较低，难度较大，拉美和印度相比，拉美做得要比印度好一些。

柏晶伟：看来各有特点，那么中国目前的模式是什么样的呢？

周天勇：中国目前农村人口城市化过程的模式是这样的：由于土地集体所有，宅地、林地和耕地不能很好地通过市场机制退出，中国农村资产只能通过征地拆迁方式低价退出；进入上仍然有户籍限制，但是，临时居住制度在很大程度上解决了进入问题。

由于服务业发展不充分，中国在发展小企业方面，准入和管制太多，税费方面较为沉重，而且个体、微型和小企业甚至得不到融资，农村人口转移到城市干什么的压力特别大。不允许贫民窟存在，农村资产不能变现，城市中房价水平和上涨速度，远远高于农民工的收入水平和增长速度，相当多的农村转移人口只有租住，且条件很差。政府给目前进入城市的 2 亿农民，以及未来可能有 6 亿多进入城市的人口，提供住房，实际在财政上是一种不可能实现的幻想；开始重视对进城农民公共服务和社会保障体系的提供和建设。

柏晶伟：您提到中国的这种城市化道路有许多问题和面临着巨大的风险，主要是什么？

周天勇：概括地说，就是近 8 亿已经进入和未来要进入城市的农村人口，安居乐业方面存在着巨大的风险。从趋势来看，工业产业由于工资和社保成本上升，人民币不断升值，产业在升级，资本有机构成在提高，吸收劳动力就业的能力在下降。地方政府由于 GDP 和税收导向，仍然重视大资本项目的投资和大企业的发展；党政公务和行政性事业领域就业已经人满为患，国民经济的负担沉重。个体、微型和小企业发展困难很多，服务业的扩张也不理想。数亿人到城市里来，特别是"80 后"，"90 后"，以后的"21 世纪后"，他们不会在农村待着，到城市里后也不会再回农村，这样巨额的人口在哪里就业，在哪里获得他们的收入，如何维持他们的生计，不能不是严重影响社会稳定的一个巨大风险。

柏晶伟：那么，农村人口进入城市后，居住方面会面临什么样的风险呢？

周天勇：从目前看，我们到现在并没有一个如何解决已经和未来从农村进入城市的 8 亿人口居住的科学和清晰的思路、战略、体制和政策。农村资产不能退出，使他们到城市中买房没有过去的资产支撑，甚至以后形成城乡两栖居住，浪费的土地会更多；城市中不让有贫民窟，商品房又买不起，政府给 8 亿人盖房又是乌托邦。结果只能是：8 亿进入城市的人口，大多数居无定所，中老年后又可能回农村，或者在城市中流浪；大部分人口没有自己的住房，在城市中形成靠出租房屋食利的有产阶级和终日劳动将自己 1/3 收入（甚至更多）交给房东的"无产阶级"。对 8 亿人的住房安居问题，没有一个出路和办法来解决，与 8 亿进入城市的人口能不能就业一样成为社会稳定的巨大风险。并且，中国目前的这种模式，如不调整，面临的风险比拉美和印度的贫民窟模式要大得多。

（三）收入分配理论和政策的创新

柏晶伟：收入差距拉大，是影响中国目前和未来社会稳定的一个重大分配和社会问题，只有从理论上认识其成因，才能对症解决问题，那么，应该怎样进行分析？

周天勇：过去传统的社会主义分配理论，建立在计划经济、生产资料公有制和按劳分配等制度设计之上；而市场经济条件下的劳动和工资理论，则主要分析结构和制度既定框架中的收入分配。而国内解决目前收入分配差距拉大问题，在原因方面提出了劳资关系工资谈判能力弱、国有企业垄断、腐败等假说，在政策方面提出了加大计划调节力度、多建国有企业、提高最低工资和工资水平、改革国有企业、提供均等公共服务、建立社会保障、反腐败等各种各样的建议。

实际上，因社会主义市场配置资源体制的确立，传统的分配理论及政策，在解决收入分配差距问题上，基本上没有用处。而中国又是一个从农村和农业经济社会急剧向城市和工业社会转型的国家，因此，用西方结构和体制不变假设下的劳动工资理论，来分析和解决中国的收入差距问题，实际上也有困难。

柏晶伟：那么，怎样进行分析角度和方法的创新呢？

周天勇：首先，需要将中国收入分配差距的形成，放在一个时空和结构转型的过程中分析，即结构是剧烈变动的。因此，要建立结构变动与收入分配是否平衡之间的分析框架。过去的经济学认为，分配是静态问题，以动态结构转型为对象的发展经济学理论，是一个空白。实际上，从中国改革开放 30 多年来的情况看，需要把动态地分析收入分配关系，引入结构转型的经济发展理论之中。

柏晶伟：结构变动与收入分配之间有什么内在关系？

周天勇：从城乡和第一、二、三次产业创造财富的结构看，乡村和农业创造财富的比例在 GDP 中是逐步下降的趋势，工业是先升后稳，服务业是一直趋升，最后到 70%～80%。而就劳动力就业结构讲，需要按照这种财富生产的城乡和产业结构动态地进行适应性的再配置，才能使财富分配保持结构性的平衡。中国城乡差距为什么这样大，总体的基尼系数为什么这样高，一个重要的结构性的原因就是，工业化超前，城市化滞后，生产结构与就业结构严重扭曲，导致太多的人口和劳动力在农村和农业中创造和分配相对少的财富，而较少的人口和劳动力在城市中创造和分配相对多的财富。这是导致城乡差距的深层次的结构扭曲性原因。比如，2009年农村居民内部的基尼系数为 0.385，城镇居民内部 0.4 左右，而两项综合，达到 0.49。可以看出，结构扭曲造成的城乡收入分配差距是财富分配不公平中特别重要的内在制约因素。

柏晶伟：收入分配差距成因的结构分析方法，确实很有道理。除了城乡结构和产业结构扭曲外，还有导致收入分配差距拉大的其他的结构扭曲因素吗？

周天勇：有的。发展中国家的产业和产业组织结构，是逐步演进的。如果产业组织结构中重视资本密集性的大工业和大企业的发展，忽视劳动密集型的轻加工工业特别是服务业，以及小企业的发展，资本所有者分配的多，在大企业中就业的劳动者分配的多，而由于在劳动密集型的加工工业、服务业和小企业中就业空间有限，失业率高，也会形成结构性的收入差距拉大问题。中国的产业结构和产业组织结构中，服务业发展相对滞后，个体、微型和小企业发展困难，导致资本与劳动创造及分配财富的不平衡。这又是中国形成和拉大收入分配差距的深层次重要原因。

柏晶伟：那么，还有收入分配差距形成的其他原因吗，如何从战略、体制和政策上加以解决？

周天勇：当然，我也不认为结构扭曲是导致收入分配不平衡的唯一原因，还有诸如许多学者所说的国有经济垄断、税收调节不力、公共服务不到位、转移支付不够、社会保障体系不完善等。我认为，收入分配差距的形成和拉大，是由较为复杂的各方面综合原因造成的，解决收入分配问题，既要调城乡、产业和企业规模结构，也要进行财政税收等体制的改革，还要建立劳资之间协商谈判等制衡机制，且公共服务型财政和社会保障体系的建设也必不可少。我想说明的是，仅单一地进行工资制度的改革，或者进行其他的单一项目的改革，而不调整结构，仍然不能从根本上解决收入分配差距问题。

二 四个领域的路线图

柏晶伟：您用30余万字论述了中国梦和中国道路，您能在这里概述和总结一下中国道路路线图吗？

周天勇：中国未来道路，概述来讲，需要从发展、资源生态环境、民生和改革等四个领域去考虑。其包括关键点、逻辑联线，以及时间进程表。

（一）发展道路路线图

柏晶伟：那么，发展方面如何考虑？

周天勇：中国发展道路路线图为：农业现代化—城市化—产业结构升级—技术进步—小企业的发展—完成第一次现代化和加速第二次现代化。① 农业现代化与城市化之间互为因果，只有城市吸收剩余的农村人口和农业劳动力，将农村人口和农业剩余劳动力转移出去，才能真给农业现代化提供规模生产条件；而农村人口和农业劳动力给城市和城市中的产业发展提供相对便宜和丰富的劳动力资源，获得的利润再积累，形成源源不断吸收农业劳动力进入城市的产业空间。城市化的推进，给工业发展提供了聚集经济、规模经济、分工协作、降低交易成本等条件，而人口的聚集，也给服务业的发展提供了消费的规模经济条件，使国民财富和就业结构中农业增加值和劳动力的比率日趋下降，工业增加值和劳动力的比例先升后稳定，而服务业增加值一直上升，最后稳定到75%～80%。产业结构的升级，特别是工业内部的结构升级，离不开技术进步，实践证明：除了大企业外，小企业是技术创新的活力所在。重要性的是，中国需要选择赶超型的科学技术进步战略，以增强中国产业和经济在未来世界格局中的竞争力。而小企业的关键性在于，它大量地存在于服务业和轻加工工业之中，成为吸收劳动力和城市新增劳动力就业的最大领域，将劳动力资源通过产业和企业形

① 何传启主持的课题组认为，第一次社会现代化的内涵是从农业社会向工业社会转变，特点包括：城市化、福利化、流动化、专业化、理性化、机械化、电气化、自动化、技术化、标准化、公平性、普及初等义务教育、大众传播等。第二次社会现代化的内涵是从工业社会向知识社会转变，特点包括：知识化、信息化、郊区化、城乡平衡、绿色化、生态化、自然化、创新化、国际化、多样化、休闲化、个性化、妇女儿童权益、普及高等教育、终身学习等。转自李斌报道，新华网，2006年2月7日。

柏晶伟：在这个发展路线图中最主要的任务和关键点是什么？

周天勇：在中国发展路线中，由于城市化滞后于工业化，滞后于发展水平，加速推进城市化，是中国未来发展道路中最为重要、最为核心的任务。而且在城市化过程中促进小企业的发展，特别是大量小企业存在的服务业的发展，是加速推进城市化，以及工业资本有机构提高后，吸收和平衡劳动力就业的关键。城市化决定中国未来的发展，小企业决定中国未来的民生和稳定。

柏晶伟：您在发展道路图中，如何看待大企业的作用，是不是不重要？

周天勇：不是，大企业特别是大工业企业，在中国的发展中特别重要。我在未来的发展道路中没有将其突出地列出，原因为：相对于城市化而言，中国工业化，特别是大工业，重型工业发展超前。由于 GDP 和地方财税机制的作用，大资本和大企业，在中国发展道路之中不加以强调，其在战略、体制和政策方面受到的重视程度也要远高于个体、微型和小企业。大资本和大企业富国，强财政，而个体、微型和小企业解决就业，富民，从我们目前的体制来看，富国和强财政并不难，而解决就业和富民问题则有较大困难。因此，未来小企业的发展对于协调和促进中国滞后的城市化，实际比大企业重要得多。

（二）资源生态环境道路路线图

柏晶伟：中国人口众多，资源相对缺乏，在发展和生活与资源生态环境之间也存在着严峻的关系，这方面如何考虑呢？

周天勇：中国资源生态环境道路路线图为：节约资源和减少排放的发展方式—节俭、低碳和宜居舒适的生活消费方式—节约和保护资源生态环境的技术进步—形成生态良好、环境清洁和资源可永续利用的社会。生产是消费的基础，但是，消费反作用于生产方式。因此，在这个路线中，形成节俭并舒适的消费方式，是处理中国人口众多和资源环境稀缺矛盾的关键。

柏晶伟：怎样理解节俭并舒适的消费方式？

周天勇：在饮食结构上，要继承中华民族以素食为主的优良传统，并力求营养平衡。在居住结构上，要节约土地，并节能环保和保温隔热。在出行方式上，要以节能节地减排的公共交通为主。在行政和公共服务等各个方面，都要形成节约资源和减少排放的公务消费方式。用这种节俭、低碳、宜居消费方式形成的需求，来引导经济结构和生产、交换、消费方式的相互作用，从而形成一个节约资源和保护环境的社会。当然，需要提出的是，克服资源环境瓶颈的技术进步因素也非常重要。

（三）民生道路路线图

柏晶伟：在过去谈论中国道路时，似乎对民生方面讨论不多，是不是对民生没有引起足够的重视？

周天勇：是的，过去一谈到中国道路，主要是涉及国家综合国力发展的内容，但是，对民生方面考虑得较少。从我们的宗旨来看，我们不是为了发展而发展，而是为了民生而发展。因此，在"十二五"、未来 10 年，特别是未来 30 年中，中国道路选择的一个重要内容，就是对民生的考虑。中国民生道路的路线图为：鼓励人们创业—充分就业—绝大多数城市居民有自己的住房—良好的公共服务和完善的社会保障—收入分配和财富分布较为公正—形成既有创业活力，又能体面、安全生活的社会。

柏晶伟：这个路线图中的关键是什么呢？

周天勇：这个路线图中的关键有两个方面：一是发展民生的首要途径是，鼓励创业，以创业带动就业，把就业作为民生和富民的根本和基础。一个不鼓励创业，不重视就业的社会，政府不可能将大多数人的生活和富裕包下来，特别是在 13 亿～15 亿人的中国，必然会形成大多数人贫穷的状况，结果也可能将是一个收入分配和财富公布差距非常大的社会。二是在民生道路中，市场和政府起什么样的作用？哪些公共服务和社会福利由政府包下来，社会保障体系怎样建设，特别是政府能包得起未来近 8 亿人的住房需求吗？需要特别注意的问题是，要处理好效率与公平的关系，进而处理好市场与政府的关系，要未雨绸缪，防止我们未来的社会失去创业和工作的活力，防止我们的社会背上沉重的债务，防止我们的社会跌入过去拉美和现在欧洲发生的福利陷阱。

（四）改革道路路线图

柏晶伟：中国未来建设和谐社会的任务，除了发展，平衡资源和生态环境的关系，以及民生外，还包括大量的改革。能不能认为，如何改革是未来中国道路的一个重要组成部分？

周天勇：是的。中国未来改革的路线图为：突出财政税收体制改革重点，协同理顺资源价格体系，改革和创新土地制度，打破垄金融体制的垄断，进一步深化国有经济改革。从改革的实践看，在时间进程上，单项改革推进，往往由于其他改革的不配套而以失败告终。因此，无法确定这几项改革哪个在前面，哪个在后面，只能是突出重点，综合考虑，配套改革，协同推进。

柏晶伟：为什么说，财税体制改革是未来改革的重点？

周天勇：财政税收体制改革之所以特别重要，一是容纳大量劳动力就业的个体、微型和小企业能不能有个宽松的环境，与政府收费和税收结构的改革、调整、减轻其税费负担关系密切。二是财政税收体制的改革，是中央与地方事权清晰划分，并且地方政府行为合理化的基础。三是许多改革是联动的，如国有企业改革与财政预算体制改革联动，土地制度改革与税收体制改革联动，党政公务机构和人员及其支出的控制与财政预算体制改革联动等。四是财政税收体制改革，特别是财政收入和支出的民主化，是推进政治体制改革的一个重要的组成部分。

柏晶伟：那么，各项改革之间需要综合配套的现实理由有哪些？

周天勇：曾经有这样的教训，一个专业部门制定的改革方案非常理想，非常周密，但是，在实践中却行不通。为什么？原因在于体制和事物在横向之间、上下之间、前后之间，都存在着各种各样的内在联系，不把一个部门的改革，与其他有关方面有什么样联系，会引起什么样的变数等搞清楚，就会在实践中顾此失彼，就会失败。因此，一个国家的改革往往需要综合设计，配套改革，协调推进，才能成功。

三　各领域发展道路之间的协同和预期

柏晶伟：中国道路有一个预期吗？

周天勇：我认为应当有一个预期。从周期讲，中国共产党建党起，革命斗争进行了 28 年；1949 年新中国成立，到 1978 年"文化大革命"被拨乱反正，是一个 30 年；从改革开放到 21 世纪的头 10 年末，又是一个 30 年。60 年一甲，30 年一运。我们认为，从 2011 年至 2040 年，又是中国经济社会发展的一个 30 年。

（一）各领域发展道路之间的协同

柏晶伟：发展道路、资源生态环境道路、民生道路、改革道路之间如何有效统筹兼顾？

周天勇：各领域之间的统筹兼顾是需要智慧的关键点。比如，城市化过程中，要使进入城市的人口购买得起住房，需要让农村的资产流通变现，需要鼓励创业和就业，需要收入的增长快于房价的增长，其中民生、农村土地制度改革、财政税收体制改革、促进小企业发展等之间需要有效统筹兼顾。再比如，要建设一个节约资源和保护生态环境的社会，首先需要资源型产品价格体系的改革，还需要财政税收体制改革，并且也离不开新能源、材料等技术的进步。还有，小企业的发展，从融资方面需要对垄断的金融及其监管体制进行根本性的改革，否则，根本就无法打破抑制容纳大量劳动力小企业发展的融资瓶颈，如此等等。因此，发展是为了民生，民生离不开发展。发展方式的转变，结构的调整，创业活跃，小企业变多，技术进步，都离不开改革。生活方式合理化，形成节约资源和保护生态环境的社会，又离不开发展方式转变、结构调整，也离不开价格和税收体制的改革。

（二）改革道路预期

柏晶伟：各方面的任务完成是不是有一个时间预期？

周天勇：是的。在这样一个新 30 年中，我认为，经济体制改革、行政体制改革、包括阻碍经济发展的政治体制改革，应当有一个比较合适的战略预期，其中可以设想从 2011 年开始，首先进行财政税收体制的改革攻坚，用 5 年的时间，在 2015 年时完成。邓小平对改革在时间上有一个谋略，他说，改革"总要有一个期限"[1]。他在 1992 年时讲道，"恐怕再有三十年的时间，我们才会在各方面形成一整套更加成熟、更加定型的制度。在这个制度下的方针、政策，也将更加定型化。"[2]。他也期盼，这种改革后的体制"成为世界上最好的制度"。[3] 他给出的基本的改革应当完成时间，大体上就是以 2020 年为限。因此，加快各方面的配套、综合和全

第九章　中国道路路线图

---

① 《邓小平文选》第三卷，人民出版社，1993，第 177 页。
② 《邓小平文选》第三卷，人民出版社，1993，第 372 页。
③ 《邓小平文选》第二卷，人民出版社，1994，第 168 页。

面的改革，使中国在 2020 年时，基本形成一个既充满活力，又公平正义的现代经济、行政和政治体制的国家，是今后 10 年国家制度建设的重要任务和目的。

（三）城市化道路预期

柏晶伟：从您对中国道路的研究看，城市化是一个中国发展道路的主线，您对城市化推进的速度有什么预期？

周天勇：城市化进程是未来中国发展道路中的重中之重。由于农村年青一代人口向往城市的动力要远大于他们的前辈，并且"80 后"以后转移入城市的人口再回农村的比率会越来越小，城市化速度将客观地被加快。从韩国和中国台湾地区的城市化进程看，从 20 世纪 40 年代末到 2010 年，经历 70 年的时间，城市化水平都达到了 95% 左右。因此，非常可能的是，中国大陆从 20 世纪 70 年代末到 21 世纪的 40 年代末，中国城市化的水平达到 80% ~ 85%，届时，如果人口达到 15.5 亿，将会有 12.4 亿到 13.2 亿人口在城市中。城市化的速度在 2011 ~ 2020 年间加速，城市化速率 2021 ~ 2030 年高位变动，2031 年开始放慢，2036 年开始将进入缓慢变动期。当然，工业化将从中后期，在 2020 年时，基本完成。市场化进程，在 2020 年时，也将基本完成。而信息化在 2040 年时，将达到后期阶段。但是，最主导中国未来 30 年经济和社会的，世界上最为波澜壮阔的，还是 8 亿左右的人口从农村和农业源源不断地向城市和工业及服务业转移。

（四）创业及小企业发展预期

柏晶伟：您在发展道路路线图和民生道路路线图中分别提到，创业和就业，小企业的发展，您在这方面有什么样的预期？

周天勇：我曾经在 2003 年提出，到 2010 年的 7 年时间中，制定和实施国家级的一个中小企业发展战略，以解决就业问题。但是，没有引起重视。在 2008 年又提出，制定一个 10 年发展中小企业的国家战略，然而，也没有被重视。由于城市化速度未来可能加快，2011～2020 年的 10 年中，如果再不高度重视能容纳大量劳动力就业的个体、微型和小企业的发展，如果再不将其提高到如同创新型国家建设等这样高度的战略层面，中国未来几亿劳动力的就业将会成为世界上最大的难题，失业率高—收入不稳定—生计困难，即使是 10% 的失业率，从规模上看，也将会有 7000 万～1 亿劳动力失业，将会涉及 2 亿～3 亿人口的生活。社会不可避免地会发生动荡，并将难以稳定。因此，特别呼吁制定一个鼓励创业和促进小企业发展的 10 年发展战略，并上升到国家最高战略层面。并且，克服部门利益和偏见，准入、审批、监管各部门，财政税收方面，金融方面，都需要有切切实实的改革，以及鼓励创业和小企业发展的可行的措施，使国家度过城市化高峰就业的危险时期。需要特别强调的是，在结构这样剧烈变动的过程中，创业、小企业发展、较为充分的就业，既涉及民生，也与我们社会和国家的安危有关。任何的轻视和漫不经心，以及相关部门的利益、偏见、固执、拖延、懈怠等，都可能会酿成政息国亡，铸成无法挽回的后果和大错！

（五）解决居住问题的预期

柏晶伟：按照您的观点，安居乐业，是民生之本。居民住房问题的解决是非常重要的，这方面是不是也有一个预期呢？

周天勇：安居与乐业同等重要，也应当有一个战略预期。一些学者讲，像一些国家那样，买不起房，可以租。但是，储蓄资产、置地有房，是中华民族的一个传统。提高人民生活水平，社会主义共同富裕中，我想人们有自己的房屋财产，是一个很重要的内容。而且，如果城市中 20% 的多套房家庭，将房屋租给 80% 的无房户，必然会形成两个阶层，也不符合社会主义共同富裕的原则。房价越涨越高，租房的居民越来越没有希望有自己的住房。房租日益上涨，房客不断受房东的盘剥。而国家将目前已经进入城市的无房的2亿人和未来还会进来的6亿人口的住房包下来，从生产力水平和财政可能性讲，实际是行不通的。不能安居，社会也会极不稳定，也会永无宁日。

柏晶伟：那么，怎么解决这个问题呢？

周天勇：需要切实可行的规划，并要安排相关的改革。一是正确处理土地用来吃饭与居住的关系，特别是花大力气进行近6亿亩盐碱滩涂地改造，对城市住宅用地，根据城市化的进程和居住需要，应供尽供，使全国整体房价不发生因土地供应不足导致的暴涨。二是尽快改革农村土地制度，使进入城市的家庭能变现资产，成为购买城市住宅能力的一部分。三是改革目前的土地和土地财政体制，延长土地使用年期，各种土地平等入市，废除政府垄断卖地、"招拍挂"，以及40～70年出让期等体制，用税收代替出让金。即增加土地供应与改革体制并重，综合解决房价过高问题。

从战略预期看，如同财政税收体制改革一样，在前5年需要推进土地房屋体制改革。从调控目标看，通过增加农民财产性收入，加快居民收入增长速度，同时不让房价上涨速度超过居民收入增长速度，在2020年时，将房价与居民收入比降低到6以内。目前，从农村进入城市的2亿人口，以及城市原居民中的7520万人，总计43%的城镇人口没有自己在城镇中的住房，并且，平均住宅面积30平方米以上的城镇居民拥有近70%的城镇房产。因此，应当使拥有自己的住房的城镇居民（包括农村转移进入城市的新居民），从目前的57%左右，上升到2020年时的65%；2030年时，达到75%；2040年时争取达到85%。

到那个时候，高收入家庭的居住需求，放开由市场调节满足；

绝大多数中低收入人口的住房，国家控制房价收入比，也由国家调控市场，包括合作建房等方式来解决。而极少数的贫困家庭，由政府廉租房等方式解决。需要指出的是，一个给人们以机会，绝大部分人通过创业和工作的方式，获得收入，并能从不需要的资产中退出变现，通过自己的努力和奋斗，去拥有自己的住房的社会，政府财政破产的危险，分房中的腐败，保障房的分配和管理成本等，都会降低到最低点。

（六）生活消费方式转变预期

柏晶伟：从资源生态环境发展道路看，你有什么样的预期？

周天勇：前面已经论述过，资源生态环境的节约、改善和保护，最主要的是取决于居民和公共消费方式的转变。从本书就资源环境一章的研究看，如果消费方式，以及与其相关的发展方式不进行彻底的转变，未来 30 年即使平均按照 7% 的速度增长，全世界资源和环境排放容量的 50% 多给中国使用，都很难满足。而消费方式则决定于两个因素，一个是消费项目的价格和成本，一个是观念和习惯。因此，资源性价格体系的理顺，环境税的开征，以及相关法律法规的制定和颁布（如垃圾家庭和单位分类，偷排超排问责追刑等），都需要在前 5 年中进行并完成。而在未来的 10 年中，强化资源生态环境教育，形成节约资源、爱护生态、保护环境的理念、习惯和生活方式。以便我们在后 20 年中，通过生活方式的调整和转变，给发展创造一个宽松的资源生态环境条件。

我们认为，要痛下决心，并有魄力，坚决进行"三公"消费的改革。各级党和政府，以及行政性事业机构，需要带头进行简约式公共消费，给人民做出转变消费方式的榜样。争取在 2015 年前做到改革和彻底取消不合理的党政及行政性事业用车消费，并在 2020 前的 10 年中，逐步改变招待方式，以节约公招消费。还要对办公条件、政府前广场等进行限制，以节约纸张、通信成本、能源和土地等资源。

这样，到 2040 年时，我们就完全有可能，在资源约束的情况下，改善和保持我们优美的生态环境，并在简约的生活方式下，满足中上等发展水平的人民舒适并幸福的生活需要。

（七） 未来技术进步预期

柏晶伟：除了以上一些重要道路方面的重要任务的战略预期外，您觉得在未来发展中，还有什么是很重要的？

周天勇：在以上四个领域中有许多需要进行和完成的任务，不再多说。最后需要提出的是，综合国力是建设富国的基础，而技术进步是竞争力的核心。从我们国家发展对技术进步的需要看，一是增强我国科技、经济、国防等方面竞争力的科学技术进步，如移动通信技术、外太空技术、云计算技术等。二是我国资源相对缺乏和生态环境约束较大且国情需要的技术，如新能源技术，节约能源和减少排放的技术，恢复生态环境的技术，生态农业技术等。三是创新和改变人们生活方式和需要的技术，如视频、网络、出行等方面的技术。

从科学技术进步的方式上看，建设一个科技强国，我们需要选择赶超式战略。中国未来一段时间内，国民经济的竞争力建设有两个优势，一是劳动力仍然相对便宜和丰富的比较优势。二是科学技术研发成本较低的比较优势。我们需要对自己的科技优势充满自信。我们将会有世界上人数最多和最智慧和最优秀的人力资本。我们的科技人员是世界上工作最勤奋和最敬业的科技工作者。我们有世界上促进科技进步的最大的市场容量条件。关键是，在未来的前10 年中，我们需要改革目前纵向下达科技研究任务的体制，向企业和市场需求技术的体制转变。需要建立科技转化为产业的商业运作模式。对一些关键的技术，应经历先从国防应用开始，使其规模化生产，再向民用扩散的产业化过程。总的来说，需要建设一个促进国民经济技术进步的体制和机制。

从技术进步推进来看，努力使我国技术进步对经济增长的贡献，从目前的 40% 左右，2020 年上升到 50%，2030 年上升到 60%，2040 年上升到 70%。而在世界经济体中，按照洛桑经济学院的排名，中国在 58 个世界经济体中竞争力 2010 年排第 18 位，而据世界经济论坛的计算，中国的国家竞争能力排在第 27 位，[①]即使按照后者，2020 年时应当上升到第 17 位，2030 年时上升到第 7 位，争取在 2040 年时进入前 5 位，成为世界科学技术强国。

四 中国梦和中国道路的条件与展望

（一） 实现中国梦的条件

柏晶伟：实现中国梦，走中国道路，需要有一些条件，并且对于我们的后代讲，这意味着什么？

周天勇：实现中国梦需要三方面的条件。

1. 充满创造力和活力的公民社会

第一个方面：需要通过执政理念的思考和改革，形成充满活力的经济社会。每个人，每个家庭的中国梦，就是通过自己的奋斗，实现自己的梦想。每个地区，也有他们的发展蓝图，也需要通过当地人民在当地党和政府的领导下，为这个地区的发展目标，为人民的富裕而奋斗。地区之间的发展竞赛，并不是件坏事，而是实现中

---

① 世界经济论坛：《中国竞争升 2 位至 27》，《2010～2011 年度全球竞争力报告》，凤凰网财经，2010 年 9 月 9 日。

国梦的重要组成部分，有益于中国的进步。个人、家庭、地区为实现他们的理想和蓝图而奋斗，这就是一种中国精神，是一种中国力量和中国活力。因此，从中央到地方，特别是中央政府各部门，需要改革注册登记、审批年检、监督管理，减轻税费负担，打破金融垄断，提高司法效率和加大司法救助，奋斗的机会平等，形成有利于人们创业、创新和工作的宽松环境，形成有利于地方发挥发展的积极性的体制。也就是形成自由、民主、平等、公正和正义的社会环境。没有中国精神，没有中国活力的死气沉沉的社会，政府的各种繁杂规定、沉重的税费、到处都融不到资，以及低效率的司法体制，政府，特别是中央各部门为了加强所谓的管理把社会都管理得没有活力了，人民无法舒心地去创业、创新和工作，在就业和民富方面无路可走，地方发展受到中央各部门的各种约束，根本就不可能实现中国梦，相反，中国离再一次衰败也就不远了。中国梦未来的成功，在于每个中国人，每个中国家庭，以及中国的每个地方，都要有创业、创新、工作和发展的奋斗动力，这是中国未来30年中，在世界经济政治格局中崛起的最强大的动力之源。不是片面地想方设法在如何管理完美上下工夫，而是制定大格局的战略，放宽体制，出台政策，让人民和地方通过他们的创造性的奋斗去实现他们的梦想，可能会存在和发生这样那样的枝节性的问题，但是，主流上形成一个充满生机和力量的社会，而不是主要依靠党和政府自己赤膊上阵去发展经济，这应当是我们的党，我们的政府，执政的最高境界。

2. 强有力的执政党和政府

柏晶伟：这是对社会而言。那么，未来实现中国梦，第二方面的条件是什么呢？

周天勇：按照我们的考虑，第二个方面的条件，是需要一个强有力的执政党，需要一个有执行力，并且清廉高效的政府，需要一个法治和有秩序的社会。中国 13 亿多到未来的 15 亿多人口，发展不平衡，又是一个多民族的国家，未来面临着诸多的需要解决的难题，假如没有一个强有力的执政党，没有一个强有力的政府，没有一个社会和政治稳定的环境，实现中国梦，走中国道路，我认为是不可想象的。

柏晶伟：从国际上看，对于发展来说，如何借鉴国外经验和教训转变好政府职能？

周天勇：从许多发展中国家发展的经验教训看，有几种模式：极度自由的政治体制与自由的经济体制相搭配，自由的政治体制与计划的经济体制相搭配，集中的政治体制与自由的经济体制相搭配，集中的政治体制与计划经济体制相搭配。但是，从发展成功的国家和地区看，在结构转型时期，大都是集中的政治体制与自由的经济体制相搭配。如日本、韩国和中国台湾地区等，实际上实行的是适度集中的政治体制与自由的经济体制相结合的模式。然而，一些实行极度分散的政治体制的国家和地区，比如菲律宾、巴基斯坦、泰国等，特别是曾经实行分散的政治体制与计划经济体制相结合的印度，发展的结果并不理想。但是，需要指出的是，这些政治上适度集中的国家和地区，一是政府的收钱和花钱并不是没有限制，这方面人民代表大会还是发挥着作用；二是政府政治上的适度集中不是在经济发展领域中过度审批和管理。

柏晶伟：党和政府如何率领全国人民实现中国梦？

周天勇：这是一个虽然非常光明，但又是一个非常困难和艰巨的任务，根据实现中国梦的实现要求，需要具备这样几点。一是执政要自信。我们的国家，已经有了一个相当规模的工业、交通、能源、科技等基础；中华民族聪明智慧，通过几十年的教育，未来世界上最大规模的人力资本积累将在中国；未来我们有 13 亿到 15 亿多人的全世界最大的市场，我们的产业发展和科技进步在自己的市场内就有很大的回旋余地；从趋向上看，我们的经济和社会虽然问题不少，但在全球经济发展中处于强有力的上升势头；绝大多数人民群众希望社会安宁，政治平稳，家庭富裕，国家强盛。这就是我们执政自信的来源。有什么问题我们不能解决？有什么难关我们不能渡过呢？二是科学执政。自信不等于盲目和蛮干。要按经济社会发展的规律和趋势执政，要科学地制定发展战略，科学地制定改革的方案，科学地分析效果和风险，而后出台有效的政策。科学的谋定而正确的启动，是为执政之上策。三是相信和依靠人民。中国人民在革命战争时期，跟着中国共产党浴血奋战，建立了中华人民共和国；新中国成立后30年虽然经历了这样和那样的磨难，但在"拨乱反正"后，人民仍然拥护党，仍然高度认同他们的国家；他们从内心中希望生活越来越富裕，社会越来越安宁，国家越来越强盛。绝大多数人民不想国家和社会乱，要过好日子。要相信他们，要依靠他们的这种梦想和这种中国精神，领导他们，去建设美好的中国。四是要勇于改革和解决问题。自信的体现就是勇于改革，勇于解决各种问题。许多改革是不能拖延的，比如财政税收体制改革，比如"三公"消费问题的解决，比如日益推高房价的土地制度的改革，比如小企业根本就贷不到款的高度垄断金融体制的改革等。这些问题和体制，久拖不决和不改，问题会越来越严重，改革起来会越来越难，成本也会越来越高，甚至会积累爆发社会动荡。更重要的后果是，改革久拖不进，问题久拖不决，执政会失信于民。五是执政要清廉，应当主动接受人民的监督，即民主执政。"三公"支出过多的问题，应当尽快在"十二五"内解决；政府的各部门、各行政事业性机构，不要千方百计利用权力通过各种法律和法规设置寻租机制，不要收费罚款建立自己的"小金库"，不要实行收支两条线、超收奖励和罚款分成的体制；不要将办公楼建设得过于豪华。建议法定财政全部收入（除了税收，还包括社保基金、土地收入、各种收费罚款）不得超过 GDP 的 30%，每年的财政收入按此组织，超过即违法；建议法定党政及行政事业性支出，从目前的 40% 左右，从 2011 年开始，每年降低 2 个多百分点，到 2020 年时降低到 18%。这方面中央不要怕民主，公开让人民监督收入和支出，有利于促进各部门和各地方政府勤俭执政，这比中央督促和发各种文件来让各部门及各地政府节俭，成本要低得多，也有效得多。有这样的牺牲精神、勇气和魄力，就是党和政府获得广大人民拥戴的基础，就是执政自信心的重要源泉。

柏晶伟：可是一些学者认为，中国已经是一个强势政府推动的社会和经济发展，需要强社会，而不是强政府。您认为如何？

周天勇：我认为，这种看法有一定的片面性。当然，需要指出的是，一方面，强政府，不是指政府亲自上阵发展经济；不是政府随意收钱，并将相当多的部分花在党政及行政事业方面；不是指党政及行政事业性机构和人员规模很大，无限扩张；不是不合理补偿就强拆强征居民土地和住宅。但是，从另一方面看，从实践上讲，地方政府需要招商，需要建设基础设施，需要吸引和引导社会投资，需要给社会发展经济提供基础条件；政府需要集中 GDP 的 30% 左右的收入，用于外交、国防、公共服务、行政经费等支出；地方政府对于一些建设项目中的拆迁征地，在合理补偿无效的情况下，对一些漫天要价的钉子户，也需要合法合理地加以解决。我们需要一个逐步完善的公民社会，同时，也需要一个有较强执行力的政府。否则，我们也会陷入印度式的太民主而不能搞建设和办大事的发展陷阱之中。

柏晶伟：现在一些学者认为，政府一些部门过强，使中央和国务院的一些决策在部门环节得不到执行。有这样的问题吗？

周天勇：这个问题事关改革，值得深入探讨。从管理学的角度看，决策与部门执行是相分离的。中央和国务院的大政方针需要各部门来执行和落实。但是，在中国由于没有专门的决策咨询制定机构，各部门由于自身的利益，往往既决策大政方针，又具体执行。于是中央和国务院决策，各部门也干预和影响大决策，各部门的决策往往争利益，相互冲突，中央和国务院的大政方针决策有时与部门的利益相抵触时，中央和国务院的大政方针决策就被部门打"太极拳"，就被口头上执行和行动上不落实，就形式上发一个根本就无法执行和没有政策内容的文件来"落实"。于是，发生了强部门，而弱党中央和弱国务院的现象。因此，需要指出的是，中央和国务院要强化战略和大政方针的决策，然后各部门执行，这个顺序不能颠倒。强有力的政府，不是指政府各部门强，不是指政府各部门都有很强的大的方面的决策力，而是指弱化部门利益，弱化其干预和影响中央和国务院大政方针的能力，强化其执行能力。

一句话，实现中国梦，走中国道路，需要一个忧国忧民、上下左右、通力合作，并且，说了算，强有力的党中央和国务院。

柏晶伟：一些地区和企业感觉到部门管得太细太具体，办事周转时间长，效率低。您怎样看？

周天勇：这种情况是众所周知的。一些部门，包括中央部门管得太多，太具体，太小。甚至一个几十万元的项目，也需要跑到中央部委的司局审批。于是造成全国的事情都往中央跑，跑部审批、跑部立项、跑部钱进，北京的交通被来中央各部门办事和联络关系的车搞得拥挤不堪，各种各样的北京办事处也无法从根本上取消。这几年的部门改革，实际上是部门收权，国务院各部门的权力越来越大，地方各级政府的权力越来越小，一定程度上加大和降低了地方政府和企业经济发展的攻关成本和办事效率。

3. 秩序和稳定的社会政治环境

柏晶伟：那么，第三个方面的条件是什么呢？

周天勇：这个条件就是社会和政治秩序稳定的环境。在一个动荡的社会环境中，在一个政治不稳定的国家中，就经济发展看，政策可能朝令夕改，法律可能不被执行，投资和经商的契约风险很大，企业、商店和银行甚至可能被破坏和抢劫；就人民生活看，就业困难，收入不稳定，失去有效的政府公共服务和社会福利，甚至家庭财产和人身安全受到影响。因此，稳定的社会政治环境，法治和良好的社会秩序，是实现中国梦和走中国道路的必要条件。

柏晶伟：还想问一下，社会活力与社会稳定的关系怎样才能处理好？

周天勇：这个问题提得非常重要。一个社会需要活力，没有活力就没有发展的动力。创业、创新和创造性地工作，需要体制和政策等各方面自由宽松的环境；科学决策，并且使人民理解党和政府的决策，需要广开言路，善纳谏策，民主参与；科学的进展，文化的繁荣，需要百家争鸣，百花齐放；将党政及行政事业性机构、人员和支出降低并控制住，最有效的办法是人民的民主监督。这些是一个社会发展活力和动力的来源，也是稳定的基础。比如，突尼斯的城管约束创业和就业，压制社会的活力，影响民生，最终酿成一场社会动乱。因此，需要特别指出的是，活力，发展，民生，是一个社会和政治稳定的基础，没有创业和工作这些社会的活力，就没有就业、收入、住房等这些民生，民生不顺，社会就不可能稳定。对于一些可能处理不当会导致社会不稳定的力量，如同治水一样，关键是要疏导，而不是堵塞和压制，如果以堵塞和压制的方式去稳定社会，结果可能会发生更大的动荡。在社会稳定工作方面，对于一些问题的解决需要的是日清，如果不去积极地解决这些问题，小事成大事，日积月累，必定积重而难返，最终引起和导致社会动荡和灾难性后果。

总之，实现中国梦，走中国道路，既需要一个自由、民主、平等、公平、公正、正义的氛围，也需要一个法律健全、秩序稳定的社会政治环境。既需要一个充满创造力和活力的人民，充满生机的社会，也需要一个强有力的成本较低、效率较高、科学民主执政的党和政府。活力与秩序，人民与执政党和政府之间的良性互动，就是中国未来发展崛起的强大力量。

（二）展望与后代们的评价

柏晶伟：我们设想一下，按照您的中国梦的设想，再走艰苦奋斗的30年的中国道路，对于未来，我们会有什么样的期望，2040年以后我们的后代们会有什么样评价？

1. 留下一个生态环境优美和资源永续利用的家园

周天勇：中国的国情是，人口众多，资源相对缺乏，环境相对狭小。如果我们这一代人要发展，要过富裕的生活，而不转变发展和生活方式，仅仅顾及我们这一代人的享受和利益，无限制地利用和消耗我们有限的资源和环境，用后一代人甚至后几代人的资源和环境满足我们这一代人的需要，最后导致资源枯竭，生态破坏，环境恶化。这是我们不想看到，也绝对不能做的。我们绝对不能把后代人的资源耗光了，给他们留下了一个灰黄破烂的山川大地和臭气熏天、污浊不堪的江河湖海。

柏晶伟：那么，资源生态环境方面我们需要的是我们的后代人什么样的期望和评价呢？

周天勇：如果是这样，即2040年以后，甚至是更长的历史中，我们的后代评说，在20世纪的前40年中，我们的祖先们，在生活方式方面，没有与美国和欧洲的生活方式攀比，那时的党和政府，那时的人民，过了一种简约的生活。并通过转变发展方式，调整结构，技术创新，少消耗了资源，并形成了资源循环利用的机制，给我们留下了永续生存和发展的资源空间和条件。他们没有过度地消耗资源和环境，保护了生态，给我们留下了一个山清水秀、空气清新的美好家园。

2. 不给后代人形成沉重的债务负担

柏晶伟：历史上和目前，许多国家过度福利化，导致国家沉重的债务危机，您认为，我们应该吸取什么样的教训，您有什么好方法？

周天勇：这是需要高度关注的问题。通过借债的方式，来满足今天的福利需要，如果规模太大，就是用明天的钱过今天的日子，用后代人的钱，过我们生活，而债务由后代人去还。我们国家目前存在着这样三个方面的问题：即地方政府的显性和隐性借债还没有规范化，没有被管住，借债有可能超过地方未来偿债能力；土地财政是将50~70年的卖地收入一次性收上来，在短期内花掉存在着无法弥补的风险。2040年以后，建设基本完成，土地财政基本上要枯竭；医疗、养老、住房、低收入、失业、伤残、智障等方面的福利压力越来越大，创业、创新、就业还不充分。如果不能改观和防范，就会形成父债爷债子还孙还的危机局面。这种局面是谁也不愿意看到的。那时，我们的后代就会评论我们，在20世纪的20年代到40年代中，我们的祖先们，为了他们的政绩，为了他们日子过得好一些，透支了我们后代的财力。他们借和花的钱，要我们后代人去偿还，既影响了我们这一代人经济的竞争力，也形成各种各样的财政金融危机和社会矛盾。

柏晶伟：那么，理想的格局是什么样的呢？

周天勇：没有完全想好，但大体上看，就是要建立严厉的财务报告制度，将地方政府的借债行为管住；彻底改革土地财政制度，把不可持续的土地财政，变成永续的房地产财政；在富裕人民方面，首先是鼓励创业、创新和工作，让劳动者通过勤劳的创业提高生活水平；其次，给公民提供财力可能范围内的公共服务，有效转移财政支付，尽可能建立完善社会保障制度。这样，到2040年以后，我们的后代们会这样评论我们：我们的祖先们，他们量力而

第九章　中国道路路线图

行，努力创造财富，勤俭持家，给我们留下了一个生机勃勃、债务适度、国库充盈、国泰民安的国家，使我们没有发展的包袱，没有生活还债的压力，而具有的是在世界经济中强有力的竞争力。

3. 一个科学技术发达的国家

柏昌伟：您觉得，除了一个可持续发展，以及没有债务的家园外，我们在 2040 年时，是不是给我们的后代们留下一个有足够竞争力的社会，也非常重要？

周天勇：是的，这是我们的后代们在未来的世界经济政治格局中，有无竞争力和话语权的关键。日本 19 世纪明治维新时，其一个最重要的举措就是重视教育。日本政府出台了最为严厉的教育法，对当时不按照法律上缴教育税收和送子女接受教育的家庭予以制裁。送了大量的青年到国外留学。第二次世界大战后，虽然日本的工业、城市和交通等遭到了重创。但是，他们教育体系迅速得到恢复，根植于人们文化素质中的人力资本没有受到摧毁，人们学习知识、重建家园的热情更加高涨。这就是日本战后迅速崛起的最重要因素。

柏晶伟：从日本等国家的经验看，仅仅给我们的后代们留下财富和可持续创造财富的条件还不够，重要的是给以他们更强的创造财富的能力。

周天勇：是的。邓小平曾经指出，科学技术是第一生产力。新中国成立后 30 年中，我们的党，我们的国家，我们的民族，一个惨痛的教训，就是忽视知识和教育，甚至反对科学技术的进步。有了科学技术，没有财富，能够用科学技术知识去创造财富。而科学技术变化为生产力，教育是基础。在未来的 30 年中，我们这一代人，应当节约和压缩党政公务和行政事业开支，将更多的资源投入教育，在财力允许的时候，将义务教育延长到高中阶段。要改革大学的教育和课程，删除课程中无用的与实际脱离的糟粕和陈旧知识，使学生有创新能力，能学以致用，有实际的操作能力。要调整教育结构，使普通高等教育与职业教育在比例上合理布局。要创造条件，使在海外就读的更多的学子，学成归国，吸引更多的人力资本积累到国内。当然，也要教授学生们中国的文化和品德，教授他们进入和立足于社会的知识，使他们不仅有文化知识和工作技能，还要成为有道德品质、合作习惯、敬业精神的一代。更重要的是，我们还要通过各方面的改革，给他们留下一个科学技术能够顺利转化为生产力的体制和机制。

柏晶伟：那么，2040 年时，我们在科学技术方面能留下一个什么样的国家呢？

周天勇：那时，我们在各个基础和应用科学方面，有世界上最高水平的科学家。有大量的技术发明和应用人才，将科学与应用相结合，转化为技术。有大量的工程师和企业家，将技术产业化和市场化。有一流的大学和研究所，有企业和其他团体中先进的实验室及研发中心，形成世界上最先进的科学技术创新平台和体系。有最能将科学技术产业化和市场化的体制机制。那时，我们不仅是一个工业和制造业大国，也是一个科学技术强国。对此，后代们会这样评价我们：在 21 世纪的前 40 年中，有那样一代人，本着教育和科技立国的精神，他们重视整个民族科学技术素质的提高，他们不仅重视机床、铁路、高速公路、发电厂等这样的硬实力的建设，并且高度重视教育这样的利于子孙万代的千年之业，从而给我们留下了世界一流科学技术的软实力，使我们及子子孙孙能够作为最为优秀和最有生存及竞争能力的民族，立于世界各民族之林。

4. 一个现代体制和具有中华民族特征的国家

柏晶伟：您认为，除了美好的生态环境，永续利用的资源条件，以及没有沉重的债务以外，我们还应当给后代人留下什么呢？

周天勇：我认为除了生产力和财富外，可能很重要的是给他们留下一个现代体制，给他们留下我们中华民族的文化和历史的特征。只有给他们留下一个现代体制的国家，这样的制度，这样的机制，才能使中国充满了创业、创新和工作的动力，才能使中国代代社会和政治稳定，才能使中国民富国强，才能使中国长治久安。因此，给他们一种好的现代的体制，比留给他们充盈的财富，可能更加重要。20 世纪中叶，我们的先辈们试图建设一个公有制、计划经济和仅仅按劳分配体制的理想国家。但他们失败了。为此，他们，包括我们这一代人付出了几十年发展缓慢和人民生活水平低下的沉重的代价。1978 年，有那样一个老人，他就是邓小平，带领党和人民，进行"拨乱反正"，通过改革开放，重新寻求使我们能发展，能现代化的体制。他不仅在 20 世纪 70 年代末的时候，开启了中国现代化的进程，更为重要的是，他也领着我们探索和走向一个现代体制的国家。他将作为一个伟人，永载中华民族的历史，值得世世代代的中国人敬仰。

柏晶伟：通过 30 年的改革开放，我们是不是已经初步建立了一个现代体制的国家呢？

周天勇：这同样是一个难题，我们只是建立了市场经济体制的框架，其他方面的改革相对滞后，离现代体制国家还很远。比如，我们目前的财政税收体制，在现代化程度方面，实在是不敢恭维。我们的土地资源配置和土地财政，可能是世界上最糟糕，不断导致社会矛盾和造成分配悬殊的体制。目前，我们的国有工商企业和金融体系，实际上变成了推动收入分配扭曲的体制。再比如，我们对"三公"消费，到现在还没有找到一种很好的制度设计来加以约束。对于市场经济体制和结构转型过程中如何转变增长方式，来抑制收入分配差距拉大都还没有取得令人满意的结果。还有，从计划经济向市场经济转型，从过去的国有和集体所有向多种所有制转型，从农村社会向城市社会转型，在这样一个格局下，如何从过去的政府主导下的城镇单位管理和农村人民公社管理思维模式中摆脱出来，适应现代公民社会要求，形成社会的善治结构？包括土地养老、家庭养老等模式解体后，如何形成现代的社会保障体系？这些社会事业和社会管理的体制，刚刚开始建立。实事求是地讲，我们处在建立现代体制国家的初始阶段。

柏晶伟：那么，以建设现代体制国家方面，您觉得应当如何做？

周天勇：建设现代体制国家，实际是体制的创新，需要改旧立新。前面讲过，小平同志提出，2020年时，我们的体制基本要定型。这不仅是留给我们后代人一种现代体制的需要，也是我们在改革中推动发展，并为我们这一代人2020年以后的发展提供体制和机制动力的需要。因此，在2011～2020年间，是我们改革任务最为繁重、最为艰巨的阶段。一些最基本的任务要在这个阶段完成，而在2020年以后，我们的财力更加充裕时，社会保障和社会福利体制的建设将更加完善。通过我们不断地创、改革，到2040年时，基本建成一个现代体制的国家。我们的后代会这样评价我们这一代人：我们的上辈，没有把改革和创新的任务无限制地推给我们，靠着他们的聪明和智慧，学习和吸取世界上先进国家的体制，结合中国的文化，一定时间上和方面的妥协与全面坚定推进相结合，以无畏的勇气、果敢的魄力、顾大局的精神，进行创新和改革，为我们留下了一个充满生机、稳定秩序、国泰民安的现代体制国家。

柏晶伟：现代体制的国家，有没有中华民族的特征呢？

周天勇：给我们的后代留下一个现代体制的国家，并不是说不保留我们民族的特征。在未来的30年中，我们要汲取世界上最先进的文明，来建设我们的体制。比如，要建设一个民主的公共财政体系，要建设现代的社会保障体系等等。但是，需要指出的是，我们将保留我们的文化、我们的传统、我们的信念，我们的祖先留给我们的一些优秀的文化和精神。我们的后代们，他们是谁？他们是传承了中国文化、中国精神的中华民族的后代。在 2040 年时，他们将为自己是中国人而感到自豪和骄傲。

柏晶伟：您在您的书中提出了未来 30 年的中国梦和中国道路，30 年以后，我们走了这样一条中国道路，如果这些梦想都实现了，我们的后代们还会有更好的理想，并重新选择他们的发展道路吗？

周天勇：是的。我这本书所描述的只是未来 30 年我们的中国梦，我们应当走的道路。书中也提到，60 年一甲，30 年一运。2040 年以后，特别是到新中国成立 100 年时，科技的发展，生态环境的变迁，世界政治经济格局的变化，文化的传承和交流，我们的后代们又会面临新的阶段，新的形势，新的问题。我坚信，他们比我们这一代人，将更加聪明和智慧，他们那时又会有新的更加美好的中国梦，他们会有新的更加有力量的中国精神，他们又会选择符合他们那时情况的新的中国道路。

柏晶伟：最后，您还想说些什么？

周天勇：前 30 年的改革、开放和发展，使我们取得了举世瞩目的成就。今天和未来，我们有着许多有利的发展条件，但是，也存在和面临许多需要解决的问题。我们的人民需要在党和政府的带领下，共克时艰，同舟共济，艰苦努力，再不懈地进行 30 年的创新、改革、建设，争取给我们的后代留下一个幸福美好的家园。许多年以后，当我们的后代们书写历史时，他们评价道，在那个 21 世纪前半叶的时代中，有那样一代人，他们给我们后代留下了可持续发展的资源和环境，他们没有给我们留下沉重的债务，他们给我们留下了一个现代的体制和民族最优秀的文化传统，他们是值得我们后代怀念和敬仰的一代人。这就是我们这一代人为之奋斗的希望和精神动力之所在。

后　记

　　国家兴亡，匹夫有责。1949 年 10 月前，中国共产党人和中国人民为了建立一个中华民族统一独立的新中国，革命和奋斗了将近 30 年；从新中国成立到"文化大革命"结束，我们度过了继续革命风风雨雨、经济发展坎坷不平、人民生活长期困难的 30 年，1978 年以后，我们又经历了体制改革开放、经济高速发展的 30 年。按照 60 年一甲，30 年一运来看，中国又到了一个关键的时刻。下一个 30 年中，在经济社会发展、体制改革等方面怎么办，可能是我们这些学者们需要务实地进行研究的重大课题。

　　2006 年中开始，我与王长江、王安岭二位学者，一同主持，组织了国内一些学者研究中国政治体制改革这一重大课题，以《攻坚——中国政治体制改革研究报告》一书出版，当时的想法是给未来的中国政治体制如何改革提供一个可供操作的战略及综合性方案。

　　2007 年底，上海人民出版社委托我主持了《中国行政体制改革 30 年》的研究，并在 2008 年底出版。

2008 年底开始，我用了一年多的时间，就中国现代化进程到了什么阶段，什么内在的动因促使中国改革开放 30 年来经济高速增长，未来 30 年中国面临的一些重大的经济和社会风险及问题，以及中国 30 年来发展模式与印度、拉美、日韩及中国台湾等模式的比较。这一课题已经以《中国向何处去》为书名在 2010 年 3 月出版，实际上提出了一个中国向何处去，走什么样道路，这样一个需要党、国家、政府和全体人民去思考的问题。

我想，我在《中国向何处去》一书中，主要还是提出了问题，虽然有所涉及，但没有给出整体上怎么办的方案。特别是，资源环境和生态这样一个问题，在《中国向何处去》中没有涉及。于是，我从 2010 年 2 月开始，又就中国老百姓未来需要什么，什么是中国梦和中国精神，以及对资源环境生态变化趋势及对策，城乡结构、产业结构等如何调整，财政税收、土地、金融、国有经济等体制如何改革等这样一些大的课题，提出了自己的见解和看法。并以两章的篇幅深入研究了中国未来发展中资源生态环境问题及其道路这个命题。在 2011 年 1 月底，这本 40 余万字的著作，历经一年的艰苦研究和写作，终于完成。对这本书，我题名为《中国梦与中国道路》出版。实际上是为中国未来的发展、民生、改革设计和描述了一个综合整体的可供操作的方案。

曾经有人问过我，你为什么能进行这样一个宽泛和很难驾驭的研究。我多方面的知识和研究基础的获得，首先得感谢我的母校东北财经大学，我研究这样多方面问题的知识基础来自于东北财经大学读书和工作时期的学习积累。东北财经大学是一所财经类为主的院校，我在读书时，除了学习政治经济学和西方经济学外，还要修投资、货币银行学、国民经济计划（当时还设有这门课）、财政预算、国家税收、会计原理、财务分析、项目可行性研究、产业组织学、管理学、经济法等部门或者专门课程。包括后来我又读了房地产、农村和农业经济、行政体制等方面的书籍，对这些课程和课外内容的了解，为我日后熟悉财政、税收、银行、货币、产业、企业经济、经济法律等多方面的体制和政策，奠定了知识和理论基础。

1987 年我在东北财经大学时，投标中了财政部组织的经济院校《发展经济学》教材的主编和编写。从那时开始，查阅、学习、研究和教授经济发展理论及其各种学术流派，成了我研究和教学生涯的重要部分。2011 年，我将在中国人民大学出版社出版《新发展经济学（第三版)》和《高级发展经济学（第二版)》。发展经济学是研究一个国家和地区从不发达状态向发达状态结构转型过程、规律和趋势的理论。我感到，这一学说对于指导中国经济发展的战略、体制、政策等实践，价值要远比其他的一些理论大得多。我之所以能从事《中国向何处去》和《中国梦与中国道路》两个重大课题的研究，与多年经济发展理论学习和研究的积累是分不开的。我个人认为，领导干部，特别是中高级领导干部，学习和掌握发展经济学的知识，有助于他们认识经济社会发展各方面的内在关系、规律、趋势，能使他们更加科学地从事经济社会发展的领导工作。

在实际的经济社会生活中，各个方面都是相互联系的。比如，财政税收与土地制度、城市化与"三农"问题、收入分配与产业结构、就业率与小企业、创业与政府管理等，还能举出很多很多的例子来，都有着非常密切的内在关系，甚至多重相互关联。要综合性地设计中国道路，制定发展战略，修订法律，改革体制，出台整体性的配套方案，都必须熟悉和了解经济社会生活和体制运转的各个领域。

我是 1994 年从东北财经大学调到中央党校工作的。在中央党校工作的这 16 年中，我觉得，中央党校是一个思想解放的党和国家的教育和研究机构。实事求是和解放思想，是它的优良传统。因为时代在变化，新问题、新情况层出不穷，理出对应的思路，制定管用的战略，改革体制，修订法律，出台政策，不可能有一种理论，一种分析方法，能解决所有的经济社会问题。党校这种校风，为学者们不受拘束地深入思考一些重大问题，创造了一个宽松的学术环境。

这可能是为什么我能在中央党校里写成这样一本书的内外因解释。

在进行《中国梦与中国道路》的研究中有这样一些感悟和体会：一是学者研究问题要公正、客观，探求内在的规律和趋势，力求科学和接近真理，这应当是讨论经济社会问题基本的原则；二是经济学家既不是宣传家，也不是说教者，他们的研究要务实，要能解决问题，最好能提供解决问题的思路和方案；三是要以重要数据、案例来进行研究，特别是研究一事物与他事物之间的内在关系时，尤其要全面系统审视客观情况；四是要进行不同发展国家、不同发展模式、不同发展道路的比较，别人走过的、已经被证明是成功的道路，并且适合中国国情和发展阶段，我们要学习，而已经被别国发展历史证明是错误的战略、体制和政策，我们不能再重蹈覆辙；五是学者研究问题，提出政策建议，要有学术良心，为大多数人谋取利益，特别是要有为弱势群体争取利益的勇气；六是要勇于谏政，对一些可能是不合理的战略、体制和政策，一些执政方面的缺点和失误，真心地提出意见，以使我们国家的战略制定和政策设计科学化，改革一些不合理的体制，使我们的社会治理得更好，经济社会发展得更加健康，人民安居乐业，社会政治更加稳定。

在这本书中，有关调整中央与地方的财政税收关系一节，是我与东北财经大学财政税收学院谷成博士共同写成的，在引用时我又进行了修改。以发展小银行为突破口推进金融体制改革一节，是在我的指导下，由东北财经大学谭小芳博士写成的，也由我进行了修改。在发展第三产业的体制和政策这一部分中，引用了中国社会科学院财贸所夏杰长教授的文献。为了知识产权和学术的严肃性，在引注中进行了说明，后记里再次说明。

我国著名经济学家，原中共中央政策研究室副主任，国家高级智库中国国际经济交流中心常务副理事长郑新立先生，党的著名理论家、全国政协委员、中央党校原副校长李君如先生，在看了稿子后，分别欣然为本书作序。中央党校国际战略研究所教授景桂兰博士对书稿进行了仔细的审读，提出了许多有益的修改意见；北京科技大学经济管理学院博士研究生刘培荣、夏徐迁，西藏自治区保监局胡峰博士等，做了大量的校对等工作。社会科学文献出版社社长谢寿光对本书的出版给予大力支持，责任编辑任文武为本书的出版做了大量的编辑、校对等工作，这里一并表示深深的感谢。

最后，我还要感谢夫人张弥女士，她也参与了资料的整理等工作，并承担了大量的家务，使我能安心于本书的研究和写作。

周天勇

2011 年 3 月 18 日于海淀区大有庄 100 号

后

记

图书在版编目(CIP)数据

中国梦与中国道路/周天勇著. —北京：社会科学文献
出版社，2011.6（2014.9 重印）
ISBN 978 - 7 - 5097 - 2286 - 2

Ⅰ.①中… Ⅱ.①周… Ⅲ.①中国经济 - 经济发展 -
研究 ②社会发展 - 研究 - 中国 Ⅳ.①F124 ②D668

中国版本图书馆 CIP 数据核字（2011）第 063561 号

中国梦与中国道路

著　　者／周天勇

出 版 人／谢寿光
出 版 者／社会科学文献出版社
地　　址／北京市西城区北三环中路甲 29 号院 3 号楼华龙大厦
邮政编码／100029

责任部门／皮书出版分社（010）59367127　　　责任编辑／任文武
电子信箱／pishubu@ ssap. cn　　　　　　　　责任校对／王新明
项目统筹／任文武　　　　　　　　　　　　　责任印制／岳　阳
经　　销／社会科学文献出版社市场营销中心（010）59367081　59367089
读者服务／读者服务中心（010）59367028

印　　装／北京季蜂印刷有限公司
开　　本／787mm×1092mm　1/16　　　　印　　张／29
版　　次／2011 年 6 月第 1 版　　　　　　　字　　数／375 千字
印　　次／2014 年 9 月第 8 次印刷
书　　号／ISBN 978 - 7 - 5097 - 2286 - 2
定　　价／58.00 元